A GRAMMAR OF
PRESENT-DAY FRENCH

A GRAMMAR OF PRESENT-DAY FRENCH

BY

J. E. MANSION M.A.

SECOND EDITION

HARRAP LONDON

First published in Great Britain March 1919
by George G. Harrap & Co. Ltd
182 High Holborn, London WC1V 7AX

Reprinted: 1921; 1924; 1926; 1927; 1928;
1930; 1931; 1934; 1937; 1938; 1941;
1943; 1944; 1946; 1947; 1949
Second Edition 1952
Reprinted: 1954; 1955; 1956; 1958; 1959;
1960; 1962; 1963; 1964; 1966; 1967; 1968;
1969; 1971; 1973; 1975; 1976; 1977; 1978;
1979; 1980; 1981

ISBN 0 245-53032-0 (*without Exercises*)
ISBN 0 245-53031-2 (*with Exercises*)

Printed in Great Britain by
Redwood Burn Limited, Trowbridge, Wiltshire

PREFACE

" La langue parlée par les gens cultivés doit former le fond de l'enseignement des langues vivantes. Plus tard seulement, à un stade beaucoup plus avancé, l'élève qui possède déjà assez bien cette langue parlée peut faire connaissance avec la langue littéraire."
—*E. Rodhe*

IN the following pages I have endeavoured to give a presentation, sufficiently full for sixth-form pupils and university students, of the *mechanism* of present-day French. But the constructions of a highly developed language are too complex to be embodied adequately in a few hard and fast ' rules,' and their compression within the limits of a school text-book has been rendered possible only by severe excision of all unessential matter, of all ' exceptions,' and of most of what pertains to the study of the vocabulary and of so-called ' idiom ' : lists of irregular nouns and adjectives, lists of adverbs, lists of verbs taking certain prepositions, etc. I have deferred to tradition so far as to include a full presentation of the numerals and of the irregular verbs, but have jettisoned the plural of *carnaval* and *régal*,[1] *et sic de similibus.*

On the other hand, I have endeavoured to state the rules of grammar fully and accurately,[2] with some indication of the limits within which they are operative ; to present as *tendencies*

[1] I may perhaps plead in justification that in forty years I have not, that I am aware of, met the plural of these words outside of the pages of school grammars.

[2] Thus, it is inaccurate to state that the second past perfect is always, or even primarily, subordinated to a past historic ; that *être suivi, précédé*, etc., always have *de* with the agent ; that the noun has no article after *sans* and *ni* ; that the noun subject follows the verb in a relative clause ; that the passive voice is seldom used in French, etc. It is important also to avoid writing sheer nonsense, such as is to be found in many widely used grammars : " *Ceci* et *cela* sont employés impersonnellement." " L'accent grave se place sur *a, e, u*, et il leur donne un son ouvert : *où*." " Se mettent devant le nom les adjectifs plus courts que lui : *une méchante fille*." " Le passif ne s'emploie jamais avec un verbe qui ne peut s'employer impersonnellement en français." " Adjectives of colour follow the noun : *Il a les yeux bleus*." " The subject follows the verb . . . when the verb comes first." Etc. etc.

of the language, and not as laws, many so-called rules which are in no way binding, and which are daily ignored by reputable writers ; and to account for, and explain, the mechanism of French in so far as this is compatible with a non-historical treatment of the subject.

Further, I have taken to heart the precept of Rodhe, and founded this presentation of French grammar on the spoken language, and on a large collection of '*fiches*' gathered during the last ten years from nineteenth- and twentieth-century writers. To the examples given no authors' names have, except in rare cases, been attached, as they are not always given in their integrity, slight alteration to make them readily intelligible apart from their context, and much excision, having been found advantageous in a work of this nature ; but the sources of many will beat once recognized, and in particular my indebtedness to *Marie-Claire*.

The literary constructions of the language have not been ignored, but it has been my endeavour throughout to differentiate between ' normal ' and ' literary ' speech or writing, and also to point out at least a few of the means by which in French emotional effects are obtained. In this direction hardly anything has been done as yet, and I am conscious of the inadequacy of my own attempt ; but where I am, I believe, leading the way, others will perhaps find it worth while to advance farther.

The accidence and syntax of each part of speech have been dealt with together, but it is difficult to include all the facts within this mode of presentation, and the sentence as a whole has been studied in a Second Part, which deals with such matters as word-order, the moods of the verb, the tense sequences, and the concords. This method of treatment has entailed some duplication of statements, but in dealing with facts so complex as those of language iteration is perhaps unavoidable.

While the *mechanism* of the language has thus been, it is hoped, adequately dealt with, the many peculiarities of French idiom, such as the numerous and important prepositional phrases which cannot be inferred from first principles, have been left out of account.

I have assumed on the part of the learner such knowledge of the notation of the Association Phonétique as is now almost invariably imparted at an early stage in the study of modern languages, and have used the terminology of the Joint Committee in so far as it will serve.[1]

I need hardly give a list of works consulted; these include practically every reputable grammar published in this country, in France, in Germany, and in Scandinavia, and innumerable monographs and articles [2]—" *J'ai pris mon bien où je l'ai trouvé* "—but I must make due acknowledgment to Plattner's *Ausführliche Grammatik*, to Ch. Bally's *Traité de Stylistique française*, which should be in the hands of every language-teacher, and especially to the works of Professor Brunot. Had it not been for the example which the latter has given in studying anew, and with entire independence of tradition, the actual facts of French as he found them, I should hardly have dared to compose this little grammar, which, though written with prudence and caution, may appear to many as iconoclastic and heretical.

Of the *Tolérances* which formed the subject of a ministerial *arrêté* in 1901, no account has been taken. In so far as they recognized accomplished facts in the evolution of French, they are embodied in this grammar; where they attempted to innovate, they have remained a dead letter, and more than one of the recommendations deserved no better fate.

To the learner my presentation of many time-honoured rules may appear perplexing and less satisfactory than the ' old way.' It is no doubt both easy and soul-satisfying to learn by heart that " adjectives ending in -*able, al, ant, el, eur, eux, ible, if, ule, ile, ique,* invariably follow the noun," and only the observant and thinking student is disturbed by the fact that such rules are contradicted in every page of French.

In the study of language, however, as in that of other sciences, personal observation leads to the most satisfactory and enduring knowledge. The learner in natural science is encouraged to test facts and verify statements on his own account, and to use his text-book chiefly as a guide in his work and a source of suggestion. Let the learner in French do the same. Let him take a blank exercise-book, paragraph it to correspond with this ' text-book,' and daily enter in their proper place examples which

[1] For the old ' imparfait,' however, I prefer ' past descriptive ' to the ' past continuous ' of the Committee, with its implication that the past historic may not be used of long-continued action.

[2] For a fairly exhaustive review, within the dates mentioned, of the literature available, see *Bibliographie de la Syntaxe du Français* (1840–1905), par P. Horluc et G. Marinet (Paris, A. Picard et Fils, 1908).

he will himself cull from his reading, whether these examples agree with the 'text-book' or contradict it, and he will in the course of three or four years acquire the habit of observation, convictions of his own, founded on an abundant store of facts, and confidence in his knowledge. *C'est la grâce que je lui souhaite.*

J. E. M.

CONTENTS

PART II

SENTENCE CONSTRUCTION

INTRODUCTION

§ 1. We use language for two main purposes : (1) To give logical expression to facts and desires, to thoughts and judgments ; (2) to give spontaneous expression to our emotions.

(1) Logical expression is deliberate and rational ; in giving considered expression to our thoughts, we speak and write with care, with due regard to formal co-ordination and subordination ; lucidity is our chief aim, and to achieve it we adhere strictly to such forms, concords, word sequences, and so forth, as have come to be accepted as *normal* in the language which we are using as a medium, which form the foundations of its ' grammar,' and which, used in conjunction with a *normal* vocabulary, constitute *normal* speech or writing.

Examples of ' normal ' French :

> La grammaire est une science qui a pour objet l'étude des règles du langage, soit écrit, soit parlé.
>
> Dans la nature, c'est de l'eau que les végétaux et les animaux tirent la plupart des principes minéraux qui leur sont nécessaires. L'évaporation de l'eau forme les nuages, qui retombent en pluie.
>
> Dès qu'il s'agit de rendre service, il faut songer que la vie est courte et qu'il n'y a pas un moment à perdre.

(2) The expression of our emotions, on the other hand, is spontaneous ; our feelings and ideas present themselves, and find utterance, in an order which is not always logical or rational ; unessential units of the sentence, and even essential words, may be omitted, and replaced by look, gesture, or tone of voice. This use of language may be described as ' emotional ' or *affective*.

The following are some of the characteristics of *affective* speech in most languages, with examples in French :

Emotions find expression in exclamation rather than in logical statement. For instance, to express surprise :

Normal :   Je suis surpris de vous voir.
Affective : Tiens, c'est vous !
             Vous ! Ah, par exemple !

Under the stress of emotion, utterance begins before the mind
has clearly surveyed the whole field of the thought to which
it is about to give expression, and proceeds in short spurts, a
bit at a time, the result being a *dislocation* of the elements of
the sentence. Examples :

> *Normal :* Venez vite.
> *Affective :* Venez ! vite ! *or* Vite ! venez !

In the normal ' Venez vite,' the order is fixed (adverb after
verb) ; in affective ' Venez ! vite !' *dislocation* is revealed by
the fact that we may transpose the elements of the sentence.
Thus again :

> *Normal :* Je n'ai pas le temps d'aller au café.
> *Affective :* Du temps, pour aller au café, moi, je n'en ai pas.
> Le café, je n'ai pas de temps, moi, pour y aller.
> Moi ! aller au café ! je n'ai pas de temps pour ça.
> Aller au café ? Je n'en ai pas le temps, moi.

Affective speech makes free use of interjections and other
exclamatives.

> *Normal :* Je pense que vous vous moquez de moi, et
> vous m'impatientez.
> *Affective :* Ah çà ! dites donc, est-ce que vous vous moquez
> de moi ? Ah ! et puis, vous savez, vous m'embêtez,
> à la fin !

Normal speech is intellectual, and fond of abstract expression ;
affective speech uses concrete images and similes.

> *Normal :* Ne m'irritez pas.
> *Affective :* Ne m'échauffez par les oreilles !
> *Normal :* Il s'enfuit.
> *Affective :* Il prend ses jambes à son cou.

Normal speech states things as they are ; affective speech
indulges in gross exaggeration.

> *Normal :* J'ai très faim.
> *Affective :* J'ai l'estomac dans les talons.
> *Normal :* Prenez-vous du lait dans votre thé, monsieur ? —
> Très peu, madame.
> *Affective :* Du lait, monsieur ? — Une larme, madame,
> moins que rien !

The modes of expression of affective speech are largely a
matter of vocabulary and idiom, but they also concern grammar

to a considerable extent, particularly with regard to ' dislocation,' and many uses peculiar to the expression of emotion and feeling will engage our attention in the following pages.

The emotional, or affective, use of language cannot of course be clearly differentiated from its purely logical or rational use ; in ordinary speech these two uses constantly overlap and com-mingle. Or we might say that the smooth stream of logical expression is frequently agitated by impulses and waves of emotionalism, of varying degrees of intensity, sometimes so slight as merely to cause a faint ripple on the surface, sometimes so violent as entirely to break up the normal course of logical expression. A sound knowledge of grammar helps us to detect affective uses which in a foreign language we might otherwise fail to recognize.

§ 2. Considered from another point of view, a spoken language is not one, but manifold : it varies not only with the education of the speaker, with his social status and his daily avocations, but also to a great extent with his environment. We do not speak in the same manner to an intimate friend and to a superior, on the football field and in a drawing-room. Though an ele-mentary grammar need take cognizance only of ' educated ' speech, it must enable the student to distinguish between ' careful ' and ' colloquial ' expression. Thus, the same man will say, speaking ' carefully ' :

Les cigares, je ne les aime pas ;

and speaking familiarly, or ' colloquially ' :

Les cigares, je n'aime pas ça ;

or even :

Les cigares, j'aime pas ça.

The nature of the difference between these different forms of expression must be clearly realized.

§ 3. Reference must now be made to yet another function of language. In civilized communities it becomes a means of artistic expression ; it is used consciously, in poetry or in prose, to achieve artistic effects—for instance, beauty of form ; its aim becomes *literary*. While much literature, and perhaps the best, has been written in language entirely normal, the literary

artist frequently calls to his aid various devices, many of them
affective, such as the use of unfamiliar but picturesque words,
either old or new, the majestic unfolding of his thought in flowing
periods, or its condensation into polished epigram ; but apart
from these devices he at times makes use of syntactical constructions which *do not belong to normal grammar*, and the student
must learn to discriminate in the course of his reading between
normal and purely literary uses.

Examples of ' literary' French :

" Bénie soit la main qui m'étrenne ! " Ainsi marmonne
avec reconnaissance le pauvre vieil aveugle à croppetons
sous le porche d'une église, quand il entend tintinnabuler
dans sa sébile son premier sou de la journée.— *Jean Richepin.*

The word *marmonne* is carefully chosen to suggest by its
sound the toothless mumbling of old age ; the author uses for
accroupi the archaic form *à croppetons* on account of its picturesque associations with the literature of the fifteenth century ;
and for *sonner* the unfamiliar neologism *tintinnabuler*, because
it falls pleasantly on the ear, renders happily the sound of the
falling coin, and being a learned borrowing from Latin, produces
a humorous effect in its homely setting. These three words
are intended to tickle the ear and the mind, to *affect* us, each in
a different manner ; the sentence has been carefully composed
with that end in view, the writing is *artistic*.

. . . Si quelque journaliste eût demandé à ses lecteurs
quel serait désormais le " prince des dilettantes," assuré-
ment, c'est sur M. Anatole France que se fût portée la presque
unanimité des suffrages. . . :—*G. Michaut.*

Normal French would have *avait demandé, que se serait
portée*. The uses of the past perfect subjunctive in this sentence
are exclusively academic and literary ; we can infer at once that
the passage is taken from a university lecture or a learned preface.

Quand on réfléchit à cette histoire de l'espèce humaine,
à cette nuit profonde qui couvre en tous lieux son berceau,
à ces races qui se trouvent partout en même temps et partout dans la même ignorance de leur origine, aux diversités
de toute espèce qui les séparent encore plus que les distances,
les montagnes et les mers, à l'étonnement dont elles sont
saisies quand elles se rencontrent, à la constante hostilité
qui se déclare entre elles dès qu'elles se connaissent ; quand
on songe à cette obscure prédestination qui les appelle

tour à tour sur la scène du monde, qui les y fait briller un
moment, et qui les replonge bientôt dans l'obscurité, un
sentiment d'effroi s'empare de l'âme, et l'individu se sent
accablé de la mystérieuse fatalité qui semble planer sur
l'espèce.—*Th. Jouffroy.*

An outstanding example of sustained and impressive thought,
and of the art of leading up to a climax a well-balanced and
harmonious sentence. But in normal French, *e.g.* in letter-
writing, it is unnecessary, and would savour of affectation, to carry
the art of composition to such a high pitch of excellence.

§ 4. In the following pages constructions and forms not
otherwise characterized may be taken to represent *normal* uses.
From these we shall distinguish uses that are essentially *affective*
(*dislocations,* etc.), or *colloquial,* or *literary,* using these terms
in the senses explained above, but on the understanding that
colloquial or literary uses are frequently affective at the same
time.

Nor are the distinctions which we have outlined confined to
the study of grammar ; they apply in a far greater degree to
the study of vocabulary and of ' idiom,' and the student who
wishes to enter thoroughly into the spirit of a language, and
to cultivate a sense of style, should keep them constantly
in mind.

PART I

§ 5. The **Alphabet** is the same in French as in English.

The letters **k** and **w** are used only in foreign words.

la Kabylie, Kandahar, le kangourou.
Waterloo, le wagon.

§ 6. The Alphabet is used to represent the sounds of French, as shown below :

Vowels

[iː]	i, î, y	rire, épître, martyr
[i]	i, î, y	vite, vît, cygne
[e]	e, é, ai	donner, été, j'ai
[ɛː]	e, è, ê, ei, ai, aî	terre, père, hêtre, reine, paire, chaîne
[ɛ]	e, è, ê, ei, ai, aî	elle, sujet, très, forêt, peine, jamais, il connaît
[aː]	a	rare, tard
[a]	a, â, à, e(m), e(n)	chat, tache, il aimât, là, femme, solennel
[ɑː]	a, â, ea	sable, tâche, âge, Jeanne
[ɑ]	a, â	pas, âgé
[ɔː]	o, au	fort, Laure
[ɔ]	o, au, u(m)	donne, Paul, j'aurai, album
[oː]	o, ô, au	fosse, rôle, épaule
[o]	o, ô, au, **eau**	dos, impôt, chaud, aussi, chapeau
[uː]	ou, oû	cour, tous [tuːs], il goûte
[u]	ou, oû, aou	tout, goutte, goût, août
[yː]	u, û, eu	mur, mûr, ils eurent
[y]	u, û, eu	russe, cru, crû, j'ai eu, j'eus
[øː]	eu, eû	meule, jeûne
[ø]	eu, œu	feu, ceux, nœud, œufs
[œː]	eu, œu	fleur, sœur
[œ]	eu, œu	seul, jeune, fleurir, œuf
[ə]	e	le, ce, entremets, vendredi

[ɛ̃ː]	in, ein, ain, în, im	prince, ceindre, plaindre, vînmes, il grimpe
[ɛ̃]	in, ein, ain, (i)en, yn, im, aim, ym	vin, plein, main, bien, syntaxe, n'importe, faim, thym
[ãː]	an, en, am, em	danse, il entre, ample, trempe
[ã]	an, en, am, em, aon	enfant, tambour, temps, paon
[ɔ̃ː]	on, om	honte, nombre, comte
[ɔ̃]	on, om	mon, plomb
[œ̃ː]	um	humble
[œ̃]	un, eun, um	lundi, à jeun, parfum

Diphthongs
(Formed with semi-consonants)

1. ' Ascending '

[j]	ie, ia, io, iou, ien, ion, ya, yeu, etc.	pied, lierre, piano, diable, mioche, piou-piou, chrétien, ration, voyage, yeux, etc.
[w]	oue, oua, oui, oi, oin, ouin, way, etc.	ouest, ouate, oui, Louis, noir, je bois [bwa], le bois [bwɑ], loin, pingouin, tramway, etc.
[ɥ]	ue, ui, ueu, etc.	muet, huit, lui, puits, aiguille, lueur.

2. ' Descending '

[iːj]	ille	fille, famille
[ij]	ill	sillage
[ɛːj]	eil, eill, aye	soleil, veille, je paye
[ɛj]	eill, ay	ensoleillé, payer
[aːj]	ail, aill	travail, travaille
[aj]	aill	travaillons
[ɑːj]	âill	il bâille
[ɑj]		bâiller
[œːj]	euil(l), œil, ueil(l)	fauteuil, feuille, œil, orgueil, je cueille
[œj]	euill, œill, ueill	veuillez, œillade, cueillir

Consonants

[p]	p, pp, b	pain, frapper, obtenir
[b]	b, bb	beau, bleu, abbé

[m]	m, mm	mou, flamme, prisme
[f]	f, ff, ph	feu, effet, bref, phrase, Joseph
[v]	v, w, f	voir, vivre, Wagram, neuf heures
[t]	t, tt, th, d	table, tête, nette, moitié, théâtre, grand homme
[d]	d, dd	donner, addition, sud
[n]	n, nn, mn	né, canne, amen, automne
[s]	s, ss, c, ç, sc, t(i), x	sou, tasse, omnibus, cire, leçon, scène, descendre, action, six, soixante, Bruxelles
[z]	s, z, x	cousin, désir, les enfants, vas-y, zéro, deuxième, aux armes !
[l]	l, ll	lait, aile, allons, hôtel, table
[ʃ]	ch, sch	chose, chercher, schisme
[ʒ]	j, g(e)	Jean, jouer, gigot, manger, nous mangeons
[k]	c, cc, k, ck, q, qu, ch. g	camp, accabler, képi, bifteck, coq, quatre, écho, chrétien, suer sang et eau
[g]	g, gg, gu, c	gâteau, aggraver, guerre, guide, second
[ɲ]	gn	campagne, poignet
[r]	r, rr, rh	rare, être, marbre, marron, rhume
[ks]	x, cc	extrême, accident
[gz]	x	exister, Xénophon

Note.—h is never pronounced. A word with initial h muette is treated, as regards elision and 'liaison,' as if it began with a vowel. A word beginning with h aspirée is treated as if it began with a consonant, though the h itself is not sounded.

In a few words h between vowels is equivalent to a tréma: cahier (= caïer).

§ 7. 1. Division of Words into Syllables.

(1) Begin each syllable with a consonant if possible.

a-ni-mal, ra-me-ner, rai-son.

(2) Make the division between consonants.

lais-ser, pro-tes-tant, cin-quan-te, at-ter-rir, fil-let-te.

(3) But never separate th, ch, pl, pr, bl, br, cl, cr, gl, gr, tr, dr vr (*i.e.* those consonantal groups which may occur at the beginning of a word), nor gn = [ɲ].

ca-tho-li-que, ca-cher, peu-ple, fai-ble, siè-cle. ré-gler, nè-gre, vien-drai, ré-gner.

2. A syllable ending in a vowel is **open**.

A syllable ending in a consonant is **closed**.

An e in an **open syllable** is mute.

(But for the purposes of this rule the end syllable of a poly-syllabic word is still considered 'open' when it ends in a plural s or with the verbal s, nt.

An e in a **closed syllable** is **never mute** ; without bearing any accent it has the sound [ɛ] or [e].

§ 8. Accents and their Use.

    ' aigu   **` grave**   **^ circonflexe**

1. In an **open syllable**, e takes the ' accent aigu ' if it is to be pronounced [e] :

é-té, es-pé-rer, les al-li-és, ai-mé, ai-mée, né-gres-se, le pré, les prés.

2. e takes the ' accent grave '—

(a) In an **open syllable**, when it is to be pronounced [ɛ], *i.e.* when it bears the stress, the end syllable being mute.

pè-re, nè-gre, j'es-pè-re, ils ai-mè-rent, col-lè-ge, cé-lè-bre.

When the open syllable does not bear the end-stress, there is no fixed rule ; compare avènement, événement; je mènerai, je céderai; pèlerin, médecin.

(b) In the termination -ès.

progrès, succès, très, près, dès, après.

(c) As a distinguishing mark (not affecting the pronuncia-tion), in

à, là (voilà, delà), çà (deçà), déjà, où.

Note.—In texts printed before 1878 the ending -ège was printed -ége, and a number of words were spelt with a tréma which now have the accent grave ; *e.g.* poète was spelt poëte. These spellings are now obsolete.

3. The **accent circonflexe** is used on the five vowels a, e, i, o, u, and over the second letter of the groups ai, ei, eu, oi, ou—

(a) To denote the lengthening that results from the dis-appearance of an ' s.'

hâte,   bête,   île,   hôte,   maître,   croûte.
haste   *beast*   *isle*   *host*   *master*   *crust*

(b) To denote some other contraction.

sûr, mûr, âge, âme, jeûne,

gaîment = gaiement, remercîment = remerciement.

(*c*) Merely as a sign of length.

> grâce, extrême, trône, pôle, flûte, reître.

(*d*) As a distinguishing mark in

> je croîs, crû, etc., dû, from croître, devoir.
> (Compare je crois, cru, from croire, and du = de le.)

(*e*) Notice also the forms vînmes, vîntes, tînmes, tîntes, and bâiller.

Notes.—(*a*) In an initial syllable, not bearing the stress, the fall of an s after an e is indicated by é, not ê.

> étude,   échelle,   détruire.
> *study*   *scale*   *destroy*

Compare also ' j'étais ' and ' être.'

(*b*) Initial capital letters do not as a rule take the accent, except the letter **e**. Thus :

> âme, Ame ; île, Ile ; ôter, Oter ;
> but Étude, Ère, Être.

§ 9. The **Apostrophe** indicates the ' elision ' or fall—

1. Of e in de, le, ne, que, ce, je, me, te, se.

> l'ami d'Albert, je n'en ai qu'un, aujourd'hui, il m'invite
> à l'accompagner.

2. Of a in la.

> l'amie d'Henriette l'a invitée.

3. Of i in si (before il or ils only).

> s'il vient, s'ils viennent.

§ 10. The **e** also falls in

lorsque, puisque, quoique, before il, ils, elle, elles, en, on, un, une :

> lorsqu'il vient, puisqu'elle en a.

jusque, before à, au, en, ici, où, alors :

> jusqu'ici, jusqu'à demain.

quelqu'un(e) (*but* quelque autre, quelque étrange que ce soit).

presqu'île (*but* presque arrivé).

entr'acte, entr'ouvrir, etc.

> (The spelling grand'mère, grand'tante, grand'peur, etc., is due
> to a mistaken belief that the original form was ' grande mère,' etc.)

Notes.—(*a*) Elision only takes place between words standing in close relation to each other (*i.e.* belonging to the same '*groupe de force*').

Compare : J'y arriverai and Puissé-je y arriver (in which je ' clings ' to puisse, and not to y arriver).

Il l'a dit à son père   and   Dis-le à son père.

(*b*) An apostrophe should never occur at the end of a line. Divide

> aujour-d'hui,   not   aujourd'-hui ;
> lors-qu'il viendra,   not   lorsqu'-il viendra.

§ **11.** The **Cédille** indicates that **c** has the sound [s] and not the sound [k] before **a, o, u.**

Une le**ç**on de français.   Je l'ai re**ç**u.   **Ç**'a été facile.

§ **12.** The **Tréma** indicates that a vowel must not be grouped in pronunciation with the vowel which precedes it.

Mo**ï**se, Sa**ü**l, ha**ï**r, Ca**ï**n, ou**ï** [ui] (compare **oui** [wi]), cigu**ë**.

Thus adjectives ending in **-gu** have in the feminine a tréma on the **e**, to indicate that the **u** retains its full value.

aigu, aigu**ë** (εgy).

§ **13.** The **Trait d'union,** or hyphen, is inserted :

1. In many compound nouns, adjectives, and pronouns.
grand-père, chef-lieu, sourd-muet ;
moi-même, quelques-uns.

2. In many compound proper nouns.
les Pays-Bas, la Grande-Bretagne, les États-Unis.

Particularly in the ' départements ' of France.

Seine-et-Oise, Loire-Inférieure, Alpes-Maritimes.

And in all successions of Christian names.

Philippe-Auguste, Marie-Thérèse, Jean-Jacques Rousseau.

3. In numerals, between the tens and the units, when there is no conjunction **et.**

dix-sept, vingt-deux, le trente-troisième.

Also in **quatre-vingts,** etc. :   quatre-vingt-onze.
But **vingt et un, trente et unième.**

In a few adverb phrases.

c'est-à-dire, peut-être, sur-le-champ.

But **tout de suite à peu près,** etc.

5. To join **ci** and **là** to the word which they qualify.
ci-joint, là-bas, là-haut, là-dessus.
celui-ci, cette maison-là.

6. Between verbs and a following subject or object pronoun.

Que vois-je ! Parle-t-il ? Que dirait-on ? Donnez-le-moi.

Note.—In texts printed before 1878, très was joined by a hyphen to the following adjective or adverb : **très-joli, très-bien.** This use of the hyphen is now obsolete.

§ 14. Capital Letters are used less frequently than in English. The following examples will show the chief points of difference :

    1. Il viendra dimanche ou lundi. Au mois de **février.**
    2. Le **roi** Édouard VII ; le **docteur** Moreau ; le duc d'Aumale.
      Voici **monsieur, madame et mademoiselle** Dupuis.

(But Voici **M., Mme et Mlle** Dupuis.)

    3. La **mer** Noire, l'**océan** Atlantique.
    4. Le peuple français, l'armée **anglaise.**
      Il parle **russe** et espagnol. Il parle **le russe** et l'espagnol.

But usually

        Les Anglais et les Français. Il est Espagnol.

Note **saint** Jean, **saint** Étienne, etc. (the saints) ; but la **Saint-**Jean (the feast day), **Saint-**Étienne (the town), etc.

§ 15. Punctuation. Single inverted commas are not used in quoting, and double inverted commas (**guillemets**) are used much more sparingly than in English. Thus :

    " Entrez, dit-il, et asseyez-vous."

A FEW PRINCIPLES
GOVERNING WRITTEN AND SPOKEN FRENCH

§ 16. The spelling of words in French is based largely on historical, instead of phonetic, considerations, and must be learnt chiefly through practice. There are, however, some governing principles which should be understood.

    1. The proper use of the **Accents.** See § 8.

2. Pronunciation and spelling of **g** + **vowel** :

  (*a*) ga [ga] ge [ʒə] gi [ʒi] go [go] gu [gy] gy [ʒi]
  (*b*) gea [ʒa]   geo [ʒo] geu [ʒy]
  (*c*)   gue [gə] gui [gi]

    (*a*) garde, je mange, gilet, gorge, aigu, Égypte.
    (*b*) Georges, je mangeais, gageure [gaʒy:r].
        (Compare Engl. *changeable, manageable*.)
    (*c*) guerre, fatigue, Guillaume, long, longue.

3. Pronunciation and spelling of **c** + **vowel** :

  (*a*) ca [ka] ce [sə] ci [si] co [ko] cu [ky] cy [si]
  (*b*) ça [sa]   ço [so] çu [sy] (See § 11.)
  (*c*)   que [kə] qui [ki]

    (*a*) cahier, percer, cire, colère, curé, cygne.
    (*b*) perçant, garçon, nous perçons, reçu.
        (Unlike Engl. *noticeable, serviceable*.)
    (*c*) public, fem. publique ; vaincre, nous vainquîmes.

4. The group **euil** becomes **ueil** (reverting to an old spelling ue for eu, to avoid ueu) after **c** and **g**.

    accueil, cueillir, orgueil.

5. The endings **au, eau, eu, œu** are followed by final **x** instead of s.

    je vaux, les beaux chapeaux, je veux, les vœux, deux.
        (Chief exceptions : bleu, pl. bleus ; je meus ; pneu, pl. pneus.)

6. The letter **v**, when final, changes to **f**.

    vive, masc. vif ; veuve, masc. veuf.

7. Most consonant groups, *e.g.* gn, rm, mm, nn, ss, tt, are reduced and simplified when final, or when followed by the verbal endings **s, t.** Before the latter, **s, v,** and sometimes **t** are also dropped.

    maligne, masc. malin ; sonner, le son ; nommer, le nom.
    dorm+s>je dors; craign+s>je crains; batt+s>je bats;
        batt+t>il bat; finiss+s>je finis; finiss+t>il finit;
        serv+s>je sers; serv+t>il sert; reçoiv+s>je reçois;
        viv+s>je vis; viv+t>il vit.

Note.—To a stem ending in d no t is added, because final d = [t] : Descend-il ? = [desɑ̃t il]. Thus : Il mord, il répond, il descend.

8. Before another consonant, particularly before **x** (=s) and **t**, **l** usually becomes **u**.

> cheval+s>chevaux ; val+s> je **vaux** ; fall+t>il **faut**.

9. The groups **nr, lr,** generate a **d**.

> vien-rai>**viendrai** ;   val-rai (>valdrai)>**vaudrai** ;   fall-ra
> (>faldra)>**faudra** ; absolv-re (>absolre>absoldre)>**ab-**
> **soudre** ; ceign-re>**ceindre**.

Similarly **sr** generates a **t**.

> connaiss-re (>connaistre)>**connaître**.

10. Between the groups **ai, oi, ui,** and a following vowel (not **e** mute) a [j] is always generated. From roi+al is formed, not [rwa-al], but [rwa-jal]=roi-ial. The resulting **ii** is spelt **y** : **royal**. Thus :

> soie, **soyeux** ; voir, **voyant** ; un essai, **essayer** ; fuir, **fuyant**.

Note.—The present tense of **payer** is either je paie or je paye, because there are alternative pronunciations [ʒə pɛ] and [ʒə pɛːj]. So also with other verbs in -ayer.

11. In a French word, considered apart from its context, **the stress is on the last sounded syllable,** but this stress is less strongly marked than the stress in English. In all languages stress has a great influence on sound, and in many French words the stem syllable is pronounced differently according as it bears the stress or not.

The following are the most important correspóndences :

	Unstressed	*Stressed*
(a)	[ə] chandelier, appeler, modeler, semer, je ferai, nous prenons.	[ɛ] chandelle, j'appelle, modèle, je sème, faire, ils prennent.
	[e] Suédois, négresse, écolier, céder.	[ɛ] la Suède, nègre, écolière, je cède.
(b)	[ə] venir, maintenir, chenil.	[jɛ, jɛ̃] ils viennent, il vient, maintien, chien.
	[e] acquérir, matériel.	[jɛ] j'acquiers, ils acquièrent, matière.
(c)	[ə] me, recevez, buvant (=bevant), fenil.	[wa, wɛ̃] moi, reçois, boire, foin.
(d)	[a] clarté, nous savons, marin.	[ɛ] clair, je sais, mer.
(e)	[u] prouver, courage, vigoureux, mourir, vouloir.	[œ] preuve, cœur, vigueur, il meurt, ils veulent.
	[u] moulin, vouloir, pouvoir.	[ø] meule, je veux, il peut.

THE PARTS OF SPEECH

§ 17. 1. There are in French **eight** parts of speech, as in English.

It is convenient to treat apart those demonstrative adjectives of a special type and use generally known as **articles.**

2. There are **three genders,** as in English, but the **Neuter** gender is restricted to certain pronouns, and to certain uses of the adjectives.

3. There are **two numbers,** as in English.

4. There are **four cases : Nominative, Vocative, Accusative,** and **Dative.** The dative case is restricted to the personal pronoun.

French has **no Genitive case,** or rather, the only instances of a genitive are the personal pronoun **en** and the relative **dont.**

The nominative, vocative, and accusative of the noun and its adjuncts show no difference of form.

Certain **pronouns** have different forms in the nominative, accusative, and dative.

THE VERB

§ 18. A French verb consists of **one** or **more stems** to which are added **endings** characteristic of **person, tense,** and **mood :** donn-er, finiss-ons, répond-îmes.

It may be divided, as in English, into **Indicative, Subjunctive,** and **Imperative** moods, **verb-nouns** (Infinitive and Gerund), and **verb-adjectives** (Present and Past Participles).

§ 19. **Compound tenses** are formed with the auxiliaries **avoir** or **être :** il a donné, nous sommes venus. To every simple tense there is a corresponding compound tense formed with the past participle and the simple tense of the auxiliary, giving the following scheme :

Infinitive

Present	Perfect

Participle

	Past
Present	Perfect

Indicative

Present	Perfect [1]
Past Descriptive	Past Perfect
Past Historic	Second Past Perfect
Future	Future Perfect
Future in the Past	Future Perfect in the Past

Imperative [2]

Present	Perfect

Subjunctive [2]

Present	Perfect
Past	Past Perfect

§ 20. There are **three voices**: **Active, Passive, and Pronominal.** In the active voice verbs may be **Transitive** (directly or indirectly), or **Intransitive**, or have both functions.

§ 21. Verbs are named in the **present infinitive**, the characteristic endings of which are

-er	-ir	-re	-oir
donner	courir	répondre	avoir

and are divided into **two conjugations**, the **e** conjugation and the **s** conjugation, according to the ending of the first person singular of the present indicative.

e conjugation	*s conjugation*
je donne	je cours, je réponds, je vois

All verbs with infinitive in -er, except **aller**, belong to the **e** conjugation; there are about 4000, and all new verbs, such as **téléphoner, stopper,** are formed according to this conjugation, which is still ' living.'

The **s** conjugation consists of some 150 verbs which date back to the Latin spoken in Gaul, and of some 330 verbs in -ir, with present stem in -iss, which are for the most part of French formation, but to which only one (amerrir)—formed by analogy with atterrir—has been added for a long time.

---

[1] Used also as a conversational past.
[2] All the tenses of the imperative and subjunctive moods have also future value.

§ 22. Table of Endings of the French Verbs.

1. *Infinitive*   e conjugation : -er.   s conjugation : -ir, -re, -oir.

2. *Past Participle*   „   -é   „   -i, -u (s, t)

3. *Present Indicative*	*Present Subjunctive*	*Past Descriptive*	*Present Participle*

e conj.   s conj.

-e	-s (x)	-e	-ais	
-es	-s (x)	-es	-ais	
-e	-t	-e	-ait	
-ons		-ions	-ions	-ant
-ez		-iez	-iez	
-ent		-ent	-aient	

4. *Past Historic*	*Past Subjunctive*	5. *Future*

e conj.   s conj.

-ai	-s	-sse	-ai
-as	-s	-sses	-as
-a	-t	⌢t	-a
⌢mes		-ssions	-ons
⌢tes		-ssiez	-ez
-rent		-ssent	-ont

§ 23. 1. The verb frequently shows different stems before the endings of groups 2, 3, 4. Thus :

    1. naitre.
    2. né.
    3. je nais, nous naissons.
    4. je naquis.

2. The infinitive endings (group 1) are added to the same stem as the endings of group 3, but this stem is often affected and altered by the ending -re. *Cf.* § 16.9.

3. The past participle stem in a few verbs does not take the vowel endings of group 2. Thus :

    écrire, past part. écrit ;
    mettre, past. part. mis.

4. The endings of group 3 are added to the 'present' stem of the verb. Thus : plaire, present stem plais :

    je plais,   nous plais-ons,   je plais-e,   je plais-ais,   plais-ant.

5. The endings of group 4 are added to the ' past historic ' stem of the verb, mostly with an intervening vowel. Thus :

> **vivre**, past historic stem **véc** :
> je véc-u-s, je véc-u-sse.

6. The future (group 5) has the infinitive, sometimes in a shortened form, as a stem, and the present tense of **avoir** (though no longer felt as such, and with the truncated forms -ons, -ez) for its endings. A future in the past is formed with the stem of the future and the endings of the past descriptive.

> **recevoir**, future stem **recev(oi)r** : je recevrai, je recevrais.

7. The present imperative usually borrows its forms from the present indicative. The 2nd person singular does not take **s** after the vowels e, a ; thus :

> **donne, va, ouvre, aie.**

Except when followed by the pronouns **y** and **en** :

> **Donnes-en à ton frère. Vas-y. Aies-en bien soin.**

§ 24. There are three so-called ' regular ' types of conjugation :

(1) The **e** conjugation ;

(2) the **s** conjugation of verbs in **-ir** with ' present ' stem in -iss ;

(3) the **s** conjugation of a large group of verbs in **-re** in which the stem never alters. In the majority of these the stem ends in d, after which no t is added in the 3rd pers. sing. of the present (§ 16.7, note) ; but if the stem does not end in d the t reappears : **rompre, il rompt.** The only exception is **vaincre, il vainc.**

§ 25. 1. In the so-called ' irregular ' verbs the present tenses frequently show the stem in two forms, stressed and unstressed, as explained in § 16.11. Thus :

je mène	je viens	je reçois	je meurs
nous menons	nous venons	nous recevons	nous mourons

2. The stem may also drop one or more consonants before a consonantal ending, as explained in § 16.7, or show changes in accordance with § 16.8 and 10. Thus :

(§ 16.7) je fini(ss)s	je dor(m)s	je reçoi(v)s
il fini(ss)t	il dor(m)t	il reçoi(v)t
nous finissons	nous dormons	nous recevons
(§ 16.10) j'envoie	(§ 16.8)	je vaux
nous envoyons		nous valons.

§ 26. 1. Three verbs have in the 2nd pers plur. present indic. -tes instead of -ez:

> être, êtes ; dire, dites ; faire, faites.

2. Four verbs have in the 3rd pers. plur. present indic. -ont instead of -ent :

> avoir, ont ; être, sont ; faire, font ; aller, vont.

3. A few verbs in -ir form their present according to the -e conjugation (§ 37).

> ouvrir, j'ouvre ;   offrir, j'offre ;   cueillir, je cueille.
> couvrir, je couvre; souffrir, je souffre; assaillir, j'assaille.

4. In group 3 of § 22 the present subjunctive may as a rule be inferred from the third person plural of the present indicative :

> ils reçoivent   je reçoive
> ils acquièrent   j'acquière
> ils viennent   je vienne
> ils prennent   je prenne

But the following verbs show a stem peculiar to the subjunctive :

> avoir   j'aie   faire   je fasse
> être   je sois   aller   j'aille
> savoir   je sache   valoir   je vaille
> pouvoir   je puisse   vouloir   je veuille

Avoir, être, savoir, vouloir show the subjunctive stem in the imperative :

> ayez,   soyez,   sachez,   veuillez.

Avoir and savoir show it also in the present participle:

> ayant,   sachant.

§ 27. All transitive verbs in the **active voice**, and most intransitive verbs, form their compound tenses with the auxiliary avoir, as shown in § 31.

A few intransitive verbs have the auxiliary être (§ 63). The compound tenses are then conjugated as follows :

Infinitive Perfect   être arrivé(s) *or* arrivée(s)
Participle Perfect   étant arrivé(s) *or* arrivée(s)

Indicative Perfect   je suis arrivé(e)   nous sommes arrivé(e)s
                          tu es arrivé(e)   vous êtes arrivé(e)
                                                 vous êtes arrivé(e)s
                          il est arrivé   ils sont arrivés
                          elle est arrivée   elles sont arrivées

(And thus throughout.)

The past participle agrees with the subject according to § 441. When the subject is **vous** the past participle is in the singular or in the plural according as **vous** has **singular** or **plural** function (§ 215).

§ **28.** 1. In the 'inverted' order, *e.g.* in interrogation, the subject pronoun immediately follows the verb or auxiliary. If the 3rd person singular of the verb ends in a vowel, it adds **-t-** before **il, elle, on.**

> Que **vendez-vous ?**   Où **êtes-vous** allé **?**
> **À-t-il** un livre **?**   Où **va-t-elle ?**
> Que vous **donne-t-on ?**

2. If the first person singular of the verb ends in a mute syllable, the latter takes the stress, becoming **é,** before **je** (which never takes the stress ; *cf.* § 313, note).

> Vous **ennuyé-je ?**   A qui **parlé-je ?**   Vous **appelé-je ?**

But this construction is archaic, and hardly used to-day even in academic style, apart from the optative **Puissé-je** (le revoir, etc.).

The usual form of question in the first person singular **is**

> **Est-ce que** je vous ennuie ?   (§ 340.4.)
> A qui **est-ce que** je parle ?

Note.—One does constantly say :

> Où **suis-je ?**   Que **dois-je** faire ?
> **Puis-je** entrer ?   **Ai-je** dit cela ?

But the inversion is avoided in the first person singular in the case of many other verbs ; thus one never says :

> Où **cours-je ?**   **Mens-je ?**   **Vends-je ?**

§ **29.** In **negations, ne** precedes the verb or auxiliary, and any unstressed object pronouns ; **pas, plus, jamais,** etc., follow the verb or auxiliary, except in the infinitive.

INFINITIVE

ne pas donner   **ne pas avoir donné**
    or (in literary style) **n'avoir pas donné**

PARTICIPLE

ne donnant pas   **n'ayant pas donné**

INDICATIVE

je **ne** donne **pas,** etc.   je **n'**ai **pas** donné, etc.
je **ne** donnais **pas**   je **n'**avais **pas** donné, etc.

IMPERATIVE

ne donne **pas,** etc.   **n'**aie **pas** donné, etc.
    Je **ne** vous en donnerai **pas.**
    Nous **ne** le lui aurions **jamais** donné.
    Ne leur en donnez **plus.**

INTERROGATIVE

Ne vous en donnera-t-il **pas ?**
Ne vous en a-t-on **pas** donné ?

§ 30. THE AUXILIARY VERBS *AVOIR* AND *ÊTRE*

INFINITIVE

Present		*Perfect*
to have	*to be*	*to have had, been*
avoir	être	avoir eu, été

PARTICIPLE

having	*being*	*having had, been*
ayant	étant	ayant eu, été

INDICATIVE MOOD

Present		*Perfect and Conversational Past*
I have, am having, do have	*I am, am being*	*I have had, I had I have been, was*
j'ai	je suis	j'ai
tu as	tu es	tu as
il a	il est	il a
nous avons	nous sommes	nous avons eu
vous avez	vous êtes	vous avez été
ils ont	ils sont	ils ont

Past Descriptive		*Past Perfect*
I had, was having, used to have	*I was, was being, used to be*	*I had had, I had been*
j'avais	j'étais	j'avais
tu avais	tu étais	tu avais
il avait	il était	il avait eu
nous avions	nous étions	nous avions
vous aviez	vous étiez	vous aviez été
ils avaient	ils étaient	ils avaient

Past Historic		*Second Past Perfect*
I had	*I was*	*I had had, been*
j'eus	je fus	j'eus
tu eus	tu fus	tu eus
il eut	il fut	il eut eu
nous eûmes	nous fûmes	nous eûmes
vous eûtes	vous fûtes	vous eûtes été
ils eurent	ils furent	ils eurent

| | *Future* | *Future Perfect* |
| | :--- | :--- |

Future   *Future Perfect*

I shall have   *I shall be*   *I shall have had, been*

j'aurai   je serai   j'aurai
tu auras   tu seras   tu auras   ⎫
il aura   il sera   il aura   ⎬ eu
nous aurons   nous serons   nous aurons   ⎪
vous aurez   vous serez   vous aurez   ⎭ été
ils auront   ils seront   ils auront

Future in the Past   *Future Perfect in the Past*

I should have   *I should be*   *I should have*
                                        had, been

j'aurais   je serais   j'aurais
tu aurais   tu serais   tu aurais   ⎫
il aurait   il serait   il aurait   ⎬ eu
nous aurions   nous serions   nous aurions   ⎪
vous auriez   vous seriez   vous auriez   ⎭ été
ils auraient   ils seraient   ils auraient

IMPERATIVE MOOD

Present (and Future)   *Future Perfect*

have   be   have had, been

aie   sois   aie   ⎫ eu
ayons   soyons   ayons   ⎬
ayez   soyez   ayez   ⎭ été

SUBJUNCTIVE MOOD

Present (and Future)   *Perfect*

I have   *I be*   *I have had, been*

j'aie   je sois   j'aie
tu aies   tu sois   tu aies   ⎫
il ait   il soit   il ait   ⎬ eu
nous ayons   nous soyons   nous ayons   ⎪
vous ayez   vous soyez   vous ayez   ⎭ été
ils aient   ils soient   ils aient

Past   *Past Perfect*

I had   *I were*   *I had had, been*

j'eusse   je fusse   j'eusse
tu eusses   tu fusses   tu eusses   ⎫
il eût   il fût   il eût   ⎬ eu
nous eussions   nous fussions   nous eussions ⎪
vous eussiez   vous fussiez   vous eussiez   ⎭ été
ils eussent   ils fussent   ils eussent

§ 31.   EXAMPLES OF 'REGULAR' VERBS

INFINITIVE

	Present		*Perfect*
to speak	*to finish*	*to sell*	*to have spoken, etc.*
parler	finir	vendre	avoir parlé, fini, vendu

PARTICIPLE

	Present		*Perfect*
speaking	*finishing*	*selling*	*having spoken, etc.*
parlant	finissant	vendant	ayant parlé, etc.

INDICATIVE MOOD

	Present		*Perfect and Conversational Past*
I speak, am speaking, do speak	*I finish, etc.*	*I sell, etc.*	*I have spoken, etc.* *I spoke, etc.*
je parle	finis	vends	j'ai ⎫
tu parles	finis	vends	as ⎬ parlé
il parle	finit	vend	a ⎭
nous parlons	finissons	vendons	avons ⎫ fini
vous parlez	finissez	vendez	avez ⎬
ils parlent	finissent	vendent	ont ⎭ vendu

	Past Descriptive		*Past Perfect*
I spoke, was speaking, used to speak	*I finished, etc.*	*I sold, etc.*	*I had spoken, etc.*
je parlais	finissais	vendais	j'avais ⎫
tu parlais	finissais	vendais	avais ⎬ parlé
il parlait	finissait	vendait	avait ⎭
nous parlions	finissions	vendions	avions ⎫ fini
vous parliez	finissiez	vendiez	aviez ⎬
ils parlaient	finissaient	vendaient	avaient ⎭ vendu

	Past Historic		*Second Past Perfect*
I spoke	*I finished*	*I sold*	*I had spoken, etc.*
je parlai	finis	vendis	j'eus ⎫
tu parlas	finis	vendis	eus ⎬ parlé
il parla	finit	vendit	eut ⎭
nous parlâmes	finîmes	vendîmes	eûmes ⎫ fini
vous parlâtes	finîtes	vendîtes	eûtes ⎬
ils parlèrent	finirent	vendirent	eurent ⎭ vendu

	Future		*Future Perfect*
I shall speak	*I shall finish*	*I shall sell*	*I shall have spoken, etc.*
je parlerai	finirai	vendrai	j'aurai
tu parleras	finiras	vendras	auras
il parlera	finira	vendra	aura
nous parlerons	finirons	vendrons	aurons
vous parlerez	finirez	vendrez	aurez
ils parleront	finiront	vendront	auront

(braces) parlé / fini / vendu

Future in the Past

			Future Perfect in the Past
I should speak	*I should finish*	*I should sell*	*I should have spoken, etc.*
je parlerais	finirais	vendrais	j'aurais
tu parlerais	finirais	vendrais	aurais
il parlerait	finirait	vendrait	aurait
nous parlerions	finirions	vendrions	aurions
vous parleriez	finiriez	vendriez	auriez
ils parleraient	finiraient	vendraient	auraient

(braces) parlé / fini / vendu

IMPERATIVE MOOD

Present (and Future)

			Future Perfect
speak	*finish*	*sell*	*have spoken, etc.*
parle	finis	vends	aie
parlons	finissons	vendons	ayons
parlez	finissez	vendez	ayez

(braces) parlé / fini / vendu

SUBJUNCTIVE MOOD

Present (and Future)

			Perfect
I speak	*I finish*	*I sell*	*I have spoken, etc.*
je parle	finisse	vende	j'aie
tu parles	finisses	vendes	aies
il parle	finisse	vende	ait
nous parlions	finissions	vendions	ayons
vous parliez	finissiez	vendiez	ayez
ils parlent	finissent	vendent	aient

(braces) parlé / fini / vendu

Past

			Past Perfect
I spoke	*I finished*	*I sold*	*I had spoken, etc.*
je parlasse	finisse	vendisse	j'eusse
tu parlasses	finisses	vendisses	eusses
il parlât	finît	vendît	eût
nous parlassions	finissions	vendissions	eussions
vous parlassiez	finissiez	vendissiez	eussiez
ils parlassent	finissent	vendissent	eussent

(braces) parlé / fini / vendu

§ 32. Peculiarities of Verbs in -er.

1. Verbs in **-cer** have **ç** before **a, o,** to retain the sound [s] (§ 11).

> avancer, j'avance, nous avançons,   avançant,
>   j'avançais, nous avancions,
>   j'avançai, nous avançâmes.

2. Verbs in **-ger** insert a mute e after g before **a, o,** to retain the sound [ʒ] (§ 16.2).

> manger, je mange, nous mangeons,   mangeant,
>   je mangeais, nous mangions,
>   je mangeai, nous mangeâmes.

3. Verbs with stem in **ai, oi, ui,** change these syllables to **ay, oy, uy,** before a sounded vowel, as explained in § 16.10.

> essayer, j'essaierai, essayant, essayé,
> j'essaie, nous essayons, vous essayez, ils essaient.
> ployer, je ploierai, ployant, ployé,
> je ploie, nous ployons, ils ploient.
> essuyer, j'essuierai, essuyant, essuyé,
> j'essuie, vous essuyez, ils essuient.

Note.—Verbs in **-ayer** may have **ay** throughout, as explained in § 16.10, note.

> j'essaye, j'essayerai, etc.

4. Verbs with stem in [e] change [e] to [ɛ] when the stem takes the stress (§ 16.11.*a*).

	céder	je cède	nous cédons	je céderai
		tu cèdes	vous cédez	
		il cède	ils cèdent	
	régner	pénétrer	protéger
	je règne	je pénètre	je protège

Note.—This does not apply to verbs in **-éer** : créer, je crée.

5. Verbs with stem in [ə] change [ə] to [ɛ] when the stem takes the stress (§ 16.11.*a*), and also before the following mute syllable in the future tenses.

	semer	je sème	nous semons	je sèmerai
		tu sèmes	vous semez	
		il sème	ils sèment	
	se lever	geler	acheter
	je me lève	il gèle	j'achète

But a considerable number of verbs in -eler and -eter show the sound [ɛ] by doubling the t or the l, *i.e.* by showing a closed syllable in the stem (§ 7.2).

jeter	je jette	je jetterai
appeler	j'appelle	j'appellerai

Thus: atteler, épeler, étinceler, renouveler, etc.
  épousseter, feuilleter, fureter, etc.

IRREGULAR VERBS

§ 33. In the list below, the following parts are given:

1. The **Infinitive** (§ 22, group 1), from which the **Future** and the **Future in the Past** may be inferred. If the Future is not formed as shown in the ' regular ' conjugations (§ 31), it is given also.

2. The **Past Participle** (group 2), which is given in the **Perfect** tense, in order to show the auxiliary used in the compound tenses.

3. The **First Persons Singular and Plural of the Present Indicative,** from which may in most cases be formed all the tenses shown in group 3. Thus:

Pres. Indic.	Pres. Subjunct.	Imperat.	Descript. Past.
je **meurs**	je meure		je mour**ais**
tu **meurs**	tu meures	meurs	tu mour**ais**
il **meurt**	il meure		il mour**ait**
nous **mourons**	nous mourions	mourons	nous mourions
vous mourez	vous mouriez	mourez	vous mouriez
ils **meurent**	ils meurent		ils mour**aient**

Present Participle   mourant

Note the regular alternation of stressed and unstressed stems, which will be referred to as ' **strong** ' and ' **weak**,' and the similarity of Present Indicative and Present Subjunctive in the 3rd pers. plural.

All departures from the scheme shown above are given in full.

4. The **First Person Singular of the Past Historic,** from which the whole tense, and the **Past Subjunctive,** may always be inferred.

The parts of the verb are given in the following order :

(*a*) The ' principal ' parts :

(1) **Infinitive.** (2) **Present Indicative.** (3) **Past Historic.**
(4) **Perfect.**

(*b*) To which are added when necessary:

(5) **Future.** (6) **Present Subjunctive.** (7) **Present Participle.**
(8) **Imperative.**

Note.—Compounds of prefix+verb usually have the conjugation of the simple verb. Thus the conjugation of **mettre** includes that of **remettre, transmettre, promettre, compromettre,** etc.

I. Verbs in -er

§ 34. Aller, *to go.* Shows three stems, unrelated to each other.
(2) je **vais,** tu **vas,** il **va,** nous **allons,** vous **allez,** ils **vont.**

(3) j'**allai.** (4) je suis **allé.** (5) j'**irai.** (6) j'**aille,** tu **ailles,** il **aille,** nous **allions,** vous **alliez,** ils **aillent.**
(7) **allant.** (8) **va, allons, allez.**

Note the conjugation of the pronominal form : **s'en aller,** *to go away.*

(2) je m'en vais. (3) je m'en allai. (4) je m'en suis allé (Conversationally : je me suis en allé). (5) je m'en irai. (6) je m'en aille. (7) s'en allant. (8) va-t'en, allons-nous-en, allez-vous-en. Negatively : ne t'en va pas, ne nous en allons pas, etc.

§ 35. Envoyer, *to send.* (2) j'**envoie** (§ **16.**10). (3) j'**envoyai.**
(4) j'ai **envoyé.** (5) j'**enverrai.**

II. Verbs in -ir

§ 36. All verbs with present stem in **-iss** are regular, except

Haïr, *to hate.* (2) je **hais,** tu **hais,** il **hait,** nous **haïssons,** vous **haïssez,** ils **haïssent.** (8) **hais, haïssons, haïssez.** All other parts regular like **finir.**

§ 37. Verbs with Present of the e conjugation.

Ouvrir, *to open.* (2) j'**ouvre,** tu **ouvres,** il **ouvre,** nous **ouvrons.** (3) j'**ouvris.** (4) j'ai **ouvert.** (8) **ouvre.**
Thus also : **couvrir,** *to cover* ; **offrir,** *to offer* ; **souffrir,** *to suffer.*

cueillir, *to pluck, gather.* (2) je **cueille,** nous **cueillons.** (3) je **cueillis.** (4) j'ai **cueilli.** (5) je **cueillerai.**

assaillir, *to assail.* (2) j'assaille, nous assaillons. (3) j'as-
saillis. (4) j'ai assailli. (5) j'assaillirai.

Thus also : **tressaillir,** *to start, shudder.*

§ 38.   Verbs with **strong** and **weak** Present stems.

acquérir, *to acquire.* (2) j'acquiers, nous acquérons, ils
acquièrent. (3) j'acquis. (4) j'ai **acquis.** (5) j'ac-
querrai. (6) j'acquière.

Thus also : **conquérir,** *to conquer,* etc.

tenir, *to hold.* (2) je tiens, nous tenons, ils tiennent.
(3) je tins, nous tînmes, vous tîntes, ils tinrent.
(4) j'ai tenu. (5) je tiendrai.

Thus also : **venir,** *to come.* (4) je suis **venu.**

mourir, *to die.* (2) je meurs, nous mourons, ils meurent.
(3) il mourut. (4) il est **mort.** (5) je mourrai.

§ 39.   Verbs with **shortened** Present stems (§ **16.7**).

dormir, *to sleep.* (2) je dors, tu dors, il dort, nous dor-
mons, vous dormez, ils dorment. (3) je dormis.
(4) j'ai dormi.

Thus also :

mentir, *to lie* (*tell a falsehood*). (2) **je mens,** nous
mentons. (4) j'ai menti.

partir, *to depart.* (2) je **pars,** nous partons.
(4) je suis parti.

sentir, *to feel.* (2) je **sens,** nous sentons. (4) j'ai
senti.

se repentir, *to repent.* (2) je me **repens,** nous
nous repentons. (4) je me suis repenti.

sortir, *to go out.* (2) je **sors,** nous sortons. (4) **je**
suis sorti.

servir, *to serve.* (2) je **sers,** nous servons. (4) j'ai
servi.

bouillir, *to boil.* (2) je **bous,** nous bouillons.
(4) j'ai bouilli.

§ 40.   Stem in ui, uy (§ **16.10**).

fuir, *to flee.* (2) je fuis, nous **fuyons,** ils fuient. (3) je
fuis. (4) j'ai fui.

§ 41. courir, *to run.* (2) je cours, nous courons. (3) je
courus. (4) j'ai couru. (5) je courrai.

vêtir, *to clothe.* (2) je vêts, nous vêtons. (3) je vêtis.
(4) j'ai **vêtu.** (5) je vêtirai.

III. Verbs in -re

§ 42. vaincre, *to be victorious, to overcome.* Conjugated like vendre, but with stems **vainc** and **vainqu** (§ 16.3). (2) je vaincs, tu vaincs, il vainc (§ 24), nous **vainquons,** vous vainquez, ils vainquent. (3) je **vainquis.** (4) j'ai vaincu. (7) **vainquant.**

Thus : **convaincre,** *to convince.*

§ 43.   Stems ending in a **vowel.**

rire, *to laugh.* (2) je **ris,** nous rions. (3) je **ris.** (4) j'ai **ri.**

Thus : **sourire,** *to smile.*

conclure, *to conclude.* (2) je conclus, nous concluons. (3) je **conclus.** (4) j'ai conclu.

Thus : **exclure,** *to exclude.*

§ 44.   Verbs with stem in **oi, oy ; ai, ay** (§ 16.10).

croire, *to believe.* (2) je crois, nous **croyons,** ils croient. (3) je **crus.** (4) j'ai **cru.** (6) je croie, nous **croyions.**

traire, *to milk.* (2) je trais, nous **trayons,** ils traient. (3) je *None.* (4) j'ai **trait.** (6) je traie, nous **trayions.**

Thus : **extraire,** *to extract* ; **soustraire,** *to subtract,* etc.

§ 45.   Verbs with stem in **tt** (§ 16.7).

battre, *to beat.* (2) je **bats,** nous battons. (3) je **battis.** (4) j'ai battu.

Thus : **abattre,** *to knock down* ; **combattre,** *to fight,* etc.

mettre, *to put.* (2) je mets, nous mettons. (3) je **mis.** (4) j'ai mis.

Thus : **admettre,** *to admit* ; **commettre,** *to commit,* etc.

§ 46.   Verbs with stem in **s.**

coudre, *to sew.* (2) je couds, tu couds, il coud, nous cousons, vous cousez, ils cousent. (3) je cousis. (4) j'ai cousu.

plaire, *to please.* (2) je plais, il plaît, nous plaisons. (3) je **plus.** (4) j'ai plu.

taire, *to keep secret.* (2) je tais, il tait, nous taisons. (3) je **tus.** (4) j'ai tu.

Thus : **se taire,** *to be silent.*

faire, *to do, to make*.   (2) je fais, nous faisons, vous faites,
  ils font.   (3) je fis.   (4) j'ai fait.   (5) je ferai.
  (6) je fasse, nous fassions.   (7) faisant.   (8) fais,
  faisons, faites.

dire, *to say, to tell*.   (2) je dis, nous disons, vous dites,
  ils disent.   (3) je dis.   (4) j'ai dit.   (6) je dise.
  (8) dis, disons, dites.

  Thus : redire, *to say again*.

  Médire, *to slander*; contredire, *to contradict*; interdire, *to
  forbid*, have (2) and (8) (vous) médisez, contredisez, interdisez.

maudire, *to curse*.   (2) je maudis, nous maudissons,
  vous maudissez.   (3) je maudis.   (4) j'ai maudit.

lire, *to read*.   (2) je lis, nous lisons.   (3) je lus.   (4) j'ai lu.

  Thus : élire, *to elect*.

suffire, *to suffice*.   (2) je suffis, nous suffisons.   (3) je
  suffis.   (4) j'ai suffi.

confire, *to pickle, to preserve*.   (2) je confis, nous con-
  fisons.   (3) je confis.   (4) j'ai confit.

§ 47.   Verbs with stem in aiss, oiss (§ 16.9).

connaître, *to know*.   (2) je connais, il connaît, nous
  connaissons.   (3) je connus.   (4) j'ai connu.

paraître, *to appear*.   (2) je parais, il paraît, nous parais-
  sons.   (3) je parus.   (4) j'ai paru.

  Thus : repaître, *to feed*.   But in the simple verb
  paître, *to graze*, (3) and (4) are wanting.

naître, *to be born*.   (2) je nais, il naît, nous naissons.
  (3) je naquis.   (4) je suis né.

croître, *to grow*.   (2) je croîs, tu croîs, il croît, nous
  croissons.   (3) je crûs.   (4) j'ai crû.   (6) je croisse.
  (8) croîs, croissons.

  Takes a circumflex accent as a distinguishing mark where
  it might otherwise be confused for a part of croire (§ 8.3.*d*).
  But the compounds accroître, *to increase*, décroître, *to
  decrease*, have the accent only on the 3rd pers. sing. like
  connaître.

§ 48.   Verbs with stem in uis.

conduire, *to conduct*.   (2) je conduis, nous conduisons.
  (3) je conduisis.   (4) j'ai conduit.

  Thus nearly all verbs in uire :
  introduire, *to introduce*.   (2) j'introduis, nous intro-
    duisons.

produire, *to produce.* (2) je produis, nous pro-
duisons.

réduire, *to reduce.* (2) je réduis, nous réduisons.

traduire, *to translate.* (2) je traduis, nous traduisons.

construire, *to construct.* (2) je construis, nous con-
struisons.

détruire, *to destroy.* (2) je détruis, nous détruisons.

cuire, *to cook.* (2) il cuit, ils cuisent.

nuire, *to harm.* (2) je nuis, nous nuisons. (3) je nuisis.
(4) j'ai nui.

Thus : luire, *to shine.*

§ 49.   Verbs with stem in **v.**

suivre, *to follow.* (2) je suis, tu suis, il suit, nous suivons.
(3) je suivis. (4) j'ai suivi.

Thus : **poursuivre**, *to pursue.*

vivre, *to live.* (2) je vis, nous vivons. (3) je vécus.
(4) j'ai vécu.

Thus : **survivre**, *to survive.*

écrire, *to write.* (2) j'écris, nous écrivons. (3) j'écrivis.
(4) j'ai écrit.

Thus : décrire, *to describe* ; inscrire, *to inscribe*, etc.

§ 50.   Verbs with stem in **aign, eign, oign.**

craindre, *to fear.* (2) je crains, nous craignons. (3) je
craignis. (4) j'ai craint.

Thus : plaindre, *to pity.* (2) je plains.
contraindre, *to compel.* (2) je contrains.

peindre, *to paint.* (2) je peins, nous peignons. (3) je
peignis. (4) j'ai peint.

Thus : atteindre, *to reach* ; ceindre, *to gird* ;
éteindre, *to extinguish* ; feindre, *to feign* ; teindre,
to dye, etc.

joindre, *to join.* (2) je joins, nous joignons. (3) je
joignis. (4) j'ai joint.

Thus : oindre, *to anoint.*

§ 51.   Verbs with stem modified by vocalisation of
1 (§ 16.8).

moudre, *to grind.* (2) je mouds, il moud, nous moulons.
(3) je moulus. (4) j'ai moulu.

absoudre, *to absolve.* (2) j'**absous,** il **absout,** nous **ab-solvons,** ils **absolvent.** (3) *None.* (4) j'ai **absous.**

Thus : **dissoudre,** *to dissolve.*

The feminine of the past participles **absous, dissous,** is **absoute, dissoute.**

résoudre, *to resolve.* (2) je **résous,** il **résout,** nous **résol-vons,** ils **résolvent.** (3) je **résolus.** (4) j'ai **résolu.**

There is also a past participle **résous,** *fem.* **résoute,** used in the scientific sense of the verb : La vapeur s'est **résoute** en eau.

§ 52.   Verbs with strong and weak Present stems (§ 16.11).

boire, *to drink* (stem in **v**). (2) je **bois,** nous **buvons,** vous **buvez,** ils **boivent.** (3) je **bus.** (4) j'ai **bu.** (6) je **boive,** nous **buvions.**

prendre, *to take.* (2) je **prends,** il **prend,** nous **prenons,** ils **prennent.** (3) je **pris.** (4) j'ai **pris.** (6) je **prenne,** nous **prenions.**

Thus : **apprendre,** *to learn* ; **comprendre,** *to understand* ; **surprendre,** *to surprise,* etc.

§ 53. être, *to be.* (2) je **suis,** tu **es,** il **est,** nous **sommes,** vous **êtes,** ils **sont.** (3) je **fus.** (4) j'ai **été.** (5) je **serai.** (6) je **sois,** nous **soyons,** ils **soient.** (7) **étant.** (8) **sois, soyons, soyez.**

IV. Verbs in -oir

§ 54.   Verbs with strong and weak Present stems.

recevoir, *to receive.* (2) je **reçois,** nous **recevons,** ils **reçoivent.** (3) je **reçus.** (4) j'ai **reçu.** (5) je **recevrai.**

Thus : **apercevoir,** *to catch sight of* ; **concevoir,** *to conceive* ; **décevoir,** *to deceive* ; etc.

devoir, *to owe.* (2) je **dois,** nous **devons,** ils **doivent.** (3) je **dus.** (4) j'ai **dû.** (5) je **devrai.**

Past participle **dû** (§ 8.3.*d*), **due, dus, dues.**

pouvoir, *to be able,* '*can.*' (2) je **peux** *or* je **puis,** tu **peux,** il **peut,** nous **pouvons,** ils **peuvent.** (3) je **pus.** (4) j'ai **pu.** (5) je **pourrai.** (6) je **puisse,** nous **puissions,** ils **puissent.** (7) **pouvant.** (8) *None.*

Interrog. 1st pers. sing. always **Puis-je ?**
Negative either **Je ne peux pas** *or* **Je ne puis pas.**
The conversational form is **Je peux, Est-ce que je peux ?**

mouvoir, *to move.* (2) je **meus,** nous mouvons, ils
meuvent. (3) je mus. (4) j'ai mû. (5) je **mouvrai.**
Past participle mû, mue, mus, mues.

savoir, *to know.* (2) je sais, nous savons, ils savent.
(3) je sus. (4) j'ai su. (5) je saurai. (6) je **sache,**
nous **sachions.** (7) **sachant.** (8) **sachez,** sachons,
sachez.

§ 55. pleuvoir, *to rain,* impersonal. (2) il **pleut.** (3) il **plut.**
(4) il a plu. (5) il **pleuvra.** (6) il **pleuve.**
(7) **pleuvant.**

Often used in the 3rd pers. plural with personal subject.
Les flèches pleuvent, pleuvaient (§ 71.1, note).

§ 56. vouloir, *to will, wish.* (2) je **veux,** nous voulons, ils
veulent. (3) je **voulus.** (4) j'ai **voulu.** (5) je
voudrai. (6) je **veuille,** nous voulions, ils veuillent.
(7) **voulant.** (8) **veuille** (bien), **veuillez** (bien)+In-
finitive : Veuillez (bien) ouvrir la fenêtre.

But **veux, voulons,** voulez in the sense of 'exert your will.'
Voulez-le et vous le pourrez.

§ 57. asseoir, *to seat.* (2) j'**assieds,** il assied, nous **asseyons,** ils
asseyent. Or : j'**assois,** il assoit. (3) j'**assis.** (4) j'ai
assis. (5) j'**assiérai,** *or* j'**asseyerai.** (6) j'**asseye,**
nous asseyions (7) **asseyant.** (8) **assieds** *or* **assois,**
asseyez.

Thus also the much commoner form s'**asseoir,** *to
sit down.*

§ 58. Verbs with stem modified by vocalisation of **l.**
valoir, *to be worth.* (2) je **vaux,** il vaut, nous valons, ils
valent. (3) je **valus.** (4) j'ai **valu.** (5) je **vaudrai.**
(6) je **vaille,** nous valions, ils **vaillent.** (7) valant.
(8) vaux, valons.

Thus : prévaloir, *to prevail,* but with Pres. Subjunctive je **prévale.**

falloir, *to be necessary,* '*must,*' impersonal. (2) il **faut.**
(3) il **fallut.** (4) il a **fallu.** (5) il **faudra.** (6) il
faille. (7) *None.*

§ 59. Verb with stem in **oi, oy** (§ 16.10).
voir, *to see.* (2) je vois, nous **voyons,** ils voient. (3) je
vis. (4) j'ai vu. (5) je **verrai.**
prévoir, *to foresee,* has (5) je **prévoirai.**
pourvoir, *to provide,* has (3) je **pourvus.** (5) je
pourvoirai.

§ 60. **avoir,** *to have.* (2) j'ai, tu **as,** il **a,** nous avons, vous avez, ils **ont.** (3) j'**eus.** (4) j'ai **eu.** (5) j'**aurai.** (6) j'**aie,** il **ait,** nous ayons, ils **aient.** (7) **ayant.** (8) **aie,** ayons, ayez.

§ 61.   DEFECTIVE VERBS

(Only the forms in commonest use are given)

écloper, *to lame, maim.* Past Participle **éclopé.** Il rentra de la guerre tout éclopé.

faillir, *to fail.* (2) **faut.** Le cœur me faut, *My heart fails me.* Used chiefly in the forms (3) je faillis + infinitive. (4) j'ai failli + infinitive. Je faillis me noyer, *I narrowly escaped drowning.* Elle a failli se trouver mal, *She nearly fainted.*

défaillir, *to faint.* (2) nous défaillons, vous défaillez, ils défaillent. Past Descriptive : je défaillais, etc. (4) j'ai défailli.

férir, *to strike.* The Infinitive is used in the phrase **sans coup férir,** *without striking a blow.*

gésir, *to lie.* (2) il **gît,** nous **gisons,** vous gisez, **ils** gisent. Past Descriptive je **gisais,** etc. (7) **gisant.** Used especially as a tombstone heading : **Ci-gît, Ci-gisent.** ' *Here lie(s).*'

honnir, *to put to shame.* Used only in the Infinitive and the Past Participle, as in the device of the Order of the Garter : Ho(n)ni soit qui mal y pense.

ouïr, *to hear.* The Past Historic and Past Participle, though archaic, are occasionally used : J'**ouïs** dire que . . . J'ai **ouï** dire que. In constant use is the phrase Savoir quelque chose **par ouï-dire,** *by hearsay.*

quérir, *to fetch.* Used only in such phrases as **aller** quérir, *to go for* ; **envoyer** quérir, *to send for.*

But the usual expressions are **aller chercher, envoyer chercher.**

transir, *to penetrate with cold, rain.* Past Participle **transi.** Nous étions transis, *we were soaked through* ; il était transi de froid, *he was chilled to the bone.*

accroire, used only in the phrase **en faire accroire à quelqu'un.** Il nous en fait accroire, *he is ' pulling our leg.*'

braire, *to bray.* (2) il brait, ils braient. (5) il braira.

bruire, *to rustle, ripple.* (2) il bruit, ils **bruissent.** Past Descriptive il bruissait. (7) bruissant.

clore, *to close.* (2) je clos, il clôt. (4) j'ai clos. (5) il clora. Juger une affaire **à huis clos,** *in camera.* The usual verb is **fermer.**

éclore, *to hatch, to bloom.* (2) il éclôt, ils éclosent. (4) il a (*or* est) éclos. (5) il éclora. (6) il éclose.

Thus : **enclore,** *to enclose.* (4) j'ai enclos.

s'ensuivre, *to follow, result.* Conjugated like **suivre,** but used only in the 3rd pers. singular and plural.

forfaire, *to forfeit.* Used chiefly in the compound tenses. (4) Il a **forfait** à l'honneur.

frire, *to fry* (2) je fris, il frit. (4) **j'ai frit.** (5) je frirai.

Nearly always intransitive : **Le poisson frit.** The transitive form is usually **je fais frire.**

chaloir, *to matter.* Used only in the Infinitive and in (2) Peu m'en chaut, *It matters little to me.* The Present Participle is preserved in the adjective **nonchalant.**

choir, *to fall.* Used humorously in **se laisser choir.** In old fairy-tales are found Past Participle chu and Future cherra. The usual verb is **tomber.**

échoir, *to fall due, to occur.* (2) il échoit, ils échoient. Past Descriptive il échoyait. (3) il **échut.** (4) il est **échu.** (5) il écherra. (6) il échoie. (7) **échéant.**

Commonly used in the phrase **le cas échéant,** *if the need should arise.*

déchoir, *to fall, decline.* (2) je déchois, nous déchoyons. (3) je **déchus.** (4) j'ai déchu. (5) je **décherrai.**

Used chiefly in Past Participle : **un ange déchu,** *a fallen angel.*

ravoir, *to get back, recover,* Infinitive only. Je voudrais **ravoir** mon livre, *I should like to have my book back.*

seoir, *to be fitting, to suit.* (2) il sied, ils **seyent.** Past Descriptive il **seyait.** (5) il siéra. (7) **seyant.** Past Participle **sis,** *situated, located.*

§ 62. LIST OF IRREGULAR AND DEFECTIVE VERBS

abattre § 45	craindre § 50	haïr § 36	prévoir § 59
absoudre § 51	croire § 44	honnir § 61	produire § 48
accroire § 61	croître § 47		
accroître § 47	cueillir § 37	inscrire § 49	quérir § 61
acquérir § 38	cuire § 48	interdire § 46	
admettre § 45		introduire § 48	ravoir § 61
aller § 34	décevoir § 54		recevoir § 54
apercevoir § 54	déchoir § 61	joindre § 50	réduire § 48
apprendre § 52	décrire § 49		repaître § 47
assaillir § 37	décroître § 47	lire § 46	se repentir § 39
asseoir § 57	défaillir § 61	luire § 48	résoudre § 51
atteindre § 50	détruire § 48		rire § 43
avoir § 60	devoir § 54	maudire § 46	
	dire § 46	médire § 46	savoir § 54
battre § 45	dissoudre § 51	mentir § 39	sentir § 39
boire § 52	dormir § 39	mettre § 45	seoir § 61
bouillir § 39		moudre § 51	servir § 39
braire § 61	échoir § 61	mourir § 38	sortir § 39
bruire § 61	écloper § 61	mouvoir § 54	souffrir § 37
	éclore § 61		sourire § 43
	écrire § 49	naître § 47	soustraire § 44
ceindre § 50	élire § 46	nuire § 48	suffire § 46
chaloir § 61	enclore § 61		suivre § 49
choir § 61	s'ensuivre § 61	offrir § 37	surprendre § 52
clore § 61	envoyer § 35	oindre § 50	survivre § 49
combattre § 45	éteindre § 50	ouïr § 61	
commettre § 45	être § 53	ouvrir § 37	taire § 46
comprendre § 52	exclure § 43		teindre § 50
concevoir § 54	extraire § 44	paître § 47	tenir § 38
conclure § 43		paraître § 47	traduire § 48
conduire § 48	faire § 46	partir § 39	traire § 44
confire § 46	faillir § 61	peindre § 50	transir § 61
connaître § 47	falloir § 58	plaindre § 50	tressaillir § 37
conquérir § 38	feindre § 50	plaire § 46	
construire § 48	férir § 61	pleuvoir § 55	vaincre § 42
contraindre § 50	forfaire § 61	poursuivre § 49	valoir § 58
contredire § 46	frire § 61	pourvoir § 59	venir § 38
convaincre § 42	fuir § 40	pouvoir § 54	vêtir § 41
coudre § 46		prendre § 52	vivre § 49
courir § 41	gésir § 61	prévaloir § 58	voir § 59
couvrir § 37			vouloir § 56

THE ACTIVE VOICE

§ 63. It has already been stated (§ 27) that in the active voice all transitive verbs form their compound tenses with the auxiliary **avoir**, according to the paradigms shown in § 31.

Most intransitive verbs also have the auxiliary **avoir**, but a few denoting **change of place or state**, and also **rester**, have the auxiliary **être**, and are conjugated as shown in § 27.

1. This is always the case with the verbs

aller	arriver	entrer	naître	devenir
venir	partir	sortir	mourir	rester

Je **suis allé** le voir.   Elle **est venue** me trouver.
Nous **étions arrivés** la veille.   Je **suis né** le quinze mars.
Je ne sais pas ce qu'elle **est devenue**, mais je ne pense pas qu'elle **soit restée** à Londres.

2. The verbs **monter, descendre, accourir, tomber,** usually have the auxiliary **être**, but **avoir** is also found.

Je suis (J'ai) **monté** me coucher à onze heures.
Louis **était monté** sur le trône en 1643.
Je suis **monté** dans le train.
Nous **avons monté** à l'assaut.
Je suis **descendu** à sept heures ce matin.
Déjà le soleil **était descendu** derrière les cimes des arbres.
La lune **a descendu** dans les brumes de l'horizon.
Elle **est accourue** immédiatement.   Les agents **ont accouru**.
Je suis **tombé** et me suis fait mal (always **être** in this sense).

But : La pluie **a tombé** (_or_ **est tombée**) à torrents.

And impersonally nearly always **avoir**.
Il **a tombé** de la pluie.

Note.—The verbs **monter, descendre,** of course take **avoir** when they have a cognate accusative (§ 126).

Nous **avons monté** les degrés de l'escalier.
Nous **avions redescendu** la rue de La Harpe.

And **monter, descendre, entrer, sortir,** have also the value of transitive verbs = to take up, down, in, out.

A-t-on **descendu** les malles ?
On **avait rentré** les tables avant la nuit.

3. On the other hand, verbs which denote not merely change of place, but also a certain form of **physical activity**, always take **avoir**. Thus :

marcher, courir, galoper, sauter, nager, voler.
J'**ai couru** le retrouver.   J'**ai sauté** à terre.

§ **64.** Verbs of the type of

>   changer, geler, grandir, vieillir, rajeunir, embellir,

denoting change of condition, are sometimes said to take both auxiliaries, avoir to denote the action, and être to denote the state.

It is more accurate to say that they are conjugated with the auxiliary avoir :

>   Il **a** gelé fort cette nuit,
>   Comme cette enfant **a** embelli !
>   Vous **avez** vieilli pendant vos voyages,
>   **J'avais** beaucoup grandi entre les âges de sept et dix ans,

but that their past participle is also used as a predicative adjective :

>   Comme cette enfant est embellie !
>   Comme vous êtes changé (grandi, vieilli) !
>   L'eau était gelée dans ma cuvette,

in which examples we have merely the present and the past descriptive of être, rather than tenses of grandir, geler, etc.

Note.—The same remark applies to such verbs as sortir, rentrer, descendre, mourir, partir, studied in § 63. Thus :

>   Madame est sortie = *Mrs (Smith) is out.*
>   Est-ce que monsieur est rentré ? = *Is your master home yet ?*
>   Son père est mort = *His father is dead.*

These sentences are really in the present tense, so that the construction

>   Je suis descendu depuis sept heures,
>   Les hirondelles sont parties depuis un mois,
>   La tête de Pâques est passée depuis plus de quinze jours,

shows no departure from the rule given in § 73.1.

In the following, on the other hand, we have the **conversational past :**

>   Il **est** rentré fort tard. *Came home.*
>   Madame est sortie à deux heures. *Went out.*
>   Son père est mort il y a deux ans. *Died.*

The same distinction must be made between the past tense of the pronominal verbs in

>   Je me suis assis. *I sat down,*
>   Je me suis levé. *I got up,*
>   Je me suis couché. *I went to bed,*

and the present tense in

>   Je suis assis. *I am seated,*
>   Je suis levé. *I am up,*
>   Je suis couché. *I am in bed,*

in which the past participle is used as a predicative adjective, **just** as in

>   La porte est fermée (§ 66.2).

THE PASSIVE VOICE

§ 65. The **Passive Voice** is formed by adding to the verb **être**, in all its tenses, the **Past Participle** of a directly transitive verb. The past participle agrees with the subject.

INFINITIVE

Present. être respecté(e)(s)   *Perfect.* avoir été respecté(e)(s)

PARTICIPLE

Present. étant respecté(e)(s)   *Perfect.* ayant été respecté(e)(s)

INDICATIVE

Present. je suis respecté(e)   *Perfect.* j'ai été respecté(e)
tu es respecté(e)   tu as été respecté(e)
il est respecté   il a été respecté
elle est respectée   elle a été respectée
nous sommes respecté(e)s   nous avons été respecté(e)s
etc.   etc.

Past Descript. j'étais respecté(e)   *Past Perf.* j'avais été respecté(e)
etc.   etc.

and so on throughout the conjugation of **être** as given in § 30.

§ 66. Use of the Passive Voice.

1. The object of a directly transitive verb becomes subject, and is shown as 'suffering' the action, the agent being then governed by the prepositions **par** or **de** (§ 67).

{ Jean **a frappé** la petite Louise.
{ La petite Louise **a été frappée** par Jean.
{ Tout le monde **respecte** Pierre.
{ Pierre **est respecté** de tout le monde.

2. If the agent is not mentioned, it becomes important to distinguish between **être, auxiliary of the passive,** and **être followed by an adjective complement,** there being no **action** in progress. Thus:

Pierre est respecté=On respecte Pierre,
La Suisse est bien gouvernée=On gouverne bien la Suisse,

and we have here the **passive voice** of **respecter, gouverner,** in the present tense.

But **La porte est fermée,** *The door is shut,* is not equivalent to **On ferme la porte**; no action is being 'suffered' by the door, we have merely an indication of its state or position, and **fermée** is adjectival and predicative.

Pierre est respecté is felt as being in the passive because the verb **respecter** denotes an **enduring** action.

La porte est fermée is not felt as a passive, if no agent is mentioned, because **fermer** denotes a **momentary** action, which is felt as having now been completed.

3. English easily distinguishes between 'The door is shut' (completed action, or state), and 'The door is being shut,' by the use of the continuous present, but as French lacks this construction, the present and past descriptive passive of verbs denoting momentary action **are not often used unless the agent is mentioned.** They are replaced by

(*a*) The active voice with **on** as subject.
　　　On ouvre la porte.　　*The door is (being) opened.*

(*b*) The pronominal voice.
　　　La porte **s'ouvre**.　　*The door opens.*　　(§ 70.3.*c*.)

4. This restriction does not apply to the past tenses, as the past historic and conversational past denote action as opposed to state (descriptive past).

　　　La porte **fut** (**a été**) **ouverte**.　　*The door was opened* (passive).
　　　La porte **était ouverte**.　　*The door was open* (not passive).
　　　Le pauvre oiselet fut tué, plumé et mis à cuire dans une petite casserole, car il devait être servi à part au fils du roi.

5. It is permissible in English to make a dative or a prepositional object the subject of the passive.

　　　John gave me an apple.　I *was given* an apple by John.
　　　People laughed at me.　I *was laughed at.*

This construction is impossible in French. **Note especially that indirectly transitive verbs have no passive voice.**

Such sentences as

　　　On répondit à sa question.　Son fils lui succédera.　On ne peut résister à cette tentation,

cannot be recast in the passive, except occasionally as in § 71.4

Note.—To the verbs obéir à qqn, désobéir à qqn, pardonner à qqn, correspond the passive constructions

　　　Il est obéi de tous.　Elle fut souvent désobéie.　Vous serez pardonné.

But these exceptions are only apparent. The passive of these verbs dates from a time when they were directly transitive.

One also says :

　　　C'est une chose **convenue**.　*That's agreed upon,*

although the active construction is convenir de qqch.

§ 67. 1. The relation of the agent to the action suffered by the subject is expressed either by **de** or by **par**.

> **De** expresses a vague, indeterminate, habitual relation.
> **Par** expresses a definite, special, or unusual relation.
>
>> Il est respecté **de** tout le monde, et même **par** son domestique.
>> Monsieur Durand s'en allait faire une petite promenade en auto, accompagné **de** sa famille ; ayant dépassé la limite de vitesse, il dut se rendre au poste de police, accompagné **par** deux agents.

2. While in the older language the agent was usually introduced by **de**, it is to-day with the majority of verbs introduced by **par**.

> Louise a été battue, frappée, **par** son frère.
> La fenêtre fut ouverte **par** un des élèves.
> Ce château a été construit **par** un architecte du dix-huitième siècle.
> Cette œuvre fut commencée **par** Guillaume de Lorris et achevée **par** Jean de Meung.

Note.—When there is no conscious volition on the part of the agent, **de** is the more usual preposition.

> Perché au sommet d'une colline, le village est battu **de** tous les vents du ciel.
> Je fus frappé **de** cette réponse.

3. The preposition **de** is the more usual

> (a) With verbs denoting an **action of the mind**, such as
>> être aimé, respecté, estimé, haï, détesté, honoré, craint;
>
> (b) With verbs denoting what is mostly a **habitual action**, such as
>> être suivi, accompagné, escorté, précédé.

But the general rule given under 1 must always be borne in mind.

> (a) Il est estimé **de** tout le grand public, et même **par** ses adversaires.
> Elle est aimée **de** tous ceux qui la connaissent.
> Dans sa jeunesse, elle fut aimée **par** son cousin.
> (b) Le prince s'avançait, précédé **de** ses gardes.
> La décadence militaire fut précédée **par** la décadence politique, comme l'effet l'est toujours **par** la cause.
> Un bon bourgeois passa, suivi, **de** son chien.
> L'armée se retira, suivie de près **par** les troupes ennemies.

4. Thus also with être **vu, entendu, lu, obéi, favorisé,** etc.

> Le soleil est vu **de** tout le monde, mais il y a des corps célestes qui n'ont été vus que **par** quelques astronomes.
> Ce maitre est toujours obéi **de** ses élèves.

§ 68. The **instrument**, as opposed to the agent, is usually introduced by **de**, rarely by **par**, and only to denote a special and unusual occurrence, in which the instrument is referred to as an agent.

Il fut blessé **par** une balle perdue (*a spent bullet*).

But :

Il fut blessé d'une flèche, d'un coup de fusil.
Il était éclairé des lumières de la foi.
Nous étions menacés d'une tempête.
Tout le peuple fut frappé de la peste.

Note that in these sentences the adverbial complements would stand equally if the verb were in the active voice.

Un sauvage le blessa d'une flèche.
Dieu l'éclairait des lumières de la foi.
See also § 287.

THE PRONOMINAL VOICE

§ 69. The verbal endings are those of the active voice ; the auxiliary is **être**, the object pronouns **me, te, se, nous, vous**, cling to the verb or auxiliary. For the concords of the past participle, see §§ 448, 449.

INFINITIVE

Present. se hâter	*Perfect.* s'être hâté(e)(s)

PARTICIPLE

Present. se hâtant	*Perfect.* s'étant hâté(e)(s)

INDICATIVE

Present. je me hâte	*Perfect.* je me suis hâté(e)
tu te hâtes	tu t'es hâté(e)
il se hâte	il s'est hâté
elle se hâte	elle s'est hâtée
nous nous hâtons	nous nous sommes hâté(e)s
vous vous hâtez	vous vous êtes hâté(e)(s)
ils se hâtent	ils se sont hâtés
elles se hâtent	elles se sont hâtées
Past Descr. je me hâtais	*Past Perf.* je m'étais hâté(e)
etc.	etc.

IMPERATIVE

Present. hâte-toi	ne te hâte pas	*Perfect. None.*
hâtons-nous	ne nous hâtons pas	
hâtez-vous	ne vous hâtez pas	

Note.—In the Infinitive and Participle, the pronominal **object** is that which suits the sense.

Je dois me hâter.   Il nous a dit de nous hâter.
J'évitai l'orage, m'étant hâté de rentrer.

§ 70. The pronominal verbs form three distinct groups.

1. An ordinary transitive verb has the subject as either (*a*) direct object, or (*b*) indirect object.   The verb becomes **reflexive.**

    (*a*) Marie **s'est coupée.**   Elle **s'est coupée** au doigt.

           Pourquoi **vous louez-vous** au lieu d'attendre qu'on vous loue ?

    (*b*) Marie **s'est coupé** le doigt.

           Vous **vous nuisez** par votre inexactitude.   (Nuire à quelqu'un, *to injure some one*.)

Note.—The transitive verb **s'arroger,** which has a pronominal object in the dative, also belongs here, although it is always reflexive.

    Ils **se sont arrogé** des droits que nous ne pouvons leur concéder.

2. The pronominal object indicates reciprocal action on the part of two or more agents.   The verb is **reciprocal,** with object (*a*) direct or (*b*) indirect.

        L'un l'autre, l'un à l'autre, etc. (§ 251.7) is a frequent adjunct which removes any ambiguity.

    (*a*) Ces enfants **s'aiment** comme frères et sœurs.

        Aimez-vous les uns les autres.

    (*b*) Les deux chiens **se montraient** les dents.

        Ces deux magasins sont trop rapprochés, ils **se nuisent l'un à l'autre.**

Notes.—(*a*) The verb may be singular with **on, tout,** etc., as subject.

    Il y a toujours quelque chose de solennel dans un départ, même quand **on se quitte** pour peu de temps.

    Entre voisins **on se rend** de petits services.

    Dans une âme vraie **tout se tient :** ce qu'elle aime dans les paroles, elle l'aime aussi dans la vie.

(*b*) A few verbs show reciprocity of action by prefixing **entre.**

    Dans le panier les bouteilles **s'entre-choquaient.**

3. In many verbs the action has never been felt, or has long ceased to be felt, as reflexive or reciprocal ; the object pronoun merely indicates the interest which the subject has in the action. These verbs are not as a rule reflexive or reciprocal in English. They include

    (*a*) **Verbs always pronominal.**   Some of these are indirectly transitive (generally with de), *e.g.* **s'emparer, se moquer, se repentir, se souvenir, se fier ;** others are intransitive, *e.g.* **s'envoler, s'évanouir, s'enfuir.**

        Il **se moque** de vous.   Je **me repens** de ma faute.   Il **s'est emparé** de mon argent.   Je ne **me fie** pas à lui.

        L'oiseau **s'envola.**   Elle **s'était évanouie.**

(*b*) **Active verbs** which assume **a new meaning**, transitive or intransitive, in the pronominal form. Compare:

Ne battez pas vos camarades.	Il s'est battu avec courage.
J'aperçois quelqu'un.	Je m'aperçois de mon erreur.
Il attendait une lettre.	Il s'attendait à un accident.
Ne me plaignez pas.	Ne vous plaignez pas de ma conduite.
Il va à l'école.	Il s'en va.
Il tait la vérité.	Il se tait.

(*c*) **Active verbs** which take the pronominal form with **passive** meaning (§ 66.3.*b*). They are numerous. The subject is usually a 'thing,' seldom a person.

La clef s'est retrouvée. *The key has been found.*
Une maison ne se bâtit pas en un jour. *... is not built.*
Cet article se vend partout. *... is sold everywhere.*
Cet article se vend bien. *... sells well.*
L'Académie des Sciences jouissait d'une faveur qui s'explique aisément.

Notes.—(*a*) Many verbs in English have both transitive and intransitive function without change of form. In most cases the verb becomes pronominal in French when it is intransitive in English.

J'arrête la pendule. *I stop the clock.*
Je m'arrête. *I stop.*
Je ne peux pas hâter les événements. *I cannot hasten events.*
Je ne peux pas me hâter. *I cannot hasten.*

(*b*) The verbs described in group 3 above are so numerous, as a page taken at random from any French book will show, that the collection and study of examples is of the utmost importance.

IMPERSONAL VERBS

§ 71. The grammatical subject is always neuter **il**, followed by a singular verb. A logical subject may or may not follow.

1. The verb is a complete predicate. To this class belong verbs describing the weather.

Il pleut, il neige, il vente, il grêle, il tonne.

Note.—By extension of meaning the impersonal verb may take an object (which, however, may also be parsed as a logical subject):

Il pleut des balles;

or it may be used with a personal subject:

Les balles pleuvent. Les canons tonnent.

2. The verb is not a complete predicate. Such verbs are:

(a) Faire + adjective or noun, describing the weather.

> Il fait beau (temps), vilain, froid, un temps glacial.
> Il fait du vent, du brouillard, du soleil.

(b) Il faut, il y a, with an object noun, pronoun, infinitive, or clause.

> Il y a de la craie dans le pupitre.   Il y en a aussi dans la boîte.   Qu'est-ce qu'il y a ?   *What is the matter ?*
> Il y a que je suis très inquiet.
> Il faut travailler.   Il faut que nous travaillions.

And with a dative of the person interested.

> Il lui a fallu beaucoup travailler.
> Il nous faudra deux heures pour faire ce travail.

(c) Il est + an expression of time.

> Il est tard.   Il est midi.   Il est trois heures.

3. Il is used as a provisional subject, the real subject being the following clause, which, if an infinitive, is introduced by de.

> Il convient d'être poli avec tout le monde.
> Il importe de faire vite.
> Il paraît que vous partez en voyage.

Thus also with the construction il est + adjective.

> Il n'est pas facile de se passer de pain.
> Il est vrai qu'on m'a aidé.

There may be a dative of the person interested.

> Il ne me convient pas de suivre ce conseil.
> Il ne nous est pas facile de nous passer de pain.

Notes.—(1) The adjective may be replaced by an equivalent.

> Dieu nous a donné le souvenir, et il n'est au pouvoir de personne de nous le retirer.   (Au pouvoir de = possible à.)

(2) The construction il est + adjective belongs to literature and to 'careful' speech.   In familiar speech ce is generally used.

> Ce n'est pas facile de se passer de pain.   C'est vrai qu'on m'a aidé.

4. Il is used as a provisional subject in order to bring the real subject (a noun) into stressed position.

> Il est venu beaucoup de monde.   Il va arriver un accident.
> Il est un Dieu.

This construction extends to the pronominal verbs with passive meaning (§ 70.3.c).

> Il se trouva enfin un homme qui sut diriger les événements
> Il se vend à Paris beaucoup d'articles anglais.

And occasionally to verbs in the passive voice:

> Au cours de mon voyage il me fut raconté des choses très curieuses.

USE OF THE TENSES OF THE INDICATIVE MOOD

§ 72. The Present Tense.

As in English and other languages, the **present** has in French a threefold value.

1. It indicates the **entire carrying out of an action**, from inception to completion, **now**.

> Je ferme la porte.

On a line of time, such an action may be plotted as occupying a very short interval of time, or, for the sake of simplicity, a point in time.

Thus :

> Je saisis (1) le bouton de la porte, je tourne (2) le bouton,
> j'ouvre (3) la porte, j'entre (4) et je referme (5) la porte,

may be plotted.

Such enumerations of actions, frequent in the past and future tenses, are rare in the present, but do occur ; thus a lecturer will say :

> Je prends ce flacon, j'y verse de l'eau, j'ajoute quelques
> gouttes d'acide sulfurique, j'y laisse tomber des frag-
> ments de zinc . . .

performing each action while he makes the relative statement.

2. It indicates that an action or state is **in progress, now**. The beginning and the end of the action or state are not considered, nor the extent of its duration.

> Il pleut.   Il fait froid.

Such statements cannot be plotted at or within definite points on a line of time ; they may, however, be represented as follows :

the parallel to the line of time expressing that **now** (at A, where the line is thickest) the action is in progress, while its inception and completion belong vaguely to the past and the future.

Thus the statement,

     Je **ferme** (1) la fenêtre parce qu'il **pleut** (2),

would be plotted

3. The present is also used when we refer to an action or state, not necessarily as taking place now, but as being (a) **always true**, or (b) **habitual**.

     (a) L'eau pure est inodore et sans saveur.
          Pierre qui roule n'amasse pas mousse.
     (b) Je déjeune toujours à huit heures.
          Quand il pleut je prends un parapluie.

Here, again, the actions or states referred to cannot be plotted at any definite point on a line of time ; but if always true, they may be represented graphically in the form

as above ; and if habitual, they would be represented by an indefinite number of points on such a parallel.

If these various uses of the present tense are clearly grasped and differentiated, there will be little difficulty in understanding the uses of the past tenses.

§ 73. The present tense has a number of further uses.

1. As in most European languages *except English,* it shows that an action or state **begun** at some past time is still in **progress**. English has the present perfect.

     Je suis à Londres depuis deux ans.   *I have been in London for two years.*
     Il y a déjà deux ans que je suis ici.
     Voilà une demi-heure que je vous attends.

2. As in English, it is used familiarly as an immediate future.
     J'arrive dans un instant.   *I'm coming in a minute.*

3. It is used for the future after **si**, in adverbial clauses.
     Si je réussis je vous écrirai.

4. It is used as an **immediate past**, especially of the verbs **arriver, revenir, sortir, rentrer**.
     Il arrive de Paris.   *He has just come from Paris.*
     Il sort à l'instant.   Elle sort du couvent.
     Il rentre du régiment, du service militaire.

5. It is used, much more frequently than in English, of past events, especially when a climax in the narrative is being reached, to make the scene more vivid by substituting description for narrative (affective use, chiefly literary). Thus used, it is called the historic present.

> Il ouvrit, il posa la lampe, puis il **entre** pieds nus.
> C'est à ce moment que j'entrai . . . Un vrai coup de théâtre ! La petite **pousse** un cri, le gros livre **tombe**, les canaris, les mouches **se réveillent**, la pendule **sonne**.

Notes.—(a) The English continuous present may be rendered by the phrase **être en train de** + infinitive.

> Je suis en train de préparer mon discours.   *I am preparing . . .*

(b) The 'emphatic' use of 'do' may be rendered by **bien** (cp. § 162).

> J'espère bien qu'ils reviendront !   *I do hope they will come back !*

§ 74. Past Historic.

Any action which in the present would be plotted as occupying a **point**, or a **definite interval**, in time, when it has become a past action, is expressed in literary style in the **past historic**. Thus, let the action of closing the door, which occurred at the time A,

be considered from a point in time B, it will be expressed,

> Je **fermai** la porte.

Thus also, narrated when we have reached a point in time B,

> Le conférencier **prit** (1) un flacon, y **versa** (2) de l'eau, **ajouta** (3) quelques gouttes d'acide sulfurique, puis y **laissa** (4) tomber des fragments de zinc . . .

When viewed in the past, it is immaterial whether the time occupied by the action or state was of short or long duration, provided that it is **viewed as a whole**.

> Louis XIV **régna** soixante-douze ans.

Tel **fut** l'équipement de l'armée pendant trois siècles.

§ 75. Past Descriptive.

Any action which in the present is plotted under the forms

is expressed, when considered from a point in time B, in the past descriptive. Thus

Il pleut.   Il fait froid,

B

become

Il **pleuvait**.   *It was raining.*   Il **faisait** froid.

Thus

Je déjeune toujours à huit heures

B

becomes

Je **déjeunais** toujours à huit heures.   *I used to breakfast . . .*

§ 76. In accordance with the principle explained above, the past descriptive has the following uses :

1. It **describes** people, things, as they **appeared in the past**.
   Notre maison **était** petite, mais confortable.
   Mon hôte **portait** une perruque poudrée.

2. It is the tense of **habitual action**.
   Quand il **pleuvait** nous **prenions** un parapluie.   *Whenever it rained, we used to take . . .*

3. It describes what **was in progress** at the time when some other event occurred or was occurring.
   Nous nous **préparions** à sortir quand sa lettre arriva.
   Il **écrivait** une lettre pendant que les obus **éclataient**.
   Note.—Here also être en train de may be used.
   Nous **étions en train** de déjeuner quand sa lettre arriva.

4. It is used to **report statements and questions** originally expressed in the present tense, when they are dependent on a main verb in the past.
   Il nous a écrit qu'il **était** malade.
   Il demanda si tout **était** prêt.

§ 77. The past descriptive has a number of further uses, most of which correspond to uses of the present tense explained above.

1. It describes an action or state, begun at a remoter period in the past, as still in progress at a given past time. English has the past perfect (cp. § 73.1).

> Nous étions à Londres depuis un an lorsque la guerre éclata.
> *We had been* ...
>
> Il y avait huit jours que nous l'attendions.
> Nous connaissions de longue date l'homme auquel nous avions affaire.

2. It is used for the **future in the past** after **si**, in adverbial clauses (cp. § 73.3).

> Il nous promit qu'il nous écrirait s'il réussissait.
> S'il vous **voyait** ici, il serait bien étonné.
> Si la situation **changeait** pendant mon absence, vous **me** feriez prévenir.

3. It is used as an **immediate past**, anterior to a given moment in the past, especially of the verbs **arriver, sortir**, etc. (cp. § 73.4).

> Je rencontrai un journaliste qui **arrivait** de Paris. *Who had just come* ...
> Elle **sortait** à peine du couvent lorsqu'il la demanda en mariage.
> Il **rentrait** du régiment lorsque je fis sa connaissance.

4. It is used occasionally for the **future perfect in the past**, to express vividly, as actually occurring, what might have happened under certain conditions (affective use).

> Un pas de plus et je **tombais** dans l'abîme (= et je serais tombé).
> Si l'on ne m'eût prévenu à temps, je **commettais** une faute irréparable (= j'aurais commis).

5. Modern writers frequently use the past descriptive instead of the past historic to make the narrative more vivid (affective use). This may be explained as a setting back into the past of the present historic (cp. § 73.5).

> Joe, immédiatement relevé après sa chute, à l'instant où l'un des cavaliers se précipitait sur lui, **bondissait** comme une panthère, l'**évitait** par un écart, se **jetait** en croupe, **saisissait** l'Arabe à la gorge ... l'**étranglait**, le **renversait** sur le sable, et **continuait** sa course effrayante.
>
> Ce jour-là, elle **partait** de bonne heure avec sa bonne qui lui donnait le bras et portait un pliant. Près du cimetière, elle **entrait** chez une marchande de couronnes qui la connaissait depuis de longues années. ... Là, elle se **reposait** quelques instants, puis, chargeant Germinie de couronnes d'immortelles, elle **passait** la porte du cimetière, **prenait** l'allée à gauche du cèdre.

§ 78. The fact that the English **simple past** is represented in French sometimes by the **past historic** and sometimes by the **past descriptive**, constitutes one of the chief difficulties of French grammar. A little practice in plotting the tenses will, however, soon lead to a clear understanding of how to differentiate between them.

Consider the following French passage :

La semaine suivante, toutes celles qui **avaient** (1) huit ans **descendirent** (2) au grand dortoir. J'**eus** (3) un lit placé près d'une fenêtre. Marie Renaud et Ismérie **restèrent** (4) mes voisines. **Souvent,** quand nous **étions** (5) couchées, sœur Marie-Aimée **venait** (6) s'asseoir près de ma fenêtre. Elle me **prenait** (7) une main qu'elle **caressait** (8), tout en regardant dehors. Une nuit, il y **eut** (9) un grand feu dans le voisinage. Tout le dortoir **était** (10) éclairé. Sœur Marie-Aimée **ouvrit** (11) le fenêtre toute grande, puis elle me **secoua** (12), en disant : " Réveille-toi, viens voir le feu ! "

It will be plotted as follows :

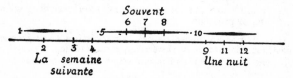

Note that verbs 5, 6, 7, 8, introduced by **souvent,** denote habitual action, and are located apart from, and not on, line A B.

In a like manner, in the following English passage, we should plot on the line A B every verb that carries the narrative a step forward.

I *was* (1) in a hurry to get back to town, and *took* (2) a crossroad which *was pointed out* (3) to me. Unfortunately, the mist *grew* (4) thicker and thicker, no stars *shone* (5) in the sky ; at last the darkness *became* (6) so complete that I *went astray* (7). I *tried* (8) to retrace my steps, and *found* (9) myself completely lost.

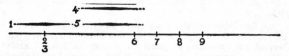

The tenses in French will then appear as follows :

J'**avais** (1) hâte de regagner la ville, et **pris** (2) un chemin de traverse que l'on m'**indiqua** (3). Par malheur, la brume s'**épaississait** (4) de plus en plus, aucune étoile ne **brillait** (5) au ciel ; enfin l'obscurité **devint** (6) si profonde que je **perdis** (7) mon chemin. Je **voulus** (8) retourner sur mes pas, et me **trouvai** (9) complètement égaré.

The passage below should be treated in the same manner, and then compared with the French.

"While she *sang*, darkness *was falling* from the great trees, and the moonlight *shone* on her alone. She *stopped*, and no one *dared* to break the silence. The lawn *was covered* with mist, which *rolled* over the blades of grass. We *thought* ourselves in Paradise. At last I *rose*, and *ran* to the flower-beds of the castle, where some laurel bushes *stood*. I *brought* back two branches, which *were woven* into a wreath and tied with a ribbon. I *set* on Adrienne's head this ornament, the lustrous leaves of which *shone* above her fair hair. She *resembled* the Beatrice of Dante. ... Adrienne *rose*, and *ran back* into the castle. She *was*, we *were told*, the grand-daughter of a descendant of a family connected with the ancient kings of France ; the blood of the Valois *flowed* in her veins ... When I *came* back to Sylvia, I noticed that she *was weeping*. The wreath offered to the lovely singer *was* the cause of her tears. I *offered* to go and gather another one, but she *said* she *did* not in the least *desire* it."

A mesure qu'elle **chantait**, l'ombre **descendait** des grands arbres, et le clair de lune **tombait** sur elle seule. Elle se **tut**, et personne n'**osa** rompre le silence. La pelouse **était couverte** de vapeurs, qui **roulaient** sur les pointes des herbes. Nous **pensions** être en paradis. Je me **levai** enfin, et **courus** au parterre du château, où se **trouvaient** des lauriers. Je **rapportai** deux branches qui **furent tressées** en couronne et nouées d'un ruban. Je **posai** sur la tête d'Adrienne cet ornement, dont les feuilles lustrées **éclataient** sur ses cheveux blonds. Elle **ressemblait** à la Béatrice de Dante. ... Adrienne se **leva**, et **rentra** en courant dans le château. C'**était**, nous dit-on, la petite-fille de l'un des descendants d'une famille alliée aux anciens rois de France ; le sang des Valois **coulait** dans ses veines... Quand je **revins** près de Sylvie, je m'**aperçus** qu'elle **pleurait**. La couronne donnée à la belle chanteuse **était** le sujet de ses larmes Je lui **offris** d'en aller cueillir une autre, mais elle **dit** qu'elle n'y **tenait** nullement.

Compare also, and plot, the following groups of sentences :

Il **était** bien triste quand il reçut ma lettre. *He was feeling very sad at the time when he received my letter.*
Il **fut** bien triste quand il reçut ma lettre. *The contents of my letter made him very sad.*

Nous attaquâmes l'ennemi, qui se **retirait**. *We attacked the enemy, who were retiring.*
Nous attaquâmes l'ennemi, qui se **retira**. *We attacked the enemy, who then retired.*

Je **savais** à trois heures ce qui était arrivé. *At three o'clock, I already knew what had happened.*
Je **sus** à trois heures ce qui était arrivé. *I learnt at three o'clock what had happened.*

Il **connaissait** la misère. *He was acquainted with want.*
Il **connut** la misère. *He made acquaintance with want.*

§ 79. The Perfect.

1. Shows an action as **now completed** (present perfect).

> J'ai fini mon devoir.   J'ai appris ma leçon.

And is not used if the action is still in progress.   See § 73.1 above.

2. Shows an action as having taken place at a **past time not specified.**

> J'ai lu cela quelque part.
> C'est des Arabes que nous **avons appris** l'algèbre.
> J'ai **été** faible, n'étant qu'un homme.

3. Is used familiarly as a future perfect (cp. § 73.2).

> Ne vous en allez pas, j'ai fini dans un instant.

4. And also after si in adverbial clauses (cp. § 73.3).

> Si demain il n'a pas encore répondu, nous n'attendrons plus.

5. Is used as a **past tense, instead of the past historic,** in conversation, letter-writing, etc., especially when recent events are referred to.   When thus used it is best called the **Conversational Past.**

> J'ai **vu** votre frère ce matin.   Le roi est mort hier dans la soirée.   Nous **avons attaqué** l'ennemi, qui **s'est retiré.** J'ai su à trois heures ce qui était arrivé.
>
> **La** semaine dernière, toutes celles qui avaient huit ans **sont** descendues au grand dortoir.   J'ai **eu** un lit placé près d'une fenêtre.
>
> **Hier** soir il y a eu un grand feu dans le voisinage.   Tout le dortoir était éclairé.   Sœur Marie-Aimée **a ouvert** la fenêtre toute grande, puis elle **m'a secouée,** en disant: " Réveille-toi, viens voir le feu."
>
> Poil de Carotte, tu n'**as** pas **travaillé l'année** dernière comme j'espérais.

Note.—In modern French the past historic is never used in conversation, except in some of the remoter provinces, such as Brittany, and in the South.

§ 80. The Past Perfect.

1. As in English, the past perfect is used of an action anterior to the period in the past which is engaging our attention.

> Louis XIII mourut en 1643 ; Richelieu **était** mort cinq mois auparavant.
> Il arriva en retard ; il **avait manqué** son train.

On **avait fini** de déjeuner quand nous sommes arrivés.

Quand nous **avions** bien **travaillé** on nous accordait un demi-congé.

Avant d'être "des vieux," ils **avaient été** "un ménage d'ouvriers rangés." Ils **avaient possédé** un mobilier complet.

2. Statements and questions spoken in the **past historic** or in the **conversational past** are reported in the **past perfect**, when dependent on a main verb in the past.

Il nous a écrit qu'il **avait été** malade.

Il demanda quand nous **étions arrivés**.

This rule is strictly observed, and the looseness frequent in English is not permissible. " I was ill when you called " is often reported in English in the form " He explained to us that he was ill *when we called*." But in French, " J'étais malade quand vous **êtes venus** pour me voir " must be reported

Il nous expliqua qu'il était malade quand nous **étions venus** pour le voir.

(Note that the descriptive past, " J'étais malade," is not set back into the past perfect.)

Several examples are to be found in Baudelaire's translation of *The Gold Bug*.

Driving a peg into the ground at the precise spot where the beetle fell, *my friend now produced from his pocket a tape-measure*. Mon ami enfonça dans la terre une cheville, à l'endroit précis où le scarabée **était tombé**, et tira de sa poche un ruban à mesurer.

§ 81. The Second Past Perfect is used

1. In simple sentences as a **past historic indicating the completion of an action**. It is then always accompanied by an adverb or adverb phrase indicating the time taken to accomplish the action, or its rapid accomplishment.

En huit jours le géant **eut terminé** son château.

En trois heures j'**eus visité** la ville et ses environs.

En moins d'un quart d'heure il **eut achevé** un portrait de mon lézard.

Il **eut** bientôt **fait** de s'habiller.

En vingt bonds il m'**eut dépassé**.

Je voulus nous garantir au moyen de la couverture, le vent l'**eut** bien vite **roulée**.

Thus also :

Avant qu'on **eût pu** saisir le voleur, il **eut sauté** par la fenêtre.

2. To indicate that the completion of an action was immediately anterior to another action in the past historic ; *i.e.* it is used in tense sequence with the past historic (§ 395.2) :

   (*a*) In principal clauses introduced by à peine, ne pas plus tôt ;

   (*b*) In dependent clauses introduced by quand, lorsque, dès que, aussitôt que, après que, etc.

   (*c*) In adjective clauses.

    (*a*) A peine fut-il **arrivé** qu'il **fut** obligé de repartir.
        La femme **ne fut pas plus tôt rentrée** chez elle que le diable **arriva.**

    (*b*) Quand il **eut fini** de parler, il **vint** à moi.
        Dès que la femme **fut rentrée** chez elle, le diable **arriva.**

    (*c*) Ceux qui **eurent fini** les premiers **attendirent** les autres dans la cour.

And as in 1 above :

    La trappe soulevée laissa paraître Télémaque . . . Il riait entre deux bouteilles de bière, qu'il **eut immédiatement débouchées** pour les servir aux militaires attablés.

Note.—The tense sequence must of course connect two successive actions, and does not obtain when events and description are intermingled.

    Je veillai toute la nuit.   Lorsque j'**eus fait** les dernières retouches à mon travail, le soleil **se levait** à l'horizon (*was rising*).   *Cf.* § 395.2, note 1.

§ 82. 'Temps Surcomposés.'   (*Cf.* § 395.2.)

The second past perfect belongs to 'historic' narrative ; the corresponding conversational tense is termed in French 'surcomposé,' *i.e.* the auxiliary is itself in a compound tense. It occurs only with the auxiliary **avoir.**

    En trois heures j'**ai eu visité** la ville et ses environs.
    J'**ai eu** bientôt **fait** de m'habiller
    Quand j'**ai eu fini** mon devoir, je suis allé jouer.

This tense may be thrown back into a remoter past.

    Les cinquante hommes **avaient eu** vite **épuisé** les maigres provisions du cabaret.
    Quand j'**avais eu fini** mon devoir, j'étais allé jouer.

Or forward into the future.

    Quand il **aura eu fini** son devoir, il sera allé jouer (§ 83.3).

And it may occur in the subjunctive.

    Avant que l'omnibus **ait eu chargé** les bagages et pris les voyageurs, la nuit est venue.

§ 83. The Future and Future Perfect

1. Are used as in English, of future time.

Il **arrivera** demain.　J'**aurai fini** avant vous.

2. Are used, chiefly in **dependent time clauses** and **adjective clauses**, in tense sequence with a future or imperative (which has future value) in the main clause (§ 395.2). Here English usually has the present or the perfect.

Appelez-moi quand vous **serez** prêt. ... *when you are ready.*
Appelez-moi quand vous **aurez fini.** ... *when you have finished.*
Je ferai ce qui me **plaira.**
Je viendrai aussitôt que je le **pourrai** ; dès que j'**aurai déjeuné.**
Faites comme vous **voudrez.**

3. Are used to express **supposition** or **probability.** The future simple is comparatively rare ; the future perfect constantly used.

On sonne.　Ce **sera** le médecin.　*It must be ..*
Il **aura** encore fait quelque bêtise.
Ma lettre lui **sera parvenue** trop tard.

4. The future is frequently used as an **imperative.**

Vous **ferez** ce que je vous dis.　*You must do ...*
Les lecteurs **sauront** que M. Jeannot père avait acquis des biens immenses.

§ 84. The Future and Future Perfect in the Past.

1. These tenses are used when the future and future perfect, in uses 1 and 2 above, become dependent on a main verb in a past tense, or even in independent clauses, when the whole narrative is in the past.

Il se vanta qu'il **aurait fini** avant moi.
Il m'écrivait qu'il se trouvait retenu à Paris.　Il **arriverait** le lendemain.
Il m'a dit de l'appeler quand je **serais** prêt.　*When I was ready.*
Il refusa de me conseiller.　Je **ferais** comme je voudrais.

2. (a) The **future simple in the past** is used as a somewhat diffident, and therefore polite, form, instead of the present tense, in statements, requests, and questions.

Je n'**affirmerais** pas que ce soit de sa faute.
Je ne **saurais** (= Je ne puis) me ranger à cette opinion (§ 94.1.).

Je **voudrais** bien vous demander quelque chose.
Voudriez-vous bien me passer le sucre, s'il vous plaît ?
Pardon, monsieur, **pourriez**-vous m'indiquer un bureau de
    tabac ?
Où donc est Henri aujourd'hui ? **Serait**-il malade ? *Can
    he be* . . .

(*b*) Both tenses are so used especially when one is not willing
to vouch for the truth of a statement.

Vous avez entendu l'explosion ? D'après les journaux du
    soir, il y **aurait** deux cents morts.
Ce **seraient** les Chinois qui **auraient inventé** la poudre à canon.

(*c*) Both tenses are used in adjective clauses to express a fact
which is only imaginary or hypothetical.

Il est honteux comme un renard qu'une poule **aurait pris**.
On a proposé de percer un tunnel qui **relierait** directement
    les deux vallées.
Un étranger qui **arriverait** au pays pourrait croire qu'il est
    dans cette île dont parle l'Arioste.

§ 85. A ' then ' clause with a dependent adverb clause of
condition, or ' if ' clause, is usually in one of the four future
tenses. (Note that the ' if ' clause is never in the future.)

(*a*) If the event is admitted as real or probable, the future and
future perfect are used.

S'il vient, je lui **parlerai**.
Si l'on m'attaque, je me **défendrai**.
S'il est parti lundi, il **sera arrivé** hier à sa destination.

(*b*) If the event is presented as hypothetical, contrary to reality,
the future and future perfect in the past are used.

S'il **venait**, je lui **parlerais**.
Si l'on m'**attaquait**, je me **défendrais**.
Si l'on m'**avait attaqué**, je me **serais défendu**.
S'il **était parti** lundi il **serait arrivé** hier à sa destination.

Notes.—1. In literary style the past perfect subjunctive is often used
in both the ' if ' and the ' then ' clauses.

Si on l'**eût attaqué**, il se **fût défendu**.

2. The ' if ' clause may be lacking, as in English.

Je n'**aurais** jamais pensé à cela !

§ 86. Auxiliary Uses of aller, venir, devoir.

1. The present and the past descriptive of aller are used with the infinitive to form an ' immediate ' future and a corresponding future in the past. This construction is much more frequent than in English, which often uses the simple future although the action will follow immediately.

> Je **vais** lui **écrire.**   *I am going to write to him.*
> Maintenant nous **allons réciter** la leçon.   *Now we shall say the lesson.*
> J'**allais** lui **écrire** quand il est arrivé.

2. The present and the past descriptive of **venir** are used with de and the infinitive to form an ' immediate ' past and a corresponding past perfect.

> Je **viens** de lui **écrire.**   *I have just written to him.*
> Je **venais** de **sortir.**   *I had just gone out.*

3. The verb **devoir** is used to form the future of the subjunctive mood, when it is necessary to distinguish the future from the present.

> Est-il vrai qu'il **doive** vous écrire de Londres ?

(*That he will write* . . ., a shade of meaning which would not be clearly expressed by " qu'il vous écrive.")

Also to form a future in the past.

> Richelieu mourut en 1642.   Louis XIII **devait mourir** cinq mois plus tard.

THE IMPERATIVE MOOD

§ 87. The Imperative
has only two tenses, called **present** and **perfect,** but which are usually future and future perfect in meaning ; thus we have seen that the imperative is equivalent to **a** future in § 83.2.

A third person singular and plural is borrowed from the subjunctive present and perfect (§ 365).

> **Venez** tout de suite.   **Ayez fini** avant mon retour.
> **Qu'il vienne** tout de suite.   **Qu'ils aient fini** avant midi.

Note.—Much more common in French than in English is an ' ethic ' or affective use of the first person of the imperative in giving orders to others.

> Vite le couvert, mes petites !   La table au milieu de la chambre, la nappe du dimanche. . . .   Et ne rions pas tant, s'il vous plaît !   Et dépêchons-nous !

THE SUBJUNCTIVE MOOD

§ 88. The correspondence
between the four tenses of the subjunctive and the tenses of the indicative is dealt with in § 395.5.

For the uses of the subjunctive mood, see §§ 371–392.

THE INFINITIVE

§ **89.** The infinitive, partaking of the nature of the verb, may form an **infinitive clause**, with a subject expressed or understood.

> Que répondre à cela ?
> Ainsi dit le renard, et **flatteurs d'applaudir.** (Historical Infinitive, § 109.)
> Je déclare **avoir dit** la vérité (**Je** is subject to both verbs).
> Je ne savais que lui répondre (§ 203.3).
> Nous entendons les oiseaux **chanter** dans les arbres.
> (**Les oiseaux,** object of **entendons,** is subject to **chanter.**)

§ **90.** The infinitive, partaking of the nature of the noun, is used as a **noun equivalent.** It may be governed by a preposition. Its chief functions are :

(*a*) **Subject,** grammatical or logical :

> **Trop parler** nuit.
> **Marcher** était difficile autant que pénible.
> Mieux valait **partir** tout de suite.
> Il vaut mieux **ne rien dire.**

(*b*) **Predicative noun equivalent :**

> Mon destin est **de finir** sur les champs de bataille.
> **Voir,** c'est **croire.**
> **Ne pas dire** la vérité, cela s'appelle **mentir.**
> Il me semble **avoir raison.** *He appears to me to be right.*
> (May also be impersonal, coming under (*a*) above : *It seems to me that I am right.*)

(*c*) **Object** (with or without a governing preposition) :

> Je déclare **avoir dit** la vérité. Je veux **sortir.**
> J'aime **à me promener.**

(*d*) **Adjective equivalent** (with a governing preposition) :

> J'ai plusieurs lettres **à écrire.**

(*e*) **Adverb equivalent** (with or without a governing preposition) :

> Il faut manger **pour vivre.**
> Il est sorti **se promener.**

§ **91.** The dependent infinitive, *i.e.* the infinitive in uses *c, d, e* above, requires much study, and the constant collection of examples from the texts read. It is convenient to consider separately its use : *A,* without a governing preposition ; *B,* with the preposition **à** ; *C,* with certain other prepositions ; *D,* with the particle **de.**

A　The Dependent Infinitive without a Preposition
§ 92.　The Factitive Verb.

1. The verb **faire** forms with a dependent infinitive a combination which may be considered as the **factitive** aspect of the verb.　Compare :

{ Les pommes **rôtissaient** devant le feu.
{ Nous faisions **rôtir** les pommes.

{ Les flèches **pleuvaient** sur les chevaliers français.
{ Les archers **firent** pleuvoir leurs flèches sur les chevaliers.

2. In this construction, extremely common in French, the dependent infinitive is always in the **active voice**.　(For the word-order, see also § 332.)

J'ai **fait venir** un médecin.　*I called in a doctor.*
Faites entrer ces messieurs.　*Show the gentlemen in.*
Faites-les entrer.　Je les ai fait entrer.

Tout le monde est là.　Vous pouvez **faire servir**.　*You may order dinner to be served.*
Elle fit apporter les gâteaux que l'on rangea sur une table.
Je me fais faire un pardessus au Bon Marché.　*I am having an overcoat made (for myself) at the B.M. stores.*
Il s'est fait punir.　*He got punished.*
Elle se disposait à nous servir en se **faisant aider** par Madeleine.

3. As the double accusative is unknown in French, the personal object of the factitive verb has the **indirect construction** whenever there is another object.　Compare :

Je fais travailler **mes élèves**.　Je les fais travailler.
Je fais travailler l'algèbre **à mes élèves**.
Je **leur** fais travailler l'algèbre.
Faites boire **ce pauvre blessé**.　Faites-**lui** boire un peu de vin.

The accusative object may be a clause, or neuter **le** standing for a clause.

Faites savoir à vos amis **que j'arriverai demain**.
Faites-**le**-leur savoir.　Je **le** leur ferai savoir.

Note.—To avoid ambiguity, the personal object may be governed by **par**.

J'ai fait porter ma lettre **par** un des garçons de l'hôtel.
I got a waiter to take my letter.

Par *must* be used in such a sentence as

Il **se** faisait lire le journal **par** son fils,

since a double dative is as impossible as a double accusative.

4. If the dependent infinitive is a pronominal verb, the reflexive pronoun is dropped.

Faites taire ces enfants.

Je vous **ferai repentir** de ces paroles.

C'était une joie pour elle de me **faire reposer** un instant.

Unless the verb is truly reflexive or reciprocal (§ 70.1, 2), in which case the reflexive pronoun may be retained to avoid ambiguity or misunderstanding.

C'est moi qui les ai fait **se connaître**.

Je l'ai fait **se sécher** devant le feu du salon.

(C'est moi qui les ai fait connaître = *It was I who brought them into prominence* (*made them known*). Je l'ai fait sécher = *I dried him*.)

Note.—English 'to make' + predicative adjective is expressed in French by the verb rendre + predicative adjective.

Sa cuisine nous a tous **rendus** malades. *Made us all ill.*

Cette nouvelle le **rendra** joyeux. *This news will make him glad.*

§ 93. Closely allied in construction to the verb **faire** are the verbs **voir, entendre, sentir,** and **laisser.** The dependent verb is in the active voice, and the personal object takes the indirect construction, or is governed by **par,** as in § 92.3 above; but the combination is a looser one, and the two verbs are frequently felt and treated as separate entities, each verb having an accusative, provided two accusatives do not come together.

Je vous **vois** pâlir. Je l'**entends** appeler.

En montant au lac, je **vois** grandir l'horizon, *or* je **vois** l'horizon **grandir.**

Je sentais mes cheveux se hérisser.

Le (*or* Lui) laisserez-vous faire cela ?

Il ne se laissera pas tromper.

Je lui ai (*or* l'ai) entendu dire qu'il viendrait.

Je le lui ai entendu dire (*Not* Je le l'ai . . . ! But one may say : Je l'ai entendu le dire.)

J'étais désolée de leur (*or* les) voir quitter la maison.

The construction is frequently ambiguous. Thus Je l'entends **appeler** = either *I hear him calling* or *I hear him being called*.

J'ai entendu dire à mon père que la maison passait pour être hantée = either *I have heard my father say* . . . or *I have heard my father told* . . .

If the sense is not quite clear, other constructions are available.

Je l'entends qui appelle. *I hear him calling.*

J'ai entendu dire par mon père que . . .

Notes.—(*a*) **Voir,** like entendre, often has a dependent relative clause instead of the infinitive.

Je le vois qui vient. Le voyez-vous qui **arrive** en courant ?

(*b*) **Se voir** is often followed by a predicative past participle passive.

Il se vit **forcé** d'obéir.

§ **94.** 1. The verbs **pouvoir, savoir, vouloir, devoir,** which correspond in part to the English modal auxiliaries **can, may, will, must, shall,** take an infinitive as direct object.

Pouvez-vous répondre à ma question ?　*Can you...?*
Puis-je ouvrir la fenêtre ?　*May I ? Shall I ?*
Il a pu se tromper.　*He may have made a mistake.*

(Note that here in French the infinitive remains in the present tense.)

Savez-vous jouer aux échecs ?　*Can you (Do you know how to)?*
Je ne saurais me ranger à votre avis (§ 84.2.*a*).
Il ne **veut** pas **travailler.**　*He will not...*
Il **veut** bien nous **accompagner.**　*He is willing to...*
Il **voudrait** bien nous **accompagner.**　*He would like to...*
Veuillez (bien) vous **asseoir.**　*Kindly sit down.*

2. The verb **devoir** has a number of uses, some of which are peculiar to certain tenses.

Je **dois** honorer mes parents.　*I should* (general precept).
Je **dois** partir demain.　*I am to start to-morrow.*
Je **dois** me plier à tous ses caprices.　*I have to fall in with all his fancies.*
Vous **devez** avoir faim.　*You must be hungry.*

Je **devais** partir hier.　*I was to have started yesterday.*
Je **devais** me plier à tous ses caprices.　*I had to...*
Il **devait** avoir faim.　*He must have been hungry.*

Je **dus** (J'ai dû) partir sur-le-champ.　*I had to start at once.*
Il **dut** (Il a dû) se tromper de chemin.　*He must have mistaken the way.*

J'**avais dû** partir sur-le-champ.　*I had had to start at once.*
Il **avait dû** se tromper de chemin.　*Must have mistaken.*

Il **devra** partir sur-le-champ.　*He will have to (must) start.*

Il **devrait** aller le voir.　*He ought to (should) go and see him.*
Il **aurait dû** aller le voir.　*He ought to have gone...*

Je suis heureux qu'il **doive** nous rejoindre.　*I am glad he will join us again.* (**Devoir** used as auxiliary of the future in the subjunctive, § 86.3.)

Note the differences between

(*a*) The French and the English construction in such sentences as Il a pu se tromper.　Il a dû se tromper.　Il aurait dû aller.

(*b*) The uses of **pouvoir** and **savoir** = ' can.'

(*c*) **Je dois** and **je devrais** = ' I should.'

(*d*) 'Shall,' 'should,' 'will,' 'would,' used with full meaning in the examples above, and the same verbs used as tense auxiliaries.

§ **95.** To **vouloir** may be assimilated other verbs of will or desire, such as **désirer, préférer, aimer autant, aimer mieux, prétendre, entendre, oser.**

> Je **désire** vous parler. Je **préfère** attendre. J'aimerais autant rester ici. J'**aime mieux** ne rien dire. Je prétends (J'entends) faire ce qui me plaît. Je n'**ose** pas l'aborder.

§ **96.** The infinitive stands as object (*a*) to ' declarative ' verbs such as **affirmer, avouer, déclarer, dire, reconnaître, nier** ; (*b*) to verbs of ' believing ' and ' hoping ' such as **croire, penser, se figurer, espérer, compter.** This construction is little used in familiar speech (§ **403**).

> (*a*) Il **affirme** (dit, jure, déclare) nous avoir aperçus.
>   Il **avoue** (reconnaît, nie) y être allé.
> (*b*) Je ne **croyais** pas si bien dire. Je ne **comptais** pas vous voir ici. Je **pense** (J'**espère**) partir demain. Je me **figurais** le revoir tel que je l'avais connu.

§ **97.** **Intransitive verbs of motion,** and the verbs **mener, envoyer,** and their compounds, have an adverbial infinitive of purpose.

> Je suis **allé** le **voir**. **Venez** me **trouver** demain.
> Il **courut** le **prévenir**. Julie est sortie acheter du beurre.
> Il est **descendu** déjeuner. J'ai **envoyé** chercher le sergent de ville.
> Il **retourna** à l'église **attendre** son curé.

Note.—The preposition **pour** is used to insist on the idea of purpose (§ **106.1**), especially when the purpose remained unfulfilled.

> Il est descendu **pour** mieux entendre notre conversation.
> Je suis allé **pour** le voir, mais il n'y était pas (. . . *was not at home*).

§ **98.** An infinitive without preposition, which has come to be looked upon as the logical subject, follows the impersonal verbs **il semble, il me semble, il faut, il fait + adjective.**

> Il **semble** pleuvoir. Il me **semble** entendre quelque chose.
> Il **faut** faire de notre mieux. Il **fait mauvais** voyager par ces routes en hiver. Il **fait cher** vivre en temps de guerre.

Note.—Somewhat similar is the personal construction **avoir beau + infinitive.**

> J'ai beau crier, on ne m'écoute pas. *I shout in vain, no one listens.*

B. The Dependent Infinitive governed by à denotes Tendency, Aim, Direction

§ 99. Dependent on a verb.

1. It stands as adverb equivalent instead of a noun.

Je l'engage à la persévérance.	Je l'engage à persévérer.
Je consens à votre départ.	Je consens à vous laisser partir.
Il se met au travail.	Il se met à travailler.
On l'oblige au repos.	On l'oblige à se reposer.
Je me plais à la lecture.	Je me plais à lire.
Il passe son temps à des riens.	Il passe son temps à ne rien faire.
Il est à son travail.	Il est à travailler.

2. It may replace a direct object after aimer, chercher, demander, offrir, apprendre, commencer, etc.

Il aime les distractions.	Il aime à se distraire.
Il cherche le succès.	Il cherche à réussir.
Il demande du vin.	Il demande à boire.
Il m'offrit un verre de vin.	Il m'offrit à boire.

And is thus used also as object of avoir :

J'ai à vous parler.   J'ai à faire une visite.

3. It is used with certain verbs which do not take a dependent noun, *e.g* tarder, hésiter, s'étudier.

Il tarde à rentrer.   Il hésite à accepter.   Il s'étudie à nous faire plaisir.

4. It stands in adverbial relation to a verb with a noun-object which is not particularized.

J'ai une visite à faire.
J'ai eu de la peine, de la difficulté, à le retrouver.
J'aurai beaucoup de plaisir à vous revoir.
Quel plaisir trouvez-vous à le taquiner ?
Pourquoi prenez-vous plaisir à le taquiner ?
Ces voix joyeuses font plaisir à entendre.

Note.—If the noun is particularized, the infinitive is usually adjectival to the noun, and governed by de.

Aurai-je bientôt le plaisir de vous revoir ?
Donnez-vous la peine de vous asseoir.

§ 100. Dependent on a noun.

1. Certain abstract nouns corresponding to verbs or adjectives followed by **à** have the same construction as the verb or adjective.

> Quel **acharnement à** les dénigrer !   *How he persists in running them down!*
> Son **adresse à** se tirer d'affaire était proverbiale.
> Compare : Il s'**acharne à** les dénigrer.   Il est **adroit à** se tirer d'affaire.

2. The Infinitive with **à** is an adjective equivalent in many compound nouns (§ **147.**1.*b*).

> Une chambre **à coucher** ;   une salle **à manger** ;   du bois **à brûler.**

§ 101. Dependent on an adjective.

1. Many adjectives take an adverbial infinitive governed by **à.** Such are **prêt, prompt, lent, facile, difficile, bon, mauvais, léger, lourd,** and their synonyms.

> Je suis **prêt à** vous écouter.
> Il était **lent à** prendre une décision.
> Ce passage est **facile (difficile) à** traduire.
> Ce fruit n'est pas **bon à** manger.

2. Thus also **unique, seul, dernier,** and the **ordinal numbers.**

> Il fut le **seul à** nous encourager.
> Il est toujours le **premier à** réclamer.
> Le **troisième à** mourir fut un des mousses.

§ 102. The infinitive governed **by à** has a number of important idiomatic uses.

1. Adjectival.

> (*a*) Ce devoir est **à refaire.**   Maison **à louer.**   Voici un problème **à résoudre.**   Il est bien **à plaindre.**
>
> Note that the dependent infinitive is always in the **active** voice in this construction.
>
> (*b*) Il est homme **à réussir** dans toutes ses entreprises.   *He is the kind of man who will succeed . . .*

2. Adverbial.

> (*a*) **A vous croire** tout serait perdu.
> **A dire vrai,** j'étais trop loin pour bien entendre
> **A le voir,** on ne le croirait pas si vigoureux.
>
> (*b*) Il riait **à se tordre.**   Il courait **à perdre haleine.**
> Il gèle **à pierre fendre.**   Vous dansez **à ravir,** mademoiselle !
>
> (*c*) Je me gâte la vue **à lire** votre écriture.
> Mais je me tue **à vous répéter** que vous avez raison !

C. The Dependent Infinitive governed by après, par, sans, pour

These constructions are all adverbial

§ **103.** Après + perfect infinitive = 'after' + gerund.

> Après avoir fini mes devoirs, je suis sorti jouer.
> *After finishing my work, I went out to play.*

§ **104.** Par + infinitive = 'by' + gerund, after the verbs com-mencer, débuter, finir, achever, terminer.

> Nous commençons par faire nos devoirs, ensuite nous ap-prenons nos leçons.
> Ils avaient fini par croire que la race des meuniers était éteinte.

§ **105.** Sans + infinitive = 'without' + gerund.

> Entrez sans frapper. Ne partez pas sans m'avoir donné une réponse.

§ **106.** Pour + infinitive :

1. = '(in order) to' (cp. § 97, note).
> Il faut manger pour vivre et non pas vivre pour manger.

2. = 'to' (expressing a result, as in 1) after trop, assez + adjective, suffire, suffisant, insuffisant.
> Vous êtes assez grand pour savoir cela.
> Tu es trop petit pour venir avec nous.

(But, of course : Vous êtes trop bon de m'aider ainsi, *It is too good of you to help me thus*).

> Ce manteau suffira pour me protéger contre le froid.
> Je n'ai pas des connaissances suffisantes pour étudier cette question.

3. = 'to' (= 'considering that').
> Vous ne savez pas beaucoup de français pour l'avoir étudié si longtemps.

4. = 'for' (= 'because of') + gerund. The infinitive is always in the perfect.
> Il est en retenue pour avoir ri en classe.
> *He is in detention for laughing in class.*

Note.—The infinitive is also governed by entre, jusqu'à.
> Entre lui donner et lui prêter il n'y avait guère de différence.
> Il est allé jusqu'à m'adresser des injures.

D. The Dependent Infinitive governed by de

§ **107.** Non-prepositional de (§ 281) is the most usual link between verb, noun, or adjective and a dependent infinitive. The cases are too numerous to be committed to memory ; given a thorough knowledge of the construction of the dependent infinitive without a preposition, and with the prepositions à, par, **pour**, etc. (§§ 92–106), it may be assumed that in cases which have not come under observation the link is **de.**

Thus, **de** may link up the infinitive with

(a) **Verbs.**

Je vous **dis de** vous taire.
Nous **avons résolu de** repartir demain.
Je vous **prie de** rester encore quelques jours.
Je vous **conseille de** faire ce devoir sans dictionnaire.
Ne **craignez** pas **de** nous déranger.
Vous m'**aviez promis de** venir.

(b) **Verb phrases.**

J'ai **besoin de** marcher, de courir.
J'ai **honte d'**arriver si tard.
Il **fait semblant de** dormir.
Vous **courez risque de** vous tuer.

(c) **Nouns.**

Aurons-nous **le plaisir de** vous voir ?   (§ 99.4, note.)
Je n'ai pas **les moyens de** vivre sans rien faire.
Il est **temps de** songer à notre train.

(d) **Adjectives.**

Je suis **certain de** réussir.
Nous sommes **heureux d'**apprendre cette nouvelle.
Êtes-vous **capable de** résister aux fatigues du voyage ?
Vous êtes bien **bon de** m'inviter.   *It is very kind of you to invite me.*

Note.—With the last example compare Ce fruit n'est pas bon à manger, . . *is not fit to eat* (§ 101.1). Distinguish between the infinitive dependent on bon (='good,' 'fit'), as in Un fruit bon à manger, and the infinitive linked up by de, not to bon, but to the statement Vous êtes bien bon.

§ **108.** De is still felt as prepositional in

Je **viens de** lui écrire (§ 86.2).

§ **109.** The infinitive is linked to the subject by **de** in the construction known as the **historical infinitive** (always affective). The subject is always stressed.

> On emmena le soldat et le paysan.   Et **eux de s'indigner** !
> Un médecin consultait ses fiches (*index cards*) et disait : " Tu as une plaie au bras droit ? "   Et l'**homme de répondre** avec modestie : " Oh ! c'est pas une plaie, c'est seulement un trou."

§ **110.** The infinitive is also linked up by **de** when it is a logical subject following the predicate ; compare :

> { **Perdre la vue** est un grand malheur.
> { C'est un grand malheur (que) **de perdre la vue.**
>
> { **Faire mieux** serait impossible.
> { Il serait impossible **de faire mieux.**
>
> { **Gambader** dans la bruyère, quel plaisir !
> { Quel plaisir **de gambader** dans la bruyère !
>
> **Traduire** ce passage, c'est difficile.
> Il est difficile (facile) **de traduire** ce passage.

And when it forms the second term in a comparison (see § 156, note 1).

Note.—Compare also

> Ce passage est **facile (difficile) à** traduire.

Distinguish between an infinitive dependent on **facile, difficile,** and governed by **à** (§ 101.1), and the infinitive which is a logical subject, and linked up to the predicate by **de.**

§ **111.** The infinitive is also governed by a number of prepositional phrases ending with **de**, such as **au lieu de, avant de, faute de, près de, de peur de.**   *Cf.* § 405.

§ **112.** 1. Many verbs take different constructions according to the meaning.   Compare the following groups :

> { J'aime **à** me promener dans les bois.
> { J'aime mieux me taire.
>
> { Nous avons décidé **de** rester ici.
> { Ce fut à grand'peine qu'on le décida **à** entrer.
>
> { Je demande **à** parler.
> { Nous demandons au professeur **de** nous raconter une histoire.
>
> { Il dit le savoir d'une source sûre.
> { Je lui ai dit **de** venir tout de suite.
>
> { Finissez **de** faire tant de bruit !
> { Il a fini **par** tout avouer.
>
> { Laissez-moi entrer.
> { Je vous laisse **à** penser comment il fut reçu.
> { Il ne laissa pas **de** revendiquer ses droits.   *He stoutly asserted his rights* (Literally : *He did not omit to . . .*).

Note particularly the pronominal construction of certain verbs :

> Je l'ai entendu dire. *I have heard it said.*
> Il s'entend à marchander. *He is a good hand at bargaining.*

> Nous décidâmes de rester où nous étions. *Decided to . . .*
> Nous nous décidâmes à rester où nous étions. *Decided, after consideration, to . . .*

> J'essaye d'apprendre le russe.
> Je m'essaye à écrire dans les journaux. *I am trying my hand at . . .*

> Vous risquez de vous tuer.
> Je ne me risquai pas à répondre. *Did not venture to . . .*

Sometimes with little or no difference in meaning, other than the 'ethic' value which goes with the use of the reflexive pronoun.

> J'ai offert de l'accompagner.
> Je me suis offert à l'accompagner.

> Je refuse de croire cela.
> Je me refuse à croire cela.

Note also the construction of certain impersonal verbs.

> Quelques mots aimables suffirent à (or pour) lui rendre sa bonne humeur.
> Il suffira d'emporter des provisions pour trois jours.

> Ils tardent à rentrer.
> Il me tarde de le revoir.

In these examples the dependent infinitive after the impersonal verb is the logical subject (§ 71.3).

2. If a verb has two objects, one being an infinitive clause and the other a person, (*a*) the latter is most frequently in the dative.

> permettre, conseiller,
> demander, défendre, } à qqn de faire qqch.
> dire, crier,
> écrire, télégraphier,

(*b*) But a few verbs have the accusative of the person.

> prier, conjurer,
> avertir, menacer, } qqn de faire qqch.
> empêcher,

> (*a*) Je demanderai à mon frère de m'aider.
> Je conseillai à ma famille de rester à Paris.
> Pourquoi ne lui avez-vous pas dit de venir !
> J'ai écrit à ma famille de m'envoyer de l'argent.

> (*b*) Priez-le de venir.
> Empêchez-le de sortir.
> Il avertit ses amis de se dépêcher.
> Je conjurai le capitaine de quitter le navire.

PARTICIPLES AND GERUND

§ 113. The verbal form in **-ant** has three main functions.

1. It indicates a **passing** or **temporary** activity or state, and is then a true **present participle**, with verbal functions ; *i.e.* it may have an object, may be constructed with a negation, may be qualified by adverbs and by adverb phrases of time and place.

It is related to the noun or pronoun to which it stands in closest proximity, but remains invariable (§ 438).

> Ma serviette était surmontée d'une carte **portant** mon nom.
> Ne **sachant** que faire, nous sommes entrés dans un café.
> Bien que **pouvant** à peine mettre une jambe devant l'autre, c'était moi maintenant qui traînais Vitalis.
> Ne s'**étant** pas encore fait d'amis, il vivait solitaire.
> De rares promeneurs **osant** braver l'humidité parcourent les allées où les gouttes **tombant** des arbres semblent continuer l'averse.
> On les trouva **vivant** encore. . . . *still living.*

2. It indicates an **enduring, habitual** quality or characteristic of a noun, has a purely **adjectival** function, and is treated in every respect as an adjective ; *i.e.* it agrees with its noun, which it may either precede or follow. It may then be called a **verbal adjective.**

> Le café a des vertus **excitantes** et **stimulantes.**
> Ce sont de **charmants** voisins.
> Nous arrivâmes à la nuit **tombante.**
> On les trouva encore **vivants.** . . . *still alive.*

Notes.—(a) The forms in -ant are also used as nouns : un **négociant,** un **commerçant,** un **étudiant,** un **mendiant,** un **passant,** un **penchant** ;

And a few have become prepositions (§ 300) : **durant, pendant,** with derived conjunctions : **pendant que** (§ 263).

(b) The verbal adjective and verbal noun have in a number of cases retained an older form or an older spelling of the participle. Thus :

	Participle	Verbal Adjective
savoir	sachant	savant
pouvoir	pouvant	puissant
valoir	valant	vaillant
convaincre	convainquant	convaincant
fatiguer	fatiguant	fatigant
vaquer	vaquant	vacant
		Verbal Noun
aimer	aimant	amant
fabriquer	fabriquant	fabricant

On the other hand, such words as **différent, excellent, négligent, précédent,** are not participial forms of the French verbs **différer, exceller,** etc., but are borrowed directly from Latin.

(c) Verbal adjectives, like the true present participle, have as a rule an active meaning, e.g. des voisins **obligeants**=des voisins qui nous **obligent volontiers ;** but there are a few phrases in which the adjective has passive force.   Thus :

de l'argent **comptant** (*ready cash*) =de l'argent **qui est compté** sur-le-champ.

Thus also :

une couleur **voyante,** *a loud colour* ; une soirée **dansante ;**
une place **payante ;** faire quelque chose séance **tenante.**

3. Governed by **en,** the form in -ant is called **gerund,** and forms invariable adverb phrases or clauses of time, manner, means, etc., qualifying a verb (§ **410**).

Il répondit **en riant.**
Elle marchait lentement **en regardant** tout le monde.
Tout le monde sortit de la maison **en courant.** . . . *ran out.*
Vous vous ferez respecter **en vous faisant** obéir.   *You will win respect by compelling obedience.*

Notes.—(1) The gerund is not used to express the *reason* for an action ; this is a function of the present participle, as in the sentence in 1 above:

Ne **sachant** que faire, nous sommes entrés dans un café.

(2) The adverb **tout** may qualify the gerund, either (a) to insist on the simultaneity of two actions, or (b) to express **concession.**

(a) Elle me prenait une main qu'elle caressait, **tout en regardant** au dehors.
Tout en la suivant, je l'examinais curieusement.
Bouilleron riait sans lever les yeux, **tout en polissant** son ceinturon.

(b) **Tout en désirant** la paix, l'Angleterre dut déclarer la guerre.   *Although desirous of peace, England was compelled to declare war.*
Tout en reconnaissant votre bonne volonté, je ne puis m'empêcher de vous faire certaines observations.

§ **114.** The gerund should refer to the subject of the clause in which it stands, while the present participle is related to subject, object, or complement, whichever stands nearest to it.

Je la rencontrai **en revenant** du marché.   *I met her as I came back* . . .
Je la recontrai **revenant** du marché.   *I met her coming back* (i.e. *as she came back*) . . .

See, however, § **411.**

§ 115. Synopsis of English forms in -ing.

1. **Adjective.**

> *An obliging little girl.*   Une petite fille **obligeante**.
> *Smiling faces.*   Des visages **souriants**.
> *A raging storm.*   Une tempête **furieuse**.
> *The leaning tower of Pisa.*   La tour penchée de Pise (§ 116, note *c*).

2. **Present Participle.**

(*a*) Forming continuous tenses.

> *I am working.*   Je travaille.   Je suis **en train de** travailler.

(*b*) Forming adjectival clauses.   Various constructions.

> *I found him reading the paper.*   Je le trouvai lisant le journal.
> Je le trouvai **en train de lire** le journal.
> *I spent an hour waiting for him.*   Je passai une heure à l'attendre.

> And with verbs of ' seeing and hearing.'

> *I could see him running toward them.*   Je le voyais **courir** vers eux.   Je le voyais **qui courait** vers eux.
> Je le voyais **courant** vers eux (comparatively rare construction).
> *I hear them laughing.*   Je les entends **rire**.

(*c*) Forming adverbial clauses.

> *Not knowing what to do, I decided to wait.*   Ne **sachant** que faire, je résolus d'attendre.

> And in absolute constructions.

> *The hotel being far from the beach, the visitors were few.*   L'hôtel **se trouvant** éloigné de la plage, les visiteurs étaient peu nombreux.
> *The troops entered the town with drums beating.*   Les troupes entrèrent dans la ville tambour battant.

3. **Gerund.**   To the many uses of the gerund in English correspond a variety of constructions in French.   The following examples are typical, but by no means exhaustive :

(*a*) As subject or predicative complement, it is usually rendered by the **infinitive.**

> *Seeing is believing.*   Voir, c'est croire.

(*b*) As object to a verb, it is rendered by the **infinitive** :

> *Do you like skating, cycling ?*   Aimez-vous à **patiner**, à **faire de la bicyclette** ?
> *The whole house needs cleaning.*   La maison entière a besoin d'être nettoyée.

or by a noun :

> *He is fond of hunting, fishing, skating.*   Il aime **la chasse**, la pêche, le patinage.
> *Cease firing.*   **Cessez le feu.**

(c) Forming an adverbial clause, it is frequently rendered by the gerund.

> *On learning the news I hurried home.* **En** apprenant cette nouvelle je me hâtai de rentrer.
>
> *While listening to him, I thought of his father.* **En** l'écoutant je pensais à son père.
>
> *By learning to swim you will add to your personal worth.* **En** apprenant à nager vous ajouterez à votre valeur personnelle.
>
> *You will oblige me by all leaving the room.* Vous m'obligerez **en** sortant tous.

(d) But after prepositions other than en = 'while,' 'in,' 'by,' 'on,' the infinitive will be used.

> *Thanks for reminding me.* Je vous remercie de m'y **avoir fait** songer.
>
> *I was spared the trouble of writing.* On m'épargna la peine d'écrire.
>
> *He is making progress without knowing it.* Il fait des progrès **sans le savoir.**
>
> *After hesitating a long time he consented.* **Après avoir** longtemps hésité, il y consentit.
>
> *He was punished for telling the truth.* Il fut puni **pour avoir** dit la vérité.
>
> *I reproached him for deceiving me.* Je lui reprochai **de m'avoir** trompé.
>
> *We always end by liking those who are sincere.* Nous finissons toujours **par aimer** ceux qui sont sincères.
>
> *Women should pride themselves on being good housekeepers.* Les femmes doivent se piquer **d'être** de bonnes ménagères.
>
> *Have you done discussing the question?* Avez-vous fini **de** discuter cette question ?
>
> *He burst out laughing.* Il éclata **de rire.**

(e) If the head verb and the gerund have different subjects, the gerund is usually rendered by a clause in a finite mood.

> *His indisposition is due to his eating too much.* Son malaise vient de ce qu'il mange trop.
>
> *He had no idea of his end being so near.* Il ne soupçonnait pas que sa fin fût si proche.
>
> *He comes home without anyone knowing it.* Il rentre sans qu'on le sache.
>
> *I have my doubts as to this being true.* Je doute que cela soit vrai.

(f) Adjectival gerund in compound nouns.

> *A sewing-machine*   Une machine à coudre.
> *A dining-room.*   Une salle à manger.
> *A dancing-room.*   Une salle de danse.
> *A riding lesson.*   Une leçon d'équitation.

§ 116. The Past Participle is used

1. With the auxiliaries **avoir** and **être** to form the compound tenses of the verb.

(*a*) With active force.

Il m'a donné un livre.   Il s'est coupé.   Il est venu hier.

(*b*) With passive force.

Il est respecté de tous.

2. As a simple adjective, attributive or predicative.

On lut le testament devant la famille assemblée.
La porte est fermée.   Vous semblez fatigué.

Notes.—(*a*) Adjectival past participles are usually passive in meaning, but a few have active force, *e.g.* appliqué, décidé, dissimulé, entendu, osé, serré.

Voilà un garçon appliqué (=qui s'applique à son travail).
Un homme dissimulé (=qui dissimule sa pensée).
Un caractère osé (=qui ose, audacieux).
Une femme serrée (=qui serre son argent, avare).

(*b*) Past participles are also used as nouns, *e.g.* un reçu, une vue ; and as prepositions : attendu, excepté, vu, y compris, passé, supposé (§ 440) ; with derived conjunctions : attendu que, vu que, supposé que (§ 311.2).

Vous lui ferez signer un reçu pour le montant de la somme.

⎰ Je ne vous punis pas pour cette fois, attendu votre bonne
⎱ conduite habituelle.
Vous serez puni, attendu que c'est la troisième fois que vous
me désobéissez.
Excepté la Prusse, aucun pays n'a jamais prétendu que la force
prime le droit.

(*c*) A number of French verbs, chiefly pronominal verbs expressing attitudes of the body, are used in French in the past participle denoting the state, where English has the present participle denoting the action.

Thus · s'agenouiller, s'appuyer, s'asseoir, se coucher, se pencher.

Nous restâmes un moment agenouillés.   *Kneeling.*
Appuyé contre un mur, il se chauffait au soleil.   *Leaning.*
Je l'ai trouvé assis à table.   *Seated* or *sitting.*
Couché sur un canapé, il lisait le journal.   *Lying, reclining.*
Penché hors de la fenêtre, il me regardait.   *Leaning.*

Thus also . se composer de, poser, (sus)pendre.

Un dîner composé de trois plats.   *Consisting in.*
Il vit deux nids posés côte à côte.   *Lying.*
Un jambon suspendu au plafond.   *Hanging from.*

GOVERNMENT OF VERBS

§ 117. The guiding principles are the same as in English. Verbs are on the one hand **predicative** (directly or indirectly) or **non-predicative,** on the other **transitive** (directly or indirectly) or **intransitive.**

§ 118. Are **predicative.**

1. Such intransitive verbs as (*a*) **être, sembler, devenir, rester, mourir, passer** ; (*b*) **passer pour, mourir (se battre,** etc.) **en.**

    (*a*) Il est mon ami.　Il mourut pauvre.　Vous semblez fatigué.　Il devient ridicule.

        Il est passé sergent.　*He has been promoted to be a sergeant.*

    (*b*) Il passe pour riche.　*He is said to be wealthy.*

        Il mourut en soldat.　Il se battit en héros.

To which may be assimilated certain verb phrases and pronominal verbs such as **avoir l'air** (= sembler), **se faire** (= devenir):

    Il a l'air malade.　Nous nous faisons vieux.

And impersonally :

    Il se fait tard.　*It is getting late.*

2. Transitive verbs such as (*a*) **appeler, nommer, élire, déclarer, rendre, faire, croire** ; (*b*) **prendre pour, choisir pour, regarder comme, traiter de.**

    (*a*) On m'appelle l'homme à tout faire.　. . . *Jack of all trades.*

        On l'a nommé (élu, fait) président.

        Les médecins le déclarèrent apte au service.　. . . *fit for military service.*

        Cette nouvelle le rendit malheureux (cp. § 92.4, note).

        On me croit savant . . . j'ai une réputation, . . . mais grâce à qui ?

    (*b*) Ils prirent (choisirent) ce chef pour roi.

        Il m'a traité de lâche.　*He called me a coward.*

        On le regardait comme fou.　*We looked on him as (took him for) a madman.*

With the verbs of group (*a*) the predicative accusative becomes a nominative in the passive voice.

    Il a été élu (fait) président.

Note.—The predicative complement, when indicating one out of a group, is often omitted before the partitive noun.

    Soyez de mes amis (= un des mes amis. Cp. § 177).

    Les gens d'Auray le tenaient **en** haute estime; il était du **conseil municipal.**

§ 119. **Transitive verbs are**

(a) Directly transitive, with or without a remoter object of the person (a dative pronoun or a dative equivalent with the preposition à) :

> J'aime **Pierre.**　J'appelle **Paul.**　Je l'appelle.
> Je donne un livre **à Pierre.**　Je **lui** donne un livre.

(b) Indirectly transitive, the object being governed by the prepositions à or de.

> J'obéis à mes **parents.**　Je **leur** obéis.　Je pense à **vous**
> 　(§ 237.4).
> Je me repens de ma **faute.**　Il se moque **de nous.**

§ 120. In French as in English many verbs are used with both transitive and intransitive function.

> | | |
> |---|---|
> | La cloche sonne. | Je sonne la cloche. |
> | L'heure sonne. | Je sonne du cor. |
> | J'attends. | J'attends un ami. |
> | Vous rêvez. | J'ai rêvé de naufrage. |

But it has been seen (§ 70.3, note a) that in numerous cases the verb becomes pronominal in French when it is used intransitively in English.　Further examples :

> La terre **se meut.**　*The earth moves.*
> La porte **s'ouvre.**　*The door opens.*
> Le feu **s'allume.**　*The fire kindles.*
> La nouvelle **se répand.**　*The news is spreading.*

§ 121. Many verbs directly transitive in English are indirectly transitive in French, and *vice-versa.*　Thus :

> (a)　médire de, *to slander.*　　obéir à, *to obey.*
> 　　jouir de, *to enjoy.*　　　résister à, *to resist.*
> 　　convenir de, *to admit.*　　répondre à, *to answer.*
> 　　manquer de, *to lack.*　　ressembler à, *to resemble.*
> 　　changer de, *to change.*　succéder à, *to succeed.*
>
> (b)　attendre, *to wait for.*　　chercher, *to look for.*
> 　　regarder, *to look at.*　　écouter, *to listen to.*

(a) Elle médit de ses voisins.　Nous jouissons de notre liberté.
　Je conviens de ma faute.　Nous manquions de tout.
　Il changea de visage.　*His face changed.*
　　(But : Il a changé ses habitudes.　*He has changed his habits.*)

　Obéissez à vos maîtres.　Il faut résister à la tentation.
　Répondez à sa question, à sa lettre ; répondez-lui.
　Vous ressemblez à votre frère.　Il succéda à son père.

(b) J'attends une lettre.　Regardez le tableau.　Je cherche mes lunettes.　Écoutez ce que je vous dis.

§ 122. Again, verbs such as the following, which according to the general rule take a direct object, and a remoter object of the person (§ 220), show a variety of constructions in English.

Présenter qqch. à qqn	Une jeune fille lui présenta un bouquet.
	A girl presented her with a bouquet.
Inspirer qqch. à qqn	Il inspire de la crainte à tous.
	He inspires all with awe.
Demander qqch. à qqn	Il me demanda du tabac.
	He asked me for some tobacco.
Pardonner qqch. à qqn	Je lui pardonne sa grossièreté.
	I forgive his rudeness.
Payer qqch. à qqn	Je lui paye son travail.
	I pay him for his work.
Reprocher qqch. à qqn	Je lui reprochai sa paresse.
	I reproached him for his laziness.
Enseigner qqch. à qqn	J'enseigne le français à mes enfants
	I teach my children French.

§ 123. Note also the following:

1. **Prendre, voler, arracher, acheter,** ⎫
   To take,   steal,   tear,   buy,   ⎬ qqch. à qqn.
   Emprunter, extorquer, cacher, ⎪ *something from some one.*
   To borrow,   extort,   hide, ⎭

   Prenez-lui ce canif, il va se blesser.   *Take that knife from him.*
   On lui a volé son porte-monnaie.   *His purse has been stolen from him.*
   On ne put arracher à l'accusé aucun aveu.   *They were unable to extract any confession from the prisoner.*
   J'emprunterai un parapluie à un ami.   *I shall borrow an umbrella from a friend.*
   J'achetai à la petite toute sa marchandise.   *I bought from the child all her wares.*
   On lui extorqua une forte rançon.   *They extorted a heavy ransom from him.*
   On cacha la vérité aux parents.   *The truth was concealed from the parents.*

2. **Se nourrir, vivre, déjeuner, dîner, souper de** qqch.
   To feed,   live,   lunch,   dine,   sup   on something.

   Nous nous nourrissons de fruits et de légumes.   *We feed on fruit and vegetables.*
   De quoi vivez-vous ?   *What do you live on ?*
   Ce sont des artichauts dont vous déjeunez là ?
   On pêcha du poisson, dont on dîna.   *We caught some fish, which we dined on,* or *off which we dined.*
   En cercle autour du feu, nous soupions d'un morceau de pain arrosé de bouillon.

3. **Dépendre de,   rire de,   approcher de,   penser à.**
To depend on, to laugh at, to draw near to, to think of.

Cela dépend de vous, des circonstances.
On rit de sa réponse.   Pensez à moi.
Nous approchons de Paris.   Approchez votre chaise du feu.

4. With certain verbs, French asks the question *where ?* when English asks the question *where from ?*

Où avez-vous pris cela ?   *Where did you get that from ?*
Une cotisation de quelques sous par semaine, le produit d'une loterie annuelle, . . . composent un fonds modeste où l'on prend tous les jours sans jamais l'épuiser.

And in the answer French uses the prepositions **dans, à, sur, entre,** when English uses the prepositions *from, out of.*

Thus with the verbs **prendre, choisir, puiser, boire, manger.**

Prenez un verre **dans** l'armoire.   *Out of the cupboard.*
Je pris un livre **sur** la table.   *From the table.*
Je prends un seul fait **entre** mille.   *Out of a thousand.*
Ces exemples ont été choisis **dans** un journal français.
A trois sous les oranges, mesdames !   Choisissez **dans** le tas !
   Choose out of the lot !
A quelle source avez-vous puisé ces renseignements ?
Il boit **dans** mon verre !
Les pigeons viennent nous manger **dans** la main (§ 178.3).
Ils mangeaient tous les trois **au** même plat, et buvaient à la même bouteille.

But with verbs which in themselves denote *taking from, extraction,* the adverbial extension is introduced by **de.**   Thus with **tirer, arracher.**

Je tire mon mouchoir **de** ma poche.
Je lui arrachai le revolver **des** mains.

§ **124.** Pronominal verbs of § 70.3 are indirectly transitive, since the pronoun object stands grammatically as an accusative.   Thus :

Se charger d'une tâche.   *To undertake a task.*
Se repentir de sa dureté.   *To repent one's harshness.*
S'acquitter d'une dette.   *To discharge a debt.*
S'apercevoir de son erreur.   *To notice one's mistake.*
S'attendre à un événement.   *To expect an event.*
S'approcher d'un endroit.   *To approach a place.*
Se démettre de ses fonctions. *To resign one's office.*
Se servir de quelque chose.   *To use something.*
Se tromper de chemin.   *To mistake the way.*
Se fier à quelqu'un.   *To trust some one.*
Se défier de quelqu'un.   *To distrust some one.*
Se souvenir de quelqu'un.   *To remember some one.*

But in **s'arroger** and **se rappeler** se is a dative.

§ **125.** Many verbs have different constructions according to the meaning.

Thus :

User.   J'use mes souliers à trotter par la ville.

          J'userai de la permission. *I shall avail myself of the permission.*

          Vous en usez mal avec moi. *You are treating me badly.*

Servir.   Il sert bien son maître.

          Son valet lui sert de secrétaire.

          Je me sers de ce livre.

          À quoi sert tout cela ?

Jouer.   Il nous a joués.   *He has tricked us.*

          Il joue Hamlet.   *He acts the part of Hamlet.*

          Il joue du piano, du violon, du tambour, etc.

          Il joue aux cartes, au billard, au football, etc.

Penser.   Je pense à mes amis, à mes affaires.

          Que pensez-vous de cette affaire ?

Rêver.   Il rêve à son avenir.

          Il a rêvé de naufrage.

Manquer.   Il a manqué son train, son ami.   *He missed his train, his friend.*

          Il manque de pain.   *He lacks bread.*

          Il a manqué à son devoir   *He has failed in his duty.*

          Vous lui avez manqué de respect.   *You were disrespectful to him.*

          Ses amis lui manquent.   *He misses (is unhappy without) his friends.*

          Il lui manque cinq francs.   *He is five francs short.*

Note.—The verbs of which examples are given in the last few paragraphs are numerous ; the student should note and classify further instances in the course of his reading.

§ **126.** Intransitive verbs, as in English, occasionally take as a 'cognate accusative' some word closely associated in its meaning with that of the verb. Thus are formed a number of phrases belonging to everyday speech, such as :

     monter l'escalier, descendre un fleuve, courir les rues, la campagne, jouer gros jeu (*high stakes*), parler une langue, grelotter la fièvre ;

while other groupings belong entirely to literary style .

     dormir son dernier sommeil, combattre le bon combat ;

and poets have obtained striking effects from this construction; thus Lamartine :

     N'ai-je pas, comme toi, sué mon agonie ?

Note.—The cognate accusative must not be confused with the construction

     marcher deux heures, marcher dix kilomètres, vivre cent ans, vivre de nombreuses années, peser deux kilos, etc.,

in which the verb is followed by an adverbial extension (§ 446).

NOUNS AND QUALIFYING ADJECTIVES
Gender of Nouns

§ 127. The gender of nouns in French must be acquired by careful observation, for names of ' things ' are distributed between the masculine and the feminine genders, and it cannot even be stated as an absolute rule that names of males are masculine and names of females feminine.

The gender of many nouns may, however, be inferred from consideration of (1) their meaning; (2) their derivation; (3) their ending.

§ 128. Gender according to Meaning.

1. Are **masculine** : (*a*) Names of males. (*b*) Names of trees ; metals ; seasons, months and days of the week ; points of the compass ; decimal weights and measures. (*c*) Most names of countries and rivers not ending in mute e.

(*a*) Le père, le chat.
(*b*) Le chêne ; le fer ; le printemps ; le nord ; le gramme.
(*c*) Le Japon, le Portugal, le Rhin.

Exceptions.—Some names usually applied to males, and others which apply equally to both sexes, are always feminine.

La sentinelle, la recrue, la vigie, la personne, la dupe, la victime.
La sentinelle tira sur mon père, qui se trouva ainsi la victime d'une erreur déplorable.
L'esprit est toujours la dupe du cœur.

Note in particular the names of a number of animals :

Une baleine, une autruche, une girafe.
Une baleine mâle, une baleine femelle.

2. Are **feminine** : (*a*) Names of females. (*b*) Most abstract nouns. (*c*) Names of countries and rivers ending in mute e.

(*a*) La mère, la chatte.   (*b*) La douleur, la foi, la parenté.
(*c*) La France, la Seine, la Loire.

Exceptions.—To (*a*) Some names applicable to both sexes are always masculine, thus : témoin, ange.

Elle a été le seul témoin de l'accident.   Sa femme est un ange.

Thus also some nouns which more usually refer to males : écrivain, auteur, médecin.

Cette femme est un de nos meilleurs écrivains.

Thus also the names of a certain number of animals.

Un éléphant, un hippopotame, un vautour.
Un éléphant mâle, un éléphant femelle.

To (*b*) A few abstract nouns such as le vice, l'état, and those in which the gender is determined by the suffix, *e.g.* le courage, l'accablement.

To (*c*) Le Mexique, le Hanovre, etc. ; le Rhône, le Danube, le Tibre, etc.

§ 129. Gender by Derivation.

1. Latin masculine and neuter > French masculine.
   Lat. murum > le mur ; Lat. corpus > le corps.

   Latin feminine > French feminine.
   Lat. luna > la lune ; Lat. caritatem > la cherté.

Exceptions, however, are numerous, so that Latin etymology is an unsafe guide. Thus :

    (a) Trees, feminine in Latin, are masculine in French :
        un arbre, un aune.

    (b) Abstract nouns in -orem, masculine in Latin, > feminine
        in French, with ending -eur; colorem > la couleur.

    (c) In many Latin nouns a neuter plural was mistaken for
        a feminine singular: folia > la feuille ; vela > la
        voile, *sail.*
        (But velum > le voile, *veil.*)

    (d) Miscellaneous (fairly numerous) :

dentem > la dent ;	mare > la mer ;
artem > un art ;	aestatem > un été ;
rem > un rien ;	frontem > le front.

2. Words and expressions not originally nouns, when used as such, are masculine.
   un oui, un non ; le déjeuner, le devoir ; le savoir-faire, le pourboire, le tête-à-tête.

3. Verbal roots are for the most part feminine if ending in mute e, otherwise masculine.
   la marche, la chasse, la visite.
   le refus, le soutien, un emploi, le choix, un espoir.

4. Adjectives and participles used as nouns retain the gender shown by their ending.
   le plat, le traité, le penchant.
   la nouvelle, une allée, la sortie.

Compare le droit (*legal right*), la droite (*right hand*);
   le fait, la défaite ;   le couvert, la découverte.

5. Compounds of two nouns one of which is an adjective equivalent have the gender of the head-noun.
   le chou-fleur, le chef-d'œuvre.

Compounds in which the first element is verbal are masculine.
   le tire-bottes, le parapluie (= pare à pluie).

§ 130. Gender by Endings.

Masculine		Feminine	
1. -eur (*agent*)	le flatteur, un acteur	-euse	la flatteuse
		-trice	une actrice
2.		-eur (*abstract*)	la couleur
3. -er, -ier	le plancher, le papier, le fer	-ère, -ière	une artère, la lumière
4. -eau	le chapeau	-elle	la chapelle
5. -t	le chocolat, le sujet, le mot, le but, le monument	-te, -tte	la date, la compote, la patte, une allumette, la botte, la butte
		-de	la peuplade, une habitude
6. -c	le lac, un accroc	-che	la tache, la niche, la cloche
7. -age (*suffix*)	le village, le courage	-age (*not suffix*)	la rage, une image
8. -ail	le poitrail, le détail	-aille	la trouvaille
9. -oir	le miroir, le mouchoir	-oire	la gloire, une histoire
10. -é	le dé, le péché	-ée	la journée, une épée
		-té (*abstract*)	la bonté, la calamité
		-tié	la moitié, une amitié
11. -on	le clairon, le bâton	-onne	la couronne, la tonne
		-aison	la raison, la déclinaison
		-ison	la guérison, la prison
		-ion	la nation, la ration
12. -acle	le miracle, un obstacle		
13. -ège	le piège, le collège		
14. -ème	le poème, le thème		
15. -o	le zéro, le numéro		
16. -ou	le clou, le genou		
17.		-esse	la paresse, l'ivresse
18.		-ie	la colonie, une infamie
19.		-ine	la colline, la mine
20.		-une	la rancune, la fortune
21.		-ure	la nature, une armure
22.		-ance, -anse	la vengeance, la danse
		-ence, -ense	la prudence, la défense

Exceptions.—2. Un honneur, le labeur.

3. La mer, la cuiller; nouns in -ère borrowed from the Greek, such as le mystère, le caractère.

4. Une eau, la peau, in neither of which is -eau a suffix.

5. La dot, la forêt, la dent, la jument, etc.

6. Le manche (*handle*), le reproche, le caniche.

9. Many learned and technical words in -oire, such as le laboratoire, un observatoire, and a few more : un bel ivoire.

10. Words in -ée borrowed from the Greek are masculine: un musée, un lycée, un apogée.   Note also le comté, originally feminine.

11. La boisson, la rançon, etc.; le poison; le pion, etc. (in which -ion is not a suffix).

14. La crème.	18. Un incendie, le génie.
21. Le murmure, le mercure.	22. Le silence.

Plural of Nouns and Adjectives.

§ **131.** 1. General rule : add **s** to the singular.
  le petit enfant, les petits enfants.

2. The endings **s, x, z,** remain unchanged.
  le vieux bois, le gros nez, la voix ; les vieux bois, les gros nez, les voix.

3. The endings **au, eau, eu,** add **x** (§ 16.5).
  mon nouveau neveu, mes nouveaux neveux.
Except bleu, *plur.* bleus.

4. The ending **ou** adds **s,** as a rule.
  Cet Indou est fou, ces Indous sont fous,

but six nouns in very common use add **x** :
  bijou(x), caillou(x), chou(x), genou(x), hibou(x), joujou(x).

5. The ending **al** changes to **aux** (§ 16.8).
  un rival loyal, des rivaux loyaux ; le cheval, les chevaux.

But a few nouns take **s,** *e.g.* le bal, les bals ; and the masculine
plural of many adjectives is uncertain, and usually avoided.

6. The ending **ail** takes **s,** as a rule.
  le détail, les détails ; le poitrail, les poitrails ;

but a few nouns change **ail** to **aux** :
  le travail, les travaux.

7. Notice also : **le ciel, les cieux ; l'œil, les yeux ; l'aïeul, les
aïeuls** (*grand-parents*), **les aïeux** (*ancestors*).

Note.—The plural ending **-x** is ' dead,' *i.e.* it is not attached to any
new formations in the language :
  un landau, des landaus; un pneu (*pneumatic tyre*), des pneus; un
    Zoulou, des Zoulous.

§ **132. Compound nouns** written in one word add **s.**
  le pourboire, les pourboires ; le gendarme, les gendarmes ;
    la grand'mère, les grand'mères.

But the following should be noted
  monsieur, madame, mademoiselle ; messieurs, mesdames, mes-
    demoiselles.
  (Abbreviated M., Mme, Mlle ; MM., Mmes, Mlles.)
  le bonhomme, le gentilhomme ; les bonshommes, les gentilshommes.

§ 133. The plural of compound nouns written in two or more words is complicated, often illogical, and uncertain. The guiding principle is that those elements vary which took the sign of the plural before the group came to be looked upon as a compound. Thus :

1. **Noun and adjective, or noun and appositive noun :** both vary.

le beau-père	les beaux-pères
le grand-père	les grands-pères
le chou-fleur	les choux-fleurs

2. **Noun and adjective equivalent :** the noun alone varies.

un ver à soie	des vers à soie
un aide-de-camp	des aides-de-camp
un arc-en-ciel	des arcs-en-ciel
un timbre-poste	des timbres-poste (=timbres de poste)
un avant-poste	des avant-postes ('avant' is an adverb with adjectival function)

3. **Noun governed by a preposition :** the compound should be invariable.

un après-midi	des après-midi
un hors-d'œuvre	des hors-d'œuvre

But : un sous-sol, des sous-sols.

4. **Verb and noun-object :** the compound is usually invariable.

un coupe-gorge	des coupe-gorge

But most dictionaries give

un essuie-main	des essuie-mains
un tire-botte	des tire-bottes

instead of the more logical

un essuie-mains	des essuie-mains

Une quantité innombrable d'objets ont été convertis en porte-réclames : les sous-main, les coupe-papier, les canifs, les porte-allumettes.

5. **No noun :** the compound is invariable.

un passe-partout	des passe-partout

Note.—For the plural and feminine of compound adjectives, see § 417.

§ 134. Plural of Proper Nouns.

1. Family names are invariable.

J'ai dîné chez les **Dupont.**

2. With Christian names usage varies.

les deux **Henri** *or* les deux **Henris.**

3. With dynastic names usage varies.

les **Stuarts,** les **Bourbons.**   les **Hohenzollern,** les **Romanoff.**

§ 135. 1. Some nouns are used in the plural only, (1) because they come from Latin plurals, or (2) on account of their collective meaning.

archives, f. *archives*	pincettes, f. *tongs*
armoiries, f. *coat of arms*	ténèbres, f. *darkness*
environs, m. *surroundings*	vivres, m. *provisions*
dépens, m. *costs*	entrailles, f. *entrails*
frais, m. *expenses*	fiançailles, f. *betrothal*
mœurs, f. *manners*	funérailles, f. *funeral*
obsèques, f. *obsequies*	tenailles, f. *pincers*

2. A number of nouns have a special meaning attached to the plural.

le ciseau, *chisel*	les ciseaux, *chisels, scissors*
la lunette, *field-glass*	les lunettes, *field-glasses, spectacles*
la vacance, *vacancy*	les vacances, *vacancies, holidays*
le gage, *pledge*	les gages, *pledges, wages*

§ 136. Only nouns, adjectives, and pronouns, and words which have taken on a *permanent* noun or adjective function, can have the sign of the plural. Thus, no s in

Il faut peser les **pour** et les **contre** avant de prendre une décision.

J'aime ce parler un peu rude, avec ses u gutturaux.

Feminine of Nouns.

§ 137. Most nouns denoting males have corresponding feminine forms. The feminine may be

1. Formed by the addition of mute e : **un ami, une amie.**
2. Formed with a special suffix : **un acteur, une actrice.**
3. Expressed by an entirely different word : **le coq, la poule.**
4. Expressed by the same word as the masculine: **un(e) élève.** The number of such nouns is small.
5. Expressed by the words femelle (of animals only), femme (§ 128).

§ 138. The addition of mute e frequently involves a further alteration of the masculine. The following are typical instances :

1. Berger, bergère ; ouvrier, ouvrière (§ 16.11.*a*).
2. Final t and n are doubled: chat, chatte ; chien, chienne ; lion, lionne ; Jean, Jeanne ; paysan, paysanne.
3. Final p and f>v, x>s: loup, louve ; veuf, veuve ; époux, épouse.
4. The ending -eur>-euse, and -eau>-elle : baigneur, baigneuse ; chameau, chamelle.

§ **139.** The commonest feminine suffixes are

-**esse** : nègre, négresse ; chasseur, Diane chasseresse ; abbé,
abbesse ; duc, duchesse ; dieu, déesse.

-**trice** : lecteur, lectrice ; directeur, directrice ; tuteur, tutrice ;
bienfaiteur, bienfaitrice.

Note.—Nouns in -eur have the feminine in -euse if they are formed
from the present stem of a French verb ; thus liseur, liseuse is formed
from lire, nous lisons, while lecteur, lectrice is a borrowing from Latin.

But nevertheless : inspecteur, inspectrice ; persécuteur, persécutrice.

Note also : empereur, impératrice ; ambassadeur, ambassadrice.

§ **140.** A few words alter or lose the suffix in the feminine.

serviteur, servante ; canard, cane ; compagnon, compagne.

Gouverneur, gouvernante, are generally coupled, but are to-day so
different in meaning that the one can hardly be considered as the
feminine of the other.. (Gouverneur: *governor* [of a province, etc.];
gouvernante: *housekeeper*.)

Feminine of Adjectives.

§ **141.** Adjectives ending in -e in the masculine have the same
form in the feminine.

un jeune homme **aimable**   une jeune fille **aimable**

§ **142.** All other adjectives add -e in the feminine.

un petit garçon **appliqué**   une petite fille **appliquée**

Note long, longue (§ 16.2) ; also aigu, aiguë, and thus all
adjectives ending in -gu (§ 12).

§ **143.** The addition of -e frequently involves a further alteration of the masculine form.

1. The ending -er > -ère (§ 16.11.*a*).

léger, légère   premier, première   cher, chère

Thus also -et > -ète in learned borrowings from the Latin.

(in)complet, complète   (in)discret, discrète
secret, secrète   inquiet, inquiète

2. The consonant is doubled in the endings -as, -eil, -el, -en,
-et, -on.

bas, basse   pareil, pareille   mortel, mortelle
ancien, ancienne   muet, muette   bon, bonne

Also in the following :

nul, nulle	sot, sotte
épais, épaisse	gros, grosse

3. Final -f > -ve (§ 16.6).

bref, brève	actif, active	neuf, neuve

4. The endings -eur and -eux > -euse.

menteur, menteuse   courageux, courageuse

But un poteau indicateur, une plaque indicatrice (cp. § 139, note).

Adjectives in -eur derived from a Latin comparative have feminine in -eure.

meilleur, meilleure   intérieur, intérieure

5. Final -c > either -que (§ 16.3) or -che.

public, publique	turc, turque	grec, grecque
blanc, blanche	franc, franche	sec, sèche

6. The following show 'irregularities' which are explained by their etymology ; the feminine shows the true stem.

doux, douce	frais, fraîche	malin, maligne
jaloux, jalouse	faux, fausse	bénin, bénigne
roux, rousse	favori, favorite	gentil, gentille

§ 144. The adjectives

bel, belle	nouvel, nouvelle	vieil, vieille
mol, molle	fol, folle	

which form their feminine as explained in § 143.2, have altered their masculine forms to

beau	nouveau	vieux	mou	fou

according to § 16.8.

The latter masculine forms are now used in all positions except when the adjective precedes a noun beginning with a vowel sound, and occasionally when two adjectives are joined by et.

un beau jardin	de beaux jardins
un bel arbre	de beaux arbres
une belle allée	de belles allées
un nouvel élève	de nouveaux élèves
un vieil ami	de vieux amis
un vieil habit	de vieux habits
Que cet arbre est beau !	Je me fais vieux

Tout cela est bel et bon, mais cela ne vous excuse pas. *That's all very fine, but . . .*

Nous venons d'admirer un nouvel et éclatant exemple de son talent.

§ **145.** Adjectives which in Latin had one form only for the masculine and the feminine, presented only one form in early French. Thus are explained the compounds **grand'mère, grand'messe,** etc. (§ 10) ; such names as **Rochefort** (from **la roche**) ; adverbs of the type of **prudemment** (§ 150.5) ; and the expression **se faire fort de,** in which **fort** does not take the feminine **-e.**

Elle se fait **fort** de réussir.   *She is confident of success.*

§ **146.** A very few adjectives never take the feminine form, *e.g.* grognon, chic.

Une petite fille **grognon.** Ta robe est très chic ! Une **chic** cérémonie.

§ **147.** 1. **Adjective equivalents** (other than adjective clauses) generally consist in French of (*a*) a noun governed by the prepositions **de, à, en** (§§ 279.2, 282.3, 284) ; or (*b*) an infinitive governed by **à** (§ 100.2).

(*a*) Un homme de talent.   *A talented man.*
Un homme à barbe grise.   *A grey-bearded man.*
Une salle d'attente.   *A waiting-room.*
Un garçon de café.   *A café attendant.*
Une tasse à café.   *A coffee cup.*
Un moulin à vent.   *A windmill.*
Une montre **en or.**   *A gold watch.*
Un cheval de (*or* en) bois.   *A wooden horse.*

(*b*) Une salle **à manger.**   *A dining-room.* (§ 100.2.)
Voici une lettre à expédier. . . . *to be dispatched.*
Une histoire à mourir de rire.   *A side-splitting story.*

Note.—From un garçon de café distinguish the construction **une tasse de café,** in which **café** is the main noun.

2. The adjective equivalent may also be a noun joined to its head-word without any preposition.

La loi **Bérenger.**   Le code **Napoléon.**
La rue **Racine.**   Le boulevard **Haussmann.**

§ **148.** Adverbs occasionally have adjectival function.

Un jeune homme très **bien.**   *A very gentlemanly young man.*

§ **149.** The adjective is used with nominal function

1. In the masculine and feminine, much more frequently than in English.

Taisez-vous, **malheureuse !** *Wretched woman !* Va-t'en, **ingrat !**
L'imprudent réfléchit à ce qu'il a dit ; **le sage** à ce qu'il va dire.

2. In the sense of a neuter.

L'expérience est **le passé** qui parle **au présent.**
Il a poussé **l'étrange** jusqu'à **l'horrible.**

ADVERBS OF MANNER

§ 150. Closely related to qualifying adjectives are the adverbs of manner of cognate meaning. Like all adverbs in French (except **tout** and **grand**) they are invariable.

1. A few adverbs come directly from Latin :

      bien   mieux   mal   pis   peu   moins

They correspond to the adjectives :

      bon   meilleur   mauvais   pire   petit   moindre

2. Most adverbs are derived from the feminine of the adjective by the adjunction of the suffix -ment (from Latin **mens**, a feminine noun).

        grandement, heureusement, fièrement.

Note, however : **bref, brièvement ; grave, gravement** and **grièvement** (blessé).

3. In a few cases the **e** of the feminine becomes **é,**
        profondément, obscurément,
by analogy with
        aveuglément,
derived from the past participle **aveuglé.**

Note also **impunément,** formed under the influence of Latin ' impune.'

4. If the masculine adjective ends in a vowel, feminine **e** is dropped.

        hardiment, aisément, résolument.

But **gaiement** or **gaîment.** The contraction is also shown in
        assidûment, indûment, goulûment, etc.

Note also **gentil** [ʒɑ̃ti], **gentiment.**

5. Adjectives in -ant and -ent had only one form in early French (§ 145), so that feminine **e** does not appear in the derived adverbs.

    savant + ment > **savamment** ; prudent + ment > **prudemment.**

Thus also **constamment, violemment, négligemment,** etc.

But **lent, lentement ; présent, présentement.**

§ 151. Certain adverbs in -ment have to-day no corresponding adjectives. Thus :

journellement, *daily*	**notamment,** *particularly*
profusément, *profusely*	**sciemment,** *knowingly*
	nuitamment, *by night*

§ 152. 1. From certain adjectives no adverbs may be formed. Such are

(a) Adjectives of colour : **blanc, rouge, vert,** etc.

Except in a figurative sense, *e.g.* **tancer vertement,** *to give a good scolding.*

(b) **Concis, content, farouche, morose,** etc.

2. In place of all these, adverb phrases are used.

(a) Une porte peinte **en vert.**
　Une jeune fille vêtue **de blanc.**
　　Ell' voit **venir** son page
　　Tout **de noir** habillé.

(b) Il répondit **d'un air content** (*or* **avec satisfaction**).

Note.—Adverb phrases are widely used in place of existing adverbs, some of which are long and heavy.

Il s'est battu **avec courage** (courageusement).
Il agit **avec prudence** (prudemment).
Je l'ai cherché **en vain** (vainement).
Je l'aime **à la folie** (follement).
Ne répondez pas **à la légère** (légèrement).
Je l'aime **d'instinct** (instinctivement).
Il s'apaisa **peu à peu** (graduellement).
Il se leva **tout à coup** (subitement).

And also to express shades of meaning for which no adverb exists.

Il me regarda **à la dérobée.**
Il vient nous voir **de temps à autre.**
Je lui écrirai **de nouveau.**

§ 153. Many adjectives may be used adverbially, but only in expressions which must be acquired by practice. Thus :

parler **bas,** *to speak low,*	*but* agir **bassement.**
chanter **juste,** *to sing in tune,*	,, être puni **justement.**
coûter **cher,** *to cost dear,*	,, aimer **chèrement.**
travailler **ferme,** *to work hard,*	,, croire **fermement.**
refuser **net,** *to decline point blank,*	,, s'expliquer **nettement.**

Thus also :

sentir **bon, mauvais.**　　　　　s'arrêter **court.**

Note.—**Vite,** originally an adjective, is now used as an adverb.
　　Courez **vite!**

The original use is retained, however, in

　　Il a le pouls fort **vite;**
　　Un cheval **vite,** etc.

The derived adverb **vitement** is now practically obsolete.

COMPARISON

Comparative. Two or more terms may be compared in respect of their **quality** or their **quantity**.

§ 154. Qualitative Comparison. The comparative of adjectives and adverbs is formed with the adverbs **plus**, *more*; **aussi**, *as, so*; **si**, *so*; **moins**, *less*.

The second term of comparison is always introduced by the conjunction **que**.

Henri
- est **plus** grand, court **plus** vite,
- est **aussi** grand, court **aussi** vite,
- n'est pas **si** grand, ne court pas **si** vite,
- n'est pas **aussi** grand, ne court pas **aussi** vite,
- est **moins** grand, court **moins** vite,

que Paul.

Henri est **plus** grand et **plus** fort que Paul.
Henri est **plus** grand que Paul ou **que** Jules.

§ 155. Quantitative Comparison. The comparative is formed with the adverbs **plus (de)**, **autant (de)**, **tant (de)**, **moins (de)**.

Henri
- travaille **plus**
- a **plus** de patience
- travaille **autant**
- a **autant** de patience
- ne travaille pas **(au)tant**
- n'a pas **(au)tant** de patience
- travaille **moins**
- a **moins** de patience

que Paul.

§ 156. 1. The comparison is usually between two terms which are opposed to each other; these may be (*a*) nouns (and pronouns); (*b*) adjectives, adverbs, or adverb phrases; (*c*) verbs.

(*a*) Henri est **plus** grand que **Paul.**
Henri est **plus** grand que **moi.**
Henri court **plus** vite que **vous.**

(*b*) Il est **plus** intelligent que **travailleur.**
Le ciel n'est pas **aussi** pur **en** hiver qu'**en** été.
Il s'est conduit avec **plus** de courage que de prudence.

(*c*) Vous écrivez **plus** correctement que vous (ne) **parlez** (§ 277.6).
Il vaut mieux **se** taire que de mentir.

2. Occasionally there is no opposition between two terms, the so-called second term of comparison being a clause adverbial to an adjective or adverb.

> Il est plus intelligent que vous (ne) pensez.
> (= Il est intelligent—plus que vous ne pensez.)

This adverbial clause may be elliptical.

> Je vais aussi bien que possible (= qu'il est possible d'aller).

Notes.—1. If the two terms of comparison are in the infinitive, the second is usually introduced by **que de**, unless the infinitives are already governed by another preposition.

> Il est plus honteux de mentir que d'être puni.
> J'aime mieux être puni que de mentir.
> J'aime autant être puni que de mentir.

But:
> Il s'applique plus à jouer qu'à travailler.
> Nous pensions moins à suivre ses conseils qu'à nous moquer de ses petites manies.

2. The second term of comparison may be entirely omitted.

> Plus vers la gauche, s'élevait une véritable ville formée de tentes écrues.

3. Comparison may also be expressed by the adverb **davantage**, which, however, should always be in end (*i.e.* stressed) position.

> Henri est travailleur, mais Paul l'est davantage.
> (= Paul est plus travailleur que Henri.)
> Henri a beaucoup d'amis, mais j'en ai davantage.
> (= J'ai plus d'amis que Henri.)

§ 157. The following have retained the Latin comparative:

Adjectives.	bon, *good*	meilleur, *better*
	mauvais, *bad*	pire or plus mauvais, *worse*
	petit, *small, little*	moindre, *less*; plus petit, *smaller*
Adverbs.	bien, *well*	mieux, *better*
	mal, *badly*	pis or plus mal, *worse*
	peu, *little*	moins, *less*

The student must be careful to distinguish between adjective and adverb.

> Son devoir est meilleur que le vôtre, *His exercise is better than yours.*
> Il travaille mieux que vous, *He works better than you.*
> Ses souffrances sont moindres que les vôtres. *His sufferings are less than yours.*
> Il a moins souffert que vous. *He suffered less than you.*

§ 158. The following constructions should be noted:

1. Comparison is often expressed by **auprès de**, by **comme**, by **autre, autrement**.

Que sont les peines du corps **auprès des** tourments de l'âme ?
Son travail est **autre** (**autrement** consciencieux) que le vôtre.

Note.—Intensifying similes are always introduced by **comme**.

Il était pâle **comme la mort**.   *As pale as death.*
Il est gai **comme un pinson**.   *As merry as a cricket.*
Il est sourd **comme un pot**.   *As deaf as a door-post.*
Il était blanc **comme un linge**.   *As white as a sheet.*
Il s'est montré doux **comme un agneau**.   *As gentle as a lamb.*

2. **Plus . . . plus ; moins . . . moins ;**   *The more . . . the more ; the less . . . the less.*   **Autant . . . autant.**

Plus on avançait, plus on s'égarait.
Plus on le punit, moins il travaille.
Plus vous aimerez Dieu, meilleur vous serez.
Autant l'un des frères a d'intelligence native, **autant** l'autre a d'application soutenue.

3. **De plus en plus, de moins en moins.**   *More and more, less and less.*
Il se fatigue **de plus en plus**.

4. **D'autant plus (moins) . . . que.**   *All the more (less) . . . as.*
Il travaille **d'autant plus** fiévreusement que les examens approchent.
On l'appréciait **d'autant moins** que sa timidité l'empêchait de se faire valoir.

5. Il a trois ans **de plus** que moi.   }
   Il est plus âgé que moi **de trois ans.** }   *He is three years older than I.*

§ 159. The **Superlative** is formed by prefixing **le, la, les,** or the **possessive adjective,** to the comparative.

Le plus grand n'est pas **le plus** puissant, c'est **le plus** juste.
Le chien est **le meilleur** ami de l'homme.   Mon chien est **mon meilleur** ami.   Jean est **le plus** âgé de la famille.   Marie est **la moins** âgée.   L'éléphant est **la plus grosse** des bêtes.

Notes.—(*a*) After the superlative, **de** is prepositional, and the article is not omitted, as the superlative singles out one or more from a whole group or class, *i.e.* the dependent noun is always particularized or generalized.

(*b*) In English the superlative is often followed by 'in'; French always has **de** (§ 280, note).

Le meilleur élève **de** la classe.   *The best boy in the class.*

(*c*) The distinction made in English between 'the younger' and 'the youngest' can have no counterpart in French.

Il est le plus âgé **des deux, des trois.**

§ 160. If the adjective follows the noun, it is preceded by the article.

> Voilà l'élève le plus intelligent de la classe.
> Un de mes amis les plus dévoués.

§ 161. The article le is invariable before an adverb.

> C'est elle qui travaille le mieux.

Also in adverbial phrases

> C'est lui qui a agi avec le plus de prudence.

Grammarians also teach that the article remains invariable (*i.e.* is in the neuter) when an individual is compared, not with another, but with himself.

> C'est parmi ses compagnes d'enfance qu'elle est le plus heureuse.
> C'est au mois de mai que nos campagnes sont le plus fleuries.

But the rule is frequently ignored, even in literary French, and was at no date in the language strictly observed.

Note the partitive construction :

> Je fais de mon mieux.   *I do (am doing) my best.*

And this other partitive construction, in which the superlative remains undetermined :

> Je vous donne ce que j'ai de meilleur.

§ 162. A so-called **absolute superlative** is formed by prefixing to the adjective such adverbs as très, fort, extrêmement, bien.

> Ce vin est très bon, fort bon.
> J'en ai été extrêmement surpris.

Bien is always affective (§ 171.5, note).

> Il est bien malheureux !
> Qui fut bien étonné ?   Ce fut Pierrot !

and is never used if no emotion is implied ; it would be quite out of place in such a sentence as :

> Cet acide a une odeur très forte et très caractéristique.

§ 163. Various other affective constructions are used instead of normal très. Thus :

Sa famille est {des plus respectables. / tout ce qu'il y a de plus respectable.

C'est un brave entre les braves !

Il est {on ne peut plus laborieux. / laborieux au possible.

Il est {richissime. / archi-riche. / riche, riche!} Humorous or familiar uses.

THE ARTICLES

§ 164. Definite Article.

The	le père	la mère	l'enfant	les parents
Of the	du père	de la mère	de l'enfant	des parents
To the	au père	à la mère	à l'enfant	aux parents

Before ' h muette ' : l'homme, de l'homme, etc.

Before ' h aspirée ' : le héros, du héros, etc., la hauteur, etc.

Du, au, des, aux are contractions of **de** and **à** with the definite article, and are commonly called in French *articles contractés*.

Notes.—1. There is no possessive case in French. ' The pupil's book ' is Le livre de l'élève.

2. In old French, en les was contracted to es, now spelt ès, and still retained in bachelier ès sciences, licencié ès lettres, etc. But licencié en droit, docteur en médecine.

§ 165. Indefinite Article.

a(n)	un livre	une plume	un encrier	The plural is
of a(n)	d'un livre	d'une plume	d'un encrier	the partitive
to a(n)	à un livre	à une plume	à un encrier	des, de.

§ 166. Partitive Article (derived from the definite article).

some, any	du pain	de la viande	de l'eau	des enfants
of some, any	de pain	de viande	d'eau	d'enfants
to some, any	à du pain	à de la viande	à de l'eau	à des enfants

§ 167. The Definite Article has two main functions.

1. Its original function, dating from old French, and similar to its function in English, is to **particularize** a noun.

Ouvrez la fenêtre. *Open the window,* i.e. *that window.*
Les élèves du collège furent invités à la fête.

2. Its new function, highly developed in modern French, is to **generalize** a noun. In English this use is restricted to class names.

Le chien est le meilleur ami de l'homme. *The dog is man's best friend.* J'aime les chiens. *I like dogs.*
Je préfère le café au thé. L'avarice est un vice.
L'ignorance est toujours suivie de l'obstination.
Le fer est le plus utile des métaux.

§ 168. The definite article is used in French, though not in English :

1. Before names of continents, countries, provinces, mountains, some islands, etc.

> l'Asie, la France, la Normandie, le mont Blanc, la Corse.
> Thus also : **La Seine,** *the river Seine* ; **le Rhône,** *the river Rhone* ; **les Vosges** [vo:ʒ], *the Vosges mountains,* etc.

Note.—The article is omitted :

(a) After en : en France, en Normandie (§ 284.1.*a*).

(b) In adjective phrases : **les vins de France** (*French wines*), l'histoire de France, de l'eau de Seine, un chapeau de paille d'Italie, le roi (la couronne, le trône) d'Espagne. Les côtes de Bretagne *or* de la Bretagne.

(c) Usually, after **arriver de, revenir de** : Il arrive d'Espagne.

But the article is usually retained before masculine names of countries (§ 284, note 1) : Il revient du Portugal, du Danemark.

(d) Before names of towns : Je connais bien **Paris et Londres.**

Unless the article is an inherent part of the name (taking a capital), as in **Le Havre** (*lit.* 'The Haven'), **La Rochelle** ('The Rock'), **La Fère, La Ferté, La Mecque, Le Caire.**

> Je reviens du Havre.   Je me rends au Caire.

2. Before titles preceding proper nouns, and before proper nouns qualified by an adjective.

> Le roi Georges, le capitaine Moreau, le petit Jules, le grand Corneille, la Rome antique.

Note the construction with **monsieur, madame, mademoiselle.**

> Bonjour, **docteur,** or Bonjour, **monsieur le docteur.**
> Je me plaindrai à **madame la directrice.**
> Je me soumets à votre décision, **monsieur le président** (*Mr Chairman*).
> Entrez, **messieurs les voyageurs.**

Thus also with the possessive adjective.

> Comment se porte madame votre mère ?

3. Before the names of most feast-days.

> **La Saint-Jean, la Toussaint, la Fête-Dieu.**

But **Pâques, Noël.**

> Nous avons congé à **Pâques,** à la **Fête-Dieu,** à la **Toussaint,** et à **Noël.**

In familiar style, **Noël** often has the article.

> Deux jours avant la **Noël,** maître Sylvain se prépara à tuer le porc.

Note that in every case the article is feminine, **fête** being understood when not expressed : la fête de saint Jean, la fête de Noël.

4. Sometimes, in colloquial French, before a noun in the vocative.

> Eh, l'homme, que faites-vous donc là ?
> Combien vos fromages, la petite mère ?

5. With nouns used distributively, after adverbial extensions of price.

> Le sucre coûte onze sous la livre.

In expressions of time, par is more usual in the distributive sense.

> Il gagne cinquante francs par semaine.
> Il vient nous voir trois fois par an.

But also : Il vient nous voir trois fois l'an.

And always : Il vient nous voir le lundi (on Mondays=each Monday), with which compare

> Il viendra (est venu) nous voir lundi.   *He will come on Monday (came last Monday).*

6. In many phrases which must be acquired by practice.

> La semaine dernière ;   vers le soir ;   avez-vous le temps ? apprendre le français ;   partir le premier, etc.

7. With parts and attributes of the body, etc.   See §§ 178, 179.

§ 169. The Indefinite Article is used, on the whole, as in English, except that it has no distributive function (see § 168.5 above).

> Prêtez-moi un livre.   Adressez-vous à un ami.

Note, however :

I have a sore throat.	J'ai mal à la gorge (§ 178.1).
He has a large mouth.	Il a la bouche grande (§ 179).
What a house !	Quelle maison ! (§ 182).

§ 170. Omission of the definite and indefinite articles.

In old French the noun originally had no article when it was not particularized.   Many instances of the older construction have survived.   Thus, the articles are omitted

1. In proverbs handed down from a remote past.

> Pauvreté n'est pas vice (=La pauvreté n'est pas un vice).
> Humilité est sagesse.

2. In headings, titles, inscriptions, postal addresses, etc.

Dictée   Thème   Version

Traité d'Algèbre   Livre I, chapitre 4

BOULEVARD HAUSSMANN	MAISON FÉLIX POTIN

Il demeure rue Saint-Honoré, numéro 137.

3. In enumerations (literary construction).

> Grands et petits, nobles, **bourgeois et paysans**, étaient animés du même espoir.

And frequently when nouns are grouped in pairs.

> Il y avait des routes mitoyennes (*common to both sectors*) où **Français et Anglais** voisinaient.
>
> Elle prépara **crayons et couleurs** . . . et fit le portrait d'un paysan basané.

4. In appositions to a noun or a clause.

> Le maire est un monsieur Durand, **ancien épicier.**
> Il fut nommé colonel, **honneur** qu'il méritait bien.
> Vous habitez la province, **mauvaise condition** pour faire du théâtre (*to write plays*).

But the article is used before the noun in apposition

(*a*) To **particularize** it, as is done in English.

> Vous trouverez ça chez M. Durand, **l'épicier du coin.**

(*b*) With an **affective** value.

> C'est une mélodie de Gounod, **le grand compositeur français.**
> . . . *the great French composer, you know.*

The article is used here to show that the apposition is not intended to convey information, but to remind us of a fact assumed as known.

Note.—Appositive nouns, in French as in English, are sometimes introduced by the particle **de**, without any article.

> La ville **de** Paris.   L'ancienne province **de** Normandie.
> Adieu, charmant pays **de** France !
> Il a pris le grade **de** docteur.

Compare the use of **de** in predication, § 118.2.*b*.

5. Before predicative nouns, especially when, having no epithet, they may themselves be considered as adjectival.

> Son père est **avocat.**   Êtes-vous **père**, monsieur ?
> On l'a élu **président.**   Il a été élu **président.**

But the article is used if the predicative noun is particularized, or qualified.

> Son père est **l'avocat qui m'a défendu.**
> Son père est **un avocat distingué, un excellent homme.**

But again :

> Il s'est montré **honnête homme**,

the group **honnête homme** being practically a compound noun,

There is really no absolute rule ; taste often decides.

> Les dieux sont **gardiens des coutumes traditionnelles.**

6. Before nouns forming adjectival phrases (§ 147).

> Un sac d'école.   Un homme de talent.   Une cuiller à thé.
> On voyait à l'horizon un clocher d'église.

Unless the dependent noun is particularized, or qualified.

> On voyait à l'horizon le clocher de l'église.
> C'est un homme d'un talent rare.

In fact, both head noun and dependent noun take the articles as the sense may require.   Thus :

> Quand on lit dans un livre le récit d'une bataille, on se figure volontiers que sur un champ de bataille, chacun sait ce qu'il fait.

7. In adverb phrases.

> Travaillez **avec courage** (=courageusement).

But : **Avec du courage, vous réussirez,**

in which sentence we could not substitute ' courageusement.'

> Thus : **avec patience, avec prudence,** etc. (§ 152, note).
> Thus also : **en prison, en cachette** (*secretly*), **à terre, par terre, par exemple, de but en blanc** (*point-blank*), etc.

8. In many expressions belonging to business or official style.

> On paye les vignerons chaque jour **après réception** de dépêches fixant le cours aux Halles (The ' Covent-Garden' of Paris).

9. In many so-called verb-phrases, such as

> **perdre courage, perdre connaissance** (*to faint*), **avoir besoin** de qqch., **tenir tête à** qqn, **rendre service à** qqn, **livrer bataille, prendre garde,** etc.
> **avoir faim, soif, froid, chaud, raison, tort, sommeil,** etc.

Note, however, that many verb-phrases have the article, *e.g.*

> **demander l'aumône, faire la guerre, garder le silence,** etc.

10. Before nouns introduced by **sans,** and by **ni . . . ni.**

> Il est arrivé **sans argent.**
> Il n'avait **ni dignité ni aisance** dans ses manières.
> Je ne le ferai **ni** pour or **ni** pour argent.

Unless the nouns are particularized.

> Il est revenu **sans l'argent.**   *He came back without the money.*
> Il n'avait **ni la dignité ni l'aisance** de son père.
> Comme il n'y a pas de religion **sans temple,** il n'y a pas de famille **sans l'intimité du foyer.**
> Je m'élançai seul sur cet orageux océan du monde, dont je **ne** connaissais **ni les ports ni les écueils.**

11. Frequently before an unparticularized subject or object when the verb is negatived by **jamais.**   The partitive article is also omitted in the plural.

> **Jamais** musique ne m'a paru aussi funèbre.
> Je n'ai depuis **jamais** vu folie triste et douce comme la sienne.
> **Jamais** éclats de rire ne furent si brusquement arrêtés.

§ 171. Partitive de. 1. The particle **de** combines with the articles and with adjectives to form determinatives indicating a **part of a whole** (English 'some,' 'some of,' 'any'). The noun thus introduced is treated **not as an accusative governed by prepositional de**, but as a **nominative subject, accusative object,** etc. (§ 281.2).

> Nous avons bu **du** vin.　　Nous avons bu **d'un** vin exquis.
> Donnez-moi **de ce** vin.　　Il nous a fait boire **de son** vin.
> Donnez-nous **de vos** nouvelles.
> **Des** personnes malveillantes vous diront le contraire.
> Il empruntera **de l'**argent à **des** amis.
> On nous servit **du** bœuf rôti avec de **la** gelée de groseilles.
> Nous avons bu **d'excellent** vin.　　Donnez-lui **de bons** conseils.

Notes.—(a) In familiar French, the article is very commonly used before those qualifying adjectives which usually precede the noun (§ 347).

> Nous avons bu **du bon** vin.　　Voilà **de la vraie** poésie !
> En voilà **des beaux** enfants !

It is always so used before the numerous adjective + noun groups which are felt as compound nouns, such as :

> **des** grands-pères ; **des** chauves-souris ;
> **des** jeunes filles, **des** jeunes gens ;　**du** bon sens (*common sense*),
> **de la** bonne volonté (*goodwill*), **des** bons mots (*witticisms*) ;
> **des** petits garçons, **des** petits gâteaux, **des** petits pois (*green peas*).

(b) The article is used if the adjective follows the noun.

> **du** lait chaud, **des** pois secs, **des** garçons intelligents.

(c) The article is always omitted after partitive **de** before **autre(s)**.

> J'ai **d'**autres amis.　　J'en ai **d'**autres.　　Donnez-moi **d'**autre vin.

(d) The article is omitted when the adjective qualifies, or is predicative to, **en** replacing a partitive noun.

> Du vin, je peux vous en fournir ;　j'en ai **d'**excellent.
> J'en ai appris **de** belles sur votre compte !　*I have learnt fine things about you !*
> On ferait beaucoup plus **de** choses si l'on **en** croyait moins **d'**impossibles.

But in colloquial style, frequently **du, de la, des;** this is largely a matter of idiom.

> J'en ai vu, **des** livres, et **des** beaux.
> J'ai **du** bon tabac dans ma tabatière ; . . . j'en ai **du** frais, j'en ai **du** râpé. . . .

(e) When a second adjective occurs with ellipsis of the noun, it takes or omits the article according to the construction of the first group.

> Elle cueillit **des** fleurs rouges et **des** blanches.
> Dans toute école on trouve **de** bons élèves et **de** mauvais.

2. A partitive noun governed by prepositional **de** (= *of, from, by, with,* etc.) may still be preceded by **un, une** or by an adjective, but not by the article **le, la, les.**   Thus :

> Nous avons bu un verre **d'un** vin exquis, **de ce** vin, **de son** vin, un verre **d'excellent** vin.

But : Nous avons bu un verre **de** vin, *a glass of wine.*

The reason for this is obvious : the definite article must be reserved for its original function of particularizing the noun.

> Nous avons bu un verre **du** vin qu'il avait **reçu** au jour de l'an, *A glass of the wine which he had received . . .*

3. Thus the partitive noun is governed by prepositional **de**, the partitive article being entirely omitted :

(*a*) After many nouns denoting definite or indefinite quantity,

> une **bouteille d'**eau, une **livre de** thé, **trois ans de** guerre, un **grand nombre (une foule) de** personnes.

(*b*) After certain adjectives,

> une salle **pleine d'**invités, une garnison **dépourvue de** vivres.

(*c*) After many verbs and verbal phrases,

> **Munissons-nous de** provisions.   Il faudrait **garnir d'**arbres toutes ces avenues.   **Avez-vous besoin de** renfort ?

Note.—Thus also when de forms a part of a compound preposition,

> **Auprès de** maisons d'aspect misérable s'élève un magnifique hôtel.

4. The negative adverbs **ne pas, ne point** come under 3 (*a*) above, as **pas, point** were originally nouns, followed by prepositional **de** (§ 269).   The other negative adverbs, **ne plus, ne guère, ne jamais,** had, for reasons relative to their etymology, the same construction, omitting the article.

> Il n'a **pas (point) d'**argent.
> Nous n'avons **plus de** ressources.
> Il n'y a **jamais de** représentations le dimanche.

Notes.—(*a*) If the negative adverb merely qualifies the verb, without affecting the partitive noun, the partitive article stands.   Compare :

> Je ne vous donnerai pas **de** conseils, *I will give you no advice,*

and

> Je ne vous donnerai pas **des** conseils impossibles à suivre, *I will not give you advice which cannot be followed.*
> On ne peut pas faire **du** bien à tous, mais on peut témoigner de la bonté à tous.

(*b*) The article also stands after the adverb **ne . . . que** (*only*), which is affirmative as regards the following noun.

> On ne m'a donné que **des** conseils.

5. The article is omitted after the adverbs of quantity beau-coup, peu, plus, moins, tant, autant, trop, assez, combien, que ! because the following de was originally prepositional.

> Beaucoup de paroles et peu de besogne.   Assez de bêtises !
> Combien de gens qui ne savent pas cela !   Que de monde ici !
> Il a montré plus de crédulité que de bon sens.
> Il a montré beaucoup trop de crédulité et assez peu de bon sens.
> Je vous donnerai autant d'argent que vous voudrez.

> (But : Je vous donnerai de l'argent autant que vous voudrez.)

Note.—The article stands after (*a*) bien, which is not an adverb of quantity, but is merely affective, being used to emphasize a statement, and (*b*) la plupart, which is really a superlative (=la plus grande partie).

> · (*a*) Bien des personnes m'ont assuré le contraire.
> Il a passé par bien des dangers.
> Mon grand-père avait eu bien du mal à élever sa famille.

> (*b*) La plupart des invités étaient arrivés.
> La plupart du temps il ne fait rien.

6. Partitive de is used before adjectives and nouns after the neuter and the indefinite pronouns ceci, cela, que, quoi, ce qui, ce que, quelqu'un, quelque chose, personne, rien.

> Son cas a ceci de particulier que sa réputation est sans tache.
> Quoi de nouveau ?   Que savez-vous d'intéressant ?
> Dans tout ce qui m'arrive d'heureux, ou de triste, ma pensée se tourne vers ma mère.
> Ce que je sais d'intéressant, je le garde pour moi.
> Il me donna ce qu'il avait d'argent sur lui.
> Je me tirai d'affaire avec ce que je savais de français.
> Je ne sais rien d'intéressant.
> Y a-t-il eu quelqu'un de blessé ?
> J'ai appris quelque chose de très important.

7. Personal pronouns are not preceded by partitive de, but by d'entre.

> Les juges n'étaient pas d'accord.   Plusieurs d'entre eux croyaient à l'innocence de l'accusé.   *Several of them* . . .
> Les élèves sourirent, et trois d'entre eux rirent tout haut.   *Three of them* . . .
> Y a-t-il quelqu'un d'entre vous qui puisse me prêter vingt francs ?
> But one says either L'un d'eux or L'un d'entre eux.   *One of them.*

8. The noun is, of course, never partitive when determined by numeral or indefinite adjectives.

> Quatre-vingts francs.
> J'ai parlé à plusieurs personnes
> Attendez quelques minutes.

DEMONSTRATIVE ADJECTIVE

§ 172.   cet enfant   cet homme   cet aimable enfant   } *this,*
          [1] ce livre   ce hasard   ce petit garçon   } *that.*
          cette édition   cette excellente édition

          ces livres   ces éditions   ces aimables enfants { *these,*
                                                                    { *those.*

[1] Cet drops the t before a consonant or 'aspirate' h.

§ 173. To stress the demonstrative adjective and differentiate between 'this' and 'that,' the adverbs ci and là are affixed to the noun or adjective (§ 313).

Je prends ce livre-ci, je vous laisse ces deux-là.   *I'll take this book, I am leaving you those two.*

Cette édition-ci est la meilleure.

Notes.—1. In English, 'that,' 'those,' have both a particularizing and a generalizing function. The noun is particularized in :

Those *officers, who were with me, know that I am speaking the truth.*
Ces officiers, qui m'accompagnaient, savent bien que je dis vrai.

The noun is generalized in :

Those *boys who obtain* 80°/₀ *shall have a half-holiday.*

In French, the demonstrative never has a generalizing function, therefore the sentence above will appear as :

Les élèves qui obtiendront 80°/₀ [1] auront un demi-congé.
(*Or* Tous ceux qui obtiendront . . . *or* Tout élève qui obtiendra . . .)

2. For the use of ce in deferential address, see § 216, note.

3. Note ce dernier, *the latter.*

POSSESSIVE ADJECTIVES

§ 174.   mon père   ma mère   mes parents   *my*
         ton père   ta mère   tes parents   *thy*
         son père   sa mère   ses parents   *his, her, its*
         notre père   notre mère   nos parents   *our*
         votre père   votre mère   vos parents   *your*
         leur père   leur mère   leurs parents   *their*

The masculine forms mon, ton, son are used also before feminine nouns and adjectives with initial vowel or 'mute' h.

mon amie   mon excellente amie
ton histoire   ton absurde histoire

Note.—In the third person the possessive does not, as in English, indicate the gender of the possessor.

         son frère   *his or her brother*
         sa sœur   *his or her sister.*

[1] Read "quatre-vingts pour cent" (§ 291.2).

§ **175.** The possessive adjective may be emphasized by the adjunction of propre, *own* :

> Il me traite comme **son propre** fils,
> Chacun de ces corps a **ses** qualités **propres,**

or by the adjunction of à moi, à toi, etc.

> Ça, c'est **mon** affaire **à moi** !   *That's my business !*
> Il avait chez eux **sa** chambre **à lui**.   *His own room.*

Thus also : Je me confie en Dieu, **notre** Père **à tous.**

§ **176.** The possessive is frequently used in French before nouns in the vocative.

> Arrive, **mon** enfant. — Oui, **mon** oncle.
> *Come along, child.   — Yes, uncle.*

This is the mode of address in the army, from inferior to superior :

> Salut, **mon** capitaine.   A vos ordres, **mon** colonel.

(The superior addresses an inferior as 'capitaine,' or as 'monsieur.')

§ **177.** Note the following constructions, in which French and English differ :

1. Jean est de mes amis.	*John is a friend of mine* (§ 118, note).
C'est un ami à moi.	
C'est un de mes amis.	*He is a friend of mine.*
Il est de mes amis.	
2. Allons à sa rencontre.	*Let us go to meet him.*
Allons à son secours.	*Let us go to help him.*
3. Il est mon aîné.	*He is older than I.*
4. Dites-lui cela de **ma** part.	*Tell him that from me.*
Sauf **votre** respect.	*With all due respect to you.*

§ **178.** **1.** Parts and attributes of the body are usually particularized in French not by the possessive, but by the definite article, when the commoner actions and states of daily life are referred to.

> Le chien ouvre **l'œil** et dresse **l'oreille.**   *Pricks up his ears.*
> Pourquoi haussez-vous **les** épaules ?   *Why do you shrug your shoulders ?*
> Il grince **des** dents.   *He gnashes his teeth.*   (Literally : ' He gnashes *with the* teeth'; not: 'He gnashes *some* teeth.')
> J'ai mal à **la** tête.   *I have a headache.*
> Plusieurs de ces malheureux perdirent **la** vie.

> Notice that each of these lost his life, and that in this construction French has the singular.

2. This use of the article is sometimes extended to articles of clothing, etc., especially in nominative absolute constructions.

> Il entra **les** mains dans **les** poches, **le** chapeau sur **l'oreille, la** cigarette **aux** lèvres.

3. A dative personal pronoun is often inserted to make the reference clearer.

Il s'est pincé le doigt.   Je lui ai tiré les oreilles.
La tête me fait mal.   Elle lui donna la main.

Distinguish carefully between
   Elle se lave les mains   and   Elle lui lave les mains.

4. But the noun is determined by the possessive

(a) When the action is not one of the commoner ones of daily life.
   Elle prit l'enfant sur ses genoux.
   Il sacrifia sa vie.
   Elle lui donna sa main.   *She granted him her hand* (*in marriage*).

(b) If the noun is qualified by an adjective or adjective equivalent.
   Le chien dressa ses oreilles pointues.
   Elle leva vers moi ses beaux yeux bleus.
   Elle leva vers moi ses yeux qui souriaient à travers les larmes.

Note.—The choice of the construction is largely optional.

   Le Temps usera ses ongles sur ce que j'ai fait en huit jours.   *Or* :
      Le Temps s'usera les ongles . . .
   J'ai pu enfin me lancer dans l'azur, en plein soleil, avec devant
      mes yeux la route aérienne et fluide. . . .   Des laboureurs
      me regardaient, avec, dans les yeux, une stupéfaction
      soudaine.—*L. Blériot.*

§ 179. The article is used also in the construction

   avoir, etc. + noun object + predicative adjective.

   Ce chien a les oreilles pointues.   *This dog's ears are pointed.*
      This dog has pointed ears.

   Literally : 'has the ears pointed,' and not 'has the pointed
      ears.'

   Je lui trouve le visage pâle.   *He looks pale.*
   Il a la digestion difficile.   Il a les yeux bleus.
   Vous avez les mains fiévreuses.   *Your hands are feverish.*

This construction is much used, but it is quite correct to say :

   Sa digestion est difficile.   Vos mains sont fiévreuses.
   Ses yeux sont bleus.   Il a des yeux bleus.

   (Note that in the last example bleus is attributive, not predicative.)

§ 180. The noun remains undetermined in certain adverb phrases.

   Je tombai à genoux.   *I sank to my knees.*
      (But : Je tombai à ses genoux.   *I knelt before him.*)

Also after **changer de.**

   Il a changé d'avis, de souliers.   *He has changed his mind, his shoes.*

§ 181. When the possessor is inanimate, its relation to the thing possessed is often expressed by the genitive pronoun **en**, rather than by the possessive, when this can conveniently be done.

> Nous avons visité la cathédrale, et **en** avons admiré les vitraux. . . . *and admired its stained glass.*
> Le temps fuit ; la perte **en** est irréparable.
> Je venais d'apercevoir l'entrée d'une église. Les portes **en** étaient grandes ouvertes.
> Mon attention fut détournée par la cloche du dîner. J'**en** reconnaissais le son, j'**en** comptais les coups.

This construction, however, belongs rather to literature and 'careful' speech than to familiar intercourse, in which the possessive is generally used.

Note.—The possessive adjective frequently has an 'ethic' or affective value, as in English.

> Et voilà **notre** homme qui se met à courir !
> La voilà encore au lit avec **ses** migraines. *She is laid up again: those sick headaches of hers.*

INTERROGATIVE (AND EXCLAMATIVE) ADJECTIVE

§ 182.
> **Quel** livre ? *what book ?*   **Quels** livres ? *what books ?*
> **Quelle** maison ? *what house ?*   **Quelles** maisons ? *what houses ?*
>   **Quelle** maison ! *What a house !*

Note that exclamative **quel** is not followed by an article as in English.

§ 183. Quel may be used predicatively.
> **Quel** est ce monsieur ?   **Quels** sont ces messieurs ?

Note.—Compare Qui sont ces messieurs ? *Who are these gentlemen ?*
                Que sont ces messieurs ? *What are these gentlemen ?*
'**Quels** sont ces messieurs ?' is vaguer, and asks for general information without specifying whether '*who ?*' or '*what ?*' is meant.

§ 184. Quel is also used in indirect questions and exclamations.
> Dites-moi **quel** livre vous désirez.
> Je vous demande **quels** sont ces messieurs.
> Vous savez **quel** bruit il fait ! *You know what a row he makes !*

§ 185. Quel is a relative adjective (used predicatively) in the expression tel quel.
> Nous avons retrouvé la maison **telle quelle**. *We found the house just as we had left it (with nothing altered).*

DEMONSTRATIVE PRONOUNS

§ 186. The demonstrative pronouns are

1. The stressed forms :

masc. **celui-ci**	} *this one*	
fem. **celle-ci**		

ceux-ci	} *these*	
celles-ci		

masc. **celui-là** } *that one*
fem. **celle-là**

ceux-là } *those*
celles-là

ceci (= ce ci) *this* } neuter and invariable
cela (= ce là) *that*

In familiar speech **cela** is contracted to **ça**.

2. The stressed forms :

masc. **celui**   *the one, he, him*   **ceux** } *those*
fem. **celle**   *the one, she, her*   **celles**

3. Unstressed **ce**, neuter and invariable.

§ 187. **Celui-ci, celui-là,** stand for a noun previously expressed.
   Vous n'avez pas de plume ?   Prenez **celle-ci.**
   Ces livres-ci sont à moi, **ceux-là** sont à mon frère.

Also : **Celui-ci,** etc. = *the latter.*   **Celui-là,** etc. = *the former*
   Les chiens et les chats sont bien différents de caractère :
   ceux-ci s'attachent à la maison, **ceux-là** à leurs maîtres.

§ 188. The neuter forms **ceci, cela (ça),** refer to facts, statements,
or to objects which have not been previously specified.
   Retenez bien **ceci** : Prudence est mère de la sureté.
   Le voilà qui refuse, à présent !   Qu'est-ce que vous dites
      de **ça** ?
   Montrez-moi **ça.**   Qu'est-ce que c'est que **ça** ?
   Ceci n'est pas à moi.   C'est **ça,** allons-y   *That's it . . .*

§ 189. As a neuter subject, standing for a previous statement,
or, in dislocations, for the logical subject, **cela** is the pronoun to
be used with any verb except **être.**
   Partez en avant, **cela** vaudra mieux.
   Être de retour pour dîner, **cela** me paraît impossible.
   Cela ne vous a pas profité, d'aller dans le monde.
It is used occasionally with **être ;**
   Voir égorger les bêtes, **cela** m'est pénible ;
and is even used instead of impersonal **il** as a provisional subject (§ 217).
   Cela m'est très pénible de voir égorger les bêtes.
   Note.—**Cela** also appears as a vague subject in such idiomatic uses as
      Comment ça va-t-il ?   *How are you ?   How are you getting on ?*
      Eh bien ! ça marche, les affaires ? — Oui, ça marche.

§ **190.** Cela, ça is also used familiarly, and often in a disparaging manner (affective uses), of people, things, already mentioned.

> Les enfants, c'est insouciant, cela ne pense guère à l'avenir.
> Avec un profond mépris elle dit : " Ça n'a pas seulement vingt-cinq ans ! "
> Regardez-moi ces gens-là !   Ça n'a pas le sou et ça vous parle d'un petit ton protecteur !   *They haven't a penny of their own, and they want to patronize you !*
> Que d'histoires ! Pour six cents francs ! ... et ça va en Suisse ! ... Carrossier ! ...

191. Ça is often added in conversation to interrogative adverbs such as où, pourquoi, comment, in order to give a little more ' body ' to the question.

> Je l'ai vu hier. — Où ça ?
> J'aime mieux rester ici. — Pourquoi ça ?
> Je m'arrangerai de façon à ne pas être reconnu. — Comment ça ?

§ **192.** As subject to the verb être, and corresponding to English ' that,' ' those,' pronounced with a stress, cela resolves itself into its elements when the predicate is completed by a noun or a clause.

> C'était là le secret de maître Cornille.
> Ce sont là des choses qui ne nous regardent pas.
> C'est là ce que je voulais dire.
> Est-ce là la foi que vous me devez ?   Sont-ce là vos serments ?

But not before a predicative adjective.

> Cela est vrai.

Note.—An adjective qualifying ceci, cela, is always partitive. See § 171.6.

§ **193.** Celui, celle, etc., is completed by either (*a*) an adjective clause, or (*b*) an adjective equivalent (noun, adverb, infinitive) introduced by de.

(*a*) Celui qui mange peu dort bien.
> L'honnête homme est celui qui fait tout le bien qu'il peut.
> Nous pardonnons souvent à ceux qui nous ennuient, mais nous ne pouvons pardonner à ceux que nous ennuyons.
> Ce n'est pas cette édition-ci qu'il me faut.   Où est celle dont je me sers habituellement, celle sur laquelle j'ai fait des annotations ?

(*b*) Voici votre livre et celui de votre camarade.
> Les médecins d'aujourd'hui sont plus habiles que ceux d'autrefois.
> S'il nous faut une ambition, ayons celle de faire le bien.

Note.—Traditional grammar recognizes no constructions with **celui**, etc., except those given above. The following, however, are quite common :

(*a*) The complement to **celui**, etc., may be an appositive noun-clause.

L'un des arguments par lequel l'Allemagne socialiste a été entraînée à la guerre a été **celui** que la guerre était une lutte contre le tsarisme.   (**Que** is a conjunction here.)

(*b*) Between **celui**, etc., and the adjective-clause or adjective equivalent, a qualifying adjective may be inserted.

Diverses expériences, notamment **celles très curieuses** du professeur Leduc . . .

La dynastie des Rourik, la seule véritable dynastie russe qui précéda **celle apocryphe** des Romanoff . . .

Je préfère les bons vins de France aux meilleurs que produit l'Italie, et même à **ceux tant vantés** du Rhin.

(*c*) The adjective clause is often represented elliptically by a present or past participle.

Les croix portant le nom d'une fille ou d'une veuve étaient nombreuses dans le cimetière ; **celles portant** le nom d'un garçon ou d'un homme l'étaient peu.

Il avait gagné toutes les batailles qu'il avait livrées en personne, mais sur **celles livrées** par ses lieutenants, il en avait perdu cinq.

And often assumes other forms, but always adjectival.

Tous **ceux porteurs** d'un uniforme quelconque étaient massés dans les casernes.

      (**Porteurs** = qui portaient.)

Les rails en acier durent plus longtemps que **ceux en fer.**

      (**En fer** = de fer.)

Sur la table du vestibule se trouvaient, à côté des lettres que venait de livrer le facteur, **celles à expédier.**

      (**A expédier** is adjectival.   *Cf.* § 102.1.*a*.)

§ 194. Celui-là, etc., is used for **celui,** etc., if the predicate to which it is subject precedes the adjective clause, as it naturally does if it is very short.

Celui-là est heureux qui a peu de besoins.   *He is happy, whose needs are few.*

Celui-là a gagné, qui à la fin de la partie compte le plus de points.

Ceux-là seuls arrivent qui persistent jusqu'au bout.

§ 195. Ce is used

    1. As neuter antecedent to the relative pronoun (§ 210).

    2. As a neuter subject, real or temporary, to the verb **être** (**devoir être, pouvoir être**).

§ 196. As subject to **être, ce** is used

1. To sum up a preceding subject (noun, pronoun, infinitive, noun clause) when a pause has been made after it in order that it may be fully stressed. (Dislocation.)

> **Paris, c'est bien loin !**
> **Celui qui a raison, ce** doit être vous.
> **Vouloir, c'est pouvoir.**
> **Le retrouver, ce** pourra être difficile.　(Cp. § **217.**)
> **Ce qui m'afflige, c'est** de la savoir malade.
> **Que vous soyez fatigué, c'est** bien possible.

2. When the predicative complement or the logical subject to **être** is (*a*) a personal pronoun, (*b*) a noun preceded by a determining word.

In careful speech the verb becomes **ce sont** when the predicative complement is in the 3rd pers. plural.

> (*a*) Qui est là ? — **C'est moi.　C'est nous.　Ce sont eux.**
> (*b*) Quel est ce monsieur ? — **C'est mon père.　C'est un ami.**
> 　　 **Ce** doit être **un soldat.　C'est l'ami** dont je vous ai parlé.
> 　　 Quels sont ces messieurs ?　**Ce sont mes amis.**

> 　　　In familiar speech : **C'est mes amis.**

Note.—The subject to **être** is personal if the noun is undetermined, *i.e.* adjectival (§ 170.5); except in a disparaging sense (affective), as with cela (§ 190) :

> **C'est** vicomte, on ne sait comment, et ça veut être plus légitimiste que nous . . . !

And **il, elle** are also **very** frequently used although the predicative noun is determined.

> La conscience ne nous trompe jamais ; **elle** est le vrai guide de l'homme.

There is a slight difference in meaning between **il est, elle est,** and **c'est,** in such sentences.　**Ce** always retains some *demonstrative* value. The difference will be felt in such examples as

> Quel est ce monsieur ?—**C'est** mon père.　*He is my father,* or *That's my father.*
> Je l'aime, car **il est** mon père.　*I love him, for he is my father.* (Here we could not substitute ' For that's my father.')

3. As a neuter subject, representing a fact, statement, etc., when the predicative complement is adjectival or adverbial.

> Vous êtes bien négligent.—**C'est** vrai.
> Madame est servie.—**C'est** bien.
> Voilà cinq francs.—**C'est** peu.
> Je vous le vends cinq francs.　**C'est pour rien!**　*Dirt cheap!*
> A qui le tour de jouer ?—**C'est** à moi.

Note.—Il, elle, etc., are of course used to represent a noun.

> Que pensez-vous de la nouvelle ? — Elle est surprenante, mais elle doit être vraie.
> Elle est très bien, cette jeune fille.
> A qui ce parapluie ? — Il est à moi.

4. In the construction c'est...qui, c'est...que, which French employs to bring any given word into prominence (§§ 322-326).

> Je lui ai acheté un chapeau.

> **C'est moi qui** lui ai acheté un chapeau.
> **C'est à lui que** j'ai acheté un chapeau.
> **C'est un chapeau que** je lui ai acheté.

POSSESSIVE PRONOUNS

§ 197.

Masc.	*Fem.*	*Masc.*	*Fem.*	
le mien	la mienne	les miens	les miennes	*mine*
le tien	la tienne	les tiens	les tiennes	*thine*
le sien	la sienne	les siens	les siennes	*his, hers*
le nôtre	la nôtre	les nôtres		*ours*
le vôtre	la vôtre	les vôtres		*yours*
le leur	la leur	les leurs		*theirs*

Je préfère votre plume à **la mienne.**
Nos parents et **les leurs** ne se connaissent pas.
Si vous n'avez pas votre livre, servez-vous **du mien.**

Note.—Mien, tien, etc., are occasionally used in their original adjective function.

> Un mien ami, *a friend of mine.*
> Il empruntait à d'autres des théories qu'il faisait **siennes.**

§ 198. Idiomatic uses.

> Il sera renié par **les siens.**   *He will be disowned by his own people.*

And with partitive du, des.

> Il fut convenu que ma camarade Sophie serait **des nôtres.**
> . . . *one of our party* (cp § 118, note).
> Il a encore fait **des siennes.**   *He's been up to his tricks again.*
> Il faut y mettre **du vôtre.**   *You must contribute your share (of money, work, energy, etc.).*
> La bienfaisance est une habitude de prendre **du sien** pour donner à autrui.

§ 199. Predicative 'mine,' 'his,' etc., is oftenest expressed by à moi, à lui, etc.

> A qui sont ces parapluies ?   { Ils sont à nous.
>   { Ce sont les nôtres.
> Ce chapeau est à moi, à lui.   Ces livres sont à eux.

INTERROGATIVE PRONOUNS

§ 200. 1. Of persons, always qui, *who, whom.*

> Qui vous a dit cela ?   Qui désirez-vous voir ?   De qui parlez-
> vous ?   A qui pensez-vous ?   Qui est venu ?   Qui avez-
> vous vu ?

Note that interrogative qui is normally treated as masculine singular.

2. Neuter: que (unstressed), *what,* standing in either accusative or predicative relation to the verb to which it clings.

> Que désirez-vous ?   Que devenez-vous ?
> Que faire ?   Que penser ?

Thus also as logical subject.

> Qu'est-il arrivé ?

Note : ' What,' subject of a verb, is expressed as shown in § 201 below.

Quoi (stressed), *what,* used (*a*) alone (interrogative or exclamative) ; (*b*) before partitive `de (§ 171.6), (*c*) after prepositions.

> (*a*) Quoi ?   Que dites-vous ?   Quoi ! c'est vous !
> (*b*) Quoi de nouveau ?
> (*c*) De quoi parlez-vous ?   A quoi pensez-vous ?
> Pourquoi (= Pour quoi) faites-vous cela ?

§ 201. Compound forms, much employed in conversation. The first pronoun is interrogative ; est-ce is followed by a relative pronoun or by the conjunction que.

Nom. subject.   qui est-ce qui, *who.*   qu'est-ce qui, *what.*
Accusative.   qui est-ce que, *whom.*   qu'est-ce que, *what.*

> Qui est-ce qui vous a dit cela ?
> Qui est-ce que vous désirez voir ?
> De qui est-ce que vous parlez ?   (Que is a conjunction here.)
> Qu'est-ce qui est arrivé ?   *What has happened ?*
> Qu'est-ce que vous voulez ?

and frequently :

> A quoi est-ce que vous pensez ?   (Que is a conjunction.)

Notes.—1. In conversation qui est-ce qui is frequently slurred into qu'est-ce qui.

> Qu'est-ce qui vous a dit ça ?

2. Qu'est-ce que is used, not only as an accusative, but also as a predicative nominative.

> Qu'est-ce que vous devenez ?   Qu'est-ce que la grammaire ?

3. An affective adverb is frequently inserted before the relative pronoun.

> Qu'est-ce **donc** que tout cet attirail (*finery*) ?
> Qu'est-ce **enfin** que la douleur, sinon une illusion ...   *What is pain, after all . . .*

4. The tense of être may vary.

> Qu'**était-ce** ⎫
> Que **serait-ce** ⎭ que cette conquête sinon du brigandage ?

5. In conversation the form qu'est-ce que c'est que is also used.

> Qu'est-ce que c'est que cet homme-là !
> Qu'est-ce que c'est que ça ?

§ 202. Lequel, laquelle, lesquels, lesquelles, *which, which one.*

> **Lequel** de ces chapeaux est le vôtre.
> Je me sers d'un de ces livres. — **Duquel** ?
> **Auxquels** de ces journaux vous êtes-vous adressé ?
> **A laquelle** des deux donnez-vous la préférence ?

§ 203. In indirect questions

1. Personal **qui, qui est-ce qui,** etc., also **lequel,** remain.

> Je voudrais bien savoir qui vous a dit cela.
> Je ne sais pas de qui vous parlez.
> Je ne sais pas qui est-ce qui vous a dit cela.   (Colloquial.)
> Dites-moi **lequel** de ces livres vous serait le plus utile.

2. Neuter **quoi** remains.

> Je lui demandai de quoi il parlait.
> Devinez à quoi je pense.
> Dites-moi de quoi vous avez besoin.

Note.—Also, in careful speech :

> Dites-moi ce dont vous avez besoin (§ 207).

3. Neuter **que, qu'est-ce qui, qu'est-ce que,** become **ce** + relative **qui, que.**

> Dites-moi **ce qui** est arrivé.
> Dites-nous **ce que** vous désirez.
> On ne sait pas **ce que** vous devenez.

Except before an infinitive, in some idioms with **ne.**

> Je ne savais que penser de tout cela.
> Je n'ai que faire de vos souhaits.   *I don't want your good wishes.*

RELATIVE PRONOUNS AND ADVERBS

§ 204. Qui. 1. Nominative subject, *who, which.*

2. Accusative after prepositions, with a person as antecedent, *whom.*

    1. Voici une phrase qui n'est pas française.
      Ceux qui ne sauront pas leur leçon resteront après les autres.
    2. Voici la personne à qui je pensais.
      J'ai appris cela d'un voyageur avec qui je me suis trouvé.

Notes.—(*a*) Qui has no antecedent in many proverbs and phrases handed down from the past.

    Qui dort dîne.   Qui s'excuse s'accuse.   Sauve qui peut !
    Qui plus est.   *Moreover.*   Qui pis est.   *What is worse.*

(*b*) Qui is an indefinite pronoun in the construction :

    On se dispersa qui d'un côté, qui de l'autre.   *We dispersed, some going one way, some another* (§ 251.4, note).

Also in :

    Adressez-vous à qui vous voudrez.   Invitez qui vous voudrez.

§ 205. Que (unstressed). 1. Predicative nominative, *that.*

2. Accusative object, *whom, which, that.*

3. (Adverbial) accusative of measure, *which, that.*

    1. Pauvre malheureux que je suis !
    2. Montrez-moi le livre que vous avez acheté.
      Voici M. Dupont, que j'amène avec moi.
    3. Je regrette les mille francs que ce livre m'a coûté.

§ 206. Quoi (stressed). Neuter accusative after a preposition, *which, what.*

    Il m'a désobéi et il a menti, en quoi il est deux fois coupable.
    Il exige que ses acteurs aient du talent, ce en quoi il a raison.
    Ce à quoi j'occupe mon temps ne vous regarde pas.

§ 207. Dont = de qui, de quoi, duquel, which it usually replaces.

    C'est un homme dont (or de qui) on dit beaucoup de bien.
    Voilà le livre dont j'ai besoin.
    On va vous donner ce dont vous avez besoin.
    Voici { ce dont il s'agit.
          { de quoi il s'agit (§ 203.2).
    Celui qui n'est content de personne est précisément celui dont personne n'est content.

Notes.—(*a*) **Dont** must immediately follow its antecedent and cannot be used when the relative is dependent on a noun governed by a preposition.

> Voici l'officier aux ordres de qui (*or* duquel) j'ai obéi.
> Je reconnus la maison à la porte **de laquelle** j'avais frappé.

(*b*) The object noun never precedes the verb in French as it does in English when attracted by ' whose.'

> Voici les élèves **dont** je vous ai montré **le travail.**   *Whose work I showed you.*
> Ils se cachèrent dans une salle de classe, **dont** ils fermèrent **la porte** à double tour.

(*c*) **Dont** is never interrogative.

> *Whose son are you ?*   **De qui** êtes-vous le fils ?
> *Whose book is this ?*   **A qui** est ce livre ?

§ 208. Lequel, laquelle, lesquels, lesquelles, are the stressed forms corresponding to **qui, que.**   They are used

1. Nearly always after prepositions when the antecedent is not a person.

> Voici l'appareil **avec lequel** j'ai pris ces photographies.
> Je lui laissai les adresses **auxquelles** il devrait m'écrire.

2. To stress the relative after a pause, especially in official and pompous language.

> Ont comparu trois témoins, **lesquels** ont déclaré reconnaître l'accusé.

3. Always after **parmi** and **entre.**

> Les deux messieurs **entre lesquels** je me trouvais assis.
> Voilà les rois et les princes **parmi lesquels** on placera ce monarque.

4. To avoid ambiguity, as the compound relative gives a clear indication of gender and number.

> Les soldats de César, par le courage **desquels** la Gaule fut vaincue, étaient peu nombreux.
> Il épousa une sœur de Colin, **laquelle** le rendit très heureux.
> J'ai écrit à un cousin de ma femme, **lequel** pourra me renseigner.
> Il tient la barre du gouvernail, **laquelle,** pour être de niveau avec la main qui la dirige, rase le plancher de la poupe.

Note.—**Lequel,** etc., is occasionally used as a relative adjective.

> Voici cent francs, **laquelle somme** vous était due par mon père.

§ 209. **Où, d'où**, relative adverbs of place and time, *where, when, whence.*

> Le plateau **où** j'avais déposé ma lettre avait disparu.
> Voilà la maison **d'où** il est sorti, **où** il demeure.
> L'année **où** il fit si froid.
> Je me rappelle le jour **où** je le vis pour la première fois.

Notes.—1. The antecedent to **où**, when not otherwise specified, is **là**, which is, however, often omitted.

> **Là où** ont passé les sauterelles, il ne reste que la terre nue.
> **Où** vous irez, j'irai aussi.

2. **Que** is often used for **où**, as a relative adverb of time.

> L'année **qu'il** fit si froid.
> Je me rappelle le jour **que** je vous vis pour la première fois.

§ 210. Neuter ' what ' = ' that which,' and neuter ' which ' with a clause as antecedent, have as French equivalents **ce qui**, **ce que**, etc.

> **Ce qui** est très embarrassant,
> **Ce que** j'avais oublié,
> **Ce dont** je ne me souvenais pas, } c'est qu'il n'y a pas de
> **Ce à quoi** je n'ai pas pensé, } trains le dimanche.

> Il n'y a pas de trains { **ce qui** est très embarrassant.
> le dimanche, { **ce que** j'avais oublié.
> { **ce dont** je ne me souvenais pas.
> { **ce à quoi** je n'ai pas pensé.

Notes.—(*a*) **Ce** is also required after **tout**.

> Faites **tout ce que** vous voudrez. *Do whatever you like.*

(*b*) **Ce** is sometimes omitted before **quoi**. *Cf.* § 206

§ 211. Note the important differences in the use of interrogative and of relative **qui**, **que**.

Interrogative	*Relative*
Qui. Nominative and accusative, of persons only.	**Qui.** { 1. Nominative of all three genders. 2. Accusative, of persons, after prepositions.
Que. Object accusative neuter	**Que.** Object accusative of all three genders.

PERSONAL PRONOUNS

§ 212.

	UNSTRESSED				STRESSED
			SINGULAR		
Persons.	Nom. Subj.	Accus.	Dat.	Genit.	Nom. and Accus.
1st	je	me	me		moi
2nd	tu	te	te		toi
3rd masc.	il	le			lui
3rd fem.	elle	la	lui, y	en	elle
3rd neut.	il	le	y		
3rd reflex.		se	se		soi

			PLURAL		
1st	nous	nous	nous		nous
2nd	vous	vous	vous		vous
3rd masc.	ils				eux
3rd fem.	elles	les	leur, y	en	elles
3rd reflex.		se	se		soi

§ 213. **The Unstressed Pronouns.** These cling to the verb, which as a rule they immediately precede (§ 329). The subject pronouns may follow the verb, in which case they take the stress when at the end of a word-group, with the exception of **je** (§ 313, note). The object pronouns also follow the verb in the imperative mood (§ 331), when they may also take the stress.

§ 214. **Je, nous** are used as in English. **Nous** is employed occasionally as a ' plural of majesty,' and as an ' editorial ' plural. The concords are then in the singular.

> Nous avons décrété et décrétons par ces présentes . . .
> En présentant ce livre au public, **nous** sommes **convaincu** de son utilité.

§ 215. **Tu, vous.** Tu (**toi, ton, tes,** etc.) is the usual mode of address in the singular in speaking to young children, between near relatives, between intimate friends, between children attending the same school, between soldiers of the same unit, etc.

> **Tu es** un nouveau (*a new boy*), n'est-ce pas ? Comment **t'appelles-tu** ? Quel est **ton** professeur ?

Otherwise the usual form of address is **vous**, which has both plural and singular function, like ' you ' in English, with corresponding plural or singular concords.

> **Vous** êtes bien **aimable,** monsieur. **Vous** êtes bien **aimables,** messieurs.

§ 216. Il, ils, elle, elles are used of both persons and things, according to their gender.

> La sentinelle voulut avertir ses camarades. **Elle** appela, mais **ils** n'entendirent pas.
>
> Pourquoi cette porte est-**elle** ouverte ?

The third person is also used deferentially in addressing superiors.

> Si madame **veut** bien attendre au salon.
>
> Monsieur **veut-il** se donner la peine de s'asseoir ?
>
> Quand elle me voyait lasse de coudre, elle disait en essayant de prendre un air hautain : " Puisque **Mademoiselle** n'aime pas la couture, elle n'a qu'à prendre le balai."   (Ironical use.)

Note.—In this use, the plural of monsieur, madame, mademoiselle, is **ces messieurs, ces dames, ces demoiselles.**

> Si **ces dames** veulent bien attendre.
>
> Que prendront **ces messieurs** ?

§ 217. Il is also used (*a*) as a neuter subject to impersonal verbs, and (*b*) as a provisional neuter subject to **être** when the logical subject is a clause following the predicate (§ 71).

> (*a*) **Il** pleut. **Il** s'agit de vous. **Il** y a des plumes dans le tiroir.
>
> **Il** est (*There are*) des pays où la vie est facile.
>
> (*b*) **Il** est difficile **de travailler** pendant les vacances.
>
> **Il** pourra être difficile **de le retrouver.**

Note to (*a*).—The impersonal verb is never attracted to the plural as is the case when the subject is **ce** (§ 196.2).

§ 218. 1. Le, la, les are accusative objects.

> Je connais Henri, je **le** verrai demain.
>
> Cette maison, je **la** vois encore.
>
> Ces abus, je suis décidé à **les** dénoncer.

2. Lui, leur are dative objects.

> Je **lui** ai écrit et **lui** ai avoué la vérité.
>
> Lorsqu'il (*or* elle) mourut, ce fut son frère qui **lui** succéda.
>
> Voulez-vous **leur** permettre de m'accompagner ?

3. The pronouns **me, te, nous, vous, se** are either *a*) accusative, or (*b*) dative objects.

> (*a*) Il **m'**aime. On **te** voit. Il **se** vante.
>
> Le maître **nous** a punis. Il **vous** invitera.
>
> (*b*) Il **m'**a écrit et **m'**a avoué la vérité.
>
> Je **te** permets de sortir.
>
> Je **vous** donne ces dix francs.
>
> Il est amusant, il **vous** imitera n'importe quel acteur (' Ethic ' dative).

§ 219. 1. The verb may govern two of the object pronouns given above, an accusative and a dative, **provided that the accusative is le, la, or les.** The accusative being thus clearly indicated, the other pronoun must be in the dative, and no ambiguity can arise.

Je **vous** le donne.   Je le lui donne.
Il nous les prêtera.   On me l'a dit.
Mon frère, je **vous** le présenterai volontiers.   *I shall introduce him to you.*
Comme elle ne savait pas les cantiques, sœur Marie-Aimée me chargea de les lui apprendre.

2. If the accusative is not **le, la, or les,** a stressed pronoun (§ 234) governed by à takes the place of the unstressed dative.

Je **vous** présenterai à lui.   (Not ' Je vous lui présenterai.')
Il **se** présentait à elle toutes les fois qu'elle passait.   (Not ' se lui.')
Je ne **me** fie pas à eux.   (Not ' me leur.')
Un hasard **nous** révèle à nous-mêmes.   (Not ' nous nous.')
On **vous** avait montrée à moi comme une jeune fille vaniteuse et arrogante.   (Not ' vous me,' or ' me vous.')

Notes.—1. An ' ethic ' dative (affective) is, however, occasionally found with the indirect object.

La mule **vous** lui détacha un coup de sabot.

2. In addition to any one, or two, of the pronouns given above, **en** or **y** (§§ 224–230), or both, may occur before the verb.

J'étais au concert, mais je ne **vous** y ai pas vu. — Vous ne **m'en** aviez pas parlé. — Il **y** en aura encore un samedi, voulez-vous nous y accompagner ?
Votre bracelet, je **vous** l'en repêcherai, de la rivière.

§ 220. As a rule, when the verb has two objects, one is the accusative ' of the thing,' and the other the dative ' of the person.' It is only seldom that both objects are persons, as in Je vous le présenterai, Je **vous présenterai à lui,** and with a number of verbs the indirect object is always a stressed form governed by à when the direct object is a person, *i.e.* it ceases to have the value of an object, and takes on an adverbial function similar to that shown in § 237.1.

Le Seigneur l'avait envoyé à eux pour leur enseigner la loi divine.   *Had sent him to them.*
(Although one would say : Ce lièvre, je le leur avais envoyé par un domestique.   *Had sent it to them.*)
Lors même que Shakespeare représente des personnages dont la destinée a été illustre, il intéresse **ses spectateurs à eux** par des sentiments purement naturels.

§ 221. A dative (of advantage, interest) is often used loosely in French where English would show quite different constructions.

Je ne lui savais pas tant de courage.   *I didn't know he possessed so much courage.*

On me suppose de la fortune.   *I am supposed to be well off.*

Vous sentez-vous les qualités nécessaires pour réussir?   *Do you feel that you possess the qualities requisite for success?*

Je lui trouve mauvaise mine.   *I don't think he looks well.*

Dès qu'il eut aperçu le roi, il lui tira une flèche.   *He shot an arrow at him.*

Je fus surprise par un brouillard si épais qu'il me fut impossible de reconnaître mon chemin.   *That I found it impossible.*

§ 222. 1. **Le, la, les,** and 2. neuter **le** (invariable), are used not only as accusatives, but also as predicative nominatives (which must not be omitted, as they sometimes are in English).

    1. Êtes-vous les parents de cet enfant? — Nous **les** sommes. *We are.*

    2. Êtes-vous fatigués? — Nous **le** sommes. *We are.*

    Ceux qui sont amis de tout le monde ne **le** sont de personne.

    Nous n'étions pas riches, mais nous **le** sommes devenus.

    Les villages étaient presque abandonnés, les fermes l'étaient complètement.

    Voulez-vous être un moment satisfait? vengez-vous.

    Voulez-vous l'être longtemps, pardonnez.

Note.—French grammarians insist on careful distinction between **le, la, les,** standing for a noun (example 1 above), and neuter **le** standing for an adjective or adjectival noun (examples 2). But both in colloquial and in written French there is a tendency to use neuter **le** in all cases.

    Êtes-vous les parents de cet enfant? — Nous **le** sommes.

    Êtes-vous mère? (*Are you a mother,* adjectival use) — Je **le** suis.

    Êtes-vous sa mère? — Je **le** suis.

§ 223. 1. Neuter **le** is also used as an object or as a predicative complement standing for a clause.

    Vous êtes fâchée, je **le** sais.   *You are vexed, I know.*

    Le lendemain matin il est vêtu comme il **l'**a désiré

    Il reviendra bientôt, je **le** sais.

    Sois une lumière sans chercher à **le** paraître.   (**Le**=être une lumière.)

In an answer, however, the use of **le** is optional.

    Il reviendra bientôt. — Je **le sais.** Or: Je **sais.**

As also in the second term of a comparison.

    Il est plus riche ⎰ que vous ne **le** pensez.
                 ⎱ que vous ne **pensez.**

2. On the other hand, with verbs such as **croire, juger,** followed by a predicative adjective, and an infinitive clause as object, French does not insert a pronoun to herald the object clause, as is done in English.

C'est une erreur que je **crois nécessaire** de signaler. *This is a mistake which I deem* it *necessary to point out.*

Je jugeai prudent de ne pas révéler mes projets. *I thought* it *wise not to disclose my plans.*

Note.—Compare also : Nous **entendons dire** assez souvent que l'ignorance est mère de l'adversité. *We hear* it *not seldom said that ignorance is the mother of adversity.*

§ **224. En** stands for (*a*) a **noun** governed by **prepositional de ;** (*b*) a **partitive noun ;** (*c*) a **clause** governed by **de ;** (*d*) **de là.**

(*a*) Vous avez appris la nouvelle ? — Oui, nous **en** parlions. (En=de la nouvelle.)

J'ai bien reçu la valise, mais je n'**en** ai pas la clef (§ **181**).

(*b*) Si vous n'avez pas de livres, on vous **en** prêtera. (En= des livres.)

Le duc d'Enghien eut autant de soin de les épargner qu'il **en** avait pris pour les vaincre.

Du pain, il y **en** a dans la corbeille.

Comment revenir ? De traces, il n'y **en** avait pas.

(*c*) Vous n'avez pas de fautes ? J'**en** suis fort heureux (En=de ce que vous n'avez pas de fautes.)

Vous remplacer, il n'**en** est pas capable.

(*d*) Vous avez été à Londres ? — Oui, j'**en** arrive. (En= de là, de Londres.)

Notes. To (b).—Partitive **en** may stand as logical subject to a verb.

Me voilà inondé de violettes. .Il **en** coule sur ma table, sur mes genoux, sur mon tapis. Il s'**en** glisse dans mon gilet, dans mes manches.

To (c).—En also stands for a clause not introduced by **de,** when **le** cannot be used because the main verb already has a direct object.

Thus, on the one hand :

Je ne suis pas l'offenseur ; je **le** déclare hautement. (Le=que je ne suis pas l'offenseur. § **223.**1.)

But, on the other hand :

Je ne suis pas l'offenseur ; j'**en** prends mes camarades à témoin. (En=(de ce) que je ne suis pas l'offenseur. Neuter 'le' cannot stand for the clause, because 'prends' has already a direct object : 'mes camarades.')

Je lui rendrai raison (*I shall give him satisfaction, shall fight*), je vous **en** donne à tous ma parole d'honneur. (En=que je lui rendrai raison.)

§ 225. **Partitive en** always replaces a noun when the latter is omitted after (*a*) qualifying adjectives ; (*b*) adverbs or other expressions of quantity, including numerals ; (*c*) indefinite adjectives.

(*a*) La pauvreté n'est pas un vice, mais la colère **en** est un grand.

(*b*) Si vous avez peu de patience, moi j'**en** ai beaucoup.
   Faut-il du thé ? — Oui, achetez-**en** deux livres.
   Il me faut des gants, achetez-m'**en** deux paires.
   Jules a six ans, Pierre **en** a quatre.
   Il me faut au moins cinq francs. — Tenez, **en** voici dix.

(*c*) Prenez ce crayon ; j'**en** ai un ; j'**en** ai un autre ; j'**en** ai plusieurs.

Note.—J'**en** ai. *I have some.*   J'**en** ai un(e). *I have one.*

§ 226. The use of **en** to replace a partitive noun extends to persons.

   Des amis, j'**en** ai beaucoup.

With regard to nouns denoting a person, governed by prepositional **de**, usage varies. The tendency is to use a stressed pronoun governed by **de**.

   J'ai reçu d'**elle** une lettre charmante.

But the unstressed form is often preferred, especially if the person has just been mentioned.

   Il rencontra la fille d'un seigneur. Il **en** devint amoureux et l'épousa.

§ 227. For **en** replacing the possessive, see § 181.

§ 228. **En** has an adverbial function, =**pour cela, à cause de cela,** in clauses containing a comparative.

   Vous auriez cent mille francs de rente, **en** seriez-vous plus heureux ? *Would you be the happier* on that account, any *the happier.*
   Pense deux fois **avant de parler** une, et tu **en** parleras deux fois mieux.

§ 229. **Y** stands for (*a*) a **noun** governed by **à, dans, en, sous,** etc. ; (*b*) a **clause** governed by **à** ; (*c*) **là** (= either *to* or *at* a place).

(*a*) Quel terrible accident ! J'**y** pense sans cesse. (Y=**à** cet accident.)
   Prenez ce miroir et regardez-vous-**y**. (Y=**dans** ce miroir.)
   Jean s'était senti tout de suite sous le charme. Il **y** était encore. (Y=**sous** le charme.)

(b) Il me fallait tuer les poules et les lapins.   Je ne pouvais
m'y décider.   (Y=à les tuer.)
Rien ne m'empêchera de parler, de les dénoncer . . .
quand (§ 388, note) je devrais **y** perdre ma place.
(Y=à parler, à les dénoncer.)

(c) J'aime la campagne. J'**y** vais demain. J'**y** demeure
volontiers.

§ 230. Y is used with reference to persons only after a few verbs, such
as **penser, songer, croire, se fier, s'intéresser à qqn,** and even with these
only when a stressed form (noun or pronoun) has been used immediately
before, and it is not desirable to repeat the stress.

Pensez-vous quelquefois **à lui** ? Mais oui, j'**y** pense, et je m'**y**
intéresse.
Cet homme-là, vous savez, ne vous **y** fiez pas.

§ 231. The pronouns **en, y,** and neuter **le** are used in many idiomatic
phrases in which the noun which they replace has remained un-
expressed, or was lost sight of long ago.

Il m'**en** veut.   (En=du mal.)   *He bears me ill-will, a grudge.*
Il **en** a fait de belles !   *He has been up to fine tricks !*
Où **en** sommes-nous ?   *How far have we got (in the reading, etc.) ?*
Ne vous **en** prenez pas à moi.   *Don't blame me.*

Je vous **y** prends !   *I've caught you in the act !*
Il **y** va de notre vie.   *Our lives are at stake.*
La brave petite chevrette, comme elle **y** allait de bon cœur !
How heartily she enjoyed herself !
On n'**y** voit pas ici.   *One cannot see here.*

Vous le prenez de bien haut !   *You are very peremptory !*
Ce fut la prudence qui l'emporta.   *Prudence carried the day.*

Note.—En also serves to differentiate the impersonal construction
il en est de . . . ' *it is with . . .* ' from **il est=il y a.**

Il **en** est des vers comme **des** melons : s'ils ne sont pas excellents
ils ne valent rien.   *It is with poetry as with melons . . .*
(Il est des vers comme **des** melons would mean ' *There is poetry
which resembles melons* ' ; *i.e.* **des** would be understood as
partitive.)
Il **en** fut de lui comme **de** ses camarades.   *He suffered the same
fate as his comrades.*
En est-il vraiment ainsi ?   *Is it really so ?*

§ 232. The **accusative** pronouns, partitive **en,** and adverbial **y**
are also governed by the prepositions **voici** and **voilà,** which have
a verbal origin (' vois ici,' ' vois là ').

Me voici.   La voilà.   Du pain, **en** voilà.
Nous **y** voilà enfin !   *We've got there at last !*

§ 233. For the uses of **se,** see pronominal verbs, **§ 70.**

§ 234. The Stressed Pronouns.

moi	toi	lui	elle	soi
nous	vous	eux	elles	

The stressed forms are used

1. When the pronoun cannot cling to the verb, *e.g.* (*a*) when it is used alone ; (*b*) when it is the second term of a comparison ; (*c*) when it is limited by **ne . . . que** ; (*d*) when it is the antecedent of a relative pronoun ; (*e*) when it is governed by a preposition ; (*f*) when it is predicative after **c'est.**

(*a*) Qui est là ? — **Moi.**
(*b*) Je suis plus âgé que **toi,** que **lui,** qu'**eux.**
(*c*) On n'entend que **toi** !
(*d*) **Toi** qui le connais, va le voir.
(*e*) Nous sommes arrivés avant **eux.**
       Ce livre est **à moi** (§ 199).
(*f*) **C'est moi, c'est toi, ce sont eux** (§ 196.2).
       C'est lui qui a raison.

Note to (*d*).—A relative pronoun cannot have an unstressed personal pronoun clinging to the verb for its antecedent.   In such a sentence as '*He hates me who am not so brave as he,*' the object pronoun must be duplicated.

Il me hait, **moi** qui ne suis pas aussi brave que **lui.**

2. When it is desired, or necessary, to stress the subject or object.   If the pronoun is of the first or second person, or an object of the third person, the stressed form is nearly always additional to the corresponding unstressed pronoun.   (Duplication, § 323.)

If the pronoun is a subject of the third person, it need not be duplicated.

Subject pronouns.

   Toi, tu as raison.   **Tu** as raison, **toi.**
   Vous, vous avez raison.
   Moi, j'étais en arrière, mais **lui** a tout entendu.
   Lui seul peut me sauver.
   Il était évident que **lui** aussi était séduit par la physionomie
      franche et ouverte du conscrit.
   Le vieux bûcheron, qui croyait les enfants bien endormis,
      s'en alla à la messe de minuit.   Mais **eux** s'étaient levés
      aussitôt après son départ.

A double subject is always stressed.

   Lui et son père sont là.   **Lui** et **elle** m'ont écrit.
   Vous et moi nous y arriverons bien.   *Shall manage it.*

Object pronouns.

> Vous m'accusez, moi !
> Lui, je le connais. Je le connais, lui.   *Him I know.*
> Vous me dites cela, à moi !   (§ 325.1.)

There is no duplication when an alternative is presented.

> Parlez-vous à moi ou à lui ?

§ 235. **Moi, toi** are used as objects in the positive imperative, except before **y** and **en.**   (But *cf.* § 331, note *b*.)

> Donnez-le-moi.   Assieds-toi.   Montrez-moi ça.
> Donnez-m'en.   Va-t'en.
> Tiens, voilà une chaise libre.   Assieds-t'y bien vite !

§ 236.   1. The stressed forms may be strengthened by the adjunction of même = ' self,' and are then called emphatic pronouns.

> Je l'ai fait **moi-même.**   *I did it myself.*   **Eux-mêmes** l'ont entendu.
> Parlez à **lui-même.**   C'est à **nous-mêmes** qu'il a parlé.
> Martine me poussa sur un banc, et **elle-même** alla s'asseoir sur celui qui était devant moi.

2. In the plural the pronoun is often strengthened by the adjunction of **autres.** This applies especially to **nous** and **vous.**

> Je sais que **vous autres,** jeunesses d'à présent, vous ne croyez plus aux fées.
> Mais, dit-le paysan, vous êtes soldats, **vous autres ;** ils me pendront, **moi,** s'ils me prennent avec vous.
> Nous ne buvons guère de thé, **nous autres** Français.

§ 237. A person is represented by the stressed form of the pronoun, governed by **à** :

1. When its relation to the verb is that of an adverb equivalent answering the question " whither ? "   (Cp. § 220.)

> J'allai **à lui** sans hésitation.
> Laissez venir **à moi** les petits enfants.

Note.—But the dative is used if there is no motion in space. (Cp. § 221.)

> L'ennui lui vint.   Cette robe ne me va pas.
> C'est une heureuse idée qui m'est venue d'aller le trouver.

Also, very frequently with **revenir.**

> Ah !   Je savais bien que vous me reviendriez !
>
> (In all of which me is a dative of advantage, and not to be taken as adverbial.)

2. After **être,** to indicate possession (§ 199).

> Cette maison est **à eux.**

Note.—But : Cette maison **leur** appartient.

3. As indirect object to pronominal verbs (§ 219.2).

Ne vous fiez pas à eux.

4. As indirect object to certain verbs and verb-phrases, such as penser, songer ; avoir recours, avoir affaire, prendre garde.

Je ne les ai pas oubliés ; je pense souvent à eux.
Je me permets d'avoir recours à toi.
Encore une sottise de ce genre, et vous aurez affaire à moi.

§ 238. The stressed forms are used chiefly of persons ; with reference to things, they are avoided as much as possible. Thus, English ' it,' governed by a preposition, is often replaced in French by an adverb.

Voici une boîte, mais il n'y a rien dedans. *Nothing in it.*
Sur le quai il y avait une malle, et un voyageur à côté. *Beside it.* Au bout d'un instant il s'assit dessus. *On it.*
Une rangée de pupitres avec des chaises derrière. *Behind them.*

§ 239. Soi. The stressed reflexive pronoun soi, according to traditional grammar, may be used only with reference to a subject which is indefinite. It is thus used (*a*) as an accusative ; (*b*) as a nominative, either predicative or forming the second term of a comparison.

(*a*) On doit rarement parler de soi.
Chacun pour soi et Dieu pour tous.
Il ne faut pas toujours penser à soi en ce monde.

(*b*) Viennent la fortune et les honneurs, il faut rester soi.
On a souvent besoin d'un plus petit que soi.

Note.—As a matter of fact, soi is constantly used, alternatively with lui, elle, referring to a subject which is quite definite.

Compare :
(*a*) Il jette autour de lui un coup d'œil craintif.
L'artiste qui doute souvent de lui-même, est fort ; l'artiste qui ne croit jamais en lui est perdu.

And :
(*b*) Un sans-le-sou qui inspecte autour de soi le pavé.
Mais aussitôt il se cligna malicieusement de l'œil à soi-même.
Un sacrifice volontaire laisse toujours après soi, dans l'âme qui se l'impose, quelque chose de fortifiant.

§ 240. Soi may be strengthened by the adjunction of même (*cf.* § 236.1).

Pour s'assurer qu'une chose sera bien faite, il faut la faire soi-même.

INDEFINITE PRONOUNS, ADJECTIVES, AND ADVERBS

Under this heading are traditionally gathered various words of manifold function, some of which might equally well be classified as demonstratives, and others as words indicating number ; while on the other hand the ' indefinite article ' properly belongs here.

§ 241. On, unstressed pronoun subject, clinging to a verb always singular : *one, people, we, you, they*, used in a vague sense.

As an elegance, French often has **l'on,** especially to avoid ' hiatus.'

> **On** ne fait pas toujours ce qu'**on** veut.
> Que dira-t-**on,** si **l'on** vient à le savoir ?
> **On** ferme les grilles à neuf heures. *The gates are closed at nine o'clock.*
> Eh bien, Juliette, a-t-**on** été sage aujourd'hui ?

Notes.—1. Predicative nouns and adjectives agree according to the sense.

> **On** n'est pas toujours jeune et belle, madame.
> Encore, **on** serait **seuls,** on risquerait la partie.

Note also the following nominative absolute :

> **On** porta le cadavre, **têtes nues,** sur la grande table de la salle basse.

> (Here, **tête nue** would imply that the *body* was bare-headed.)

2. The oblique case corresponding to **on** is generally **vous ;** the possessive, **son, sa, ses ;** the reflexive pronoun **se.**

> Il en est de l'amitié comme de toutes choses : **on** n'en reconnaît le prix exact que lorsque le sort **vous** l'arrache.
> **On** ne peut pas toujours agir à **sa** guise.
> Je pense qu'**on** a bien tort de **se** quitter.
> **On** croit toujours que **sa** fille **vous** ressemble.—*H. Bataille.*

§ 242. Quelque, quelqu'un, quelques-uns, etc.

1. **Quelque(s),** adjective : *some, some little, a few.*

> J'ai eu **quelque** difficulté à résoudre ce problème.
> **Quelques** centaines de personnes furent blessées.
> Il y a **quelques** années qu'il est mort. *He died a few years ago.*

> Compare : Il y a **des** années qu'il est mort. *He died years ago* (with affective stress on **des années,** *years*).

2. **Quelque**, adverb and invariable, modifies numeral adjectives.
Quelque deux cents personnes furent blessées.   *Some two hundred . . .*

3. **Quelqu'un** masculine pronoun : *some one, somebody.*
Je connais quelqu'un qui pourra vous conseiller.
Quelqu'un de haut placé l'aida à faire son chemin (§ 171.6).

Note.—Quelqu'un with feminine quelqu'une occurs only before a partitive noun.
Quelqu'une de ses amies lui aura raconté l'affaire.   *One or other of her friends.*

4. **Quelques-uns, quelques-unes**, pronoun : *some, a few.*
Quels beaux fruits ! Achetons-en quelques-uns.
Quelques-unes de nos amies vont venir.

5. **Je ne sais qui** : *some one or other, I forget who(m).*
Je ne sais qui disait un jour que tous les hommes sont des ânes.
Il s'est adressé à je ne sais qui.
Also used as a noun :
Il passe son temps avec des je ne sais qui.

6. **N'importe qui**, *anyone.*
Adressez-vous à n'importe qui. N'importe qui vous renseignera.

§ 243. Quelque chose, autre chose, etc., neuter pronouns.

1. **Quelque chose** : *something.*
Quelque chose me dit qu'il viendra aujourd'hui.
Nous avons appris quelque chose de curieux (§171.6).

2. **Autre chose** : *something else.*
Je n'aime pas ça, donnez-moi autre chose.
Nous avons appris autre chose de curieux.

3. **Pas grand'chose** : *not much.*
Je n'ai pas grand'chose à vous apprendre.
Qu'est-ce que vous faites à cette classe ?—Pas grand'chose d'intéressant (§ 171.6).

4. **Peu de chose** : *little.*
Peu de chose me suffira.
J'ai peu de chose d'intéressant à vous apprendre.

5. **Je ne sais quoi** : *something or other.*
On lui a raconté je ne sais quoi d'assez stupide (§171.6).

§ 244. Plusieurs, certain, maint, etc.

1. **Plusieurs** : *several*, (*a*) adjective, (*b*) pronoun.

   (*a*) Je l'ai vu **plusieurs** fois.

   (*b*) **Plusieurs** l'ont vu.   J'ai parlé à **plusieurs** de vos amis.

2. **Certain(s)** : *certain*, (*a*) adjective, (*b*) pronoun.

   (*a*) C'est (une) **certaine** personne haut placée qui me l'a assuré
     Cette règle est sujette à (de) **certaines** exceptions.

   (*b*) **Certains** affirment que la légende dit vrai.

Note.—**Certain**, in stressed position (*i.e.* following the noun), and when predicative, is a qualifying adjective.

   Je vous apporte des nouvelles **certaines**.   *Reliable news.*
   Il va pleuvoir, c'est **certain**.

3. **Maint**, adjective : *many a,* an old word used only in literary French.

   Il lui rendit service en **mainte** circonstance.
   C'est arrivé **mainte(s)** et **mainte(s)** fois.

Note.—In normal speech, **plus d'un(e)** is used instead of **maint**.

   Il lui a rendu service en **plus d'une** circonstance.
   C'est arrivé **plus d'une** fois.

4. **Différents, divers,** adjectives : *different, diverse, various.*

   J'en ai parlé à **différentes** personnes, à **diverses** personnes.

Note.—When predicative, or in stressed position, these are qualifying adjectives.

   On rencontre cette légende sous les formes **les plus diverses**.
   Je vous trouve **tout différent**, aujourd'hui.

§ 245. Personne, rien, etc.

1. **Personne**, pronoun masculine singular : *any one, no one.*

(*a*) Affirmative in meaning, but used when negation is expected or implied.

   Personne a-t-il jamais songé à cela !
   Si seulement je connaissais **personne** à qui m'adresser !

(*b*) **Negative**, with **ne** expressed or understood, or with **sans**.

   Personne n'est venu ? — **Personne**.   Absolument **personne**.
   Je n'ai rencontré **personne** d'assez aimable pour me renseigner
   (§ **171**.6).
   Il est parti **sans** prévenir **personne**.

Note.—This pronoun, always masculine, must be distinguished from **la personne**, *person,* always feminine.

   Je m'assis auprès d'une **personne** longue et maigre que les
     enfants appelaient " mon oncle."

2. Rien, pronoun neuter singular : *anything, nothing.*

(*a*) **Affirmative** (see **personne** above).

Avez-vous jamais **rien** vu d'aussi drôle (§ **171**.6) ?

(*b*) **Negative.**

Rien ne l'intéresse.   Qu'est-ce que vous faites ? — **Rien.**
Il est parti sans **rien** dire.
Il **ne** peut y avoir **rien** de parfait.

Notes.—(*a*) **Rien** usually precedes the past participle and the infinitive, losing its stress.   See the examples above, and also § **333**.3.

(*b*) **Rien** is used without **ne** in many phrases.
C'est pour **rien** !   *That's dirt cheap !*
Sa fortune est réduite à **rien.**

(*c*) **Rien que** is used to modify a verb in the infinitive (§ **271**, note).
Rien qu'à ɪe voɪr on ɪe devɪne avocat.   *You have only to see him to guess that he is a barrister.*

(*d*) **Rien** is also a noun, = *trifle.*
Il se fâche pour **un rien.**   Il s'occupe **à des riens.**

§ 246. Chaque, chacun.

1. Chaque, adjective, singular : *each.*
Donnez-nous aujourd'hui notre pain de **chaque jour.**
Chaque élève apportera une contribution.

2. Chacun, pronoun, singular : *each* (*one*).
Chacune de ces lignes contient une vérité profonde.
Voici un gâteau pour **chacun** de vous.

Note.—**Chaque** may be used familiarly for **chacun** in the construction
Ces poulets coûtent trois francs **chaque.**

§ 247. Tout, tous, adjective, pronoun, and adverb.

1. Adjective. (*a*) The noun (singular) is not otherwise determined : *any and every.*
Le travail est la loi de la vie, la loi de **toute** création et de **tout** progrès.   **Toute** profession honnête est honorable.

(*b*) The noun is particularized in the singular : *the whole, all.*
J'ai dépensé **tout mon** argent.
Je l'ai attendu **toute la** journée.

(*c*) The noun is particularized in the plural : *all, every.*
Il vient **tous les** jours.   **Tous** ces livres sont à moi.
La nature est un livre ouvert à **tous les** yeux.

Note.—The article is, or may be, omitted in a few phrases of long standing.

> Nous étions enveloppés de **toutes** parts.
> Il y avait là des personnes de **toutes** sortes.
> Des mouches de **toutes couleurs** tournaient autour de moi.
> On vous a cherché de **tous** (les) côtés.   Venez **tous** (les) **deux**.

2. Pronoun, stressed. (*a*) Singular neuter : *all, everything.*

> Votre silence, votre confusion, **tout** vous accuse.
> Voilà **tout** ce que je sais (§ **210,** note *a*).

Note.—Neuter **tout** generally precedes the past participle and the infinitive, losing its stress (§ **333**.3).

> Laissez-moi **tout** vous dire.   Je lui ai **tout** raconté.

(*b*) Plural : *all.*   The masculine is pronounced [tuːs].

> Ils sont **tous** là.   Elles sont **toutes** là.
> **Tous** étaient venus à ma rencontre.

Note.—Used occasionally in the singular masc. or fem.

> L'âme d'un gourmand est **toute** dans son palais (*palate*).

3. Adverb : *quite, entirely, very.*

> Maître Sylvain disait qu'il (*i.e.* son frère) était **tout** le portrait
> de leur mère.   *The very image.*
> Et **tout** là-bas, à l'autre bout du dortoir, il y avait Colette.
> Ses cheveux sont **tout** blancs.   Elle était **tout** émue.

But : Elle était **toute** petite.   For this concord, see § **418.**

Notes.—1. **Tout** may not be followed by a partitive pronoun, as is done with 'all' and 'both' in English.

> Nous l'avons **tous** entendu, or Nous **tous** l'avons entendu.   *All*
> of us *heard it.*
> Il y allait de **leur** bonheur **à tous**.   *The happiness of all* of them
> *was at stake.*
> Nous avions **tous les deux** des larmes aux yeux.   *The eyes of*
> *both* of us *were wet with tears.*

2. For neuter **tout**=*all, everything,* a stronger form **toutes choses** is sometimes used.   Cp. the use of 'all things' in English.

> **Toutes choses** deviennent possibles pour celui qui les considère
> comme telles.
> Par-dessus **toutes choses**, soyez bons.

3. 'Everyone'=**tout le monde.**

> **Tout le monde** se plaint de sa mémoire et personne ne se plaint
> de son jugement.

To avoid ambiguity, one nearly always expresses 'the whole world' as **le monde entier.**

§ 248. Aucun, nul, etc.

1. **Aucun,** pronoun and adjective. (*a*) Affirmative : *some, any.*

Aucuns prétendent qu'il est encore en vie.
Avez-vous **aucune** intention de faire ce voyage ?

(*b*) **Negative,** with **ne** expressed or understood, or **sans** : *no, none.*

De tous ces élèves, **aucun** n'a répondu.
Quelle réponse a-t-il faite ! **Aucune.**
J'ai dit cela **sans aucune** intention de vous blesser.

2. **Nul, nulle,** pronoun and adjective, negative : *no, no one.*

Nul n'est prophète dans son pays.
Il n'avait **nulle** cause de se plaindre.

Note.—**Nul** is also a qualifying adjective.

Le testament fut déclaré **nul.** *Null and void.*
C'est une partie **nulle.** *A drawn game, a draw.*

3. **Pas un(e),** pronoun and adjective : *not one.*

Pas une amie ne lui reste. **Pas un** ne répondit.

Note.—Also used in familiar speech in the construction

Il connaît Paris comme **pas un.** *His knowledge of Paris is unique.*
Elle chante comme **pas une.** *She's a rare singer.*

§ 249. Tel, un tel, pareil.

1. **Tel, telle.** (*a*) Pronoun : *such (a one).*

Tel qui rit vendredi, dimanche pleurera.

(*b*) Adjective : *like, such, such and such.*

Tel père, **tel** fils. **Telle** fut sa réponse.
Son avarice est **telle,** qu'il vole la pâtée à son chien.
On me dit de me rendre à tel endroit, et de faire **telle** et **telle** chose.

2. **Un(e) tel(le) :** *such, such a, so and so.*

Je n'ai jamais ressenti **une telle** douleur. *Such a pain.*
De **tels** sentiments vous font honneur.
J'arrive : on me présente à M. **un tel,** puis à Mme **une telle.**

3. **Pareil, pareille,** adjective : *such a,* when spoken with indignation or other strong feeling.

A-t-on jamais vu $\begin{cases} \text{une conduite } \textbf{pareille !} \\ \text{une } \textbf{pareille} \text{ conduite !} \end{cases}$

Note.—**Pareil** is also a qualifying adjective = *similar, like.*

Vous ne trouverez **nulle** part une étoffe **pareille** à celle-ci.

§ 250. Même, adjective, neuter pronoun, and adverb.

1. Adjective preceding the noun, or in the predicate : *same.*

Nous avons la même leçon qu'hier.

Riches ou pauvres, ils furent toujours les **mêmes.**

2. Adjective following the noun or pronoun : *very, self.*

La probité s'effarouche de l'ombre **même** d'un soupçon.

Les ennemis **mêmes** de Napoléon ne pouvaient lui refuser le génie.

C'est cela **même** !   *That's the very thing !*

Nous l'avons vu nous-**mêmes** (§ 236.1).

3. Neuter.

Cela revient au **même.**   *It comes to the same thing.*

4. Adverb : *even.*

Ceux **même** qui le connaissaient le mieux ne le comprenaient pas.   Il en fit un secret **même** à ses amis.

Note the predicative phrases être, mettre qqn, à même de faire qqch.

Il n'est pas encore à même de gagner sa vie.   *He is not yet fit' ready, to earn his living.*

Le père doit mettre ses enfants à même d'apprendre un état.   *A father should enable his children to learn a trade.*

§ 251. Un, autre, autrui, etc.

1. Un, une, l'un, l'une are used as pronouns, especially

(*a*) With a dependent partitive noun.

Prêtez-moi un de ces livres.

C'est (l')un de vos amis qui me l'a dit.

(*b*) In conjunction with l'autre.

Note.—Un, une, used as adjectives, are called the ' indefinite article ' (§ 169).

2. Autre, pronoun and adjective : *other.*

Dites cela à d'autres !

Je vous dirai cela une autre fois.

Note.—For autres used in apposition to a personal pronoun, see § 236.2.

3. Autrui, pronoun, always stressed : *others,* in a general sense.

Il vaut mieux se tromper soi-même que de tromper **autrui.**

Ne convoitez pas le bien d'**autrui.**

Note.—Autrui is not used as a subject, except when referring to autrui already used in the accusative.

> Ne pas faire à **autrui** ce que nous ne voudrions pas qu'**autrui** nous fît, voilà la justice.

But referring to **autrui**, we may also use **il**.

> Faire pour **autrui**, en toute rencontre, ce que nous voudrions qu'**il** fît pour nous, voilà la charité.

4. **L'un(e), l'autre ; les un(e)s, les autres,** pronouns : *the one, the other, some, others.*

> L'un affirme que c'est vrai, l'autre que c'est faux.
> Ils s'en allèrent les uns par ci, les autres par là.
> Bouilleron se mit à les injurier tous les uns après les autres.
> Vous parlerez l'un après l'autre.

Note.—Qui . . . qui (204, note *b*) are also used as indefinite pronouns in this construction.

> Ils s'en allèrent qui par ci, qui par là.

5. **L'un(e) et l'autre :** *both* ; **les un(e)s et les autres :** *all and sundry.*

> L'un et l'autre sont venus me voir.
> Je me suis adressé en vain aux unes et aux autres.

6. **L'un(e) ou l'autre :** *either* ; **ni l'un(e) ni l'autre :** *neither.*

> Comme l'une ou l'autre me rendrait heureux !   *How happy could I be with either !*
> Je ne les connais ni l'un ni l'autre, ni les uns ni les autres.

7. **L'un(e) l'autre, les un(e)s les autres :** *each other, one another.*

L'un is appositive to the subject, **l'autre** is in the accusative, the two pronouns frequently being used as adjuncts of a reciprocal verb.

> Ils se flattent l'un l'autre.   Ils se nuisent les uns aux autres.
> Elles se moquent les unes des autres.
> Elles marchaient serrées les unes contre les autres.

§ 252. Quelconque, quiconque.

1. **Quelconque,** adjective, following the noun : *any whatever.*

> Décrire un cercle passant par trois points quelconques.

2. **Quiconque,** pronoun equivalent to two subjects, or to object and subject : *whoever, who(m)soever.*

> Quiconque s'éloigne de la sagesse s'éloigne du bonheur.
> Je le protégerai contre quiconque l'attaquera.

Note.—Quiconque is sometimes used in the sense of **qui que ce soit** (253.3, note).

> Je pense qu'il me défendra mieux que quiconque (*anyone*).
> Elle ne parlait jamais à quiconque de cette manie de griffonner.

§ 253. Quel que, quelque que, qui que, quoi que ; so-called
' concessive ' adjectives, pronouns, and adverbs, always followed
by the subjunctive mood denoting concession (§ 383).

1. **Quel que,** adjective, predicative with **être :** *whatever.*

Quelles que soient vos aptitudes, il faut y joindre le travail.

2. **Quelque . . . qui** (or **que**). (*a*) Adjective : *whatever.*

Quelque passion qui l'agite, il paraît toujours calme.
Quelques aptitudes que vous ayez, il faut y joindre le travail.

(*b*) Adverb modifying a predicative adjective or adverb :
however.

Quelque agitées qu'elles soient, elles paraissent calmes.
Quelque heureusement douées que vous soyez, il faut
travailler.

Note.—Thus also si . . . que, with subjunctive, and tout . . . que,
usually with indicative.

Si agitée qu'elle fût, elle paraissait calme.
Tout agitée qu'elle était, elle paraissait calme.

3. **Qui que,** pronoun : *whoever, whomever.*

Qui que vous soyez, parlez.
Soyez poli, à qui que vous parliez.

Note.—Hence is derived the phrase qui que ce soit, *anyone.*

Soyez poli en parlant à qui que ce soit.

4. **Quoi qui** (or **que**), neuter pronoun : *whatever.*

Quoi qui survienne, restez calme.
Quoi que vous entendiez, ne dites rien.

Notes.—(*a*) Hence is derived the phrase quoi que ce soit, *anything
whatever.*

Puis-je vous servir en quoi que ce soit ?

(*b*) Distinguish between quoi que and quoique (§ 311.2).

§ 254. The following are the more important indefinite adverbs,
additional to those reviewed above :

Vous trouverez cela partout.   *Everywhere.*
Vous ne trouverez cela nulle part.   *Nowhere.*
Allez vous faire pendre ailleurs.   *Elsewhere.*
Cherchez asile autre part que chez moi.   *Elsewhere.*
J'ai oublié mon parapluie quelque part.   *Somewhere.*
Nous étions enveloppés de toutes parts.   *On all sides.*
Vous trouverez cela n'importe où.   *Anywhere.*
Venez n'importe comment.   *Anyhow, just as you are.*

And the ' concessive ' où que (*cf.* § 253) : *wherever.*

Soyez poli, où que vous alliez.

NUMERAL ADJECTIVES AND NOUNS
MEASUREMENT OF TIME, SPACE, ETC.

§ 255. The cardinal numeral adjectives are

1 un(e)	11 onze		
2 deux	12 douze	20 vingt	
3 trois	13 treize	30 trente	
4 quatre	14 quatorze	40 quarante	
5 cinq	15 quinze	50 cinquante	
6 six	16 seize	60 soixante	
7 sept	17 dix-sept	70 soixante-dix	
8 huit	18 dix-huit	80 quatre-vingts	
9 neuf	19 dix-neuf	90 quatre-vingt-dix	
10 dix		100 cent	
	1000 mille	0 zéro	

§ 256. 1. The old Gallic or Celtic numeration by scores instead of tens has survived from 61 to 99. But 70, septante, 80, octante, 90, nonante, are used in Switzerland, Belgium, and various dialects.

2. Units are joined to tens by a hyphen, except when joined by et (§ 13.3).

3. Et is used only in 21, 31, 41, 51, 61, 71.

4. Cent and mille are not preceded by un as in English ' one hundred.'

5. Vingt and cent take plural s when multiplied by a preceding numeral, and not followed by another numeral (§ 422).

6. Cardinal numbers are therefore written and spoken as follows :

21 vingt et un	22 vingt-deux
23 vingt-trois	24 vingt-quatre
25 vingt-cinq	26 vingt-six
27 vingt-sept	28 vingt-huit
29 vingt-neuf	31 trente et un
32 trente-deux	61 soixante et un
69 soixante-neuf	71 soixante et onze
72 soixante-douze	75 soixante-quinze
81 quatre-vingt-un	82 quatre-vingt-deux
92 quatre-vingt-douze	99 quatre-vingt-dix-neuf
101 cent un	121 cent vingt et un
122 cent vingt-deux	200 deux cents
250 deux cent cinquante	1001 mille un

666,666 six cent soixante-six mille six cent soixante-six

§ 257. In legal documents, which require the date to be written in full, the form mil is used in dates of our era, instead of mille.

l'an mil neuf cent dix-huit.

But 1918 is generally spoken : **dix-neuf cent dix-huit.**

Note that cent is not omitted as in English ' nineteen eighteen.'

§ 258. Ordinal Numbers.

Premier, second *or* **deuxième, troisième, quatrième, cinquième, . . . neuvième, dixième, onzième . . . dix-neuvième, vingtième, vingt et unième** (*not* premier !), **vingt-deuxième . . . centième, cent unième . . . millième.**

Je suis le **premier** de ma classe (§ 280, note), Henri est le **troisième.** *I am first* in *my class . . .*

Je suis le **onzième** (note the absence of elision).

§ 259. Nouns of Number.

1. **Le million, le billion,** etc.

   Deux millions d'hommes étaient rangés en bataille.

   Note.—Million, etc., become adjectival when not used as a round number.

   Deux millions cinq cent mille hommes.

2. Nouns in **-aine** denoting approximate numbers.

   Une **huitaine,** *about a week* ; une **quinzaine,** *a fortnight.*
   Une **douzaine** d'œufs.   *A dozen eggs.*
   Une **dizaine** (z, *not* x !), une **vingtaine,** une **centaine,** un **millier.**
   Il y avait une **trentaine** d'invités.   *. . . about thirty guests.*
   Des **milliers** de combattants.

3. Fractional numbers.

   $\frac{1}{2}$ **la moitié,** $\frac{1}{3}$ **le tiers,** $\frac{1}{4}$ **le quart,** $\frac{1}{5}$ **le cinquième,** and thereafter the ordinals do duty as fractionals.

   $\frac{1}{3}+\frac{1}{4}=\frac{7}{12}$.   Un **tiers** plus un **quart** égalent sept **douzièmes.**

   Note.—The only fractional adjective is demi, *half.*   Compare :
   Une **demi**-heure.   Un **quart** d'heure.

4. Multiplicatives.

   Le **double,** le **triple,** le **quadruple,** le **quintuple,** le **sextuple,** etc.
   La **Triple** Alliance.

   These are used adverbially with **à.**

   Il m'a rendu au **quadruple** ce que je lui avais prêté.
   He returned fourfold what I had lent him.

§ 260. **Cardinal** numbers are used instead of **ordinals**, with the exception of premier, (*a*) in titles of sovereigns ; (*b*) in dates ; (*c*) frequently as in English in giving volume, page, chapter, or verse.

(*a*) Henri Ier, Henri premier.   Louis XIV, Louis quatorze.
(*b*) Le cinq mars 1870.   Le premier avril.
(*c*) Nous allons lire au chapitre trois, page trente-cinq.

Note.—In the above cases, vingt and cent never vary (§ 422).
L'année dix-neuf cent.   La page quatre-vingt.

§ 261. **Common Measurements.**

1. **Time.**

Son discours a duré vingt minutes, une demi-heure.
Il a parlé pendant vingt minutes.   . . . *for twenty minutes.*
J'ai étudié en France pendant deux ans.   . . . *for two years* (past time).
Je m'en vais en France pour deux ans.   . . . *for two years* (future time).
Je l'ai vu il y a cinq ans.   . . . *five years ago.*
Il y a cinq ans que je suis ici. ⎫
Voilà cinq ans que je suis ici. ⎬ *I have been here for five years.*
Je suis ici depuis cinq ans. ⎭
Il arrivera (est arrivé) jeudi.   . . . *on Thursday.*   See also § 168.5.
Je le reverrai dans deux ans.   **Dans** expresses **point** in time.
J'ai fait ce devoir en vingt minutes.   **En** expresses **extent** of time (284.1.*b*).

2. **Time of day.   Quelle heure est-il ?**

Il est midi, minuit.   (*Never* douze heures !)
Il est une heure (du matin), deux heures (de l'après-midi).
Il est midi et demi, deux heures et demie.
Il part à midi un quart, à trois heures un quart, à quatre heures moins un quart (*or* moins le quart).
Il arrivera à midi dix, à six heures vingt, à huit heures moins vingt.

Notes.—(*a*) In official language, *e.g.* in railway time-tables :
Le train part à une heure quinze, à une heure trente.
Il arrive à huit heures cinquante-cinq.

(*b*) Railway time in France is now divided into 24 hours, starting from midnight. Thus :
L'express de Bordeaux part à 20 h. 40.
The Bordeaux express starts at 8.40 p.m.

3. **Dates.**

C'est aujourd'hui $\begin{cases} \text{mardi, le deux juin.} \\ \text{le mardi deux juin.} \end{cases}$
Ce sera demain le huit, le onze. (Cp. § 258.)

Je suis né le 1er décembre 1906.
Il mourut en (l'année) 1793.
   (In official language : en l'an 1793.)

   As heading to a letter : Mardi, six mai, 1919.

4. **Age.   Quel âge avez-vous?**
   J'ai dix-huit ans.
   Je suis âgé de dix-huit ans. $\Big\}$ *I am eighteen.*
      Ans is never omitted as in English.
   J'ai quinze ans et mon frère en a douze (§ **225**).
   J'ai trois ans de plus que lui.
   Je suis plus âgé que lui de trois ans (§§ **158.5** ; **279.1.**e).

5. **Price.**
   Ce ruban coûte **deux francs le mètre.** . . . *two francs a yard.*
   Je l'ai payé deux francs.   *I paid two francs for it.*
   J'achète mon vin en barriques de 200 litres, que je paye
      150 fr. ; il me coûte donc o fr. 75 c. le litre. Il me
      revient à o fr. 75 c.

(Read : Il me coûte, il me revient à, soixante-quinze centimes.)

Note the use of **sou** in familiar speech.
   C'est du vin qu'on n'achèterait pas au détail à **quinze sous** le
      litre.   On le paierait au moins **vingt sous** (*i.e.* un franc).
   Prêtez-moi **une pièce de cent sous** (*i.e.* une pièce de cinq francs).

6. **Length, breadth, etc.   Quelle est la longueur de la classe?**
   La classe a 6 mètres **de long.**   *Is 6 metres long.*
   Elle a 5 m. **de large** et 4 m. 50 (cm.) **de haut.**
   Elle a 6 m. de long sur 5 m. de large.
   Nous étions dix sur un banc **long de trois mètres.**

Less frequently :
   La classe a 6 m. **de longueur** et 5 m. **de largeur.**
   La classe est **longue de 6 m.** et **large de 5.**

But these latter constructions are the only ones used with
profond(eur), épais(seur).

   A cet endroit la rivière a trois mètres **de profondeur,** *or* est
      profonde de trois mètres.
   Les murs avaient un mètre **d'épaisseur.**
   Le mur, épais d'un mètre, était percé d'ouvertures très étroites.

ADVERBS, PREPOSITIONS, AND CONJUNCTIONS

§ **262.** In French as in English there are no strict lines of demarcation between these three parts of speech.

Thus the following have both **adverbial** and **conjunctive** functions :

   aussi, ainsi, cependant, d'ailleurs.

   Il est aussi (*adv.*) grand que moi, aussi (*conj.*) me prend-on
      souvent pour le plus jeune.
   Ainsi (*conj.*) c'est entendu, vous nous accompagnez ?
   Ainsi (*adv.*) mourut ce grand homme.

And the following have both **adverbial** and **prepositional** functions :

   après, avant, avec, contre, depuis, devant, derrière (§ 238), **voici,
      voilà.**

   Après la pluie vient le beau temps.
   Récitons d'abord la leçon ; les devoirs viendront **après.**
   Je ne l'ai pas vu depuis jeudi.
   Je l'ai vu jeudi, mais pas depuis.
   Voilà Henri.   Garçon !— Voilà !   *Coming !*

§ **263.** Those double functions, however, are not so numerous in French as in English. Thus :

Many prepositions are differentiated from the adverb by the ad-junction of **de** :

   près de, loin de, autour de, hors de.

   { Votre ami demeure tout **près.**
   { Il demeure près d'ici, près de nous.
   { Des soles frites, avec des tranches de citron **autour.**
   { Regardez **autour de** vous.

And subordinating conjunctions are mostly formed by the adjunction of **que**

   (*a*) To adverbs : **lorsque, aussitôt que, tant que, bien que, non que,**
      etc.
   (*b*) To prepositions : **dès que, pendant que, après que, avant que,**
      jusqu'à ce que, sans que, pour que, etc.

   (*a*) { Je lui fis signe, et il se leva aussitôt.
          { Il se leva **aussitôt que** je lui fis signe.
   (*b*) { Il est levé **dès** l'aurore.
          { Il s'avança **dès qu'**il m'aperçut.
          { Il sortit **après** mon discours.
          { Il sortit **après que** j'eus parlé.

A few adverbs, on the other hand, are formed from prepositions by prefixing **de** :

   dedans, dessous, dessus (from an old prep. **sus**).   *Cf.* § 238.

§ **264.** For the prepositions and prepositional phrases corresponding to subordinating conjunctions, and governing the infinitive, see § **405.**

ADVERBS

A detailed account of the adverbs belongs to the study of the vocabulary and of idiom. The formation of adverbs of manner has already
been described, as also the chief functions of adverbs of quantity and
degree.

There remain to be studied the adverbs used in affirmation and
negation.

Affirmation

§ 265. Affirmation, in answer to a question, is most commonly
expressed by the adverb oui.

Savez-vous votre leçon ? — Oui monsieur.

But in answer to a question put in negative form, it is expressed
by si, or more politely, by **pardon**.

Est-ce que vous ne savez pas votre leçon ? — Si monsieur.
Vous n'étiez pas à la fête hier ? — Pardon, mademoiselle.

These affirmations are frequently strengthened or modified by the
adjunction of some other word (affective uses).

Vous le saviez ? — Mais cui [mɛ wi] !   Dame oui !
Vous ne le saviez pas ? — Mais si !   Que si [kə si] !   Si fait [fɛt] !

Qualified affirmation is expressed by

Mon Dieu oui.   Mon Dieu si.

Other forms of affirmation are :

(a) Certainement, parfaitement, en effet, naturellement.
(b) In careful speech :
     Certes, oui certes, oui vraiment.
(c) In colloquial and familiar speech :
     Bien sûr, pour sûr, bien sûr que oui, bien sûr que si.

(a) C'est à moi que vous osez dire cela ! — Parfaitement.
(b) Vous pensez qu'il en aura le courage ? — Oui certes.
(c) Ce qu'on s'embête ici ! — Pour sûr !   *Of all the slow places !* —
It certainly is !

Note.—In polite speech, **oui, non, si, pardon**, should always be followed by **monsieur, madame, mademoiselle, docteur, ma sœur** (to a
nun), etc.

'Oui mademoiselle' is not a vulgarism like 'Yes, Miss' in English.

§ 266. Oui and si often replace a subordinate clause, especially
after croire, dire, répondre, assurer.

On a commandé la voiture ? — Je crois que oui [kwi].
Vous n'en viendrez jamais à bout. — Je vous assure que si
     [kəsi].
Je crois que si [ksi].

Negation

§ 267. Negation is expressed, (*a*) by the stressed form **non**; (*b*) by the unstressed form **ne**, which clings to the verb, or to other unstressed adjuncts of the verb (§ 330).

§ 268. Non is used

1. As the equivalent of a clause, like oui, si.

   Savez-vous votre leçon ? — Non monsieur.

   Thus also : **Mais non! Dame non! Que non! Non vraiment.**
   Mon Dieu non (qualified negation).
   Bien sûr que non.
   Je pense **que non.** Je vous assure **que non.**
   Que vous veniez ou **non,** cela nous est égal.

2. To negative members of the sentence other than the verb.

   Non loin de la ville se trouve un château.

   Il est fâché, **non** sans raison.

Note.—Non, like ne, may be strengthened by the adjunction of **pas, point.**

   Il nous faut des amis sincères, et **non pas** des flatteurs.

§ 269. To negative a statement, the unstressed form **ne** is attached to the verb as a proclitic (§ 328). At an early stage of the language, ne was strengthened by the adjunction of various nouns, such as pas, point, goutte, mie (*crumb*), mot, as is usual in most languages. Thus in English : ' He answered *not a word.*' ' He doesn't mind *a bit.*'

Of these, **pas** and **point** have remained in common use, and assumed adverbial function.

   Il n'entrera **pas.**   Je n'en ai **point** entendu parler.
   On n'est **pas** moins injuste en ne faisant **pas** ce qu'on doit
   faire qu'en faisant ce qu'on ne doit **pas** faire.

Notes.—1. The normal negation is **ne pas.** As for **ne point,** very common in the seventeenth century, it is used to-day chiefly in dialect, in literature by those who affect the ' classical ' style, and in many phrases, proverbs, etc., of long standing.

The emphatic forms of negation to-day are : **certainement pas, pas du tout, nullement.**

   Je ne le ferai **certainement pas.** Ce n'est **pas du tout** cela.

2. Goutte, mie, mot, survive in a few familiar expressions such as

On n'y voit goutte ici. *You can't see a thing here* (*i.e.* it is too dark).

Je n'entends goutte à la chimie. *I know nothing about chemistry.*

Il ne répondit mot. *He answered never a word.*

3. To indicate the answer ' yes ' or ' no ' which he expects to his question, the speaker may put it as an affirmative or negative statement followed by the invariable phrase **n'est-ce pas,** = ' is he ? ' ' isn't he ? ' ' will you ? ' ' won't you ? ' etc. etc.

Vous venez avec nous, **n'est-ce pas ?** — Oui, *or* Non.

Vous ne le ferez plus, **n'est-ce pas ?** — Si, *or* Non.

In familiar speech, dis, dites are often used for n'est-ce pas.

Tu reviendras, dis ?

4. With many groups of verb+infinitive, French, like a number of other languages, negatives the head verb rather than the dependent infinitive.

Il **ne faut pas** faire cela. = Il faut | ne pas faire cela.

Pour ne point calomnier il **ne faut jamais** médire. = Il faut | ne jamais médire.

Je **ne pense pas** le revoir. = Je pense | ne pas le revoir.

Je **ne veux plus** le revoir ! = Je veux | ne plus le revoir !

But the sense may not allow of this transposition of **ne pas.** Thus the following are quite different in meaning :

Je n'espère pas le revoir.

J'espère ne pas le revoir.

§ 270. Other negative forms in common use are

1. The adverbs **ne guère, ne nullement, ne aucunement, ne jamais, ne plus, ne nulle part, non plus.**

Vous n'avez guère de courage ! *You haven't much pluck !*

Je ne m'oppose nullement à votre départ.

Il ne répond jamais. Jamais il ne répond.

Je n'ai plus d'argent. *No more money, no money left.*

On ne le rencontre nulle part. Nulle part vous ne rencontrerez de plus jolis visages (§ 254).

Je n'avais pas oublié non plus le coup de poing que j'avais reçu. *Neither have I forgotten . . .*

2. The conjunction **ne ni . . . ni.**

Je n'ai ni femme ni enfants.

Ce n'est ni vrai ni vraisemblable.

Je n'y consentirais ni pour *or* ni pour argent.

3. The adjectives and pronouns **ne aucun, ne nul, ne pas un, ne personne, ne rien** (§§ 245, 248).

> Je n'ai aucune envie de le revoir.
> Pas un des élèves ne répondit.
> Je ne vois personne.　Personne n'est venu.
> Je n'ai rien dit.　Rien ne l'arrête.

4. Combinations of the above, such as :

> **ne plus ni ... ni, ne plus jamais, ne plus guère, ne plus personne, ne plus rien, ne jamais personne, ne jamais rien, ne jamais ni ... ni.**
> Je n'ai plus ni foyer ni patrie.
> On n'entendit plus jamais parler de lui.
> Les habitants ne se voient plus guère hors des villes.
> Il n'y a plus personne.　Je ne dis plus rien.
> On ne voit jamais personne aux fenêtres.
> Vous ne répondez jamais rien.
> Il n'a jamais ni livre ni cahier.　*Either ... or.*

Note.—Sans and sans que, which have negative force without the adjunction of **ne**, also combine with the above.

> Il travaille **sans aucun** intérêt.
> Il se tira d'affaire **sans** le secours de **personne.**
> Des mois ont dû se passer **sans que rien** se gravât plus dans ma tête.

§ 271. Ne que, = seulement, negative in form, is restrictive in meaning. Que immediately precedes the member of the sentence which is restricted.

> Je n'ai que dix francs sur moi.
> De sa famille je ne connais que lui.
> Je ne le connais que depuis huit jours.

As que always follows **ne**, it cannot be used to restrict the subject of the sentence, unless the latter is made the object of **y avoir.**

> Seul, l'auteur pourra nous renseigner.
> L'auteur seul pourra nous renseigner.
> Il n'y a que l'auteur qui puisse nous renseigner.

Nor can que restrict the verb, unless the latter is turned into an infinitive dependent on **faire.**

> Qui a brisé ce vase ? — Je l'ai seulement touché, et il est tombé.
> Je n'ai fait que le toucher, et il est tombé.
> Loin d'abattre les protestants, la Saint-Barthélemy **ne fit que** les irriter.

Note.—But if the verb is in the infinitive, it is usually restricted by **rien que** (§ 245.2, note *c*).

> Rien qu'à le voir, on se sent attiré vers lui.　*Only to see him ...*

§ **272.** **Ne que** combines with **plus, jamais, guère.**

> Il **ne** me reste **plus que** vingt francs.
> Il **n'y a plus qu'**à masser les réserves à proximité du front.
> Je **ne** bois **jamais que** de l'eau.
> Ce mot **n'**est **guère** usité **que** dans la langue littéraire.

Note.—Also with **pas,** a neologism which has become established in spite of adverse criticism.

> A Rome il **n'y** avait **pas que** les esclaves (*not only the slaves*) qui fissent le métier de gladiateurs.

§ **273.** All the above are used negatively without **ne,** when the verb is not expressed.

> **Pas** de tapage ! **Personne** ici ?
> Qu'a-t-il répondu ? — **Rien.**
> Le peuple donne sa faveur, **jamais** sa confiance.
> **Plus que** trois jours avant les vacances ! *Only three days left* . . .
> Ensuite on avait entendu quelques plaintes. Puis, **plus rien.**
> Il me faudrait un millier de francs. — **Que** cela ! *Is that all ?* (Literally : *Only that !*)

§ **274.** In literary French and elegant speech, **ne** may be used without the adjunction of **pas**

1. In clauses of any type

(*a*) With **pouvoir, savoir, cesser, oser** + infinitive expressed or understood.

> Je **ne** puis m'expliquer cet accident.
> Je **ne** sais s'ils viendront.
> Je **ne** savais comment expliquer cela.
> Je restai toute seule, **ne sachant** où aller.
> Pendant la veillée, les chiens **ne cessèrent** d'aboyer avec fureur.
> Appeler, faire du bruit, je **n'osais.**

(*b*) In ' rhetorical ' questions introduced by **qui, que,** or by adverbial **que** = pourquoi.

> **Qui ne** connaît cette œuvre célèbre ?
> **Que ne** ferait-il pour vous plaire ?
> **Que ne** m'avez-vous dit cela plus tôt ?

(*c*) Before partitive **d'autre . . . que.**

> Je **n'**ai **d'autre** désir **que** celui de vous plaire.

2. In dependent clauses

(*a*) Of consequence, when the head clause is negative, etc. (§ 387).

> Il **n'**est **pas** si stupide qu'il **ne comprenne** ces allusions.

(b) Introduced by **si**.

>C'était en 1849, **si je ne me trompe**.
>**S'il n'était venu** à mon secours, je me noyais.

(c) In compound tenses of verbs dependent on **il y a ... que, voilà ... que**.

>**Voilà six mois que je ne l'ai vu**.   *It's six months since I saw him* (= I haven't seen him for six months).
>Comme **il y a longtemps que je ne t'ai vue** !

(d) Adjectival, if the antecedent is negatived or put in doubt (§ 384).

>Il ne lui reste pas }
>Lui reste-t-il } **un ami auquel il n'ait déjà emprunté de**
>S'il lui reste } **l'argent**.

§ **275.** In all the above, **pas** *may* be inserted, and its insertion is the rule in colloquial French.

>Mais vous **ne pouvez pas** rester là, voyons !
>Je **n'osais pas** la regarder de peur de la fâcher.
>Je **ne sais pas** s'ils viendront.
>Je n'aime pas les enfants qui **ne savent pas** se tenir tranquilles.
>Qui est-ce qui **ne connaît pas** ça ?
>Je **n'ai pas** d'autre beurre que celui-ci, madame.
>Il n'est pas si stupide qu'il **ne comprenne pas** ces allusions.
>Si vous **n'étiez pas** venu à mon secours, qu'est-ce que je serais devenu ?
>Il y avait bien deux mois qu'elle **n'était pas** sortie de sa chambre.

Note.—With **pouvoir**, **ne pas** is always used in the double negation which is an equivalent in French to ' cannot but.'

>Le jour où, pour un méchant mot, il rompit avec Desportes, éclata une querelle qui ne pouvait pas ne pas éclater.

§ **276. Pas** is always omitted in a few expressions and constructions of long standing, most of which savour of ' literary ' style.   Thus :

>Il **n'eut garde** de leur confier le secret.   *Took good care not to.*
>**N'importe**.   *No matter.*
>A Dieu **ne plaise** !   *God forbid !*
>Qu'à cela **ne tienne** !   *By all means !*
>Je **ne sais** que faire.   *I don't know what to do.*
>Je **n'ai** que faire de vos excuses.   *I don't want your excuses.*
>**N'eût été** mon désir de vous revoir, je ne serais pas rentré si tôt à Paris.
>De ma vie je **n'ai** entendu pareil discours.   (=Jamais je n'ai entendu.)
>Nous **n'avons** trouvé âme qui vive.
> (In which **âme qui vive** is a strengthened equivalent to ' personne,' ' qui que ce soit.'

Thus also **Je ne saurais** =*I cannot* (§ 84.2.*a*).

>Je **ne saurais** vous permettre cela.
>On **ne saurait** excuser une pareille conduite.

§ 277. In literary French a superfluous **ne,** due originally to a vague desire to express that a thing should *not* be done, is also used in certain dependent constructions (mostly in the subjunctive mood). This ne is seldom inserted in colloquial French. Instances of its use and omission :

1. After verbs, nouns, conjunctions, expressive of fear.

Je crains que vous **ne** preniez froid.   (*Don't catch cold !*)
Fermez la porte, de crainte qu'on **ne** nous entende.
J'ai peur qu'on te fasse du mal.
J'ai bien peur que ce temps-là nous amène des loups.

2. After **empêcher, éviter, prendre garde.**

Évitons que l'élève **ne** se trompe, de peur qu'il **ne** prenne de mauvaises habitudes.
Tâchez d'éviter que la nouvelle se répande avant son départ.

3. After **s'en falloir de peu.**

Peu s'en fallut que la voiture **ne** versât. *The carriage came very near being overturned.*
Il s'en faut de peu que le compte y soit. *That's very nearly the right amount.*

4. After **ne pas douter, ne pas nier.**

Je ne doute pas qu'il **ne** vous reçoive.
On ne nie pas que je **ne** sois dans mon droit.
Je ne doute pas que cette affreuse guerre en soit la cause.

5. After **à moins que, avant que.**

Restez ici à moins qu'on **ne** vous appelle.
Ne sortez pas avant que l'heure **ne** sonne.
Il arrivera avant que nous soyons prêts.
Il ne doit rien en savoir encore, à moins qu'on lui ait envoyé une dépêche.

6. In a clause forming the **second term of a comparison,** after **plus, moins, mieux,** etc., **autre, autrement.** (Here the mood is the indicative.)

Il est plus vigoureux qu'il **ne** le paraît.
Il est plus intelligent que vous le pensez.
Je ne sais pas me faire autre que je **ne** suis.
Il agit autrement qu'il **ne** parle.
Il était autrement riche, il **y a** quelques années, qu'il l'est aujourd'hui.

§ 278. In colloquial French ne is sometimes omitted, the negation being reduced to **pas.**

Tu feras pas mal de répéter ta scène avant de t'en aller.
Mirette de Beauvais ? **Connais pas.** *I don't know her.*

PREPOSITIONS

A detailed account of the prepositions and of their uses belongs to
the study of the vocabulary and of idiom.   Only those are dealt with
here which are of special importance in the construction of the sentence.

§ 279. De.   The most important preposition in French is
de, the chief functions of which are

1. To form **adverb phrases**, expressing

(*a*) A point of departure in space or time.

Il vient **de Paris.**   Il demeure à deux lieues **d'ici.**
Il travaille **du matin** au soir.
Il y a **de cela** cinq cents ans passés.
Je reviendrai **d'aujourd'hui** en huit.

And by extension of this use :

J'ai appris cela **de mon père.**
Nous sommes près **de sa maison.**   (Reckoning the distance
   from his house.)
Je vous l'ai dit plus **d'une fois.**   (**Une** is taken as the **point**
   of departure.)
Il pleure **de joie.**   (The cause is taken as point of departure.)
Je suis Anglais **de naissance.**   Des vins **d'Espagne.**

(*b*) A time only vaguely indicated.

Il ne reviendra pas **de longtemps.**
Il partit **de nuit, de grand matin, de bonne heure.**
   (Cp. Il partit **à trois heures, à Pâques.**)
Du temps des anciens chevaliers s'étendait ici une vaste
   forêt.

(*c*) The agent, means, or instrument.

Il est accompagné, respecté, **de ses amis** (§ 67.3).
J'ai fait cela **de ma main** (§ 287, note 1).
Je le frappai **de mon bâton.**

Note.—But several prepositions have this function.

Cette correction a été faite **par** le maître, **de** sa main, **à** l'encre
   rouge, mais **avec** une mauvaise plume.

(*d*) The manner.

Il me regarda **d'un air fâché.**
Comment pouvez-vous agir **de la sorte ?**

(*e*) Measure.

Je suis âgé **de seize ans.**
Ma montre retarde **de dix minutes.**

2. To form adjective phrases, expressing

(*a*) Possession (Genitive equivalents).

　　Le livre de Pierre.

(*b*) Material.

　　Un pont **de bois**.　Une robe **de soie**.

(*c*) A distinguishing mark.

　　Une dame de haute **taille**.
　　Le journal d'hier.　La route de Paris.
　　Le train de Boulogne.

　　　　(Ambiguous, like ' the Boulogne train' in English, *i.e.* either
　　　' the train *to* ' or ' the train *from* Boulogne.')

　　Plus tard seulement mes visions d'enfant prirent figure.
　　　Childish visions.

3. Partitive function.

　　Un verre **de vin**.　Beaucoup de paroles.
　　Une livre **de café**.　Il y a eu dix hommes **de tués**.
　　Nous allons manger quelque chose **de bon**.

4. To introduce (*a*) the subjeçt, or (*b*) the object of the action, in relation with nouns denoting a verbal activity (**subjective and objective genitive equivalents**).

　　(*a*) L'arrivée des invités.
　　(*b*) Le partage de la succession.

(Sometimes ambiguous, but for the context : **L'amour de Dieu may** mean either ' *God's love for us* ' or ' *our love for God.*')

§ 280. De has also taken on many uses in which its meaning, although derived from the functions described above, can hardly be classified. Thus it is used

1. To introduce the object of indirectly transitive verbs.
　　　J'ai changé **d'avis**.　Jugez de ma surprise.

2. To form such adverbial phrases as
　　　Venez de ce côté.　Il ne reviendra pas de longtemps.
　　　De ma vie, je n'ai entendu pareil discours.

Note.—**De** is often used where English has ' in,' ' at.'
　　　Le meilleur élève de la classe.　In *the class.*
　　　Les rues de Paris sont larges.
　　　Les petits oiseaux des bois célèbrent le printemps.
　　　Il reçut le roi dans sa maison de Vaux.　*His house* at *Vaux.*

§ 281. De has also taken on some **non-prepositional** functions, *i.e.* uses in which it ceases to govern the accusative case.

1. It serves as a mere link between an infinitive and some other member of the sentence.   (Compare the use of ' to ' in English.)

> Il est honteux de mentir.
> Je crains d'être en retard.
> Je n'ai pas le temps de m'occuper de vous.
> Il tempêtait, vociférait, et la foule de rire !   (' Historical '
>   Infinitive, §§ 89, 109.)

2. It serves as a partitive particle, which does not govern a case.   Thus the partitive noun is in the nominative in:

> De braves gens se trouvaient là.
> Du vin était répandu sur la table.
> Des amis sincères ont blâmé sa conduite.
> Vous êtes des ingrats.

While in

> Je bois de l'eau.   Je m'adresserai à des amis,

the accusative is governed by **boire**, by **à**, and not by partitive **de**.

3. It may introduce an apposition to the head-noun, or a predicative complement.

> La ville de Paris.   Le mois de juin.
> La comédie du Misanthrope.
> Il fut traité de lâche.

§ 282. A.   The preposition **à** serves

1. To form adverb phrases denoting

(*a*) **Motion toward** a point in space, time, or number.

> Je vais à l'école, à Paris.
> Remettons cela à demain.
> Il travaille du matin au soir.
> Il y eut de 300 à 400 morts.

(*b*) A **point** in space or time.

> Je suis à l'école, à Paris.   Nous jouons au jardin.
> Des nuages noirs s'amassent au ciel.
> Les fermes riaient au soleil.
> Il demeure à deux lieues d'ici.
> Il avait un révolver à la main.
> Il vivait à l'époque de Louis XIV.
> Les vacances commencent au mois de juillet.
> Tâchez d'arriver à l'heure.

(c) Manner.

Parlez **à haute voix**.   Marchez **au pas**.
Je me promène **à pied, à cheval, à bicyclette.**
Il s'est meublé **à l'anglaise.**
Il ne faut jamais faire les choses **à moitié.**
Ici, les pommes de terre se vendent **au poids**, ailleurs elles
    se vendent **au boisseau.**
La grandeur des aspirations humaines se mesure **à l'in-**
    spiration qui les fait naître.

Including the ideas of distribution, ratio, price.

Nous marchons **deux à deux.**
Je prendrai un taxi **à l'heure.**
Deux est **à trois** comme quatre est **à six.**
A quel prix vendez-vous cela ?
Voici du drap **à huit francs** le mètre.
      (But : Je vends ce drap huit francs le mètre.)
Je volais **à quatre-vingts à l'heure.**

2. To introduce the indirect object (Dative equivalent).

J'ai donné une pomme **à Pierre.**
J'emprunterai de l'argent **à un ami** (§ 123.1).
Je trouve **à votre frère** assez mauvaise mine (cp. § 221).
Cette nouvelle fut agréable **à tout le monde.**
Je me fie **à vous.**

3. To form adjective phrases denoting

(a) Purpose.

Une tasse **à thé**.   Un moulin **à blé.**

(b) Instrument.

Un moulin **à vent**.   Une machine **à vapeur.**

(c) A distinguishing mark.

Un piano **à queue.**   Un chapeau **à plumes.**
Un homme **à barbe noire.**
Un enfant **aux yeux bleus.**
Un jeune garçon **à l'intelligence éveillée.**

(d) Possession.

Ce livre est **à Pierre.**   (Cp. § 279.2.a.)
Il a deux maisons **à lui.**
C'est un cousin **à moi** qui m'a dit ça.
Ce n'est pas de ma faute, **à moi**, si vous êtes en retard !

§ 283. A is also used to introduce an infinitive, generally with
a well-marked idea of tendency toward a goal. See §§ 99–102.

§ 284. **En,** less determinate than **dans,** generally introduces a noun not particularized. It is thus used:

1. To form adverb phrases denoting

(*a*) Place within which . . ., or into which . . .

On était **en pleine mer.**
Il était **en prison.**   Il fut mis **en prison.**
    (But : Il fut détenu **dans la prison** du Temple.)
J'ai vécu **en France, en Amérique.**
    (But : Cela se passait **dans la France** de l'ancien régime.
       Il a fait sa fortune **dans l'Amérique** du Sud.)

(*b*) Time within which . . .

Je suis né **en 1905.**   Il y fait très froid **en hiver.**

And extent of time.

On fait la traversée **en cinq jours.**
J'ai fait mon thème **en une demi-heure.**

(Point in time is expressed by **dans** or **à.**

Je pars **dans cinq jours.**   Je pars **à six heures.**
J'aurai fini **dans une demi-heure.**)

Note.—**En été, en automne, en hiver** ; but : **au printemps.**

(*c*) State, manner.

L'école, c'est le monde **en petit.**
Laissez-moi vivre **en paix.**   Travaillez **en silence.**
On était alors **en guerre.**   Nous vivions **en famille.**

Including manner of dress.

Il était **en uniforme.**   Je m'habillai **en Suédoise.**
Pour son premier bal elle était **en blanc.**

(*d*) Change, collection, or division into.

Aussitôt l'ogre se changea **en souris.**
Les ouvriers réunissent les lignes **en pages.**
Traduisez cela **en français.**   La forêt finit **en pointe.**
Il se promenait de long **en large.**
On partagea les vivres **en trois portions.**
Tragédie **en cinq actes.**

2. To introduce a predicative complement of manner (**118.1.***b*).

Il s'est conduit **en honnête homme.**
Il mourut **en héros.**

3. To form adverbial gerund clauses (§§ 113.3, 410).

J'ai fait cela **en m'amusant.**

4. To form adjective phrases denoting

  (*a*) Material: Une montre **en or.** Un escalier **en bois.**
      Pour la reliure des livres il y a des couvertures **en carton,
      en toile, en parchemin.**

  (*b*) Manner: Une fenêtre **en ogive.** Un escalier **en spirale.**

Notes.—1. Only feminine names of countries may be governed by en;
masculine names are governed by à+definite article.

      Il est né **en** France, **en** Normandie.
      Il est né **au** Japon, **au** Canada, **au** Mexique.

Thus also :

      Il revient **de** France (§ 168.1, note *c*).   Il revient **du** Canada.

  2. 'To,' 'at,' or 'in' a town are expressed by à.

      Je l'ai rencontré **à** Paris.   *I met him* in *Paris.*

§ **285. Dans,** *in, into,* introduces a noun which is clearly
determined, to form adverb phrases of time and place.

      Il demeure **dans la ville.**   Nous entrons **dans la classe.**

  (Compare :

      Il demeure **en ville.**   *In town.*   Nous entrons **en classe.**)

      Il reviendra **dans huit jours** (§ 284.1.*b*).
      Il entre **dans sa dixième année.**

Note.—En is used for dans before a noun determined by the article,
etc., in a few expressions dating far back in the language.

      En l'absence du colonel, le plus ancien des officiers préside.
      Cela s'est fait **en** mon absence.
      Pourquoi regardez-vous **en** l'air ?
      Cela se passait **en** l'an 1800 de notre ère.

§ **286. Par. 1.** Relations of time and space.

      Il a sauté **par la fenêtre.**   Entrez **par ici.**   *This way.*
      On se rend à Paris **par Douvres** ou **par Newhaven.**
      C'était **par une belle journée** de juin.

  2. Agency, means, motive.

      Il a été puni **par le maître.**
      Il est arrivé **par le train** de huit heures.
      Je vous demande cela **par simple curiosité.**   *Merely out of
      curiosity.*

Note.—For the use of de and par denoting the agent, see § 67.

  3. Distributive.

      Les prisonniers défilaient **par centaines.**
      Le laitier vient deux fois **par jour.**

  4. With the infinitive.   See § 104.

§ 287 Avec, *with* ; sans, *without*.

J'irai avec vous, sans vous.

Il marche avec des béquilles (*crutches*), sans béquilles
(§ 170.10).

Il travaille avec courage (§ 152, note), sans courage.

Notes.—1 De and avec are both used to denote the 'instrument.'
De denotes the more obvious and habitual instrument used in performing
an action ; avec, that which is not so obviously indicated.

{ J'ai signé ce document de ma propre main.
{ Je l'ai signé avec une plume à réservoir.

{ Il lance la pierre d'une main habile.
{ Il lance la pierre avec une fronde.

{ Regarde de tous tes yeux !
{ Il regarde tout avec des lunettes couleur de rose.

{ On combla de pierres les tranchées ravagées.
{ On combla la tranchée avec des cadavres.

2. Sans also corresponds to *but for.* Sans vous, je tombais.

§ 288. Avant, *before* ; après, *after*. Relations of time.

Il est arrivé avant moi, après moi.

Note.—Après also has the meaning *in contact with,* after certain verbs.
In every case à might equally well be used.

Elle épinglait ses draps et ses couvertures après (*or* à) son
matelas.

La chatte fit un bond formidable et s'accrocha après (*or* à) un
rideau, tout en haut d'une fenêtre.

§ 289. Devant, *before, in front of* ; derrière, *behind*. Relations
of space.

Nous causions devant l'école, derrière l'école.

Il parut devant ses juges.

Son chien trottait derrière lui.

§ 290. Chez, *at the house of, with*.   Always governs a noun or
pronoun denoting a person, or people.

Il est en pension chez un de ses professeurs.

je l'ai trouvé chez lui.

Je vais passer les vacances chez un camarade.

Je voudrais bien avoir un chez moi.   *A home of my own.*

By extension of meaning : *in, among.*

Cherche les vertus chez les autres et les vices chez toi.

Vous trouverez cette expression chez (*or* dans) Lamartine.

Il y avait chez (*or* en) lui de la prudence mêlée à de l'audace.

On goûte beaucoup les sports chez les Anglo-Saxons.

§ 291. **Pour.** 1. Relations of space and time.

Le voilà parti pour l'Amérique.
Je suis à vous pour toute la vie.
Je pars en vacances pour huit jours (261.1).

2. Derived relations.

Cette lettre est pour vous.
Je répondrai pour vous. *In your stead.*
Il est mort pour la patrie.
Œil pour œil, dent pour dent.
J'ai placé (*invested*) la somme à quatre pour cent. *Per cent.*

3. With the infinitive. See § 106.

§ 292. **Contre.** Relation of space, with derived moral relation.

Ne vous appuyez pas contre le mur. *Against the wall.*
Tout le monde est contre moi.
Il est fâché contre vous. *Angry with you.*

§ 293. **Depuis,** *since, from*; **jusqu'à, jusque,** *until, as far as.*
Relations of space and time. The usual form is jusqu'à ; jusque
is used before another preposition, and before alors, où, ici, là.

Il n'y a rien de nouveau depuis hier.
Jusqu'ici, on n'a rien appris de nouveau.
J'ai été malade depuis Newhaven jusqu'à Dieppe.
Il courut jusque chez lui.
Depuis quand êtes-vous ici ? (§ 73.1)
Depuis le matin jusqu'au soir on l'avait attendu.

(But when less emphatic : de ... à :
Il travaille du matin au soir (§§ 279.1, 282.1).

§ 294. **Dès,** *as early as, no later than.*

Il est levé dès six heures.
Je me mettrai au travail dès ce soir.

§ 295. **Sur, sous.** Relations of space and time.

Le chat est sur, sous, la table.
Le chat sauta sur, sous, la table.
Il prit un verre sur la table (§ 123.4).
Je n'ai que cinq francs sur moi.
Il est arrivé sur les neuf heures. *About nine o'clock.*
Il vécut sous le règne de Henri IV.

§ 296. Vers, *toward*.   Relations of space and time.

Il se dirigea vers la porte.
Il viendra vers trois heures.

§ 297. Envers, *toward, to*.   Moral relation.

Soyez respectueux envers vos maîtres.
Il a été très aimable envers moi, *or* pour moi.
Ne soyez pas cruels envers les animaux.

§ 298. Entre, *between*.   Relations of space and time.

J'étais assis entre deux grosses dames.
Si jamais il me tombe entre les mains !
Je vous attends entre cinq (heures) et six.

By extension of meaning, entre, in a few idioms, implies more than two persons.

Mes cousines et moi, nous causions entre nous.

For d'entre, partitive, see § 171.7.

§ 299. Parmi, *among*.

Parmi les assistants, on remarquait plusieurs prêtres mondains.

§ 300. Pendant, durant, *during*.   Durant follows the noun in a number of phrases, in the sense of *during the whole of*.

J'ai fait du français pendant, *or* durant, mes vacances.
Neuf années durant, il élabora sa théorie.
Il lui acheta sa bibliothèque, mais lui en laissa la jouissance sa vie durant.

§ 301. Selon, *according to* ; d'après, *according to*, (*copied*) *from*.

Selon lui, *or* D'après lui, la nouvelle serait fausse.
Évangile selon saint Luc.
Un tableau d'après nature, d'après Rembrandt.

§ 302. Malgré, *in spite of*.

Je pleure malgré moi.
Je lui écrirai, malgré la défense qu'on m'en a faite.

§ 303. Outre, *besides, in addition to* ; literally *beyond*.

Il a plusieurs dettes, **outre son terme** (*quarter's rent*) qui n'est pas payé.
Les pays d'**outre-mer**.

§ 304. Hors, *except* ; hors de, *outside of*.

Il y a remède à tout, **hors la mort**.
Hors d'ici, misérable ! Il demeure **hors de Paris**.

Note.—Hors is used alone, in the sense of *outside of*, in a number of phrases.

Il fut mis **hors la loi**. *He was outlawed.*

§ 305. Près de, *near*.

Il s'assit **près du feu, près de moi**.
Il demeure **près de Paris**.

Note.—Près is used alone in a number of phrases, especially with the name of a place, used to locate another place, in official style.

Il mourut à Asnières, **près Paris**.
Grande propriété à vendre, sise à **Marchezais, près Dreux**.

§ 306. Auprès de, *close to, in comparison with*.

Il s'assit **auprès de moi, auprès de la fenêtre**.
Vos ennuis sont peu de chose **auprès de ce que** j'ai souffert.
L'art est toujours grossier **auprès des créations** de la nature.

§ 307. Quant à, *with regard to, as for*.

Quant à moi, je n'en ferai rien (§ 323.2).
Quant à rester jusqu'à samedi, cela me serait impossible.

§ 308. Voici, *here is, are* ; voilà, *there is, are*. Of verbal origin (§ 232). Unstressed pronouns are proclitic to these prepositions.

Voilà Henri. — Oui, **le voilà**.
Où êtes-vous ? — **Me voici**.
Sa harangue finie, **nous voilà** tous à nous regarder, assis en rond.
C'est ce que nous montre la petite histoire que **voici**. *The following little story.*

May govern a clause in the indicative. (Affective uses.)

Mes amis, **voici que** nous commençons véritablement notre traversée.
Ah ! mon Dieu, **mais voilà qu'il** est une heure !

Governs the infinitive in the phrase voici **venir**.

> Le régiment défile, et voici venir le grand drapeau aux trois
> couleurs, que porte un officier.

May be followed by a predicative adjective, and is then equivalent
to être. (Affective use.)

> Vous voilà bien **malade**!
> Nous voilà obligés de rentrer à pied!

Note also the colloquialism **voilà-t-il**.

> En voilà-t-il, du monde!
> Voilà-t-il **pas**, pauvre homme, que j'ai peur de le voir rentrer!

§ 309. Many prepositional phrases may be governed by **de**, especially
such as are formed with **avec, chez, derrière, entre, su_r_, sous**.

> Chaque année on séparait les agneaux d'avec leur mère.
> Je sors de chez lui.
> La jeune sœur (_nun_) me fit asseoir sur une chaise qu'elle tira de
> derrière le rideau.
> La gêne s'en était allée d'entre nous.
> Elle leva les yeux de sur son dessin.
> Il sortit tout penaud de sous la table.

CONJUNCTIONS

§ 310. The following are used to co-ordinate or to correlate
multiple subjects, objects, or adjuncts of a clause:

1. Co-ordinating : **et, ainsi que, ou, ni.**

> Henri et Pierre sont là.
> Les juges ainsi que le public lui donnèrent raison.
> Il y a malice, erreur ou distraction dans la manière dont on
> a lu la pièce.
> Il arriva sans argent ni bagages.

Note.—Sans argent ni bagages. _Without money_ or _luggage._

2. Correlating : **et . . . et, ni . . . ni, non seulement . . . mais
encore, ou . . . ou, soit . . . soit.**

> Et les juges et le public lui donnèrent raison.
> L'accomplissement du devoir, voilà et le véritable but de
> la vie et le véritable bien.
> Ni Henri ni Pierre ne sont là.
> Non seulement le public, mais encore les juges lui donnèrent
> raison.
> Ils exigeaient des paysans ou du blé ou de l'argent.
> Soit aujourd'hui, soit demain, il arrivera un accident.

Note.—The correlative constructions belong for the most part to
literary style.

§ 311. The following are used to join clauses:

1. Co-ordinating:

et, ou, ni; mais, cependant, pourtant, néanmoins; donc, car, ainsi, aussi; puis;

and such phrases as: ou bien, en effet, c'est pourquoi, d'ailleurs.

> Christophe était mortifié, et il avait le cœur gros.
> Il ne mange ni ne boit.
> Frappe, mais écoute.   Je pense, donc (dɔ̃k) je suis.
> Je suis venu en courant, car je me croyais en retard.
> Ce fut comme un coup de tonnerre, puis il se fit un grand silence.
> Prenez un train du soir, ou bien restez ici jusqu'à demain.
> Il jeta sur l'horizon un regard inquiet, en effet la brise fraîchissait.

Notes.—1. He neither *eats* nor *drinks*: Il ne mange ni ne boit. Ni is not used before both verbs.

2. Ni is never used to introduce a clause, like 'nor' in English. *I will not apologize*, nor *will I admit that I am wrong.*   Je ne ferai pas d'excuses, et je n'admets pas non plus que je sois dans mon tort.

3. Donc introducing a clause is pronounced [dɔ̃k]; but in its affective use after verbs, as in Mais venez donc! Allons donc! it is pronounced [dɔ̃].

2. Subordinating:

These conjunctions consist of simple words such as que, comme, si, quand; of compounds spelt as one word, such as puisque, lorsque, quoique, and of phrases formed with que, introducing clauses

(*a*) In the indicative mood:

> alors que, dès que, pendant que, à mesure que, tant que, après que, depuis que, à peine . . . que, parce que, vu que, tandis que, selon que; rarely jusqu'à ce que (§ 385), bien que.

(*b*) In the subjunctive mood:
> avant que, jusqu'à ce que, en attendant que;
> non que, loin que, sans que;
> en cas que, à moins que, pourvu que, supposé que;
> bien que, encore que;
> afin que, pour que, de peur que, de crainte que, etc.

(*c*) In either mood :
    de sorte que, de façon que, de manière que, etc.

(*d*) To which must be added :
    quand (même), au cas où, dans le cas où, lors même que,

which are regularly followed by a verb in the future-in-the-past tenses of the indicative (§ 388, note).

The uses of most of the above are shown in §§ 385-389.

Notes.—1. Où, and not quand, heads a clause qualifying a noun which expresses a definite time (§ 209).

> *That day* when *I met you in London.* Le jour où je vous ai rencontré à Londres.
>
> *The summer of* 1911, when *it was so hot.* L'été de 1911, où il fit si chaud.
>
> *He lived there until* 1875, when *he settled in Paris.* Ce fut là qu'il résida jusqu'en 1875, époque où il se fixa à Paris.

If the time is indefinite, the time clause is introduced by que.

> *One day,* when *I was strolling through the woods.* Un jour que je me promenais à travers bois.

2. Quand never has the continuative function which is assumed by 'when' in such sentences as :

> *His first voyage was made in* 1492, when *he reached the West Indian Islands.* Son premier voyage eut lieu en 1492, et il atteignit alors les Antilles.

PART II

SENTENCE CONSTRUCTION

Stressed and Unstressed Elements of the Sentence

§ 312. Every spoken sentence consists of one or more **word-groups**, each of which contains **one**, or **two**, **stressed** elements, and a number of unstressed elements which ' cling ' to, or ' lean ' upon, those which bear the stress.

In the following sentences the stresses **are** indicated in heavy type, and the word-groups separated :

I am **glad** | that you **spoke** to him.
There is the **sugar,** | beside the **milk-jug.**
How **beautiful** the country is !

In French :

Je suis **content** | *que* vous *lui* ayez **parlé.**
Voilà *le* **sucre** | *à* côté *du* **pot** *à* **lait.**
Comme *la* **campagne** est **belle!**

It will be noticed that in English the position of the stress within the word-group is not fixed. In French it occurs regularly at the end of the word-group, and there may also be an initial stress.

Note the constant end-stress in the following series :

Je **sais.**
Je le **sais.**
Je ne **sais** pas.
Je ne le **sais** pas.
Je ne le **sais** pas **bien.**
Je ne le **sais** pas assez **bien.**
Je ne le **sais** pas assez bien pour **ça.**

§ 313. In the series and the examples given above, certain words are printed in italics. These words are of such a nature that they can *never* bear the stress ; they ' cling ' to some word of greater sonority, with which they stand in close syntactical relation, and such unstressed members of the sentence are always proclitic in French, *i.e.* they always **precede** the word to which they cling.

Many of these unstressed forms have a corresponding strong form capable of bearing the stress.

The following is a list of the more important proclitic forms :

	Unstressed Forms, proclitic.	*Corresponding Stressed Forms.*
Articles.	le, la, les, du, des, au, aux.	
Adjectives.	ce, cet, cette, ces.	ce . . . -ci ; ce . . .-là.
	mon, ma, mes ; ton, etc.	mien, mienne ; tien, etc.
Pronouns.	je, tu, il, ils.	moi, toi, lui, eux.
	on.	
	me, te ; le, la, les ; se.	(à) moi, (à) toi ; lui, elle, eux, elles ; (à) soi.
	y, en.	
	que ; ce.	quoi ; ceci, cela.
Adverbs.	ne ; y, en.	non ; là, de là.
Prepositions.	de, à, en, etc.	
Conjunctions.	et, que, si, etc.	

Note.—The pronouns le, la, les take the stress when at the end of the word-group in the imperative ; le is then fully pronounced [lə], approximating to a short [lø] : Prenez-le.

Tu, il, ils, on, following the verb, also take the stress at the end of a word-group : Viens-tu ?   Pourquoi s'en va-t-il ?

But never je, which remains [ʒ]. Thus: Que dis-je ! = [kə diːʒ].

§ 314. Some words may either take the stress or cling to other words, without alteration in form, but frequently with a change of function. Such are : un, une ; the pronouns elle, nous, vous ; qui ; tout, rien ; lui, leur ; parts of the verbs être, avoir, faire, aller, devoir, etc., when used as auxiliaries.

§ 315. Unstressed particles are usually repeated in French before each of the words with which they stand in close syntactical relation.   Thus :

(*a*) Articles, demonstrative and possessive adjectives.

Le père et le fils sont associés.   *The father and son are in partnership.*

Donnez-moi du lait et du sucre.

Mon frère et ma sœur sont ici.   *My brother and sister.*

(*b*) Prepositions, especially de, à, en.

Voici les devoirs de Jean et de Henri.

En été et en hiver.

Nous nous promenons par monts et par vaux.   *We wander over hill and dale.*

(*c*) Object pronouns.

Je l'aime et le respecte.

§ **316.** The determinants of the noun (*a* and *b* above) are not repeated when two or more nouns have long stood united to form a collective whole.

> On invitera les **parents et amis.**
> Il est ingénieur des **ponts et chaussées.**
> Je restai orphelin avec mes frères et sœurs.

Nor are they repeated. before a second noun synonymous with and explanatory of the former.

> Un député ou représentant du peuple.
> Une majuscule ou lettre capitale.

Again, it is obvious that one will say :

> La grande et la petite classe (two class-rooms),

and :

> Une grande et belle classe (one class-room).

But in the plural this distinction is not always observed.   Thus :

> Les lois divines et humaines.

PRINCIPLES OF WORD-ORDER

§ **317.** From the law governing the distribution of the stresses in the French sentence may be derived the following general principles :

1. Since the end of the sentence bears the principal stress, this 'strong position' should be occupied by some word or phrase of special importance.   Thus, the question

> **Quand** attendez-vous votre frère ?

will be answered :

> Nous l'attendons à Londres **jeudi prochain.**

And the question

> **Où** comptez-vous retrouver votre frère ?

will be answered :

> Nous l'attendons jeudi **à Londres.**

2. The word or phrase at the end of the sentence or word-group should be of sufficient sonority to bear the stress, and not be overshadowed by what precedes.   Thus the ear would not tolerate

> Il revient d'un **voyage long ;**

but will be satisfied by

> Il revient d'un **voyage prolongé.**

3. The beginning of the sentence, which may take an initial stress, is often occupied by one or more important words or phrases.

> Moi, je n'aime pas les égoïstes.
> Le quatre août, l'Angleterre déclarait la guerre.
> Chose remarquable, à Paris l'on ne savait encore rien de ce qui s'était passé.

4. The verb, partaking largely of the nature of a copula, tends to occupy a central position in the word-group.

> Je ne sais pas.   De qui parlez-vous ?
> Votre père viendra-t-il ?   L'expérience rend sage.
> Devant la maison s'étendait une large pelouse (*a lawn*).

Note.—The capacity of the verb for occupying the stressed position depends on its relative importance and picturesqueness in the sentence. We cannot say :

> Devant la maison une pelouse était (*or* se trouvait),

because être and se trouver are 'empty of content.' But

> Devant la maison $\begin{cases} \text{une pelouse se déroulait,} \\ \text{se déroulait une pelouse,} \end{cases}$

are both possible, according as we wish to stress pelouse, or the 'picturesque' verb se dérouler.   Thus again :

> Nous regardions l'horizon, que le soleil couchant embrasait (*all aglow with the setting sun*).

But not :

> Nous regardions l'horizon, où un soleil embrasé se couchait.

Embrasé is the important word, and we must have

> où se couchait un soleil embrasé.

The question is always one of the *relative* importance of words ; even the verb être *may* assume first importance.

> Dieu dit : Que la lumière soit.   Et la lumière fut.

5. It is logical, in the unfolding of ideas, to proceed from the known to the unknown ; therefore any new person, thing, or fact which is brought to our notice generally has the end-stress. Thus, after describing the reign of Edward VII, we proceed :

> Edward VII was succeeded by King George V.

And also in French,

> A Édouard VII succéda le roi Georges V,

not

> Le roi Georges V succéda à Edouard VII.

In a history of Cæsar we shall write :

> Peu après, César conquit la Gaule.

In giving an account of Gaul we should write :

> Peu après, la Gaule fut conquise par César.

§ 318. The principles explained above refer to 'normal' speech. In affective speech the stress is frequently regressive, both in individual words and in the word-group. Thus we say, with principal stress on the syllables italicized :

> Mais c'est *par*faitement vrai ! C'est im*pos*sible !
> C'est ab*so*lument faux ! Mais c'est *épou*vantable, une *ac*tion pareille !

In the same way the principal stress may shift to the beginning of the sentence or word-group, the end then taking a secondary stress. Thus, in

> **Grande** fut sa surprise.   **Jamais** je n'y consentirai,

the principal stress shifts to the words **grande, jamais** (*ja*mais), and may be much more pronounced than in the 'normal' constructions

> Sa surprise fut **grande**.   Je n'y consentirai **jamais**.

Hence the further principle that

In affective speech a word may head the sentence in order to receive the principal stress.

§ 319. The principles enumerated above point to considerable freedom in the arrangement of the word-group and of the sentence. This freedom is limited, however, by the following consideration : French, like English, having almost entirely lost its original case-endings, a fixed and commonly accepted word-order is often the only means of indicating clearly the interrelation of the different members of the sentence, *i.e.* of achieving lucidity.

Thus the statement

> Petrus amat Paulum.   Paulum amat Petrus.   Petrus Paulum
>   amat, etc.,

admits in French and English of no other order than

> Pierre aime Paul.   *Peter loves Paul.*

Thus again, the subject may be placed in 'strong position' in

> A Édouard VII succéda **Georges V**,

the subject being clearly distinguished from the prepositional object ; but we could not say

> La Gaule (*object*) conquit César (*subject*)

instead of

> La Gaule fut conquise par César.

§ **320.** Lucidity, absence of any ambiguity, is an essential feature of the French language, and has constantly to be taken into consideration in the arrangement of the sentence. Thus the following are not sufficiently clear to satisfy the French mind :

> Il arriva chez des amis sans argent. Ces détonations firent naître l'idée d'un combat dans mon esprit. Le général donna les ordres nécessaires aux chefs de ces trois armées.

Recast as follows they leave no doubt as to the meaning :

> Il arriva sans argent chez des amis. Ces détonations firent naître dans mon esprit l'idée d'un combat. Le général donna aux chefs de ces trois armées les ordres nécessaires.

§ **321.** The sentence should be not only lucid, but well balanced, easy to speak and pleasing to the ear, in accordance with the dictum of Flaubert : "Une phrase est née viable (*capable of life*) quand elle correspond à toutes les nécessités de la prononciation. Je sais qu'elle est bonne lorsqu'elle peut être lue tout haut."
Thus in the sentence

> Je rappellerai tout à l'heure ce qu'a été l'attitude du Japon, | depuis le début de cette formidable lutte,

the first half, when spoken, leaves us out of breath ; by a slight dislocation the author obtains a better arrangement in three word-groups :

> Ce qu'a été l'attitude du Japon, | depuis le début de cette formidable lutte, | je le rappellerai tout à l'heure.

Thus again, to balance the sentence, a lengthy direct object will follow, instead of preceding, the prepositional object.

> Dieu a donné sa grâce | à toutes les créatures humaines.
> Dieu a donné | à toutes les créatures humaines | sa grâce divine et fortifiante.

Note.—In literary style a pleasing balance is often achieved by the artifice known as chiasmus.

> Ce que *chantaient* les rhapsodes, les acteurs le *déclament.*
> Ce qu'on *tolère* devient intolérable, incorrigible ce qu'on ne *corrige* pas.
> Profond était le *silence*, la *mer* brillante, mais seule, monotone.

§ **322.** A well-balanced French sentence is a compromise between the two necessities (1) of achieving lucidity, and (2) of bringing into 'strong position' those words on which we wish to lay the stress.

This compromise can be achieved in a number of ways. Suppose we wish to express in French : 'Henry gave me this book.' As the stress may be placed in English on any member of the word-group, the sentence above embodies five different statements, according as we say :

1. *Henry* (not *John*) gave me this book.
2. Henry *gave* (did not *lend*) me this book.
3. Henry gave *me* (not *you*) this book.
4. Henry gave me *this* (not *that*) book.
5. Henry gave me this *book* (not this *knife*).

These five statements may be rendered in French as follows :

1. (*a*) Ce livre m'a été donné par **Henri.**

    Passive construction, bringing **Henri** into strong position.

   (*b*) **C'est Henri** | qui m'a donné ce livre.

    The sentence is broken up into two word-groups, again bringing **Henri** into a strong position. The construction c'est . . . qui, c'est . . . que is a common and powerful means of bringing a word into prominence.

2. Ce livre, | Henri me l'a **donné.**

    By a dislocation, **donné** is brought into a strong position, in which we may give it full vocal stress. Note that the dislocation involves a duplication of the object.

3. **C'est à moi** que Henri a donné ce livre.

    Availing ourselves of the construction **c'est . . . que.**

4. Henri m'a donné **ce livre-ci.**

    Using the stressed form **ce . . . -ci** of the demonstrative adjective (§ 313).

5. **C'est ce livre** que Henri m'a donné.

    If we content ourselves with the statement **Henri m'a donné ce livre,** the word **livre** is, of course, in strong position, but as we are using merely the 'normal' word-order, the stress will not be so apparent (§ 318) as in the more powerful construction c'est . . . que.

§ 323. The subject of the sentence may be stressed :

1. Merely by using the stressed form of the personal pronoun (in the 3rd person only, § 234.2).

    Lui l'a fait.

2. By isolating the subject at the beginning of the sentence (dislocation, involving duplication).

    Moi, je l'ai vu.   **Quant à moi,** je l'ai vu.
    La guerre, ce serait la ruine (§ 196.1).
    Ces maladies-là, ça dure longtemps (colloq., § 190).
    Que vous soyez si affairé, cela me surprend un peu (§ 189).

This is the usual construction when the subject is an infinitive clause.

> Bien commencer, c'est déjà beaucoup.
> Partir sur-le-champ, cela offrait quelques difficultés.

3. By isolating it at the end of the sentence (dislocation, involving duplication).

> Je l'ai vu, moi.
> Elle ne savait que répondre, la pauvre enfant.
> En plein soleil, c'était sinistre, ce pillage.
> C'est gentil, de s'aider les uns les autres (colloq.).

In literary style, without dislocation.

> Il m'est doux de parler de ce livre admirable.

4. By a simple inversion.

> Au beau milieu de notre joie arriva Mathieu.

5. By a change to the passive construction.

> César conquit la Gaule.   La Gaule fut conquise par César.

6. By the construction C'est . . . qui.

> C'est moi qui l'ai vu.   Ce fut César qui conquit la Gaule.

§ 324. The direct object of the sentence may be stressed :

1. By isolating it at the beginning of the sentence (dislocation, involving duplication).

> De l'argent, je n'en ai pas.   *Money I have none.*
> Les cigares, je ne les aime pas.
> Quant aux cigares, je ne les aime pas.
> Les cigares, je n'aime pas ça (colloq.).
> En parler à mes parents, je ne l'osais pas.
> Qu'il sorte seul, je ne le permets pas.

2. By isolating it at the end of the sentence (dislocation, involving duplication).

> Je ne les aime pas, vos cigares.
> Je n'aime pas ça, les cigares (colloq.).

3. By transposing any member of the sentence which would otherwise follow the object, in order that the latter may occupy the ' strong position.'

> A cette observation il ne fit aucune réponse.

4. By the construction C'est . . . que.

> Ce n'est pas de l'argent que je désire.

§ 325. The prepositional object may be stressed:

1. By isolating it at the beginning or at the end of the sentence (dislocation, involving duplication).

If isolated at the beginning of the sentence, it requires no preposition.

If isolated at the end of the sentence, it takes the preposition. Thus:

> ' Il ne songe guère à vos conseils ' becomes
> Vos conseils, il n'y songe guère.
> Il n'y songe guère, à vos conseils.

Thus also:

> Vos menaces, il s'en moque bien.
> Il s'en moque bien, de vos menaces.
> Moi, ça m'est bien égal.
> Ça m'est bien égal, à moi.

2. By the construction C'est... que (conjunction), c'est... à qui, dont, etc.

> { C'est à vous que je dois mon salut.
> { C'est vous à qui je dois mon salut.
> { C'est de vos amis que je parle.
> { Ce sont vos amis dont je parle.

§ 326. The construction c'est... qui, c'est... que (either relative pronoun or conjunction) may be used to stress not only the subject or object, as in the examples above, but also (a) the adverbial adjuncts and (b) the predicative complements of the verb.

> (a) C'est demain qu'il part.   C'est là que nous habitons.
>   C'est ainsi qu'on l'appelle.
>   C'est en parlant une langue qu'on apprend à la parler.
> (b) Ce fut un homme étrange que Robespierre.
>   C'est un drôle de petit bonhomme que cet enfant.
>   C'est déjà beaucoup que de bien commencer.

Notes.—(a) Upon this all-important construction c'est . . . que, qui, are based the expressions est-ce que, qui est-ce que, qui est-ce qui, etc., which have also such a wide use in French (§ 340.4).

(b) In exclamations, c'est may be replaced by quel, or may be entirely omitted.

> Quel personnage que le vent pour un marin !   C'est de lui qu'on
>   s'entretient le plus le long des jours, c'est à lui qu'on
>   pense sans cesse.
> Drôles de gens que les Anglais !
> Fameuse canaille (*A regular scoundrel*) que ce vieux père Mathieu !

THE NORMAL WORD-ORDER

§ 327. English and French have the same fundamental word-order.

Subject.	Verb.	Direct Object.	Prepositional Object.
Pierre	écrit	une lettre	à son père.
Peter	*is writing*	*a letter*	*to his father.*

Subject.	Verb.	Direct object.	Predicative Complement.
Son frère	était resté		garçon.
His brother	*had remained*		*a bachelor.*
Les soldats	appelaient	Napoléon	le Petit Caporal.
The soldiers	*called*	*Napoleon*	*the Little Corporal.*

§ 328. The following is an essential difference between the two languages :

In English the verb is followed by its unstressed adjuncts.

    I saw *you*.   He gave *me* a book.

In French, all unstressed adjuncts, whether of noun or verb, are proclitic (*i.e.* cling to following noun or verb), in conformity with the law of end-stress.

    Le père, cet enfant, mon ami.

    Il me voit.   Je vous en donnerai.

§ 329. The unstressed adjuncts of the verb precede it in the following order :

Subject	Object Pronouns			Pronouns and Adverbs		Verb
je	me					
tu	te					
il, elle⎱						
on, ce⎰	se	le, la	lui	y	en	
nous	nous					
vous	vous					
ils, elles	se		les	leur	y	en	
Il	me	le			y	donnera
Je		le	leur			ai envoyé
Nous	vous				en	aurions prêté
Ils	s'				en	vont
On	vous			y		mènera

§ 330. In the negative adverbs **ne pas, ne jamais, ne plus,** etc., **ne** is also unstressed ; it precedes the verb, and the object pronouns if any.

The sentence then assumes the following typical order :

Subject (stressed or unstressed)	Ne	Unstressed pronouns and adverbs	Verb or Auxiliary	Pas, jamais, etc.	Past participle	Stressed objects
Le roi	n'		avait	pas		d'argent
Pierre	ne	leur	avait	pas	rapporté	l'argent
Je	n'	en	parlerai	jamais		
On	ne	nous en	a	pas	parlé	
Il	n'	y en	a	pas		pour moi
Nous	n'	en	avons		parlé	à personne
	Ne	vous en	occupez	plus		
	Ne	t'en	va	pas		
	Ne	le	dites	pas		à tout le monde
	Ne	le	dites			à personne

§ 331. In the **positive imperative** the pronominal adjuncts follow the verb, and may take the stress (§ 313, note), **me, te,** becoming **moi, toi,** if not followed by **y** or **en.** The word-order is as follows :

> Le, la, les,   before   moi, toi, lui, leur, } before **y, en.**
> nous, vous,

But : **m'y, t'y ; m'en, t'en.**

Donnez-**moi** un livre.
Assieds-**toi**.   Asseyez-**vous**.
Prenez-**le**.   (§ 313, note.)
Donnes-**en** aux autres.   Vas-**y**.   (§ 23.7.)
Donnez-**m'en**.   Va-**t'en**.   Allez-**vous-en**.
Vous avez une serviette ;   servez-**vous-en**.
Donnez-**le-moi**.   Donnez-**le-lui**.   Donnez-**les-nous**.

Notes.—(a) In colloquial speech, constantly, Donnez-moi-le.
One sometimes hears also : Donnez-nous-les.

(b) In the construction **laisser** + infinitive, each verb retains its own adjuncts, without elision between the pronouns.

Laissez-**le** y réfléchir.   Laissez-**moi** y réfléchir.
Laissez-**moi** en parler à cœur ouvert.

§ 332. The position of the unstressed object pronouns with the verbs of §§ 92-94, 97, requires special attention.

1. With the group **faire**+infinitive, the unstressed pronouns cling to **faire** or its auxiliary, no matter to which of the verbs they stand as objects.

> Je **le** fais venir. Faites-**le** venir. (**Le** object to **faire**.)
> Son déjeuner, je **le lui** fais porter. ⎫ (**Le**, **lui**, objects **to**
> Faites-**le-lui** porter.   ⎭   **porter**.)
> Sœur Marie-Aimée **me** fit appeler près d'elle.
> Ce matin, la supérieure **m'**a fait demander. *Sent for me.*
> Est-ce que madame la supérieure ne **vous** a pas fait demander ?

2. The groups **voir, entendre, sentir, laisser, envoyer**+infinitive have the same construction, but, as has already been said (§ 93), the combination is a looser one, and alternative constructions are possible.

> Mes camarades blessés, je **les** avais vus partir pour un voyage long et mystérieux. (**Les** object to **avais vus**.)
> Je me rappelai le fermier, et je tournai à gauche comme je le **lui** avais vu faire. (**Le** object to **faire**, **lui** object to **'avais vu** ; double accusative avoided.)
> *Or :* ... et je tournai à gauche comme je **l'**avais vu **le** faire. (Each verb has its own accusative ; colloquial construction.)
> Il **les** envoya réveiller par son valet. (**Les** object to **réveiller**.)
> *Or* Il envoya son valet **les** réveiller.

> But always : Je **l'**ai envoyé chercher. *I sent for him.*
>   Envoyez-**le** chercher.

> Miss Lydia **se** sentit saisir d'une tristesse profonde. (**Se** object to **saisir**.)
> Cette histoire, je **vous la** laisse raconter. (**Vous** is in the dative.)
> Cette histoire, je **vous** laisse **la** raconter. (**Vous** is in the accusative.)

Note.—For the sentences

> (*a*) Quand elle **la** voyait **m'**embrasser, ⎫ elle rougissait de dépit,
> (*b*) Quand elle **me** voyait **l'**embrasser, ⎭

one could *not* say :

> Quand elle **me la** voyait embrasser . . .

Standing for (*a*), this would constitute a double accusative.
Standing for (*b*), this would constitute the dative+accusative, but this construction applies to the dative of the 'person' +the accusative of the 'thing,' and is not available when, as here, both objects are persons.

Thus also in : Madeleine **m'**envoyait **la** chercher.

3. With the groups **falloir, vouloir, devoir, pouvoir, savoir, oser, aller, venir,**+infinitive, in the XVIIth century the pronoun object was very frequently prefixed to the head-verb. To-day it usually clings to the infinitive.

XVIIth century use	*Present use*
Il **le** faut faire.	Il faut **le** faire.
Vous **y** devriez courir.	Vous devriez **y** courir.
J'ai cru **le** devoir faire.	J'ai cru devoir **le** faire.
Vous **en avez** pu entendre parler.	Vous avez pu **en entendre** parler.
Je ne **vous le saurais** permettre.	Je ne saurais **vous le permettre.**
Je **le vais** souvent voir.	Je vais souvent **le voir.**
Il **se vient** plaindre.	Il vient **se plaindre.**
Il **se veut** aller pendre.	Il veut aller **se pendre.**

The XVIIth century construction is not used to-day in colloquial French, but many writers continue to favour it as a literary elegance. The following examples are recent :

> Il **se les faut** concilier par des dons.
> Si je **l'ose** avouer.
> Il **s'est venu** plaindre à moi.
> Enfin, je me décidai à **l'aller** chercher.
> (Here, perhaps to avoid the awkward 'hiatus **à aller** le chercher.)

Note.—In the compound tenses of pronominal verbs, the auxiliary verb changes with the construction.

> Il **s'est** voulu pendre.   Il **a** voulu se pendre.

§ 333. 1. **Adverbs** regularly (*a*) follow the verb, and (*b*) precede the adjective or adverb, which they qualify.

(*a*)   Il **vient souvent** chez nous.
Je **vois quelquefois** votre ami Dupont.
Il **viendra demain.**
Il ne **viendra pas** s'il fait mauvais temps.

(*b*)   Voilà un garçon **bien aimable**!
Vous êtes **trop bonne**, madame!
Il agit **fort prudemment.**
Il ne viendra **certainement pas.**
Nous n'avons **presque plus** de charbon.

Note.—Except, of course, interrogative, exclamative, and relative adverbs, which always head the clause.

> **Comment** dites-vous ?   **Comme** il fait froid !
> Il était monté sur un rocher, **d'où** il me faisait signe.

2. In (a) compound tenses, and (b) the construction **verb +
infinitive**, the adverb usually precedes the past participle or
infinitive, but follows if it ought to take the stress, **as is the case**,
for instance, with such words as

   hier, aujourd'hui, demain, ici, là,

and frequently with adverbs in -ment.

   (a) Il est **souvent** venu chez nous.   Il est venu **ici** hier.
       Je l'avais **déjà** rencontré.   Je l'avais rencontré **là**.
       Vous avez **bien** agi.   Vous avez agi **sagement**.
   (b) Il faut **souvent** se taire.   Il faut vous taire **ici**.
       Je le fais **quelquefois** appeler.   Je le ferai appeler **demain**.
       J'espère **bientôt** la revoir.

3. The adverbs **bien, mieux, mal, trop, peu**, and also the indefinite pronouns **tout, rien**, used as objects, frequently lose all
stress, and cling to the infinitive so closely that they may be
inserted either before or after an unstressed object pronoun.

   Il faut mieux **vous** conduire *or* Il faut **vous** mieux conduire.
   Je vais tout **vous** dire   *or* Je vais **vous** tout dire.
   Il aperçut l'oiseau bleu, et s'en approcha pour **le mieux**
      regarder.
   Nous bien conduire est un devoir envers nous-mêmes et
      envers les autres.

§ 334. But the rules governing the position of adverbs **are by no**
means rigid. Among the examples given above, the following might
equally well show the adverb in stressed position :

   Je l'avais rencontré **déjà**.   Je le fais appeler **quelquefois**.
   J'espère la revoir **bientôt**.   Il faut vous conduire **mieux**.

   (And thus also : Je vais vous dire **tout**.)

Note also the place of the adverb in the following :

   Ce moment fugitif est resté dans ma mémoire, gravé **ineffaça-
      blement**.
   Presque il baisa la terre dans son empressement de courtoisie.
   Elle est **toujours** remuante, avec **toujours** les mains derrière le dos.

§ 335. Adverb phrases and equivalents, on account of their
greater length and sonority, usually take the end-stress.

   Il est venu ici **tout à l'heure**.   J'espère vous revoir **d'ici peu**.
   Il est arrivé hier **à huit heures**.

But no absolute rules can be given : Thus :

   Il reçut une dépêche d'un ami qui **depuis la veille** l'attendait à Paris.
   Il vaut mieux lire **deux fois** un bon ouvrage qu'**une fois** un mauvais.

§ 336. In compound tenses, adverb phrases and other members of the sentence which are of secondary importance, or parenthetical, are frequently inserted between the auxiliary and the past participle.

> Ils avaient conscience d'avoir, pendant une heure, vécu d'une pensée commune.
> Deux provinces furent cependant, sous ce règne, ajoutées au royaume.
> La Corse nous fut, en 1768, abandonnée par Gênes.

Thus also parenthetical clauses.

> Vous n'êtes pas, je vous connais, venu de Portsmouth ici sans avoir essayé de le faire parler.
> Aurait-il, s'il avait vécu, été un obstacle à la fortune de Bonaparte ?

Thus also appositive pronouns or adjectives.

> M. de Humboldt a le premier, je crois, constaté ce fait.
> Ils se sont l'un et l'autre dévoués à la science.
> Ils avaient, eux aussi, écrit à leurs parents.

§ 337. When the adverb is a ' sentence-qualifier,' *e.g.* when it expresses a personal opinion or feeling of the writer or speaker, it may occupy almost any position, provided that it does not separate proclitics from the word to which they cling, and it occurs very frequently at the beginning of the sentence.

> Pourtant elle se savait aimée.
> Elle se savait pourtant aimée.
> Elle se savait aimée, pourtant.

> Tout à l'heure je vous raconterai une histoire.

> Heureusement l'accident n'eut pas de suites.
> L'accident n'eut heureusement pas de suites.
> L'accident n'eut pas de suites, bien heureusement.

> C'étaient des jours affreux et sublimes comme peut-être la terre n'en avait point vu.
> . . . comme la terre peut-être n'en avait point vu.
> . . . comme la terre n'en avait peut-être point vu.
> . . . comme la terre n'en avait point vu peut-être.

§ 338. The direct object noun precedes the infinitive and participle in a number of phrases dating far back in the language.

> Ils entrèrent dans la ville sans coup férir.
> Il m'a raconté cela chemin faisant.

Apart from these cases, the accusative noun can only precede the verb through a dislocation of the sentence, involving duplication (§ 324), or when it is introduced by an interrogative adjective.

§ 339. The transpositions of the prepositional objects have been dealt with in §§ 321, 325.

INTERROGATIVE WORD-ORDER

§ **340.** There are four interrogative constructions.

1. **The subject precedes the verb,** the question being indicated

(*a*) By voice-pitch alone.

Vous venez ?   Vous ne viendrez donc pas ?

(*b*) By the fact that the subject is an interrogative word or word-group.

Qui vous a dit cela ?
Quels élèves ont plus de trois fautes ?

2. **The subject follows the verb** or auxiliary ('simple' inversion):

(*a*) If it is an unstressed pronoun (je, tu, etc. ; on, ce).

Venez-vous ?   Vous en a-t-il parlé ?
Qu'en dira-t-on ?   **Est-ce** vrai ?

(*b*) If the question is headed by an interrogative adverb or pronoun.   The subject then takes the end-stress.

Comment va **votre frère ?   Quand** arrive le train ?
Où demeure **votre ami ?   Quel** est ce monsieur ?
De quoi se compose le mobilier de la classe ?
A qui pensait la jeune femme ?

(*c*) Always when the direct object is interrogative **que** (since **que** clings to the verb).

Que signifie **tout cela ?   Qu'**a répondu **le maître ?**
Que prendront **ces messieurs ?**   (§ 216, note.)

3. **A stressed subject is duplicated,** the verb being enclosed between noun (or pronoun) and personal pronoun ('pronominal' inversion) :

(*a*) If the sentence does not begin with an interrogative word, or if it begins with **pourquoi.**

Votre ami viendra-t-il ?   **Madame** désire-t-elle quelque
    chose ?   **Quelqu'un** a-t-il vu mon livre ?
Cela vous va-t-il ?   *Does that suit you ?*
Pourquoi votre frère ne nous accompagne-t-il pas ?

(*b*) In opposition to 2 (*b*) above, if the verb has a noun object or other complement, so that the subject cannot take the end-stress.

Quand votre famille a-t-elle su la nouvelle ?
Comment une pareille idée est-elle venue à ces messieurs ?

(c) **Optionally**, in careful speech and literary style, in sentences of the type 2 (b) above.

> Quand **le train** arrive-t-il ?
> Où **votre ami** demeure-t-il ?
> De quoi **le mobilier de la classe** se compose-t-il ?
> A quoi **la jeune femme** pensait-elle ?
> En quoi **ceci** nous intéresse-t-il ?

(But this construction is not possible with predicative **quel, qui** ; always :

> **Quel** (*or* **Qui**) est ce monsieur ?)

And **necessarily**, when lucidity demands this construction.   We cannot say :

> Quels ennemis vainquirent les Romains ?
> Qui a interrogé le professeur ?

if we mean :

> Quels ennemis les Romains vainquirent-ils ?
> Qui le professeur a-t-il interrogé ?

Note.—The pronominal inversion was originally a dislocation: **Votre ami, viendra-t-il ?** in which the order could be varied : **Viendra-t-il, votre ami ?** forms which are still used colloquially.   But in normal French the construction is now close-knit, there being neither comma nor pause between the two elements of the subject and the verb.
The construction has grown out of the natural tendency to give the verb the central position which ensures both lucidity and the balance of the sentence.   A sentence of the type : **Tua le chasseur le lion ?** would be ambiguous, and would lack balance, since the two stressed elements would be brought together.   In the forms : **Le chasseur tua-t-il le lion ?** or **Le lion tua-t-il le chasseur ?** the meaning is clear and the ear is satisfied.   Compare also : **Quand reviendra votre ami de Paris ?** (Does this mean 'from Paris,' or 'your Paris friend ? ') and the correct construction : **Quand votre ami reviendra-t-il de Paris ?**

4. In colloquial French, the varied constructions given above are generally avoided by the inversion of the construction **c'est . . . que, qui** (§§ 322.1, 326, note), followed by the normal word-order.

> **Est-ce que** vous venez ?   **Est-ce que** vous ne viendrez pas ?
> **Est-ce qu**'il vous en a parlé ?   **Est-ce que** c'est vrai ?
> Quand **est-ce que** le train arrive ?
> **Est-ce que** quelqu'un a vu mon frère ?
> **Est-ce que** le lion tua le chasseur ?
> Qui **est-ce qui** vous a dit ça ?
> Qui **est-ce que** le professeur a interrogé ?
> Qu'**est-ce qu**'on en dira ?
> Qu'**est-ce que** le maître a répondu ?

§ 341. In **dependent questions,** (*a*) the unstressed subject is not inverted ; (*b*) there is usually simple inversion of the noun subject, (*c*) unless the verb is followed by a stressed object or other complement.

(*a*)   Je ne sais pas quelle heure il **est.**
     Dites-moi ce que **vous désirez.**
     Il raconta comment il **m'avait trouvé** la veille.

(*b*)   Je ne sais pas à quelle heure **arrive le train.**
     Dites-moi ce que **désire votre protégé.**
     Je vis une fois de plus combien vive **était leur intelligence.**
     Je demandai à ma gouvernante d'où nous **était tombé ce pauvre petit homme.**

(*c*)   Je ne sais pas pour quelle heure **ces dames ont commandé la voiture.**
     Dites-moi de quoi **votre protégé désire m'entretenir.**

And with the dependent question as logical subject :

(*a*) Il vous sera demandé si **vous chassez.**
(*b*) Il me fut demandé qui j'étais et quelle **était ma profession.**
(*c*) Il n'a jamais été publié où et comment **ce fait a eu lieu.**

INVERSION OF SUBJECT AND VERB IN NON-INTERROGATIVE SENTENCES

The tendency to balance the sentence by keeping the verb in a central position in the word-group will account for the greater number of the following constructions.

§ 342. Simple inversion of **any subject** occurs

1. In clauses beginning with stressed **ainsi,** *thus.*
    Ainsi dit-il. Ainsi mourut ce grand homme.

Note.—No inversion after **ainsi** used as a conjunction (=*so*).
    Ainsi vos amis ne viendront pas ? *So your friends aren't coming ?*

2. In the parenthetical use of **dire, répondre, s'écrier,** etc.
    Très bien, **répondit le professeur.**
    J'aurais, **dit-il,** beaucoup d'objections à vous faire.
    Comment ! **s'écria Pierre,** c'est encore vous !
    Boudet était un brave homme, **ai-je dit.**

§ 343. Simple inversion of the **noun** subject (or of a stressed pronoun) occurs

1. In official style, when the subject is of great length.

> Seront admis à se présenter à l'examen oral tous les **candidats qui aux épreuves écrites auront obtenu une moyenne d'au moins cinquante pour cent.**

> **Ont** assisté à la cérémonie : le maire, ses adjoints, et les membres du conseil municipal, le sous-préfet et le commandant de la garnison . . .

And, generally speaking, whenever the verb is quite overshadowed by the subject. Thus especially with the verbs **suivre, venir, rester, arriver.**

> Suivit **une scène indescriptible.**
> Venaient ensuite **deux éléphants de grande taille.**
> Voilà **deux obstacles de surmontés.** Reste **un troisième.**
> On gagne beaucoup à être poli. Est bien naïf celui qui **ne** **s'en aperçoit pas.**

2. In wishes **not** introduced by que (initial **stress, affective**).
> Vive **la France !** Périsse **le tyran !**

3. In sentences introduced by adverbs and adverb-phrases, especially those of time and place, *e.g.* **bientôt, déjà, alors, aujourd'hui, hier soir, ici, là** ; provided the subject can, and ought to, take the stress.

> Bientôt viendra **la nuit.**
> Alors commença **une discussion confuse.**
> Aujourd'hui sont arrivés **deux bataillons de renfort.**
> Hier soir s'est répandue une **nouvelle des plus inattendues.**
> Ici commence **la grande plaine septentrionale.**
> De là découlent **des conséquences inattendues.**

4. When a predicative adjective heads the sentence, with an affective stress.

> Profond était **le silence.**
> Radieux est **le spectacle,** aux approches du soir.

5. In dependent clauses (*a*) adjectival, (*b*) introduced by **c'est** . . . **que,** (*c*) forming the second member of a comparison, (*d*) introduced by **quand, lorsque,** etc. ; provided the verb has no stressed object or other stressed complement.

> (*a*) C'est un homme que ne respecte **personne.**
> Scylla était un rocher menaçant, au pied **duquel se** trouvaient des cavernes souterraines.
> (*b*) C'est aux cœurs hardis que sourit **la fortune.**
> (*c*) Il est plus intelligent que ne le pense **son maître.**
> Vous répondez comme le ferait **un enfant.**
> (*d*) Quand viendra **le printemps,** la terre reverdira.

Notes.—1. But compare the following, in which the subject could not take the end-stress :

    (*a*) Charybde était un gouffre dans lequel **la mer s'enfonçait en tournoyant.**

    (*b*) C'est aux cœurs hardis que **la fortune accorde ses faveurs.**

    (*c*) Il est plus intelligent que **son maître** ne nous **l'avait donné** à entendre.

    (*d*) Quand le printemps **ramènera la chaleur,** la terre reverdira.

2. Inversion in these dependent clauses is largely a matter of taste. Many writers avoid it if the subject does not overweight the verb.

    L'esprit se nourrit et se fortifie par les sublimes vérités que l'étude lui fournit.

    Ce devait être au commencement de mon second hiver, à l'heure triste où la nuit vient.

    Notre maison était restée telle que **ma grand'mère l'avait arrangée.**

6. In the concessive clauses dealt with in § 383.

    Quelles que soient **vos raisons,** il ne vous écoutera pas.

And in certain assumptive constructions shown in § 388.

    Vienne **le printemps,** la terre reverdira.

§ 344. Pronominal or simple inversion, according as the subject is a **noun** or an unstressed **pronoun,** occurs

1. In clauses introduced by **encore** (=*nevertheless*), **aussi** (=*so*), **peut-être, au moins, à plus forte raison, à peine,** etc.

    En admettant que votre absence fût justifiée, **encore aurait-il** fallu nous prévenir.

    Peut-être y a-t-**il** encore de l'espoir.

    Il y avait eu erreur, **aussi** { nous fit-**on** des excuses.
les agents nous firent-**ils** des excuses.

    A peine étions-**nous** sortis
A peine la compagnie fut-**elle** sortie } qu'il se mit à pleuvoir.

2. In the following asyndetic construction of assumptive clauses (dislocation, originally question and answer).

    M'aurait-**on** invité, je n'aurais pas pu accepter.

    Le roi m'aurait-**il** invité, je n'aurais pas pu accepter.

Note.—Many of the inversions shown above belong to literary and academic style, and are avoided in familiar speech.   Thus :

    La nuit va bientôt venir.

    Cet homme-là, personne ne le respecte.

    Il est plus intelligent que son maître le pense.

    Peut-être qu'il y a encore de l'espoir.

    Il y avait eu erreur, aussi, on nous a fait des excuses.

    On m'aurait invité que je n'aurais pas pu accepter.

POSITION OF THE EPITHET ADJECTIVE

§ 345. The position of the attributive adjective is not fixed ; almost any adjective may be found either preceding or following the noun. Their relative position is a question primarily of which of the two ought to take the stress, but also largely of use and wont.

§ 346. In normal French the governing principle is to place the adjective after the noun if it is entitled to take the stress, *i.e.* if it serves to distinguish the object under consideration from others of its kind, if it is a distinguishing mark. Thus :

> Donnez-moi de l'encre rouge.　*Red ink, not black !*
> Buvez tous les matins un verre d'eau froide.　*Not hot !*

Adjectives denoting shape, colour, and other physical qualities, those denoting a nationality or religion, etc., are most commonly used as distinguishing marks, and usually follow the noun ; and all adjectives used in a technical and scientific sense naturally follow.

> l'acide sulfurique, un angle droit, un nombre impair.

§ 347. On the other hand, very common adjectives, of wide connotation, such as **grand, gros, petit, bon, mauvais, gentil, méchant, jeune, vieux, joli, vilain,** are usually unstressed, and precede the noun.

> **des petits enfants, un bon garçon, un vieil ami** de la famille,

and in many cases tend to form a compound with the noun :

> **des petits pois** (*green peas*), **mon petit-fils** (*grandson*), **un jeune homme, une jeune fille, le Nouveau Monde, le bonheur, le gentilhomme.**

Note.—That the connection between adjective and noun is much closer than that between noun and adjective is proved by the fact that 'liaison' always takes place between the former and, in prose, never between the latter.　Thus, **un savant aveugle** is either

> [œ̃ savɑ̃ avœ:gl], *a blind scientist,*

or　　[œ̃ savɑ̃t avœ:gl], *a learned blind man.*

When Gaston de Presles asks Hector to act as his second in a duel :

> Tu ne me comprends pas, toi, mon témoin naturel, mon second obligé ?

he pronounces : [mɔ̃ zgɔ̃ ɔbliʒe], **second** being the noun,
while　　　　　[mɔ̃ zgɔ̃t ɔbliʒe]
would mean 'the second person whom I have obliged,' **obligé** being the noun.

§ 348. But even the commonest adjectives may in certain contexts have the value of a distinguishing mark, and follow the noun, taking the stress.

> Ce serait déchirer le vêtement neuf, sans que la pièce neuve
> s'accorde avec le **vêtement vieux**. *Luke* v. 36.
> Un genre de plantes caractérisées par leurs **feuilles petites**
> et jaunâtres.
> Pour endurer ce climat il faut des **hommes jeunes**.
> Le roi de Prusse recherchait les **hommes grands** pour les
> enrôler dans sa garde.

§ 349. If the adjective denotes some quality which is **already implied in the connotation of the noun**, it is obviously not a distinguishing mark, and will precede the noun. Compare the positions in the following groups of sentences :

> La mère avait mis sa **robe blanche**. *Not her blue or her
> green dress !*
> La **blanche neige**, lente, silencieuse, tombait sur les toits
> endormis.

> Nous avions alors une **domestique normande**.
> Nous ne pouvions rien contre la **normande obstination** de
> notre domestique.

> The peasants of Normandy are proverbially obstinate.

> L'**Angleterre protestante** était rangée d'un côté, les catholiques
> de l'autre.
> La **protestante Angleterre** soutenait les huguenots.

> L'**Angleterre protestante** : that part of England which was
> Protestant.

> La **protestante Angleterre** : England, that Protestant country.

> Nous avons fait le voyage avec une **famille parisienne**.
> Les dames de la ville se sentaient éclipsées par la très
> **parisienne élégance** des nouvelles venues.

Compare also :

de l'eau froide	la froide raison
un voisin riche	un riche banquier
une famille noble	un noble seigneur
un ruban noir	la noire verdure des cyprès
un temps sombre	un sombre désespoir

§ 350. The adjective may denote an attribute implied, not in the noun, but in what has come before ; in this case also it will precede the noun.

{ Pas d'excuses **timides**, montrez de l'assurance !
{ Ces **timides** excuses furent à peine écoutées.

We have just read them, and know them to have been timid.

{ Je distribuerai cet argent à des amis **malheureux.**
{ Mon **malheureux** ami mourut peu après.

We have just heard his unhappy story.

§ 351. It will be noticed that in most of the examples given above, the adjective preceding the noun has an affective value, being used to express some feeling, or to ' adorn the discourse.' We may say, therefore, that as a rule **adjectives precede the noun in affective speech.**   They may, of course, take an affective stress.

§ 352. Many adjectives, however, are always used affectively, *e.g.* énorme, terrible, redoutable, délicieux, sublime, and as there is no danger of their being interpreted as distinguishing marks, they may be placed either before or after the noun, with stress in either position.   Here, balance of the sentence is the chief consideration.   If the noun has a prepositional complement, the adjective will generally come first, in order that noun and complement may remain in close proximity.

La Prusse était pour la Pologne une **redoutable voisine** *or* une **voisine redoutable.**

{ Mme X portait une **robe délicieuse.**
{ Mme X portait une **délicieuse robe** en crêpe de Chine.

{ On faisait de la force un **emploi continuel.**
{ Il fallut renoncer au **continuel emploi** de la force.

The ear must always be satisfied.

On entendit un **long rugissement** *or* un **rugissement prolongé,** but *not* un rugissement long (§ 317.2).

§ 353. In a number of compounds dating back to a time when the principles stated above had not yet come into being, the adjective precedes the noun though it is a distinguishing mark.

le **bas** Rhin, la rue des **Blancs**-Manteaux, un **blanc**-bec (*greenhorn*), le **moyen** âge, le **Saint**-Siège.

But les **Pays-Bas,** la **Terre Sainte.**

§ 354. Past participles usually follow the noun, being distinguishing marks.

> une porte fermée, une fenêtre ouverte.

But the rule is not absolute, *i.e.* the participle may be affective.

> Vous n'êtes pas chargé de corriger mes prétendues fautes
> d'orthographe !
> C'est un rusé compère.

§ 355. Proper nouns are of course preceded by the adjective,

> L'excellent M. Leblanc.   L'antique Cérès.
> L'ancienne Agrigente, qui est la moderne Girgenti.

Except in the rare cases when the adjective is a distinguishing mark.

> Fromont jeune et Risler aîné.
> Je voyais devant moi un monsieur Forain vieux et cassé, fort
> différent de celui que je m'étais imaginé.
> La Rome antique (as distinct from modern Rome).

§ 356. Numeral and indefinite adjectives precede the noun.

> Il est venu trois fois, plusieurs fois, mainte et mainte fois.
> Le vingtième siècle.   Le premier acte.

But the numeral may be a distinguishing mark.

> Louis quatorze.   Voyez à la page douze.
> Acte premier, scène deux.

Note also the position of quelconque.

> Adressez-vous à un ami quelconque.

§ 357. Many adjectives have different meanings according to their
position, differences which belong to the study of the vocabulary rather
than of grammar, but which can for the most part be deduced from the
general principles laid down above.   Thus, certain indefinite adjectives
may become distinguishing marks.

> On m'a raconté certaines choses.   C'est une chose certaine (*beyond
>   doubt*).
> J'ai vu diverses personnes.   On m'a donné des conseils très
>   divers.
> Je n'ai nulle envie de le revoir. C'est un homme nul (*of no
>   account*).

Compare also :

> Un mauvais calcul (*wrong, mis-   Des calculs mauvais (*evil*).
>   taken*).
> Un méchant écrivain (*worthless*). Un auteur méchant (*ill-natured*).
> Le pauvre homme !   *Poor man !*   Un homme pauvre (*not rich*).
> La dernière semaine du mois.   La semaine dernière (*last week*).
> Il y a un seul Dieu (*one God*).   Dieu seul peut nous secourir
>   (*God alone*).

§ 358. The position of the adjective is not affected by short adverbs such as très, plus, si, etc.

> C'est une très (fort, bien, assez) bonne personne.
> Nous avons fait une si belle promenade ! (... *such a fine walk* !)

But it naturally follows the noun if it is qualified by an adverb of some length (§ 317.2).

> Un très riche seigneur, *but* Un seigneur excessivement riche.
> Un trop long discours, *but* Un discours beaucoup trop long.

The adjective also follows whenever it has a prepositional complement.

> Une riche contrée, *but* Une contrée riche en vins.
> Une bonne chose, *but* Une chose bonne à manger.

§ 359. If the noun is qualified by two adjectives,

1. The noun and one of the adjectives may form a whole which is qualified by the other adjective :

> Une petite fille | intelligente.
> Une gentille | petite fille.
> De beaux | arbres fruitiers.
> Une vilaine | petite boîte | de carton.

2. Or the two adjectives may stand in similar relation to the noun ; they are then joined by a conjunction :

> Une grande et belle maison.
> Une intelligence forte et éclairée.

§ 360. The appositive adjective has no fixed position.

> Souriante, la mère écoutait les questions que faisaient les enfants.
> La mère, souriante, écoutait les questions . . .
> La mère écoutait, souriante, les questions . . .
> Triste, je gagnai les ponts.
> Suzon, très grave, tricotait un bas de laine bleue.

§ 361. Prepositional complements of the noun always follow.

> Un homme de bien.   *A righteous man.*
> Une tasse à thé.   Une petite boîte de carton.
> Une armée en déroute.   Un soldat pour rire.

THE SIMPLE SENTENCE

§ 362. Statements and questions have the verb in the indicative mood.

  Il fait froid. Je n'aurais pas cru cela. Venez-vous ?

Notes.—1. In literary style only, the past perfect subjunctive is found instead of the future perfect in the past.

  Il en eût été (aurait été) fort embarrassé.

2. The subjunctive is used, with an implication of doubt, in the expression **je ne sache pas que**.

  Je ne sache pas qu'on ait jamais fait mieux.

3. A statement may also be in the historical infinitive. See § 109.

§ 363. Ellipsis of a verb which can be easily supplied, and especially of **être, y avoir**, is frequent.

 (*a*) In statements.

  Heureux les peuples sans histoire.
  Région étrange que celle-là.
  Dans le bourg, rien d'intéressant.
  Rien de sinistre et formidable comme cette côte de Brest.

 Ellipsis is especially common in descriptive passages.

  Le Colysée apparaît ... Personne dans l'intérieur ; un profond silence ; rien que des blocs de pierre, des herbes pendantes, et, de temps en temps, un cri d'oiseau.

And is the rule in answers to questions.

  Avez-vous faim ? — Oui.
  Quel âge avez-vous ? — Dix-sept ans.

 (*b*) In questions.

  Quoi de neuf ? A quand votre réponse ? A qui le tour ?
  De qui cette lettre ?
  Êtes-vous satisfait ? — Pourquoi non ? *or* Pourquoi pas ?

§ 364. Ellipsis of the subject occurs in a few cases.

  Ainsi fut fait. A'Dieu ne plaise ! *God forbid !*

§ 365. Commands have the verb, (*a*) in the first and second persons, in the **imperative** mood ; (*b*) in the third person, in the **subjunctive** (introduced by que), according to the general principles governing the use of the subjunctive (§ 371).

 (*a*) **Ouvrez la fenêtre. Asseyez-vous.**
 (*b*) **Qu'il fasse vite. Qu'elle ait bien soin de tout cela.
  Que monsieur m'écoute un instant.**

Note.—Commands are frequently ' softened ' by the use of the verb **vouloir (bien)**.

> Voulez-vous bien m'aider ?   Veuillez (bien) vous asseoir.

And may be further softened by the use of the future in the past (§ 84.2).

> Voudriez-vous bien ouvrir la fenêtre ?
> Monsieur **voudrait**-il bien m'écouter un instant ?

§ 366. Ellipsis is frequent.

> Silence!   A boire!   Feu!   Aux armes!
> Garçon, deux potages.

§ 367. **Wishes and desires** have the verb in the **subjunctive**, (*a*) in the present tense (with future value), if it is hoped that the wish may be realized ; (*b*) in the past tenses if the wish is beyond realization. The conjunction **que** is sometimes expressed, but more usually omitted, in favour of simple inversion of subject and verb.

> (*a*) Que Dieu nous **soit** en aide !
>   **Puissé-je** arriver à temps !
> (*b*) **Plût** à Dieu qu'il **fût** arrivé à temps !
>   **Pût**-il être arrivé à temps !   *Would that he had . . .!*

Note.—Wishes are also introduced by que **ne**+indicative :

> Que ne suis-je resté dans mon village !   *Why didn't I . . .!*

by si+past descriptive or past perfect :

> Ah ! si j'étais (j'avais été) encore jeune !   *If only . . .!*

by que or comme+future in the past :

> Que (Comme) nous **boirions** bien un verre de bière !

In the two latter constructions the compound tenses may be in the subjunctive in literary style.

> Si j'**eusse été** encore jeune !
> Comme il **eût** volontiers renoncé aux grandeurs !

§ 368. Ellipsis is frequent:

> Bon voyage.   Bonne chance !
> Grand bien vous fasse !   *Much good may it do you!*

§ 369. **Exclamations** may be in effect statements, questions, commands, or wishes.

1. Exclamative statements are usually introduced by **que**, **comme**, **combien**, and have the verb in the **indicative**. The predicative adjective is not transposed as in English.

Comme vous êtes désagréable aujourd'hui !   *How crusty
you are . . . !*
Comme (Qu') il fait chaud !   *How warm it is !*
Combien je regrette de vous avoir dérangé !

They may take the inverted order.

Est-elle méchante !   *Isn't she naughty !*

They may be introduced by quel, with ellipsis of the verb.

Quelle chaleur !   Quel bel enfant !

Note.—Quel may be replaced by the definite article if the noun has
a preceding adjective (which then takes an affective initial stress).

Le bel enfant !   La sotte réponse !
L'aimable enfant que cette petite !

2. Exclamative questions are generally emphasized by some affective
adverb.

Venez-vous, à la fin ?

3. Thus also exclamative commands.

Mais venez donc !

Often in interrogative form.

Voulez-vous bien vous taire !   (Affective stress on voulez;
cp. English, *Will you hold your tongue !*)

4. Wishes.   The constructions studied in § 367 are all exclamative
and affective.

THE COMPLEX SENTENCE

§ 370. The complex sentence is formed in French on the same
principles as in English : it consists of one or more main clauses
showing the same moods as the simple sentence, and of subordinate noun, adjective, or adverb clauses.   The latter are introduced by conjunctions or relative pronouns which may not be
omitted as so frequently happens in English.

Je sais qu'il est là.   *I know he is there.*
Je ne doute pas qu'il ne réussisse.   *I have no doubt he will
succeed.*
Voici un livre que je n'ai pas lu.   *Here is a book I haven't
read.*
Voilà le livre dont je parlais.   *That's the book I was talking
of.*

Note.—In a few constructions the relative pronoun is indefinite,
and has no expressed antecedent.   The adjective clause becomes a
noun clause and acts as subject to the main verb.

Qui vivra | verra.
Quiconque flatte ses maîtres | les trahit.

§ 371. Mood of the Subordinate Clause.

The action or state expressed by the verb may be presented :

1. **As a fact,** something which is, has been, or will be, either certainly or probably.

2. As **not a fact,** *i.e.* as an idea, existing only in the mind of the speaker. It may then be :

    (*a*) **Possible,** but not yet realized.
    (*b*) **Doubtful or improbable.**
    (*c*) Admittedly **contrary to fact.**
    (*d*) **Assumed** (Hypothesis). The assumption may be a possible or an impossible one.
    (*e*) **Merely conceded,** with an implication of doubt.

3. **As a fact,** acknowledged as such ; but the acknowledgment of the fact is secondary in importance to the expression of the mental attitude of the speaker toward this fact.

(*E.g.* compare the two statements : ' I know that he is ill.' ' I am sorry that he is ill.' The former is merely a stronger affirmation of the statement : ' He is ill ' ; but in the latter, the important statement is my expression of sorrow ; that he is ill, is admitted, but is not the main affirmation.)

Case 1 above calls for the **indicative** mood.
Cases 2 and **3** call for the **subjunctive** mood.

§ 372. The following reservations must however be made :

1. **Noun clauses.** Dependent questions always have the indicative mood.

    Il demande à quelle heure on **part,** si c'est bien vrai.
    On ne savait pas où on **allait.**

2. **Adverb clauses.** Assumptions introduced by si always have the indicative mood.

    S'il m'**écrit** je lui répondrai.
    Si vous m'**aviez écrit** je vous aurais répondu.

Note.—But as a literary elegance the subjunctive may in the compound tenses be used in both the ' if ' and the ' then ' clauses, or in either.

    Si vous m'**eussiez** écrit, je vous **eusse** répondu.
    Si vous m'**eussiez** écrit, je vous aurais répondu.
    Si vous m'**aviez écrit,** je vous **eusse** répondu.

NOUN CLAUSES

Indicative	*Subjunctive*

§ 373.

Fact certain or probable   *Fact possible, but not certain*

Il est vrai ⎫
Il est certain ⎬ qu'il est là.
Je sais ⎬ qu'il viendra.
Il est probable ⎭ qu'il est venu.

Il est possible ⎫ qu'il vienne.
Il se peut ⎭ qu'il soit venu.

Il craint que vous ne soyez fâché.
Ta mère a peur que tu sois marin.

Official commands and decrees :
Le Premier Consul ordonne que des crêpes seront suspendus à tous les drapeaux.
La cour a ordonné que ce témoin sera entendu.

Thus after expressions of will (desire, wish, command, permission, advice, prevention, avoidance, prohibition) and of necessity.

J'espère qu'il viendra.
(Note that espérer implies not only wish, but also probability, so that the dependent noun clause is in the indicative.)

Je veux ⎫
Je souhaite ⎬
J'ordonne ⎬ qu'il vienne.
Je permets ⎬
Je defends ⎭

Je m'oppose à ce qu'il vienne.
Je tiens à ce que tout soit prêt à mon retour.
Mon ambition serait que mon livre donnât la curiosité de lire.

Je suis d'avis qu'il viendra.
In my opinion he will come.

Je suis d'avis qu'il vienne.
In my opinion he ought to come.

Il faut ⎫
Il est nécessaire ⎬ que cela se fasse.
Il est urgent ⎭

Il avait besoin qu'on lui témoignât de l'amitié.
Dites-lui qu'il fasse vite.

Dites-lui que nous le ferons.
Ils crièrent qu'ils avaient faim.

Ils crièrent qu'on les servît promptement.

Je vous préviens que je suis de mauvaise humeur.

Ils prévinrent qu'on ne jugeât pas leur fortune d'après leur apparence.

§ 374.

Fact certain or probable	*Fact doubtful or improbable*
Je suis sûre que vous m'aimez,	mais je ne suis pas sûre que vous m'aimiez toujours.
Il est évident que vous **avez** raison.	Il n'est pas évident que vous **ayez** raison.
Je pense qu'il **viendra.**	Je ne pense pas qu'il **vienne.**
A quelle heure pensez-vous qu'il **viendra** ?	Pensez-vous qu'il **vienne** ?
(The interrogation bears on the time of his coming ; his coming **is** not in doubt.)	Si vous pensez qu'il **vienne,** nous allons attendre.
Croyez-vous que je **suis ici** pour perdre mon temps ?	
(Rhetorical question, affective, = Vous savez bien que je ne suis pas ici . . .)	
Il est probable qu'il **viendra.**	Il est peu probable qu'il **vienne.**
On a de la peine à s'imaginer que la terre **est** ronde.	On a de la peine à s'imaginer que la nature **accomplisse** de tels miracles.
(That it **is** round is admitted.)	

§ 375. The dependent statement of an admitted fact may often be either in the indicative, being viewed as a fact, or in the subjunctive, as viewed through the mind of the subject of the head clause ('objective' and 'subjective' points of view).

Thus, there is no essential difference in meaning, but merely a difference in point of view, implied by the moods in the following :

Je ne savais pas. qu'il **était** de retour.	Je ne savais pas qu'il **fût** de retour.
Elle l'attendit à la poterne, car elle ignorait qu'il **était** au tournoi.	. . . car elle ignorait qu'il **fût** au tournoi.

§ 376.

	The dependent statement is admittedly contrary to fact
	Je nie que cela **soit** vrai.
Il est **vrai** qu'il l'**a dit.**	Il n'est pas vrai qu'il **ait dit** cela.
	Notre Père qui êtes aux Cieux, de combien il s'en faut que votre volonté **soit** faite !
	Il serait excessif de prétendre que la France **ait** marché toujours, et dans toutes les directions, à la tête des nations.

§ 377.

Assumption, hypothesis

The assumption introduced by si is in the indicative,

otherwise in the subjunctive.

Si son fils **revenait** ! . . .

(Je suppose qu'il **reviendra** demain. = Je pense que . . . This is not an assumption.)

Supposons qu'il **revienne** en effet.

Qu'il **vienne** ou qu'il ne **vienne** pas, cela m'est bien égal.

Qu'il **vienne** ou **non**, cela m'est égal.

Whenever the dependent noun clause precedes the main clause, it is presented as an assumption.

Il est certain que vous avez raison.

Que vous **ayez** raison, c'est certain.

Je crois qu'il **a eu** cette intention.

Qu'il **ait eu** cette intention, je le crois.

§ 378.

Concession

Je ne nie pas que cela (ne) **soit** vrai.

§ 379.

The reality of the fact is acknowledged, but the important statement is that of the effect which it produces on the speaker

Je regrette que vous **soyez** à Paris pour si peu de temps.

Ça me fait de la peine que tu **sois** fâchée avec papa.

C'est bien heureux qu'on t'**ait reconnu.**

Je suis enchanté que vous **ayez remporté** ce succès.[1]

Il est très naturel que vous **ayez** hâte de partir.

Je comprends que le livre **soit arrivé** à sa troisième édition, mais je m'explique qu'il **ait mis** dix ans pour y arriver.

"Une lettre, père Azan ? — Oui monsieur . . . ça **vient** de Paris."

Il était tout fier que ça **vînt** de Paris, ce brave père Azan.[1]

[1] These are, strictly speaking, adverb clauses, but they may conveniently be dealt with here.

ADJECTIVE CLAUSES

§ 380.

Fact realized or certain	*Possibility not yet realized*
Savez-vous ce que je vous donnerai ?	
Il ne sait pas ce que je lui donnerai.	
Il a un ami qui lui **dit** toujours la vérité.	Il lui faudrait un ami qui lui **dise** la vérité.
Voici un livre qui **est** bien amusant !	Donnez-moi un livre qui **soit** amusant.
	Donnez-moi une chambre où l'on n'**entende** pas le piano.

§ 381.

	Fact doubtful or improbable
Voici un élève qui **saura** vous répondre.	Y a-t-il un élève qui **sache** cela ?
Je connais quelqu'un qui **pourra** vous aider.	Si vous connaissez quelqu'un qui **puisse** m'aider, donnez-moi son adresse.

§ 382. A shade of doubt, or 'softened affirmation,' is thus introduced into adjective clauses when the antecedent is restricted by an adjective in the superlative or by its equivalent (**le premier, le dernier, le seul, ne . . . que**) ; sometimes also by an adjective in the positive degree ; also by **peu, pas beaucoup.** In all these cases, the indicative *may* be used, to remove any implication of doubt, and it is thus used especially in the past historic and in the future.

C'est le meilleur ami que nous **avons.**	C'est le meilleur ami que nous **ayons.**
Vous êtes le premier qui **savez** votre leçon.	Vous êtes le premier qui **sachiez** votre leçon.
	Il avait l'air du plus féroce coquin qui se **pût** voir.
Les Français furent les seuls qui **réussirent** dans ce genre d'éloquence.	Les Français sont les seuls qui **aient** réussi dans ce genre d'éloquence.
Je ferai sauter la cervelle au premier qui **parlera** de se rendre.	
Il y a beaucoup de gens qui **savent** cela.	Il y a peu de gens qui **sachent** cela.
	C'est un des **bons** dîners que j'**aie** faits. (Affective stress on **bons**).

Note.—The indicative mood is, of course, always used when **c'est qui**, **c'est que** are intended merely to emphasize a subject or object (§§ 323, 324).

C'est la plus âgée qui **a** répondu.
(= La plus âgée a répondu.)
C'est la plus âgée que nous préférons. (= Nous préférons la
plus âgée.)

(Cp. ' C'est le meilleur vin que je
puisse vous offrir,' which is *not*
equivalent to ' Je puis vous offrir
le meilleur vin.')

§ 383. The same implication of doubt is contained in the group of concessive constructions :

Qui que tu **sois**,
Quoi que tu **aies
fait**,
Quelles que **soient**
tes fautes,
Quelques fautes que
tu **aies commises**,
Quelque grandes que
soient tes fautes,

Dieu
te par-
donnera. ·

But **tout . . . que** generally with
the indicative :
Toutes grandes que **sont** tes
fautes,

Note.—Also in the concessive **que je sache**, in which **que** is a neuter relative pronoun.   The antecedent clause is nearly always negative.

Il n'est venu personne, **que je sache.**

§ 384.

*Dependent statement contrary
to fact*

Ce n'est pas lui qui m'a dit
cela.
Ce n'est pas cette personne qui
m'a répondu.

Il n'y a pas un élève qui
sache cela.
Je ne connais personne qui
puisse vous répondre.
Vous n'allez rien apprendre
qui vous **soit** agréable.
Plus de corde, plus de pieu,
rien qui l'**empêchât** de gam-
bader, de brouter à sa guise.

Note.—The subjunctive remains even though two negations destroy each other.   Compare Latin usage.   The construction is entirely literary.

Tout le monde **sait** bien que la
terre est ronde.
N'importe quel prince en France
s'**honorerait** de l'épouser.

Il n'y a personne qui ne **sache**
que la terre est ronde.
Je crois qu'il n'y a point de prince
en France qui ne s'**honorât** de
l'épouser
Il n'y avait pas jusqu'à com-
père le Loup et son cousin Maître
Renard qui ne **prissent** plaisir à
escorter la petite Fleur-des-Blés.

ADVERB CLAUSES

§ 385.

Fact realized or certain	*Possibility not yet realized*

Time Clauses

Quand, dès que, après que, etc.	Avant que, en attendant que
Il se met en colère quand on rit.	Avant qu'il eût pu frapper, Jean lui saisit le poignet.
Il est venu à moi dès qu'il m'a aperçu.	
	Je lis en attendant qu'on vienne me chercher.

jusqu'à ce que	
Il dormit jusqu'à ce qu'une détonation le réveilla.	Je resterai à Paris jusqu'à ce qu'on m'écrive de revenir.

Clauses of Purpose

Pour que, afin que, de crainte que ; que (=afin que) . . . after imperative

Je parle lentement pour que vous me compreniez.

Levez le doigt, que je voie s'il est bien gras.

Consecutive Clauses

De sorte que, de façon que,

tant, si, tel, tellement, que

si bien que, plus, moins, que	assez, trop, . . . pour que
Il est sorti sans pardessus, de sorte (*or* si bien) qu'il a attrapé un rhume.	Parlez de sorte qu'on vous comprenne.
Il n'arrivait jamais à l'heure, si bien qu'on a fini par ne plus l'inviter.	
L'auditoire riait tellement (*or* tant) qu'on ne pouvait entendre les acteurs.	

Il est **plus** âgé, **moins** âgé, **que**
vous ne pensez.

Vous êtes **assez** grand **pour
qu'on puisse** vous traiter en
homme.

§ 386.

Fact doubtful or improbable

Il est **tellement** (*or* **si**) fatigué
qu'il ne peut nous accompagner.

Êtes-vous **tellement** fatigué **que**
vous ne **puissiez** nous accompagner ?

§ 387.

*Dependent statement contrary
to fact*

Il a une autorité **telle qu'il est**
sûr d'être obéi.

Il n'a pas une autorité **telle qu'il
soit** sûr d'être obéi.

Il ne demeure pas à **si** grande
distance **que** vous ne **puissiez**
courir chez lui (§§ 274.2.*a* ;
384, note).

Vous êtes **trop** grand **pour
qu'on puisse** vous traiter en
enfant.

Restrictive Clauses

**Non (pas) que, sans que,
loin que**

Nous le connaissons, **non (pas)
que** nous le **voyions** souvent.

Sortez **sans qu'on** vous **entende.**

§ 388.

Assumption

**En cas que, à moins que,
pourvu que, supposé que, en
supposant que**

Venez avec nous, **à moins que**
vous ne soyez trop fatigué.

Nous sortirons **pourvu qu'il
fasse** beau.

Que . . . ou que, que . . . ou non

Qu'il vienne ou qu'il ne vienne
pas, je partirai demain.

Que le fait **soit** exact **ou non,**
il paraît vraisemblable.

Asyndetic assumptive constructions

Vienne un peu de soleil, toutes ces fleurs s'épanouiront.

Je garderai mes bêtes, le roi les **voulût-il.**

Que le ciel **demeurât** couvert pendant six jours, et il faudrait remettre l'observation à une autre année.

' *If* ' *clauses*

An assumption introduced by si is in the indicative ; introduced by **que** replacing si it is in the subjunctive.

S'il **fait** beau et qu'il ne **fasse** pas trop de vent, nous ferons une promenade en bateau.

Note.—An assumption and its consequence are both expressed in the future in the past tenses, in the following ' even though ' constructions :

Me donnerait-on cent mille francs, je ne **tenterais** pas l'aventure.

On me **donnerait** cent mille francs que je ne **tenterais** pas l'aventure.

Quand on me **donnerait** (Lors même qu'on me **donnerait**) cent mille francs, je ne **tenterais** pas l'aventure.

In the compound tenses the subjunctive may be used (literary construction).

On m'aurait (m'**eût**) donné cent mille francs que je n'**aurais** (n'**eusse**) pas tenté l'aventure.

Quand on m'aurait (m'**eût**) donné cent mille francs, **je** n'**aurais** (n'**eusse**) pas tenté l'aventure.

§ 389   *Concession*

Quoique, bien que

Attendons encore, **quoique nous soyons** déjà en retard.

§ 390. A clause dependent on a clause in the subjunctive is usually also in the subjunctive, as sharing the doubt, contrariness to fact, etc., implied in its head dependent clause.

Le colonel trouva singulier qu'il y **eût** en Corse des familles où l'on **fût** ainsi caporal de père en fils.

Ainsi vous ne pensez pas qu'il **soit** certain qu'il **ait** reçu ma lettre ?

But the sense may demand the indicative.

Il n'y a personne qui ne **sache** que la terre **est** ronde.

Croyez-vous que le baron se **soit** aperçu que nous ne l'**avons** pas salué ?

§ 391. The subjunctive has never been widely used in colloquial French, apart from a few of the commoner constructions, such as the subjunctives of desire and necessity, for example.

Je **veux** qu'il me le **dise.**   Il **faudra** bien qu'il le **fasse.**
Que le bon Dieu vous **bénisse** !   (To a person who has sneezed.)

Other constructions constantly take its place.   Thus :

Il est possible qu'il vienne.   **Peut-être** qu'il **viendra.**
Je lui écrirai qu'il vienne.   Je lui écrirai **de venir.**
Je nie que cela soit vrai.   Je vous **dis** que ça n'est pas vrai !
Que vous ayez raison, c'est   Mais vous avez raison, c'est
   certain.   certain !
Rien qui l'empêchât de gam-   Rien **pour l'empêcher** de gam-
   bader.   bader.
Sortez sans qu'on vous entende.   Sortez sans **faire** de bruit.
A moins que vous ne soyez fatigué.   Si vous n'êtes pas fatigué.

§ 392. Even in written and literary French the subjunctive is losing ground, and in modern works the student will frequently observe infractions to the rules given above.

Êtes-vous bien certain que vous ne vous **livrez pas à** des craintes
    exagérées ?—*H. Bataille.* (Cp. § 374.)
Certes, on ne peut pas dire qu'ils **sont** jolis, jolis.—*A. Dauzat.*
    (Cp. § 376.)
Il est possible que l'idée de faire cueillir des lauriers au Kronprinz
    a **fait** décider l'attaque.—*Le Temps.* (Cp. § 373.)

The past tenses in -asse, -usse, etc., are in especial disfavour.

Un mois tout entier se passa sans qu'elle ni moi nous nous **donnâmes**
    signe de vie.—*Courteline.* (Cp. § 387 ; the ' correct ' form
    would be **donnassions** or **fussions donné.**)
En supposant que les apparitions **venaient** de mauvais esprits,
    Jeanne ne devait pas être considérée comme hérétique.—*L.
    Boucher.* (Cp. § 377 ; the rule calls for **vinssent.**)

See also § 396.

§ 393. After indirectly transitive verbs, taking a noun object governed by de or à, the noun clause should be introduced by **de ce que, à ce que.** So also with clauses adverbial to an adjective.

{ J'ai profité **de** l'occasion.
{ Robert était d'une malice de singe ; il profitait toujours **de ce
    que** Christophe **avait** Ernst sur les bras pour faire derrière
    son dos toutes les malices possibles.

{ On se plaint **de** votre conduite.
{ On se plaint **de ce que** les plus belles tragédies de Voltaire **sont**
    fondées sur des malentendus (*misunderstandings*).

{ Je consens **à** cet arrangement.
{ Je consens **à ce que** vous vous **arrangiez** ainsi.

Furieux **de ce** qu'elle leur échappait, ils se précipitèrent sur moi.

But the noun object governed by **de** may often be replaced either by a noun clause in the indicative, introduced by **de ce que**, or by a clause introduced simply by **que**, if the latter calls for the subjunctive.

Vous vous étonnez **de ce que** je **suis** encore en vie.
Vous vous étonnez **que** je **sois** encore en vie.

And **de ce que** is occasionally found introducing a subjunctive.

Je me plains **de ce qu'**il ne **soit** pas venu.
Félicitons-nous **de ce que** ces heureux résultats n'**aient** pas été retardés.

§ 394. Ellipsis in subordinate clauses. The following are common cases :

1. In comparisons, the subordinate clause is most frequently reduced to the second term of comparison.

Henri est plus grand **que Paul** (= que Paul n'est grand).
J'aime mieux Paul **que Henri** (= que je n'aime Henri).

2. Thus also with **comme.**

Elle était **comme anéantie** (= comme si elle était anéantie).
Je m'assis en m'appuyant au tilleul, **comme autrefois M. le curé.**

3. Ellipsis is frequent after **quoique**, if both clauses have the same subject.

Il est vigoureux, **quoique petit** (= quoiqu'il soit petit).
Quoique peu robuste, il maniait assez bien le fleuret.

And occurs after **parce que, puisque,** etc.

Je suis heureux, **quoique garçon** (*a bachelor*) ou **parce que garçon.**

Note.—On the other hand, there is no ellipsis in French after **quand, lorsque.**

When in London, *I shall get you some.* **Quand je me trouverai à Londres, je vous en procurerai.**
When a child, *I often had this dream.* **Lorsque j'étais enfant, je faisais souvent ce rêve.**

Nor after **comme si.**

The sky grew dark, as if obscured *by a cloud.* Le ciel s'assombrit, **comme s'il eût été obscurci** par un nuage.

4. There is ellipsis of a conjunction **que** ('haplology') when a clause introduced by **que** follows immediately on **que** introducing a second term of comparison, or on **ne plus que.**

Je ne demande pas mieux **que cela soit** (= Je ne demande pas mieux que que cela soit). *I ask for nothing better than that it should be so.*
Je ne demandais pas mieux **qu'**il fût mon ami.
Si cet enfant est à elle, quoi de plus simple **qu'elle l'ait pris ?**
Il ne manquerait plus **que M. Fège imitât** son exemple !

TENSE SEQUENCE

§ 395. The tense sequences in the complex sentence vary according to the relation between the dependent and the main clauses, but usually conform to one or other of the following types.

Dependent Clause in the Indicative Mood

1. The commonest sequence is as follows :

$$
\left.\begin{array}{l}
\text{Il affirme} \\
\text{Il affirmera} \\
\text{Il affirmerait}
\end{array}\right\} \text{qu'il}
\left\{\begin{array}{ll}
\left.\begin{array}{l}\text{le voit} \\ \text{le voyait}\end{array}\right\} & (1) \\
\left.\begin{array}{l}\text{le vit} \\ \text{l'a vu}\end{array}\right\} & (2) \\
\left.\begin{array}{l}\text{le verra} \\ \text{le verrait}\end{array}\right\} & (3) \\
\left.\begin{array}{l}\text{l'aura vu} \\ \text{l'aurait vu}\end{array}\right\} & (4)
\end{array}\right.
$$

When the head clause passes into the **past tenses**, including the present perfect (= conversational past) and the future perfect, the tenses in the dependent clause bracketed in pairs above, fall together as follows :

$$
\left.\begin{array}{l}
\text{Il affirmait} \\
\text{Il affirma} \\
\text{Il a affirmé} \\
\text{Il avait affirmé} \\
\text{Il aura affirmé} \\
\text{Il aurait affirmé}
\end{array}\right\} \text{qu'il}
\left\{\begin{array}{l}
\text{le voyait (1)} \\
\text{l'avait vu (2)} \\
\text{le verrait (3)} \\
\text{l'aurait vu (4)}
\end{array}\right.
$$

Note.—There is, of course, no absolute and mechanical rule. A head clause in the past may require a dependent clause in the present.

Il **sait** que la terre **est** ronde.
Il **savait**, il **apprit**, que la terre **est** ronde.

2. Between a head clause and a dependent **time** clause, expressing **actions** simultaneous or in sequence, there is a strict parallelism in the tenses, which stands in contrast with the much simplified English sequence. Thus :

Je sors	quand il **fait** beau	*when it is fine*
Je sortais	quand il **faisait** beau	*when it was fine*
Je sortis	quand il **fit** beau	*when it was fine*
Je suis sorti	quand il **a fait** beau	*when it was fine*
J'étais sorti	quand il **avait fait** beau	*when it was fine*
Je sortirai	quand il **fera** beau	*when it is fine*
Je sortirais	quand il **ferait** beau	*when it was fine*
Il sera sorti	quand il **aura fait** beau	*when it was fine*
Je serais sorti	quand il **aurait fait** beau	*when it was fine*

Or let the dependent clause be originally in the perfect tense :

Il sort	quand il a dîné	*when he* has *dined*
Il sortait	quand il avait dîné	*when he* had *dined*
Il sortit	quand il eut dîné	*when he* had *dined*
Il est sorti	quand il a eu dîné (1)	*when he* had *dined*
Il était sorti	quand il avait eu dîné (2)	*when he* had *dined*
Il sortira	quand il aura dîné	*when he* has *dined*
Il sortirait	quand il aurait dîné	*when he* had *dined*
Il sera sorti	quand il aura eu dîné (3)	*when he* had *dined*
Il serait sorti	quand il aurait eu dîné (4)	*when he* had *dined*

In this exact parallelism of tenses lies the origin and the explanation of the ' temps surcomposés ' (1, 2, 3, 4 above) already referred to in § 82.

The same sequences occur with a dependent adjective clause.

Ceux qui **perdent paient.**
Ceux qui **perdaient payaient.**
Ceux qui **perdirent payèrent.**
Ceux qui **ont perdu ont payé.**
Ceux qui **perdront paieront.**
Etc.

Ceux qui **ont fini** les premiers **partent.**
Ceux qui **avaient fini** les premiers **partaient.**
Ceux qui **eurent fini** les premiers **partirent.**
Ceux qui **ont eu fini** les premiers **sont partis.**
Etc.

Notes.—1. The above sequence does not hold, of course, if one of the verbs is descriptive.   In this case sequence 1 reasserts itself

Il faisait beau { quand je **sortis.**
                  quand je **suis sorti.**
                  quand j'**étais sorti.**

Ceux qui **avaient fini** { **partirent.**
                            sont partis.

Et quand il fut sorti, il ne pouvait leur parler.   *Luke* i. 22.
Quand le bois fut consumé, la viande était cuite à point.

2. The past historic tenses may occur in the dependent clause, although the head clause stands

(a) In the present historic (§ 73.5).

Quand il fut à l'échelle, il monte, son couteau entre les dents.

(b) Or in the past descriptive = past historic (§ 77.5).

Un beau matin, lorsqu'il eut atteint ses vingt ans, il déclarait à son père furieux et stupéfait qu'il voulait se faire comédien.

3. In literary French, the ' temps surcomposé ' is frequently avoided, the second past perfect taking its place.

> Dès que nous eûmes mis le pied sur cette terre, nous **avons été pris**, . . . emportés dans un tourbillon.

Conversational past and past historic are also frequently found in sequence.

> Quand M. de Talleyrand **apparut** pour la première fois dans ma carrière politique, **j'ai dit** quelques mots sur lui.

3. The dependent clause is an **assumption** introduced by **si**. The following are the usual combinations (note that the ' if ' clause is never in the future tenses):

> Je sors
Je sortirai } s'il **fait** beau, si la pluie **a cessé**.
>
> Je sortais
Je sortirais } s'il **faisait** beau, si la pluie **avait cessé**.
>
> Je serais sorti { s'il **avait fait** beau, si la pluie **avait cessé**.
{ s'il **eût fait** beau, si la pluie **eût cessé**.

Note.—This sequence does not apply to concessive clauses introduced by si, which may be in any tense required by the sense. But since the ' if ' clause concedes a fact accepted as such, the subjunctive mood can never take the place of the indicative.

> S'il écrit mal, il se fait comprendre.   *Although he writes badly* . . .
S'il écrivait mal, il se faisait comprendre.
S'il écrivit mal, il se fit comprendre.
S'il a écrit mal, il s'est fait comprendre.

Since in this use the ' if ' clause concedes an accepted fact, the future tenses seldom occur, but are not in any way ruled out.

> De patients chercheurs sauraient trouver d'autres poètes français d'Angleterre que ceux que je me propose de rapporter ici. Si l'on n'en pourrait point trouver de meilleurs, il est à croire que l'on en rencontrerait dont la simple habileté, à défaut de talent même, pourrait fournir un sujet d'étonnement.—*Mercure de France*, 1.5.18.

Here we have the future in the past, but the sentence might equally well have been written:

> De patients chercheurs sauront trouver. . . . Si l'on n'en **pourra** point trouver de meilleurs, il est à croire que l'on en rencontrera . . .

4. In the construction c'est . . . qui, que, c'est may either remain in the present tense, or stand in tense correlation with the dependent clause. The compound tenses, however, are never used.

> Puisqu'elle court si fort, c'est qu'il y a du danger.
Puisqu'elle courait si fort, c'est (*or* c'était) qu'il y avait du danger.

Ce n'est pas (*or* Ce ne fut pas) Madeleine qu'il épousa, mais une de ses sœurs.

Ce n'est pas (*or rarely* Ce ne sera pas) Madeleine qu'il épousera, mais une de ses sœurs.

C'est (*or* C'était, *but not* Ç'avait été) à Strasbourg qu'ils avaient enterré leurs vieux parents.

Note.—Thus also : C'est (*or* C'était) à peine si l'on voyait l'eau.

Dependent Clause in the Subjunctive Mood

5. Let the dislocation :

Le sait-il ?   Je ne l'affirme pas.

be put in the normal form :

Je n'affirme pas qu'il le sache.

Then we have the following correspondences between the tenses of the indicative and of the subjunctive :

Le sait-il ?		qu'il le sache
Le savait-il ?		qu'il le sût
Le sut-il ?	Je n'affirme pas	qu'il l'ait su
L'a-t-il su ?	Je n'affirmerai pas	qu'il l'ait su
L'avait-il su ?	N'affirmez pas	qu'il l'eût su
Le saura-t-il ?	Je n'affirmerais pas	qu'il le sache } (*But see*
Le saurait-il ?	Je n'ai pas affirmé	qu'il le sût } *note.*)
L'aura-t-il su ?		qu'il l'ait su
L'aurait-il su ?		qu'il l'eût su

In the above, je n'affirmerais pas ranks as a 'softened' affirmation, equivalent to a present tense (§ 84.2), and je n'ai pas affirmé as a present perfect. These tenses reappear below with their value as past tenses.

Le savait-il ?	Je n'affirmais pas	qu'il le sût
	Je n'affirmai pas	
L'avait-il su ?	Je n'ai pas affirmé	qu'il l'eût su
Le saurait-il ?	Je n'avais pas affirmé	qu'il le sût
	Je n'affirmerais pas	
L'aurait-il su ?	Je n'aurais pas affirmé	qu'il l'eût su

Note.—It may be necessary to distinguish the future from the present meaning in the dependent clause. Devoir is then used as an auxiliary, to form a future subjunctive (§ 86.3).

{ Nous suivra-t-il ?   Je ne l'affirme pas.
{ Je n'affirme pas qu'il doive nous suivre.

{ Nous suivrait-il ?   Je ne l'affirmais pas.
{ Je n'affirmais pas qu'il dût nous suivre.

§ 396. The tendency to avoid the past and past perfect tenses of the subjunctive has already been referred to in § 392, where it was shown that it often leads to the use of the indicative where the subjunctive would be expected. Still more frequently it leads to disregard of the sequences shown above, the present and present perfect being used instead of the past tenses, not only in homely speech or narrative, but to an increasing extent in literary style. Thus:

> Les voyageurs étaient tous descendus de la voiture pour que les chevaux **aient** moins de mal. Tous les jours ensuite, dans la crainte que je **tombe**, elle m'avertissait quand nous étions devant la maison des morts. J'allais rentrer dans l'église, en attendant que Martine **vienne** me chercher. Elle voulait que je l'**appelle** tout simplement Pauline. Colette ne comprenait pas que je ne **sois** pas encore mariée.
>
> Ils pourraient certainement traverser l'Atlantique, ... à condition que l'état atmosphérique leur **soit** favorable.
>
> ('Pourraient' is not a 'softened' affirmation here; the strict sequence would be ... leur **fût** favorable.)

MULTIPLE SENTENCES

§ 397. Co-ordination takes place in French much as in English, and calls for few remarks beyond what has been said in the sections on conjunctions (§§ 310, 311).

Co-ordination in multiple sentences is the rule, asyndetic constructions being characteristic of a certain emotional literary style ('style brisé,' 'style haché') which came into vogue with the Romantic School.

> Quel spectre que cette voile qui s'en va ! Il la regarde, il la regarde frénétiquement. Elle s'éloigne, elle blêmit, elle s'en va. Il était là tout à l'heure, il était de l'équipage, il allait et venait sur le pont avec les autres, il avait sa part de respiration et de soleil, il était un vivant. Maintenant, que s'est-il donc passé ? Il a glissé, il est tombé, c'est fini !—*V. Hugo, " Les Misérables."*

§ 398. In **co-ordinated subordinate clauses,** the following constructions are possible:

1. The subordinating conjunction is not repeated.

   S'il entre et me trouve ici,
   Quand il entrera et me trouvera ici, } que dira-t-il?

   This construction is rare.

2. The subordinating conjunction is repeated.

   S'il entre, s'il me trouve ici,
   Quand il entrera, quand il me trouvera ici, } que dira-t-il?

   This is usual when the clauses are not joined by a co-ordinating conjunction.

3. The subordinate clauses are joined by the conjunctions et, ou, mais : subordination of the second clause is then indicated merely by **que**. This is the normal construction.

> Quand il entrera et qu'il me trouvera ici, que dira-t-il ?
> Comme il faisait beau et que tout le monde se sentait dispos,
>   on fit une longue promenade.
> Lors même qu'il le permettrait ou qu'il le souffrirait, ce ne
>   serait pas une chose à faire.
> Avant que nous soyons rentrés et que nous puissions dîner,
>   il sera fort tard.
> Venez avec moi, puisque vous êtes libre et que cela vous
>   intéressera.

§ 399. The mood in the second subordinate clause is the same as in the first in all cases except when **que** replaces si, comme si (§ 388).

> S'il revenait et qu'il fît une réclamation, vous seriez fort
>   embarrassé.
> Hermann ! s'écria-t-il, comme s'il ne pouvait se contenir,
>   et que son secret lui échappât.

Note.—Que + subjunctive may only replace si in assumptive adverbial clauses. The substitution never takes place

1. If si introduces concessive clauses (of admitted facts).
>   S'il est malheureux et s'il a des ennemis, c'est entièrement de sa
>   faute.

2. If si introduces noun clauses (indirect questions)
>   Je lui demandai s'il était marié, et si ses parents vivaient encore.

§ 400. An adjective clause is often found co-ordinated with an adjective.

> Voici trois choses incroyables et qui néanmoins sont arrivées.

And a noun clause is occasionally found co-ordinated with a noun.

> Rappelez-vous les difficultés de l'entreprise, et qu'il les surmonta
>   toutes !
> J'ai appris votre belle conduite, et quelle admiration elle a inspirée.

§ 401. In colloquial French, simple statements often take the form of a subordinate clause dependent on an adverb.

> Certainement qu'il viendra ! Heureusement qu'il était là.
> Peut-être qu'il est malade.
> "Si tu crois être sur la terre pour t'amuser ? " Oui donc ! que
>   je le croyais.

DEPENDENT INFINITIVE CLAUSES

§ 402. If the subject of a dependent noun clause is already contained in the head clause, either (*a*) as subject, or (*b*) as object, the dependent clause is usually in the infinitive mood, and not in a finite mood introduced by **que**.

Whether the infinitive is or is not preceded by a preposition, depends on the governing verb (§§ 92–112).

Je voudrais vous **aider**.
Je pourrai **partir** demain.
Je me suis hâté **de partir**.

Je tâcherai qu'on vous vienne en aide.	Je tâcherai **de** vous **venir** en aide.
Elle est tout étonnée que je n'y aie pas encore songé.	Elle est tout étonnée **de** n'y **avoir** pas encore songé.
Je suis heureux que vous puissiez m'aider.	Je suis heureux **de pouvoir vous** aider.
Je demande qu'il parle.	Je demande **à parler**.

(*b*) Laissez-**moi** écrire une lettre.
A mesure que je monte, je vois l'horizon s'élargir.
Je **lui** demanderai **de venir**.
Voici la personne **à qui** vous avez écrit **de venir**.
Priez-**la de s'asseoir**.
Je l'ai invité **à passer** les vacances chez nous.
Elle **me** forçait **à rire** par quelques remarques plaisantes.

If the subject of the dependent clause is not contained in the head clause, the infinitive construction is not used. Thus 'I want *you to help* me' must take the form

Je voudrais **que vous m'aidiez**.

§ 403. Dependent on verbs of 'saying' and 'believing' (§ 96), the infinitive is a literary construction; colloquial, and indeed normal, French prefers the dependent clause introduced by **que**.

J'affirme que je l'ai vu.	J'affirme **l'avoir vu**.
Je crois que je vous en ai déjà parlé.	Je crois **vous en avoir** déjà **parlé**.

Pendant un instant, je crus **que je rêvais** encore.

But if the head verb has a relative pronoun as object, the dependent infinitive is always used, and may have as subject either (*a*) the subject of the head clause, or (*b*) the antecedent to the relative pronoun.

(*a*) C'est une chose qu'il affirme **avoir vue**.
(*b*) C'est une chose qu'il affirme **être vraie**.

This is to avoid the very heavy 'qu'il affirme qu'il a vue,' 'qu'il affirme qui est vraie.'

§ 404. Dependent on impersonal constructions, and on ' c'est . . . de,' the infinitive may be used when the subject (*a*) remains indefinite, or is plainly indicated by the context, or (*b*) is contained as an object in the head clause.

    (*a*) Il vaut mieux qu'on le lui dise.
         Il vaut mieux que vous le lui disiez.   } Il vaut mieux le lui dire.

         Il faut qu'on le fasse.
         Il faut que vous le fassiez.   } Il faut le faire.

         C'est déjà trop que je vous écoute.   C'est déjà trop de vous écouter.

         La première condition pour écrire, c'est de se connaître, et pour cela, de s'examiner, de s'étudier.

    (*b*) Il arrive parfois qu'il se trompe.   Il lui arrive parfois de se tromper.

Note.—**Falloir** may have an unstressed dative pronoun object,

        Il lui faudra faire les achats nécessaires,

but this construction is used only in literary style and 'careful' speech; normally the subjunctive is preferred:

        Il faudra qu'il fasse les achats nécessaires.

§ 405. A dependent adverb clause is replaced by an infinitive clause when the two clauses have the same subject, and if to the conjunction there is a corresponding preposition or prepositional phrase. Thus:

après que pour que sans que	are replaced by	après pour sans
avant que afin que à moins que loin que à condition que de peur que de crainte que au lieu que en attendant que	are replaced by	avant de afin de à moins de loin de à condition de de peur de de crainte de au lieu de en attendant de
de manière que de façon que	are replaced by	de manière à de façon à.

Après que j'eus parcouru la lettre, il la reprit.   Après avoir parcouru la lettre, je la lui rendis.

Je ne viens pas pour qu'on me félicite.   Je ne viens pas pour recevoir des félicitations.

Il sort sans qu'on l'entende.   Il sort sans faire de bruit.

Allez le voir avant qu'il soit trop tard.	Allez le voir **avant de partir.**
Je vous apporte ce livre afin que vous le consultiez.	J'ai emprunté ce livre **afin de le consulter.**
Loin qu'on me remercie, je m'attire des injures.	Loin de me remercier, on m'a dit des injures.
Je vous donne cette somme à condition que vous partiez sur-le-champ.	Vous recevrez cette somme **à condition de partir** sur-le-champ.
Il ne sort jamais seul, de peur qu'on l'attaque.	Il ne sort jamais seul, **de peur d'être attaqué.**
Lui détruit, au lieu qu'eux édifient (*build*).	Il détruit **au lieu d'édifier.**
Il a répondu de manière que tout le monde s'est trouvé content.	Il a répondu **de manière à contenter** tout le monde.

§ 406. There are, of course, many conjunctions which have no corresponding prepositional form allowing of the use of the infinitive. The dependent clause must then in all cases stand in a finite mood. Thus with

quand, aussitôt que, depuis que, bien que, parce que.

> Quand j'ai chaud je bois du thé.
> J'ai beaucoup appris depuis que je suis ici.
> Il écrit beaucoup, bien qu'il ait peu de talent.
> Je le sais parce que je l'ai vu.

Note.—Pour + infinitive has often **a** causal meaning, and the last example might be expressed :

> Je le sais **pour l'avoir vu.**

§ 407. An infinitive may be more loosely related than is set forth in the rules given above, when no ambiguity can arise.

> Nos chaussures, enveloppées de laine **afin de pouvoir marcher sans** glisser, ne faisaient aucun bruit.—*Maupassant.*

The subject is really contained in the possessive **nos,** and the reference is sufficiently clear. The alternative would be "afin que nous pussions," which is hardly tolerated.

> Le petit regarde, agite ses ailes. . . . Tout cela se fait dans le nid. . . . La difficulté commence **pour se hasarder** d'en sortir.—*Michelet.*

Quite as clear as " pour qu'il se hasarde d'en sortir."

" Elle lui proposa de les acheter " is ambiguous, since **acheter** may have for subject either elle or lui. But there is no ambiguity in

> La veuve ramassa les œufs et elle les porta à un marchand d'œufs en lui proposant **de les acheter.**

PARTICIPLE AND GERUND CLAUSES

§ **408.** Participle clauses may qualify either the **subject** or an object of the head clause.   They are for the most part

1. Equivalent to a **relative clause.**

> J'ai parcouru le parc, où de rares promeneurs **osant** braver l'humidité parcouraient les allées.   (=qui osaient.)
>
> Le curé vivait obscurément, pour ne pas attirer sur lui les vexations **menaçant** à cette époque les prêtres.
>
> Il s'adressa à un collègue **arrivé** avant lui.   (=qui était arrivé.)

2. Equivalent to a **time clause.**

> **Arrivé** sur le pont, notre cavalier se trouva arrêté par un groupe de curieux.   (=Lorsqu'il fut arrivé.)

3. **Causal.**

> **Ayant** beaucoup à faire, je ne peux vous accorder que dix minutes.   (=Comme j'ai beaucoup à faire.)
>
> Ne **pouvant** plus rester en place, il se leva brusquement, alla à la fenêtre.   (=Comme il ne pouvait plus.)
>
> **Croyant** qu'elle avait besoin de mes services, j'accourus.

4. **Concessive.**

> Quiconque, le **pouvant**, ne nourrit pas son frère qui a faim, est un meurtrier.   (=bien qu'il le puisse.)

5. Clauses of **attendant‧circumstances.**

> Elle courait dans tous les sens, **sautant** sur les bancs et **montant** sur les tables.

§ **409.** The participles are much used to form 'absolute adverbial clauses, containing their own subject, and not formally related to the head clause (*cf.* § 178.2).   These may be

1. Equivalent to a **time clause.**

> **La porte ouverte**, je voulus entrer.   (=Lorsque la porte fut ouverte.)
>
> **La journée finie**, il partait en avant pour arriver plus vite à la maison.   (=Quand la journée était finie.)
>
> Une fois **traversé** le dernier village de la vallée, on ne trouve plus de lieu habité.   (=Quand une fois on a traversé.)

2. **Causal.**

> Le pied ne **remplissant** pas la chaussure, on garnissait le vide avec du foin.   (=Comme le pied ne remplissait pas.)
>
> Son oncle l'**ayant exercé** de bonne heure au **maniement** des armes, il fut bientôt prêt à rejoindre le régiment.

3. **Assumptive.**

Dieu aidant, je réussirai.   (= Si Dieu m'aide.)

Un triangle quelconque étant donné, y inscrire un cercle.

§ **410.** Gerund clauses usually have for their subject the subject of the head clause.   They indicate for the most part

1. **The manner of doing a thing.**

Il n'y a que les Français qui se battent **en riant.**

2. **The means by which a thing is done.**

On ne fait son bonheur qu'**en s'occupant** de celui des autres.

Si les princes acquièrent quelques-uns de leurs sujets **en les achetant,** ils en perdent une infinité d'autres **en les appauvrissant.**

3. **Time.**

En arrivant chez lui, il s'aperçut qu'il avait oublié **sa clef.** (= Lorsqu'il arriva.)

Ils causaient joyeusement **tout en buvant.**   (= pendant qu'ils buvaient.)

4. **Concession.**

Tout en condamnant leur conduite, il ne voulut pas les punir. (= Bien qu'il condamnât.)

5. **Attendant circumstances.**

Il sortit **en toussant.**

Elle me donna une bonne gifle (*slap*), **en m'appelant** petite brute.

§ **411.** The gerund not infrequently refers to an object of the head clause, or remains unrelated, when no ambiguity can arise.

Je **la** vis venir vers moi **en se dandinant** (*swaying her hips*).

Se makes the reference to **la** quite clear.   But even the pronoun se is hardly necessary for lucidity.

Je **le** vis venir vers moi **en trébuchant** (*staggering toward me*).

It is quite clear that he, and not I, was staggering.

L'appétit vient **en mangeant.**

Tout en nous chauffant, il me chantait la chanson de l'Eau et du Vin (*While we warmed ourselves . . .*).

Madeleine devait surveiller notre recueillement (*pious meditation*), mais il **lui** arriva plus d'une fois de le troubler **en se disputant** avec l'une ou l'autre.

The gerund refers to the object **lui** contained in the impersonal head clause.   Cp. the use of the infinitive in § 407.

THE CONCORDS

Concord of the Adjuncts of the Noun.

§ 412. **Adjectives,** including the **articles,** agree in gender and number with their head noun.

> **Un** homme et **une** femme.   **Le** père, **la** mère et **les** enfants.
> **Mon** frère et **ma** sœur.   **Du** pain, **de la** salade et **des** œufs.
> **Ce** paquet et **cette** lettre sont arrivés ce matin.
> **Quel** espoir, **quelle** espérance avez-vous ?
> **Tel** maître, **telle** maison.
> Il était en **grande** tenue, chapeau **noir,** cravate **blanche,** gants **blancs.**

§ 413. An adjective qualifying several nouns stands in the plural, and in the masculine if the nouns differ in gender.

> Il nous expliquait les événements avec une précision et une clarté **surprenantes.**
> Appartements et chambres **meublés.**
> On demande un homme ou une femme **âgés.**

But the adjective following several nouns showing a gradation in meaning may agree with the last noun only.

> L'aigle fend les airs avec une vitesse, une rapidité **pro-digieuse.**

§ 414. A plural article or possessive adjective may determine two or more nouns, when the latter form one idea.

> **Les** parents et amis du défunt.   **Tes** père et mère honoreras.
> **Vos** nom et prénoms ?

§ 415. The head noun may be in the plural, and qualified by two or more singular adjectives in such groupings as the following :

> Les langues **anglaise** et **française,** *or* La langue anglaise et la française.
> Les **onzième** et **douzième** siècles, *or* Le onzième et le douzième siècles.
> Le capitaine Guynemer a dans la même journée descendu son 17e **et** 18e avions.
> La Grèce est baignée par les mers **Adriatique** et **Ionienne,** *or* . . . par la mer Adriatique et la mer Ionienne.
> Ce musée possède des tableaux des écoles **espagnole, italienne, et flamande.**

§ 416. The adjectives **demi, nu**, preceding the noun, form compound expressions in which they usually remain invariable.

Une **demi-**heure.   Une **demi-**livre de beurre.

(But: Une heure et demie.)

Il courait **nu-**pieds, **nu-**tête, *or* pieds **nus**, tête **nue**.

Note.—Thus also: **Feu la reine**, *or* **La feue reine**.   *The late queen.*

§ 417. In a compound of two adjectives, both parts vary,

Une enfant **sourde-muette** ; des cerises **aigres-douces**,

unless the first adjective has the force of an adverb qualifying the second one, when it should remain invariable :

Elles allaient **court-vêtues**.   On la retrouva **demi-morte**.
Des arbres **clair-semés** (*or* **clairsemés**).

But this rule, which follows the dictates of logic, is transgressed in a number of expressions dating back to an earlier stage of the language :

La fenêtre était **grande ouverte**.   La **nouvelle-mariée** portait un bouquet de fleurs **fraîches-écloses**. Je m'adressai aux **nouveaux-venus**.

§ 418. **Tout**, adverbial (= 'quite,' § 247.3), should also remain invariable, but the people have never made the subtle distinction between the adjective and adverb functions, and **tout** has always agreed in sound with the following adjective.

Elle était **toute** petite.

Grammar has been compelled to accept the *fait accompli*, and to enact that adverbial **tout** shall vary before a feminine adjective beginning with a consonant or 'aspirate' h.

Je traversai la cour **toute** seule.   Elles sont **toutes** tristes.
Elle est **toute** honteuse de ce qui lui arrive.

In other cases adverbial **tout** is supposed not to vary.

Ses cheveux sont **tout** blancs.
Je me dressai sur le lit, **tout** étonnée d'être couchée en plein jour.
Les exercices du corps sont **tout** aussi utiles que ceux de l'esprit et contribuent **tout** autant à former la volonté.

But the rule is often transgressed before an adjective.

Elle en était **toute** étonnée.

§ 419. The adjectives **haut** and **plein** have adverbial function, and are invariable, in the phrases **haut la main, plein les poches, plein la bouche,** etc.

> Il remportera le prix **haut la main.**   *He will carry off the prize easily;* literally '*win in a canter.*'
> Il avait de l'argent **plein ses poches.**

Note.—The adjective is, of course, invariable in the adverbial function studied in § 153.

Also the points of the compass, in their adjectival use.

> Les côtes **ouest** de la France.

§ 420. Compound adjectives of colour, such as **bleu foncé, rose pâle,** do not vary.

> Elle portait une robe **bleu foncé,** ornée de rubans **bleu pâle.**
> Les uniformes **bleu horizon** des troupes françaises.
> Des paons **vert et or.**   Des marins aux visages **rouge brique.**

(The construction is elliptical, and still felt as a contraction of une robe d'un bleu foncé, in which bleu has noun function.)

Similarly, nouns used as adjectives of colour are invariable, when still felt as nouns.

> Des rubans **pivoine, citron, olive ;** une robe **marron.**   (= Des rubans de la couleur d'une pivoine, etc.)

In a few cases the noun has become a real adjective, and varies.

> Des rubans **roses.**   Des étoffes **pourpres.**

§ 421. Attributive adjectives preceding the collective **gens,** which was originally feminine, still take the feminine form.

> Ces **bonnes** gens.   Des **petites** gens (*People in a modest position*).

The compounds thus formed are, however, felt as masculine ; following attributive adjectives, and also predicative adjectives, are usually in the masculine.

> **Heureux** les petites gens **éloignés** des grandeurs !

Note.—Quels sont ces gens ?   Quels or Quelles sont ces **bonnes** gens ?
> Tous ces **pauvres** gens ne savaient que faire.
> Toutes ces **bonnes** gens m'adoraient.

§ 422. The **cardinal** numbers are invariable, except **un, vingt,** and **cent.**

> **Un** agrees in gender with the noun.
> Nous avons lu vingt et **une** pages.

Vingt and cent take a plural s when multiplied by a preceding numeral and not followed by another numeral.

> J'ai collectionné plus de quatre-**vingts** timbres-poste, et mon frère en a près de trois **cents**.
> Vous me devez en tout deux mille quatre **cent** quatre-vingt-dix francs.

But **un, vingt, cent** never vary if used with ordinal functions (§ 260).

> Ouvrez vos livres à la page vingt et **un**, à la page quatre-**vingt**, à la page trois **cent**. Je suis né en l'année dix-neuf cent.

§ **423.** Pronouns, when they stand for a noun, agree in gender and number with their head-noun.

> Marie est-elle là ? — Oui, **la** voilà.
> Ils sont gentils, vos enfants.
> Vos amis et **les** miens ne se voient jamais.
> Ces livres-là ne sont guère intéressants ; lisez plutôt **ceux-ci**.

§ **424.** In colloquial and familiar style, and in dislocations generally, the neuter pronouns ce and cela (ça) often stand instead of the masculine or the feminine.

Ce is thus regularly used with **être** and a predicative complement noun or pronoun.

> L'école **c'**est le monde en petit.
> **C'**est moi. **Ce** sont mes amis.
> (Colloq.) **C'**est gentil, cette petite fête en plein soleil.
> (Colloq.) Les cigares, je n'aime pas **ça** (§ 324.1).

§ **425. Predication and Apposition.** Predicative and appositive nouns, adjectives, and pronouns agree in number and gender with their head-noun or pronoun.

> Il est **acteur**. Elle est **actrice**.

> (Adjectival use of the noun. The alternative construction is C'est un acteur ; C'est une actrice. § 196.2.)

> La raison du plus fort est toujours **la meilleure**.
> Vous êtes aussi **grande** que moi.
> Elle se sent **fatiguée**. Je la trouve **jolie**.
> On la traita de petite **sotte**.
> Encore **vaillante**, malgré son âge, **la** grand'mère travaille au jardin.
> Elle restait debout, **hésitante**.

But a predicative or appositive **noun** or **pronoun** often necessarily differs in gender or number from its head-word.

> Elle était **le véritable chef** de l'entreprise.
> On traita **le pauvre garçon** de poule mouillée (*milksop*).
> **Ce soldat** est une recrue.
> **Les consolations** sont un secours que l'on se prête, et dont, tôt ou
>   tard, chaque homme a besoin.
> Mme de Staël, **le célèbre auteur** de *Corinne*.
> L'humanité est devenue **ce** que nous la voyons.
> La voilà devenue **quelqu'un**.

Note.—For the concords with nous and vous, see §§ 214, 215.

§ 426. After **avoir l'air,**=sembler, paraître, the adjective may be treated as predicative either to air or to the subject.

> Elle a l'air **intelligent** or **intelligente, doux** or **douce**.

If the subject is a 'thing' (as opposed to a person), the adjective is usually predicative to the subject.

> Cette viande n'a pas l'air **fraîche**.

Concord of the Verbs.

Simple Subject.

§ 427. Verbs in a finite mood agree in person and number with their subject.

> Le général commande, les soldats obéissent.
> Je vous parle, écoutez-vous ?
> Les États-Unis étaient une colonie anglaise.   *The United
>   States* was *a British Colony*.

§ 428. When the subject is a relative pronoun, the verb agrees with the antecedent.

> Nous y étions, **nous** qui vous **parlons**.
> Il n'y a que **nous deux** qui **sachions** cela.
> C'est **vous** qui me l'**avez** dit.
> C'est **moi** qui **serai** leur protecteur.

But when there is a predicative or other complement, the latter may be taken as antecedent, and thus two different concords are possible.

> { **Vous êtes les seuls** qui m'**avez** (*or* m'**ayez**) répondu.
> { Vous êtes **les seuls** qui m'**ont** répondu.
> { Un **des romans** qui m'**a** le plus intéressé, c'est *Colomba*.
> { Un **des romans** qui m'**ont** le plus intéressé, c'est *Colomba*.

§ **429.** A singular collective noun requires the verb, and also pronominal references, in the singular, the loose concords found in English not being tolerated.

> Le conseil n'a pas encore discuté l'affaire.   *The council* have *not yet . . .*
> La cavalerie se montait à deux mille hommes.   *The cavalry* were *two thousand.*
> Quand la compagnie eut atteint le bois, elle se répandit de tous côtés. . . . they *spread in all directions.*
> La famille prenait le thé dans le jardin. . . . was *or* were *having tea.*
> Le parti libéral s'intéresse à la question.   *The Liberal party* is *or* are *interested in the question.*

§ **430.** But if the singular collective is followed by a partitive noun in the plural, the verb may be either in the singular or the plural, the tendency being to use the plural.

> Le reste des naufragés **ont** or **a** péri.
> Une foule de gens **pensent** ainsi.
> Il fallut attendre qu'une demi-douzaine de spectateurs **eussent** payé.
> Des montagnes de la Suisse **descendent** une infinité de cours d'eau.
> Une nuée de flèches **transpercèrent** les chevaliers.

Occasionally the collective noun is obviously the real subject, with which the verb must agree.

> Une nuée de flèches **obscurcit** l'air.

§ **431.** If the partitive noun in the plural is dependent on an adverbial expression of quantity, the verb is, of course, in the plural.

> Beaucoup de gens, pas mal de gens, nombre de gens, la plupart des gens, **pensent** ainsi.

And the verb is still in the plural though the partitive noun be understood.

> Beaucoup, la plupart, **pensent** ainsi.

Notes.—(*a*) After **chacun** the verb is always in the singular.

> Chacun (*or* Chacun de ces élèves) sera puni.

(*b*) After **plus d'un** the verb is either singular or plural.

> Plus d'un de ces hommes **était blessé** or **étaient blessés.**

§ **432.** **C'est** followed by a logical subject is in normal French attracted to the number of the latter in the third person plural ; in familiar speech or writing it remains in the singular.

C'est moi.   C'est nous.   **Ce sont eux** *or* **C'est eux.**
Ce sont des artichauts dont vous déjeunez là ?
Ce ne sont pas les places qui honorent les hommes, c'est nous qui devons honorer les places.
Ce n'étaient pas là de vaines paroles.
Ce furent les troupes anglaises qui soutinrent l'assaut.

Notes.—(*a*) Thus also : On sonne.   **Ce doivent être** (*or* Ce doit être) mes amis.

(*b*) But forms such as **seront-ce, furent-ce, fussent-ce,** are always avoided, and even **sont-ce** is rare.

Est-ce mes amis qui vous ont dit cela ?
Écrivez-moi, ne fût-ce que quelques lignes.

(*c*) The expression **si ce n'est** is invariable.

Aucun peuple de l'antiquité, si **ce n'est** les Phéniciens, **ne** connaissait la côte occidentale de l'Afrique.

§ **433.** In the impersonal form the verb always remains in the singular, even when followed by a logical subject in the plural.

Il est trois heures.   **Il y a** là deux messieurs qui vous demandent.
Il est venu plusieurs personnes.

Multiple Subject.

§ **434.** If the subjects are of different persons, the verb is always in the plural, and in the first person rather than in the second or third, in the second rather than in the third.

Ton frère et toi **êtes** invités.   Ni toi ni ton frère n'**êtes** invités.
Vous ou moi lui **parlerons.**

It is usual, however, to sum up the subjects joined by **et** or **ou** in an unstressed pronoun.

Ton frère et toi, **vous êtes** invités.
Vous êtes invités, ton frère et toi.
Vous ou moi, **nous lui parlerons.**

With two or more subjects of the third person, joined by **et,** the verb is in the plural.

Henri et son frère **sont** invités.
Lui et son frère **sont** invités.

§ 435. When the subjects are joined by **ni, avec, ou,** the verb may stand either in the singular or in the plural ; the tendency is to use the plural unless the sense points clearly to the use of the singular.

> Ni Henri ni son frère ne **sont** invités *or* n'**est** invité.
> Ni Henri ni son frère ne **remportera** le prix. (Subjects mutually exclusive, as there is only one prize.)
> On ne savait pas encore si à Marie Tudor **succéderait** Marie Stuart ou Élisabeth. (Subjects mutually exclusive.)

§ 436. L'un ou l'autre consists of two subjects that are always mutually exclusive, and the verb is always in the singular.

> L'une ou l'autre **devait** forcément monter sur le trône.

But **l'un et l'autre, ni l'un ni l'autre,** take the verb either in the singular or in the plural.

> L'un et l'autre se **dit** *or* se **disent.**
> Ni l'un ni l'autre n'**est venu** *or* ne **sont venus.**

§ 437. A multiple subject is often summed up by one of the pronouns **tout, le tout, rien, tout le monde, chacun, personne, aucun, nul,** after which the verb is in the singular.

> Habitants, animaux, maisons, **tout fut** entraîné par les eaux.
> Menaces, promesses, flatteries, **rien ne servit.**

Concord of the Participles.

§ 438. The verbal form in **-ant,** used as a present participle, as a gerund, or as a preposition, is invariable. For examples, see §§ 113.1, 3 ; 300.

Used as a **verbal adjective** or as a **noun,** it varies like other adjectives and nouns.   See § 113.2, and note *a*.

§ 439. The past participle used as an **adjective** or as a **noun,** varies like other adjectives and nouns.

§ 440. Used as a preposition, it is invariable.

> **Passé** neuf heures, la grille est fermée.
> **Supposé** cette circonstance, tout s'explique facilement.
> **Y compris** votre famille nous serons dix à table.

(See also § 116, note *b*.)

§ 441. Used with the auxiliary **être** to form (*a*) the compound tenses of certain intransitive verbs (§ 63), and (*b*) the **passive voice** of the verb (§ 65), the past participle agrees with the subject.

(*a*) **Elle est venue** hier.
    Où **êtes-vous allés**, mes garçons ?
    Où **êtes-vous allé**, mon garçon ?
(*b*) **Ils sont respectés** de tous.
    Elle a été aidée par sa sœur.

§ 442. Used with the auxiliary **avoir**, the past participle is invariable,

Il nous a **raconté** une histoire,
Elle m'a **écrit** une lettre,

unless it is preceded by a direct object, in which case it agrees in gender and number with the direct object.

The following are the constructions in which this may occur :

(*a*) **Interrogation.**

Quelle histoire vous a-t-on **racontée** ?
Lequel de ces livres avez-vous **lu** ?
Lesquels de ces livres avez-vous **lus** ?
Combien de lettres avez-vous **écrites** ?

(*b*) **Exclamation.**

Quelle belle journée nous avons **passée** !
Que de (*or* Combien de) misères nous avons **endurées** !

(*c*) The direct object is an unstressed personal pronoun.

Il nous a **encouragés** de ses conseils.
Je vous ai **entendue**, mademoiselle !
Cette lettre, je l'ai **écrite** hier.
Avez-vous parlé à mes parents ? — Oui, je les ai **vus** ce matin.

(*d*) The direct object is **a relative pronoun** ; the concord is with the antecedent.

Voici la lettre qu'il m'a **écrite.**
C'est nous qu'on a **punis.**

Notes.—(*a*) It follows that the past participles of indirectly transitive verbs, and of intransitive verbs other than those conjugated with être, are always invariable.

Ils nous ont **parlé.**
On ne nous a pas **obéi.**
Nous avons bien **ri !**

(b) Although the past participle agrees with a preceding partitive noun, it does not agree with partitive en and dont, which are considered as genitives, even when partitive.

> Combien de gâteaux avez-vous achetés ? — J'en ai acheté deux.
> Voici la liqueur dont nous avons bu.

But the participle *may* agree with combien.

> Je vous ai écrit trois lettres ; combien en avez-vous reçu *or* reçues ?

The strict application of the rule that the past participle agrees with a preceding direct object involves consideration of the following special cases :

§ 443. **Voir, regarder, entendre, écouter, laisser, sentir,+ infinitive + object.**   Consider the following groups of sentences :

> *(a)* J'ai vu bâtir cette maison.
> J'ai déjà entendu jouer cette mélodie.
> Il a laissé punir sa petite sœur.

> *(b)* J'ai vu sortir les enfants.
> J'ai entendu chanter mademoiselle votre sœur.
> Il a laissé entrer tout le monde.

In sentences *(a)* the noun is the object, not of **voir, entendre, laisser,** but of the dependent infinitive.

In sentences *(b)* the noun is the object of **voir, entendre, laisser,** and is the subject of the dependent infinitive.

And the participial concord should conform to this analysis. Therefore :

(a) No agreement in

> Cette maison, je l'ai **vu** bâtir.
> Quelle maison avez-vous **vu** bâtir ?
> Voilà la mélodie que j'ai **entendu** jouer.
> Sa petite sœur, il l'a **laissé** punir.

(b) The participle agrees in

> Les enfants, je **les** ai **vus** sortir.
> Est-ce votre fille que j'ai **entendue** chanter ?
> Ces personnes, pourquoi les avez-vous **laissées** entrer ?

But this nice point of grammar is seldom remembered, or even understood, and false concords are committed even by members of the Académie.   To-day the agreement or non-agreement of the past participle are officially ' tolerated ' in both *(a)* and *(b)*.

> Sa petite sœur, il l'a **laissée** punir.
> Est-ce votre fille que j'ai **entendu** chanter ?

Q

§ 444. Faire + infinitive = factitive verb (§ 92).

The past participle of **faire** never varies in this construction.

> Il nous a **fait** venir.
> Je vous félicite des progrès que vous lui avez **fait** faire.
> Je n'ai pas encore **vu** la maison qu'il a **fait** bâtir.

§ 445. Croire, vouloir, pouvoir, + infinitive + noun.

> Il a cru entendre des chuchotements.
> Il a voulu revoir son ancienne demeure.
> Il a pu faire encore quelques efforts.

The object to **croire**, etc., is the dependent infinitive, not the noun. Therefore :

> J'ai été averti par certains chuchotements que j'ai **cru** entendre.
> Il me conduisit à son ancienne demeure, qu'il avait **voulu** revoir.
> J'ai fait tous les efforts que j'ai **pu** (= que j'ai pu faire).
> Il a fait toutes les promesses qu'on a **voulu** (≠ qu'on a voulu qu'il fît).

§ 446. Marcher, courir, valoir, coûter, dormir, vivre, durer, etc.

Consider the following groups of sentences :

> (a) J'ai dormi **deux heures**.   J'ai couru **deux lieues**.
> Ce cheval a coûté (valu) **trois mille francs** autrefois.
> Il a vécu **dix ans** à l'étranger.
> Sa splendeur avait duré **deux ou trois mois**.

> (b) Mon discours m'a coûté **plusieurs heures** de travail, mais il m'a valu **des félicitations** unanimes.
> Il a couru **de grands dangers**.

In (a) the verbs are followed, not by an object, but by an adverbial extension of time, measure, etc. (§ 126, note).

In (b), **heures, félicitations, dangers,** are considered as the objects of the verb.   Therefore :

(a) No agreement in

> On me reproche les deux heures que j'ai **dormi**.
> On ne me tient pas compte des deux lieues que j'ai **couru**.
> Trois mille francs, ce cheval les a **valu** (**coûté**) autrefois, mais il ne les vaut plus aujourd'hui.
> Les dix ans qu'il a **vécu** à l'étranger lui ont élargi l'esprit.
> Pendant les deux ou trois mois qu'avait **duré** sa splendeur, il avait fait une foule de connaissances.

(b) The participle agrees in

> Vous savez les heures de travail que ce discours m'a **coûtées**, mais j'en ai été récompensé par les félicitations qu'il m'a **values**.
> Si vous saviez les dangers qu'il a **courus** !

§ 447. Impersonal Verbs.

(*a*) Il est **tombé** beaucoup de pluie.
Il est **arrivé** de bonnes nouvelles.
Combien de voyageurs est-il **arrivé** ce matin ?

The past participle does not agree with the logical subject.

(*b*) Il lui a **fallu** une forte somme.
Il a **fallu** de grands efforts pour les sauver.
Il a **fait** hier une grande chaleur.
Il y a **eu** une révolte à bord (*a mutiny on board*).

In these sentences, the noun following the impersonal **verb** is rightly or wrongly considered as the logical subject, not as the object (§ 98). Therefore, there is no agreement in the corresponding adjective clauses.

Savez-vous la somme qu'il lui a **fallu** pour cette entreprise ?
Vous n'imaginez pas quels efforts il a **fallu** pour les sauver.
Les grandes chaleurs qu'il a **fait** nous ont ôté toute énergie.
Le public ne se douta pas de la révolte qu'il y avait **eu** à bord.

Hence the rule : **The past participle of an impersonal verb is invariable.**

Pronominal Verbs.

§ 448. The verbs of groups 1 and 2 in § 70, although conjugated with **être**, have the same participial concords as the verbs conjugated with **avoir** : the past participle agrees with the preceding direct object, if there be one ; the direct object may or may not be the unstressed object pronoun.

1. Marie s'est **coupée** au doigt.
Marie s'est **coupé** le doigt.
Ils se sont **nui** par leur inexactitude. (Nuire à qqn.)
En deux ans, trois rois s'étaient **succédé** sur le trône.
    (Succéder à qqn.)
Nous nous sommes **donné** une poignée de mains.
Elle m'a montré les gants qu'elle s'était **achetés**.
Comment se sont-ils **arrogé** ce droit.
Je ne lui reconnais par les droits qu'il s'est **arrogés**.
Ils se sont **laissé** (*or* **laissés**, cf. § 443) éblouir par ces belles
    promesses.

2. Les deux chiens se sont **montré** les dents.
Elles **se** sont **saluées**, mais ne se sont pas **parlé**.

§ **449.** In the verbs of group 3 (*a*, *b*, *c*), the past participle may be said to agree with the subject.

    (*a*) Ils se sont **moqués** de vous.
          Elle s'est **repentie** de sa faute.
          Vous êtes-**vous souvenue** de mes recommandations ?

    (*b*) Nous nous sommes **aperçus** de notre erreur.
          Nous ne nous étions jamais **doutés** de la valeur de ce
              document.
          Elles s'en sont **allées.**

    (*c*) **Ces articles se sont bien vendus.**

Note.—Under (*b*) there are a few verbs the past participle of which is supposed never to vary, *e.g.* **se rire** and **se plaire**. It is alleged that **se** is in the dative, these verbs being indirectly transitive (rire à qqn., plaire à qqn.). Thus :

    Ils se sont **ri** de nos menaces.
    Elles se sont **plu** à nous tourmenter.

But the relationship between the constructions of the simple and the pronominal forms of the verb has long ceased to be felt, and the tendency to-day is to write.

    Ils se sont **plus** à nous tourmenter.

INDEX

The references are to sections

à, 123.4, 99–102, 282
'Absolute' constructions, 115.2.c, 178.2, 409
Abstract nouns, gender of, 128.2
Accents, 8
accourir, 63.2
acheter, 32.5, 123
achever+infinitive, 104
à condition de, 405
à côté, 238
Active voice, 20, 63, 64
Adjectives, plural of, 131; feminine of, 141–146; used as nouns, 149.1; with neuter value, 149.2; from which no adverbs are formed, 152; used adverbially, 153, 419; position of, 345–360; concord of, 412–421
Adjective clauses, 343.5, 380–384, 395.2, 400
Adjective equivalents and phrases, 71.3.note 1, 100.2, 147, 148, 279.2, 282.3, 284.4
Adjuncts of the noun, concord of, 412–422
Adverbs, 262, 263, 265–278; position of, 333, 334, 337; with adjectival function, 148; of manner, 150–153; with no corresponding adjectives, 151
Adverb equivalents and phrases, 152, 237.1; place of, 335, 336
Adverb clauses, 156.2, 372.2, 385–389
Affective speech, 1.2, 318
Affective uses, 77.4 *and* 5, 109, 162, 163, 170.4, 181.note, 190, 196.2.note; 201.note 3, 242.1, 308, 318, 351, 352, 367, 369
Affirmation, 265

affirmer+infinitive, 96
afin de, 405; *afin que*, 385
Age, measurement of, 261.4
Agent, in passive constructions, 66.1, 67
ai in verb stems, 32.3, 44
aieul, 131.7
aigu, aiguë, 12, 142
-ail, 131.6
ailleurs, 254
aimer+infinitive, 99.2, 112.1
aimer autant (mieux)+infinitive, 95
ainsi, 262, 311.1, 342.1
ainsi que, 310.1
-al, -aux, 131.5
aller, 63.1; auxil. use of, 86.1; +infinitive, 97, 332.3
Alphabet, 5, 6
ambassadeur, 139.note
à moins de, 405; *à moins que*, 277.5, 388
à peine, 344.1
à plus forte raison, 344.1
Apostrophe, 9, 10.note *b*
appartenir, 237.2.note
appeler, 32.5, 118.2
Apposition, 170.4, 281.3; concord in, 425
Appositive adjective, 360
apprendre+infinitive, 99.2
s'approcher, 124
après, 103, 262, 263, 288, 405
après que, 263, 385
arracher, 123.1, 123.4
arriver, 63.1
Article, definite, 164, 168; indefinite, 165, 169; partitive, 166, 171; repetition of, 315, 316
'Articles contractés,' 164

EXERCISES IN FRENCH SYNTAX

EXERCISES
IN FRENCH SYNTAX

FOUNDED UPON
"A GRAMMAR OF PRESENT-DAY FRENCH"

BY

J. E. MANSION

HARRAP LONDON

First published 1925
by GEORGE G. HARRAP & CO. LTD
182 High Holborn, London WC1V 7AX

Reprinted: 1927; 1928; 1930; 1935; 1937;
1941; 1946; 1948; 1951; 1953; 1954;
1955; 1957; 1958; 1959; 1961; 1962;
1963; 1964; 1966; 1967; 1970; 1972;
1974; 1976; 1977; 1978; 1979; 1981

Printed in Great Britain by
Redwood Burn Limited, Trowbridge

PREFACE

THE following set of exercises in French syntax has been compiled at the suggestion of a number of teachers who use my *Grammar of Present-day French*, and the section numbers at the head of the exercises refer to that grammar, but the material has been arranged under the traditional headings, and may be used in conjunction with any French course.

Exercises marked with an asterisk are intended for fairly advanced pupils, and might well be omitted when the book is gone over for the first time. Whether the pupil is ready to use this book at all may be ascertained from his performance on the "Exercices Préliminaires" (1–16), which are intended to test his understanding of simple French prose, and his acquaintance with the essentials of accidence and concord. Those who cannot acquit themselves well in these simple substitution exercises should devote some more time to an elementary French course, such as Part I of Heath's *Practical French Grammar*.

I make no apology for including a large amount of translation from English into French. Ability to translate into the foreign tongue is the ultimate test of one's mastery over it, but ordinary 'prose composition' may with advantage be preceded by an inventory of the many peculiarities of English phrasing, so perplexing to the student who is required to recast a sentence in a French mould. Hence the material given in the starred exercises includes specimens of current—and sometimes uncouth—English, which will at first sight appear 'difficult.' It will usually be found, on reflection, that a simple, well-known, and fairly obvious French rendering is available. The intuition of the appropriate French construction can be acquired only through much practice, but the pupil who has learned to recognize a purely English form of speech, and to make diligent search for the French equivalent, is already on the high road to success in writing French prose.

A partial English-French vocabulary is included, to make good the deficiencies of the ordinary school dictionaries, and offers suggestions for the translation of all words followed by an asterisk.

In the text of the exercises the enclosure of English words within brackets is intended to suggest that they should be omitted from the translation.

J. E. M.

TABLE DES MATIÈRES

EXERCISES IN FRENCH SYNTAX

EXERCICES PRÉLIMINAIRES

1

M. de Castries était aimable, amusant, gai, sérieux, et fort bon ami, poli, gracieux, obligeant en général, sans aucune galanterie, mais délicat sur l'esprit où il le trouvait à son gré.

Reproduire l'extrait ci-dessus, en commençant :
  (*a*) Mme de Castries était...
  (*b*) Ces messieurs étaient...
  (*c*) Je sais, mesdemoiselles, que vous êtes...

2

Quand ma haie *être* terminée, je *pouvoir* me reposer. Mais un jour je *voir* dans le champ des oiseaux en train de picorer. Je *décharger* mon fusil sur eux ; à l'instant j'en *voir* s'élever dans l'air une épaisse nuée. Ces pillards *aller* se poser sur tous les arbres d'alentour. Ils ne me *perdre* pas de vue ; je m'*éloigner* ; ils *descendre* les uns après les autres entre les épis. J'en *être* si irrité que je leur *tirer* un second coup de fusil. J'en *tuer* trois et les *attacher* à des perches pour servir d'avertissement à leurs camarades; dès lors aucun de mes voleurs ne *revenir* s'attaquer à mon blé.

Reproduire ce passage :
  (a) *Au passé historique :* Quand ma haie fut terminée...
  (b) *Au passé de la conversation. Il y a deux narrateurs :* Quand notre haie a été terminée, nous...

3

Un enfant ne doit pas désobéir à sa mère. Hier la mère de Jules, en partant au marché, lui recommande sur toute chose de ne pas toucher aux allumettes. Sitôt qu'il est seul, l'imprudent enfant n'a rien de plus pressé que de désobéir à sa mère. Il craque une, deux, trois allumettes. Cela l'amuse beaucoup. Tout à coup, sans qu'il s'en aperçoive, le feu se communique à ses vêtements. Fort heureusement pour lui son père rentre à ce moment et l'empêche d'être carbonisé.

Reproduire ce passage :

(a) *Au passé de la conversation, et au pluriel :* Les enfants... Hier la mère de Jules et Henri...

(b) *Au passé historique et au féminin :* Un jour la mère de Juliette...

4

C'est aujourd'hui jour de marché. De bon matin, les fermières *arriver* des villages voisins ; elles *remiser* leurs voitures et *se rendre* sur la place du marché ; elles *s'installer* aux places qui leur *être indiqué* ; elles *déposer* leurs paniers à leurs pieds ; les unes *s'asseoir*, les autres *rester* debout. Bientôt les ménagères *venir* faire leurs emplettes. Les conversations *s'engager*, les marchés *se conclure*. Celle-ci *acheter* un poulet, cette autre *marchander* une paire de pigeons. Vers midi la place *se vider*, et chacun *s'en retourner* chez soi.

Reproduire ce passage :

(a) *Au présent :* Les fermières arrivent...

(b) *Au passé de la conversation :* C'était aujourd'hui jour de marché. De bon matin les fermières sont arrivées...

(c) *Au passé descriptif :* Les jours de marché, de bon matin, les fermières arrivaient...

5

LE COMMENCEMENT DES VACANCES

Aujourd'hui je pars en vacances. Je me lève de bonne heure, et prends bien vite mon café, car le départ est à huit heures. Un taxi me mène à la gare, où je prends mon billet au guichet et fais enregistrer ma valise. Ensuite je passe sur le quai et monte dans un compartiment où je m'installe commodément, avant que le train se mette en marche. Pendant une partie du voyage je lis des journaux illustrés, et à midi je me rends dans le wagon-restaurant, où je fais un excellent déjeuner. A quatre heures de l'après-midi je change de train, et j'achève mon voyage sur une petite ligne régionale. J'arrive à cinq heures au petit port de pêche où j'ai retenu une chambre à l'hôtel, et j'ai encore le temps de prendre un premier bain de mer avant de déballer mes affaires et de dîner.

Reproduire ce passage :

(a) *Au pluriel :* Aujourd'hui nous partons . . .

(b) *Au passé de la conversation ; c'est Marguerite qui raconte :* Hier je suis partie . . .

(c) *Au futur, 3ᵉ personne :* Demain Charles partira . . .

6

Après avoir donné la matinée à divers soins que nous remplissions avec plaisir, parce que nous pouvions les remettre à un autre temps, nous nous hâtions de dîner, pour nous ménager un plus long après-midi, et nous partions par le grand soleil, pressant le pas dans la crainte que quelqu'un ne vînt s'emparer de nous avant que nous eussions pu nous esquiver ; mais une fois que nous avions pu doubler un certain coin, nous commencions à respirer en nous sentant sauvés, en nous disant : " Nous voilà maîtres de nous pour le reste du jour ! " Nous allions alors d'un pas plus tranquille chercher quelque lieu désert où rien n'annonçât la servitude et la domination, quelque asile où nous pussions croire avoir pénétré les premiers, et où nul tiers importun ne vînt s'interposer entre la nature et nous.

Reproduire ce passage à la première personne du singulier et au présent : Après avoir donné la matinée à divers soins que je remplis . . .

7

Tout ce qui se passe dans mon âme ne peut se concevoir ; je me sens un nouvel être. Échappé aux grandeurs, au tumulte des fêtes, je jouis enfin de moi-même. Je me demande où je suis, et par quel hasard je me trouve ici ; et sans m'en douter, je fais une récapitulation de toutes les inconséquences de ma vie. Je m'aperçois que, ne pouvant être heureux que par la tranquillité et l'indépendance, qui sont en mon pouvoir, et porté à la paresse du corps et de l'esprit, j'agite l'un sans cesse par des voyages, et je dépense l'autre pour des gens qui souvent n'en valent pas la peine. . . . Je m'imagine que

ce lieu-ci m'inspirera, et qu'au milieu de tant d'extravagances il
me viendra peut-être une pensée qui fera du bien ou du plaisir à
quelqu'un.

*Reproduire ce passage au passé descriptif et à la première personne
du pluriel, féminin :* Tout ce qui se passait dans notre âme . . .

8

RÉCEPTION D'UN CHEVALIER

Le jeune homme était d'abord dépouillé de ses vêtements et mis
au bain, symbole de purification.   Au sortir du bain, on le revêtait
d'une tunique blanche, symbole de pureté, d'une robe rouge,
symbole du sang qu'il était tenu de répandre pour le service de la
foi, d'un justaucorps noir, symbole de la mort qui l'attendait, ainsi
que tous les hommes.

Le jeune homme observait ensuite pendant vingt-quatre heures
un jeûne rigoureux.   Le soir venu, il entrait dans l'église, et y
passait la nuit en prières.

Le lendemain, son premier acte était la confession, après laquelle
le prêtre lui donnait la communion ; après la communion il assistait
à une messe du Saint-Esprit, et à un sermon sur la vie nouvelle où
il allait entrer.   Le sermon fini, le jeune homme s'avançait vers
l'autel, l'épée de chevalier suspendue à son cou ; le prêtre la
détachait, la bénissait, et la lui remettait au cou.   Il allait alors
s'agenouiller devant le seigneur qui devait l'armer chevalier.   Le
seigneur se levait, allait à lui, et lui donnait l'accolade.

*Le lendemain de sa réception, le nouveau chevalier raconte, à la
première personne et au temps passé de la conversation, la cérémonie
telle qu'elle est décrite ci-dessus :*
J'ai d'abord été dépouillé . . .

9

Un Français, obligé de fuir pendant la Terreur, acheta des quelques deniers qui lui restaient une barque sur le Rhin, et s'y logea
avec sa femme et ses enfants.   N'ayant point d'argent, il n'y avait
point pour lui d'hospitalité.   Quand on le chassait d'un rivage, il
passait à l'autre bord ; souvent poursuivi sur les deux rives, il était
obligé de jeter l'ancre au milieu du fleuve.   Il pêchait pour nourrir

sa famille, mais les hommes lui disputaient encore les secours de la Providence. La nuit il allait cueillir des herbes sèches pour faire un peu de feu, et sa femme demeurait dans de mortelles angoisses jusqu'à son retour. Obligée de se faire sauvage entre quatre nations civilisées, cette famille n'avait pas sur le globe un seul coin de terre où elle osât mettre le pied : toute sa consolation était, en errant dans le voisinage de la France, de respirer quelquefois un air qui avait passé sur son pays.

Reproduire ce passage au pluriel : Plusieurs Français . . .

10

On envoya dans le plus grand secret, au château de l'île Sainte-Marguerite, un prisonnier inconnu, jeune et de la figure la plus belle et la plus noble. Ce prisonnier, dans la route, portait un masque. On avait ordre de le tuer s'il se découvrait. Il resta dans l'île jusqu'à ce qu'un officier de confiance, nommé Saint-Mars, l'alla prendre à l'île Sainte-Marguerite et le conduisit à la Bastille, toujours masqué. Le marquis de Louvois alla le voir dans cette île avant la translation, et lui parla debout et avec une considération qui tenait du respect. Cet inconnu fut mené à la Bastille, où il fut logé aussi bien qu'on peut l'être dans ce château. Il mourut en 1703, et fut enterré, la nuit, à la paroisse de Saint-Paul.

Reproduire ce passage au féminin, et au temps passé de la conversation : On a envoyé . . . une prisonnière . . .

11

LE MANGEUR D'OPIUM (1)

Il me semble chaque nuit que je descends dans des abîmes sans fond, ou que la plaine se perd dans l'immensité. Ceci pourtant m'effraie moins que de sentir le temps se prolonger sans fin ; je crois quelquefois avoir vécu cent ans en une nuit ; j'ai même des rêves de milliers d'années. Les circonstances les plus minutieuses de mon enfance, les scènes oubliées de mes premières années, reviennent souvent dans mes songes ; éveillé, je ne pourrais me les rappeler ; si on me les racontait demain, je les chercherais vainement dans ma mémoire, et je serais porté à nier qu'elles aient fait partie de ma propre expérience ; mais placées devant moi

comme elles le sont, dans des rêves et des apparitions, je les reconnais sur-le-champ.

*Reproduire ce passage au passé descriptif, et à la troisième personne
du singulier, féminin :* Il lui semblait ...
Notez qu'aux temps passés 'demain' *deviendra* 'le lendemain.'

12

LE MANGEUR D'OPIUM (II)

Il lui semblait qu'elle était couchée, et qu'elle s'éveillait dans la
nuit ; en posant la main à terre pour relever son oreiller, elle
sentait quelque chose de froid qui cédait lorsqu'elle appuyait
dessus. Alors elle se penchait hors de son lit, et elle regardait :
c'était un cadavre étendu à côté d'elle. Cependant elle n'en était
ni effrayée ni même étonnée. Elle le prenait dans ses bras et elle
l'emportait dans la chambre voisine. Puis elle fermait la porte
à double tour, et en emportait la clef, qu'elle mettait sous son
oreiller. Là-dessus elle se rendormait ; quelques moments après
elle était encore réveillée ; c'était par le bruit de sa porte qu'on
ouvrait, et cette idée qu'on ouvrait sa porte, quoiqu'elle en eût
la clef sous son oreiller, lui faisait un mal horrible. Alors elle
voyait entrer le même cadavre que tout à l'heure elle avait trouvé
par terre ; il arrivait jusqu'à elle.... Alors elle se levait tout à
coup sur son séant en agitant les bras, ce qui dissipait l'apparition.
Un autre rêve lui succédait. Il lui semblait qu'elle était assise
dans la même chambre, au coin de son feu, et qu'elle lisait devant
une petite table ; une glace était devant elle au-dessus de la
cheminée, et tout en lisant, comme elle levait de temps en temps
la tête, elle apercevait dans cette glace le cadavre qui la poursuivait, et qui se penchait sur elle pour lire dans le livre qu'elle
tenait à la main. Il·avait des cheveux gris qui lui retombaient
sur les épaules, et elle les sentait qui lui effleuraient le cou et le
visage.

*Reproduire ce passage au présent, et à la première personne du
singulier, masculin :* Il me semble que ...

13

Conseils de Minerve à Télémaque

Lorsque vous régnerez, mettez toute votre gloire à renouveler l'âge d'or ; écoutez tout le monde ; croyez peu de gens ; gardez-vous bien de vous croire trop vous-même ; craignez de vous tromper, mais ne craignez jamais de laisser voir aux autres que vous avez été trompé. Considérez toujours de loin toutes les suites de ce que vous voudrez entreprendre, et sachez que le vrai courage consiste à envisager tous les périls.

Fuyez la mollesse, le faste, la profusion ; mettez votre gloire dans la simplicité ; que vos vertus et vos bonnes actions soient les ornements de votre personne et de votre palais ; qu'elles soient la garde qui vous environne, et que tout le monde apprenne de vous en quoi consiste le vrai bonheur. Surtout soyez en garde contre votre humeur : c'est un ennemi que vous porterez partout avec vous jusqu'à la mort ; il entrera dans vos conseils, et vous trahira si vous l'écoutez. Défiez-vous de cet ennemi. Craignez les dieux, ô Télémaque ; avec cette crainte vous viendront la sagesse, la justice et la paix.

Reproduire ce passage à la forme familière : Lorsque tu régneras . . .

14

Code de l'Éclaireur

1. L'Éclaireur dit toujours la verité ; il ne ment jamais.
2. Il tient sa parole d'honneur, comme un honnête homme.
3. Il sait obéir, vite et joyeusement.
4. L'Éclaireur est courtois, généreux et vaillant ; il défend les faibles.
5. Il fait tous les jours une bonne action.
6. Il est bon pour les animaux.

   (a) *Mettez au pluriel :* Les Éclaireurs . . .
   (b) *Mettez à l'impératif :* Dis toujours . . .
   (c) *Exprimez les commandements au moyen du verbe* 'devoir' :
        L'Éclaireur doit toujours dire . . .
   (d) *Exprimez les commandements au moyen du verbe* 'falloir' :
        Il faut que l'Éclaireur dise . . .

15

Un *nuage* blanc passe vite à travers le grand ciel bleu, emporté par le vent rapide, comme un *oiseau*, et la *maison*, dans le vallon, se chauffe au soleil. C'est une petite *demeure* de *pêcheur*, aux murs d'argile, au *toit* de chaume. Un *jardin*, large comme un mouchoir, où poussent des oignons et quelques choux, se carre devant la *porte*. Une *haie* le sépare du chemin. L'*homme* est à la pêche, et la *femme*, devant la *porte*, répare les mailles d'un grand *filet* brun, tendu sur le *mur* ainsi qu'une immense *toile* d'araignée. Une *fillette* assise sur une *chaise* de paille raccommode du linge. Une autre *gamine* berce dans ses bras un *enfant* tout petit, et un *mioche* de deux ou trois ans se roule dans la poussière. Le *chat* dort sur la *fenêtre*, et se réveille de temps en temps lorsqu'une *mouche* bourdonne à son oreille.

Reproduire ce passage au passé descriptif, et en mettant au pluriel tous les mots en italiques.

16

CONSEILS À UN JEUNE HOMME

Vous ignorez que vous écrivez à un pauvre homme accablé de maux, et, de plus, fort occupé, qui n'est guère en état de vous répondre et qui le serait encore moins d'établir avec vous la société que vous lui proposez. Vous m'honorez en pensant qui je pourrais vous être utile, et vous êtes louable du motif qui vous la fait désirer ; mais, à vrai dire, il n'y a rien qui vous soit moins nécessaire que de venir vous établir à Montmorency. Vous n'avez pas besoin d'aller chercher si loin les principes de la morale : rentrez dans votre cœur, et vous les y trouverez ; et je ne pourrai rien vous dire à ce sujet que ne vous dise encore mieux votre conscience quand vous voudrez la consulter. . . . Voilà les conseils que j'ai à vous donner ; peut-être ne seront-ils pas de votre goût, mais si vous ne prenez pas le parti de les suivre, je suis sûr que vous vous en repentirez un jour.

Reproduire ce morceau à la troisième personne :
(*a*) Ils ignorent qu'ils écrivent à un pauvre homme . . .
(*b*) Il ignore qu'il écrit à de pauvres gens . . .

ÉTUDE DU VERBE

La Voix Active

17 (§ 63)

Mettez au temps passé de la conversation (j'ai donné, je suis allé).

1. Louise, pourquoi bats-tu ton petit frère ?   2. Il va chercher le médecin, et court tout le long de la route.   3. Elle entre en coup de vent et marche jusqu'à la table.   4. Le cheval galope toute la nuit et meurt en arrivant au camp.   5. Nous sautons de joie quand il arrive chargé de jouets.   6. Il devient rouge de plaisir quand elle vient lui annoncer la nouvelle.   7. Nous volons de Londres à Paris, où nous restons huit jours avant de repartir.   8. Je suis bien triste quand elle part.   9. Ils accourent dès qu'ils m'aperçoivent   10. Pourquoi descendez-vous si tard, mademoiselle ?   11. Pourquoi ne monte-t-on pas le charbon ?   12. On sort les bagages et on attend l'arrivée du taxi.   13. Nous remontons le Rhône jusqu'à Lyon.   14. La neige tombe pendant deux heures.   15. Elle monte l'escalier trop vite et elle tombe sur le nez.   16. Il tombe beaucoup de neige au mois de janvier.   17. Pourquoi ne montez-vous pas voir votre grand'mère, mes enfants ?   18. Le thermomètre monte de dix degrés.   19. Son père lui apparaît en songe.   20. Nous parcourons le champ de bataille, mais nous ne pouvons les retrouver.   21. Il retourne en Suisse, mais il ne passe pas par Paris.

*18 (§ 64)

Traduire les phrases suivantes, et indiquer le temps exact auquel se trouve chaque verbe.

1. Par cela seul que les temps sont changés, les hommes ont changé comme eux.   2. La descente de la montagne s'effectua sans incident, et à six heures du soir nous étions rentrés à l'hôtel.   3. Je suis né en 1910.   4. Je n'étais pas né quand mes parents sont venus s'installer à Londres.   5. Est-ce que Marguerite est rentrée ?   —Oui, madame, elle est rentrée à trois heures.   6. Les hirondelles

sont arrivées depuis Pâques. 7. Comme votre père est vieilli !—
Oui, il a beaucoup vieilli depuis deux ans. 8. Il est mort depuis
dix ans. Il est mort il y a dix ans. 9. Monsieur est couché ; il
s'est couché avant dix heures. 10. J'étais assis sur une banquette
depuis midi, et j'étais gelé. 11. Monsieur était toujours sorti
quand je venais réclamer mon argent. 12. Monsieur était sorti
avant l'arrivée du facteur.

LA VOIX PASSIVE

19 (§§ 63, 65)

*Dans les phrases suivantes, indiquer quels verbes sont à la voix
passive.*

1. La mort de César fut annoncée par des prodiges singuliers.
2. Dès que le roi fut entré, la séance commença. 3. A peine furent-
ils descendus que la voiture repartit. 4. La côte du Ballon d'Alsace
fut descendue en vingt minutes. 5. Les secrets du passé sont
enfouis dans le sein de la terre. 6. Ce chef-d'œuvre était resté
inconnu de tous. 7. Les titres de ses œuvres sont connus de tous.
8. Le train est arrivé avec vingt minutes de retard. 9. Dès que
tout le monde fut rentré on se mit à danser. 10. Dès que les tables
furent rentrées on dressa le souper.

20 (§ 66)

Mettez à la voix active :

1. L'osier est tressé par le vannier. 2. La température est
refraîchie par la brise du soir. 3. Les ballons furent inventés par
Montgolfier. 4. Les yeux sont fatigués par une lumière trop vive.
5. Elle a été beaucoup aimée et beaucoup haïe. 6. Quand il fut
relevé il était mort. 7. La face du monde a été changée par
l'homme. 8. Les injures sont vite oubliées par l'homme de bien.
9. Les mers lointaines sont explorées par de hardis marins. 10. Ses
fautes avaient été rachetées par une conduite exemplaire. 11. La
vente de ce morceau de terre pourrait être agréée par le propriétaire. 12. J'étais parti depuis huit jours quand votre lettre
fut apportée. 13. Par qui cet appartement vous a-t-il été
loué ? 14. Elle est toujours très bien habillée, mais elle n'est pas
aimée.

*21

Même exercice :

Quand l'arbre a été abattu à coups de cognée par le bûcheron, il est débarrassé de ses branches ; celles-ci sont débitées en bûches régulières et entassées sur place en longues files, en attendant d'être livrées au commerce pour le chauffage. Quant à la masse énorme du tronc, elle est, avec mille efforts, glissée ou tirée jusqu'au bord des chemins, et, de là, transportée par des chariots spéciaux jusque dans les scieries, où elle est découpée en poutres.

*22

Mettez à l'actif là où vous le jugerez à propos ; si vous ne faites pas de changement, donnez vous raisons.

1. La porte était ouverte. 2. La porte était ouverte dès que je me présentais. 3. Bénies soient les cendres des aïeux ! Bénis soient l'herbe et le lierre qui les couronnent ! 4. Les privilèges de la noblesse ont été supprimés par la Révolution. 5. Ne vous affligez pas, le malheur est réparé. 6. La France est arrosée par quatre grands fleuves. 7. La lettre était signée de la main du roi. 8. La lettre fut signée de la main du roi. 9. Le fleuve est divisé par une île qui accroît les facilités de passage. 10. Les hommes doivent être jugés sur leurs actions. 11. L'ancienne société a été détruite pendant la Révolution. 12. Quand un fait n'est connu que par un seul témoignage, on l'admet sans beaucoup d'hésitation ; les perplexités commencent lorsque les événements sont rapportés par deux ou plusieurs témoins.

23 (§§ 66, 67, 68)

Exprimer au passif :

1. Le chant du coq annonce le jour. 2. La vapeur abrège les distances. 3. Les chasseurs parcoururent la plaine. 4. Le tuteur protège l'orphelin. 5. Un petit jardin entoure sa maison. 6. Les mauvaises compagnies perdent les jeunes gens. 7. La science a fait de grands progrès au vingtième siècle. 8. Qui va payer la note ? 9. Le roi lui-même le présenta à la cour. 10. Un gamin m'a salué. 11. On vous obéira, madame ; qui vous désobéirait ? 12. On pardonna aux coupables.

*24

Exprimer au passif, à moins d'impossibilité :

1. On ne vous pardonnera pas cette faute. 2. Votre père ne vous pardonnera pas cette faute. 3. L'acier acquiert sa dureté par la trempe. 4. Une foule de gamins précédait le cortège. 5. Deux gendarmes l'accompagnèrent jusqu'à la frontière. 6. Tous ses élèves le respectent. 7. Un épouvantable vent du nord nous assaillit. 8. Des doutes m'assaillirent. 9. La route, au bord de laquelle courent les rails, suit la vallée dans toute sa longueur. 10. Un gamin m'a salué en passant. 11. A Henri IV. succéda Louis XIII. 12. On gouverne mieux les hommes par leurs vices que par leurs vertus.—*Napoléon.*

25

' *The book was found again the next day* ' *may be rendered :* 1. ' Le livre fut retrouvé le lendemain.' 2. ' Le livre se retrouva le lendemain.' 3. ' On retrouva le livre le lendemain.' *Select the right construction in translating the following sentences, and when possible give two or three renderings.*

1. The door was opened at once. 2. The door was opened by a little girl. 3. He is loved by all. 4. These houses are built in six weeks. 5. The house is already sold. 6. Marshal Ney was shot* at dawn*. 7. The incident is closed. 8. He is called John Smith. 9. At school he was called ' Puggy.' 10. That is not done here.

26

' Faire,' ' laisser,' ' voir,' ' entendre,' *when governing an infinitive, are never expressed in the passive in French.* Thus : ' *He was seen to fall* ' : ' On le vit tomber.'

Translate :

1. He was seen to enter the house. 2. He will be made to work. 3. He was given half the sum. 4. He is said to be in France. 5. The doctor was sent for*, but it was too late. 6. I was allowed to speak to him. 7. He was heard to utter* a cry. 8. You will be made to obey. 9. He was asked a question. 10. He was suffered* to languish in prison. 11. She will be laughed at. 12. He was made to answer.

*27

Translate :

1. The proposal was approved* of.   2. I don't like to be spoken
to in that tone*.   3. Every pretty girl likes to be flirted* with.
4. The room was empty ; the bed had not been slept in.   5. The
house was lived* in less than fifty years ago.   6. Her best chairs are
never sat upon.   7. My words were not paid attention* to.   8. No
attention was paid to my words.   9. He was taught French by
a governess.   10. The reason for their action cannot fail* to be
understood.

11. It is expected* that preventive* measures will be able to be
taken.   12. There was very little supper eaten that evening, the
children were in such a hurry* to get down* again.   13. I was spared*
the trouble* of writing.   14. Johnny, if you laugh again, you will be
stood in the corner.   15. I was refused a hearing*.   16. She is denied*
every pleasure.   17. Emily apologized*, gave John a kiss, and was
promised a box of chocolates for Sunday.   18. He was obliged to
leave school, and was found a situation with the Gas Company.
19. He says he is constantly being asked : " Is there no means of
avoiding war ? "   The same question is being asked by millions of
men in this country.   20. Not a trace of the fugitives was to be
discovered.   21. He is an adversary to be reckoned* with.   22. His
speech has been often quoted* from.   23. The house has not been
lived in for thirty years.   24. I don't like to be stared* at.   25. His
life is despaired of.   26. The play is much talked about.   27. This
question has been lost sight* of.

La Voix Pronominale

28 (§§ 69, 70)

*Dans chacune des phrases suivantes, indiquez la valeur du verbe
pronominal, selon qu'il est (1) réfléchi, (2) réciproque, (3) simplement
pronominal, (4) équivalent à la voix passive.   Dites aussi si le pronom
d'object représente un objet direct ou indirect.*

1. Le chien s'aperçut dans un miroir.   2. Je m'aperçois maintenant de ma méprise.   3. Les taches ne s'aperçoivent que trop.
4. Ils montèrent dans le même train sans s'apercevoir.   5. C'est lui qui
se chargera de faire la commission.   6. Ne vous chargez pas trop ;

faites plutôt deux voyages.　7. Aujourd'hui les canons se chargent
par la culasse.　8. Le lion se battait les flancs avec sa queue.　9. Il
se bat demain matin.　10. Il se jeta de côté pour éviter le coup.　11. Il
est comique de voir deux philosophes qui se jettent des injures.
12. Quand elle se regarde dans la glace elle se trouve encore jolie.
13. Je me trouvais alors près de Paris.　14. Comme le monde est
petit, et comme on se retrouve !　15. Je m'en vais demain.

29

Même exercice :

1. Après nous être longtemps cherchés, nous nous rencontrâmes
enfin.　2. Il s'est ouvert le front en tombant.　3. Dès qu'on
m'aperçut la porte se referma.　4. La malheureux lion se déchire
lui-même (*La Fontaine*).　5. Je me suis déchiré le doigt sur un clou.
6. Voyez ces bêtes qui se déchirent !　7. Je ne sais pas beaucoup de
français, mais nous arrivons à nous comprendre.　8. Vous êtes
fatigué, cela se comprend !　9. J'ai été obligé de me rendre à Paris.
10. A bout de forces, il dut se rendre.　11. Il ne se rend pas compte
des difficultés.　12. Vous êtes-vous fait mal ?　13. Je commence à
me faire à cette nouvelle vie.　14. Ces choses-là ne se font pas en
Angleterre.　15. Il se croit habile homme.　16. Ne vous fiez pas à
lui.

*30

*Avec chacun des verbes suivants, formez au moins deux phrases
appartenant à des usages distincts de la voix pronominale.*

Exemple : Cacher : Il se cacha dans un coin (verbe réfléchi).　Ils
se cachent l'un à l'autre leurs intentions véritables (verbe réciproque).　Une automobile ne se cache pas facilement (verbe
équivalent à la voix passive).

1. Jouer.	2. Flatter.	3. Saisir.
4. Passer.	5. Servir.	6. Occuper.
7. Demander.	8. Annoncer.	9. Connaître.
10. Adresser.	11. Appeler.	12. Juger.
13. Voir.	14. Mettre.	15. Porter.

31

Dans les phrases suivantes, dites quels verbes sont toujours pronominaux.

1. Vous vous en repentirez. 2. Il se nuit à lui-même. 3. Je ne m'en souviens pas du tout. 4. Méfiez-vous des flatteurs. 5. Je ne m'attendais pas à vous voir ici ! 6. Taisez-vous ! 7. On se moquait de lui. 8. Il faut s'emparer de sa personne. 9. Il est triste de se quitter. 10. Envole-toi, petit oiseau ! 11. Elle s'affaissa sur sa chaise et s'évanouit. 12. Vous n'avez pas à vous plaindre de moi. 13. Je ne veux pas m'arroger vos fonctions. 14. Il s'enfuit dès qu'il se rendit compte de mes intentions. 15. Je me demande ce qu'il fait. 16. Il s'était épris de sa gentille cousine.

*32

Formez des phrases dans lesquelles vous emploierez, avec un verbe à la voix pronominale, chacune des expressions en italiques qui suivent :

1. Être loué par un autre vaut bien mieux que de se louer *soi-même*. 2. Celui que l'on flatte beaucoup apprend bientôt à se flatter *lui-même*. 3. Dans le panier les bouteilles s'*entre*-choquaient. 4. Nous nous encouragions *mutuellement*. 5. Ils se souriaient *l'un à l'autre*. 6. L'eau et le vin s'accusaient *réciproquement* de faire le malheur du genre humain. 7. Les deux feuilles d'or, étant chargées d'une électricité du même nom, se repoussent *entre elles*.

*33

Translate :

1. Get up as soon as you waken. 2. The mystery is easily ex-plained. 3. What do you complain of ? 4. If you don't hurry• up you will be late. 5. How are you, sir ? 6. They met among the crowd. 7. At what o'clock does the sun rise at the end of March ? 8. Are you using this pen ? 9. Everybody started• crying. 10. Don't turn• round.

11. Let us get married• at once. 12. To whom did you apply• to get my address ? 13. She can't do• without her tea. 14. They must submit or resign•. 15. I often walk in the garden. 16. I

think he suspects* something.   17. I start* work at seven o'clock.
18. You can trust him.   19. Historians copy each other.   20. He
who talks ill,* of others injures* himself.

Verbes Impersonnels
34 (§ 71)

Donnez pour les phrases suivantes une construction impersonnelle.

1. Un grand silence se fit.   2. Des visiteurs sont venus.   3. Deux
élèves manquent.   4. De l'herbe pousse dans l'allée.   5. Une
querelle s'ensuivit, que tous ont regrettée depuis.   6. Un malheur
pourrait bien arriver.   7. En été beaucoup de touristes viennent
ici.   8. Un descendant de cette famille existe encore.   9. Une pluie
fine et froide tombait.   10. La pluie tombait à verse.
11. Le temps est très chaud.   12. Le tonnerre gronde.   13. L'heure
est avancée.   14. Un mendiant est à la porte.   15. Nous avions
déjà deux visiteurs, et deux autres nous arrivèrent le lendemain.
16. Faire mieux serait difficile.   17. Calomnier est honteux.
18. Passer l'hiver à Paris me conviendrait parfaitement.   19. Sortir
du jardin nous était défendu.   20. Je n'ai rien vu, c'est vrai.
21. Deux régiments ont passé.

35

Former des phrases commençant par les verbes suivants :

1. Il paraît que ...   2. Il s'agit de + subst.   3. Il s'agit de +
infin.   4. Il importe de ...   5. Il importe que ...   6. Il me
répugne de ...   7. Il faut + infin.   8. Il faut que ...   9. Il me
faut + subst.   10. Il lui arrive de ...

*36

Mettez au passif, à la forme impersonnelle :

1. On fit comme on avait dit.   2. On m'a rapporté que vous
fumez en cachette.   3. On lui répondit qu'il n'y avait rien à faire.
4. On décida qu'on irait déjeuner à la campagne.   5. On fait
mention de cette coutume dans un ancien registre.   6. Quelque
chose s'est passé qu'il ne veut pas nous dire.

37

Translate :

1. It snowed yesterday, and to-day it is freezing.   2. The shells*
rained on the trenches.[1]   3. On the trenches the shells rained.[1]
4. What o'clock is it ?   It is three o'clock.   5. It is very windy
to-day.   6. It is very mild* to-day.   7. There will be a ball after
the concert.   8. Is there any more coffee ?   Yes, there is some on
the sideboard*.   9. I still require* a thousand francs.   10. An idea
came to me.

[1] Keep the verb in middle position in each of these sentences, using
the personal construction in the one and the impersonal construction
in the other.

*38

1. It seems he is in a hurry* to go.   2. I don't know what was
the matter*, but it was easy to see that something had happened.
3. It is not at all difficult to cross* the frontier.   4. Eating between
meals was strictly* forbidden.   5. It doesn't suit* him to come
home at lunch-time*.   6. It was not in my power* to have the
gates opened.   7. It is very distasteful* to me to ask for votes*.
8. You still have twenty francs left*.   You must keep them.
9. Many things had happened since his departure.   10. It was
after* midnight.

EMPLOI DES TEMPS

39 (§§ 72, 73)

*Pour chacun des verbes en italique, indiquer la valeur exacte du
temps présent.*

1. L'éclair *brille.*   2. Comme il *fait* chaud !   3. Madame, l'eau
bout.   4. L'eau *bout* à la température de 100°.   5. Je me *couche* à
dix heures.   6. Voilà huit jours que nous *sommes* sans nouvelles.
7. Si vous faites un pas, j'*appelle* !   8. Sa lettre m'annonce qu'il
part demain.   9. J'ai beaucoup à faire, car je *rentre* de l'étranger.
10. Il était cinq heures et demie.   Dans cette salle déjà pleine, il
entre d'un coup mille hommes, et dix mille poussaient derrière.
11. Le mois *suivant,* Napoléon *traverse* les Alpes et *surprend*
l'ennemi.   12. Voilà encore grand'mère qui *éternue* !

*40

Translate :

1. John is busy* doing his home-work*.   2. I see no one, but I do hear something.   3. I have been working at this problem for two hours   4. If you don't need me, I'm off.   5. A little girl who has just left her convent has no great knowledge of the world. 6. I have had these pains since I have been here.   7. Lucy has come to school for the first time.   8. We have just heard the news, and have come to congratulate* you on your success.   9. At this moment a horseman galloped* in, and held* out to the governor the letter containing the prisoner's reprieve*.   10. Isn't my shirt ready? Nearly, they (*on*) are just ironing* it.   11. All that is over long ago, and he is dead these forty years.   12. Our apprehensions are long since forgotten.   13. What are you doing there ?—I am writing a letter to Aunt Mary.   14. On Saturday the members and their friends are dining together at Frascati's.   15. This practice has long been done away* with.

41 (§ 74)

Reproduire le passage suivant au passé historique, et à la deuxième personne : Tu ne partis . . .

Alexandre ne part qu'après avoir assuré la Macédoine contre les peuples barbares, et achevé d'accabler les Grecs ; il ne se sert de cet accablement que pour l'exécution de son entreprise ; il rend impuissante la jalousie des Lacédémoniens ; il attaque les provinces maritimes ; il fait suivre à son armée de terre les côtes de la mer, pour n'être point séparé de sa flotte ; il se sert admirablement bien de la discipline contre le nombre ; il ne manque point de subsistance ; et s'il est vrai que la victoire lui donne tout, il fait aussi tout pour se procurer la victoire.   Dans le commencement de son entreprise il remet peu de chose au hasard ; quand la fortune le met au-dessus des événements, la témérité est quelquefois un de ses moyens. . . .

Après la bataille d'Issus, il laisse fuir Darius et ne s'occupe qu'à affermir et à régler ses conquêtes ; après la bataille d'Arbelles, il le suit de si près qu'il ne lui laisse aucune retraite dans son empire. C'est ainsi qu'il fait ses conquêtes ; mais il ne laisse pas seulement aux peuples vaincus leurs mœurs, il leur laisse encore leurs lois civiles.

42 (§§ 75, 76, 77)

Pour chacun des verbes en italique, indiquer le valeur exacte du temps passé.

1. Il *faisait* très chaud ce jour-là.   2. Sa chambre *était* propre et gaie.   3. Fort régulier dans mes habitudes, je me *couchais* toujours à dix heures.   4. Depuis huit jours nous *étions* sans nouvelles. 5. Un pas de plus et j'*étais renversé* par l'auto.   6. Sa lettre nous *annonçait* qu'il *partait* le lendemain.   7. Sa lettre nous annonçait qu'il *était* à Londres.   8. J'avais beaucoup à faire, car je *rentrais* de l'étranger.   9. Il devait aller à l'université s'il *obtenait* une bourse.   10. Le 6 octobre 1615, Joseph Béjart *épousait* à l'église Saint-Paul une demoiselle Marie Hervé.   11. Quinze jours après, Alexandre *entrait* à six heures du matin, pâle, dans la chambre de son père, et lui *demandait* de l'argent pour partir pour l'Allemagne. 12. Tous les quinze jours Alexandrine *entrait* chez son père et lui *demandait* l'argent nécessaire pour faire marcher la maison.

43

Matinée de Fête

Reproduire le passage suivant au passé descriptif : Des drapeaux tricolores pendaient . . .

Des drapeaux tricolores pendent aux fenêtres entr'ouvertes ; tous les cabarets sont pleins ; et, par le beau temps qu'il fait, les bonnets empesés, les croix d'or et les fichus de couleur paraissent plus blancs que neige, miroitent au soleil clair, et relèvent de leur bigarrure éparpillée la sombre monotonie des redingotes et des bourgerons bleus. Les fermières des environs retirent, en descendant de cheval, la grosse épingle qui leur serre autour du corps leur robe retroussée de peur des taches ; et les maris, au contraire, afin de ménager leurs chapeaux, gardent par-dessus des mouchoirs de poche, dont ils tiennent un angle entre les dents. . . . La foule arrive dans la grande rue par les deux bouts du village.   Il s'en dégorge des ruelles, des allées, des maisons, et l'on entend de temps à autre retomber le marteau des portes, derrière les bourgeoises en gants de fil, qui sortent pour aller voir la fête.

44 (§ 78)

Plot the verbs numbered in the following passages.

1. Étant enfant, j'étais (1) seul un jour à la maison, quand
quelqu'un vint (2) demander mon père.   Il me dit (3) bien son nom
avant de se retirer, mais quand mon père rentra (4), le nom était (5)
oublié.

2. Je me trouvais (1) devant un peuplier planté à l'angle d'un
champ de houblon.   Je m'appuyai (2), debout, contre le tronc de
l'arbre.   Le vent du sud m'apporta (3) plus distinctement le son
du canon.   Cette grande bataille encore sans nom, dont j'écoutais (4)
les échos au pied d'un peuplier, c'était (5) la bataille de Waterloo.

3. Le marché fut (1) conclu, le million fut (2) encaissé, le diable
disparut (3) dans une trappe d'où sortit (4) une petite flamme bleue,
et, deux ans plus tard, l'église était (5) bâtie.

4. Je marchais (1) depuis longtemps sans rencontrer nulle part ni
troupeaux ni maison.   A la fin, j'aperçus (2) une mince fumée
bleuâtre sortant d'une maison basse à demi cachée sous les arbres.
Quelque maison de chasseur, pensai-je (3).   Comme je m'appro-
chais (4), la maison m'apparut (5) soudain entre deux peupliers :
c'était (6) une cabane ronde, couverte de chaume.

5. Mon père, surpris de cette visite inattendue, descendait (1)
aussi vite qu'il pouvait de son échelle ; il était (2) vieux, et en
s'appuyant à la rampe, il laissa (3) tomber son pinceau.   Les
assistants restaient (4) immobiles.   Mon père était (5) confus de sa
lenteur et de sa maladresse, mais il craignait (6), en se hâtant, de se
blesser.   Charles-Quint fit (7) quelques pas en avant, se courba (8)
lentement et ramassa (9) le pinceau.

45

*Plot the verbs numbered in the following passages (without
translating).*

1. On the 9th of October a fight took (1) place between Saalburg
and Schleiz, where there was (2) a large forest, and the Prussians
were (3) forced to give way* after a lengthy* resistance.

2. A much more important action* was (1) fought* near Saalfeld,
in which the young Prince, who was (2) but thirty-three years of
age, lost (3) his life.

3. The infantry he commanded (1) fell (2) into disorder* and

soon got (3) out of hand*. The Prince had (4) now but five squadrons of cavalry left, and he determined (5) to die rather* than surrender.

4. The campaign was (1) speedily* decided. While the Emperor was closing* (2) upon the allied forces concentrated near Weimar, a very foolish* movement was (3) decided* upon.

5. Napoleon was hoping (1) to convey* his troops to England in small craft* without making use of the navy* proper*. Later he recognized* (2) that a successful* crossing* was (3) impossible without the protection of the men-of-war*. But he did not content (4) himself with preparations* for the campaign* in England; he seized (5) the cities of Bremen* and Hamburg*, and closed (6) the Elbe and the Weser against British* commerce. In Italy the ports of Tarentum* and Leghorn*, with which British* merchants did (7) a large trade, were (8) also* occupied.

6. Napoleon next turned (1) his attention* to the Russians, who were entering (2) the field* on behalf* of their allies. Time* was (3) all-important, as reinforcements were (4) shortly* expected by the enemy. Without scruple some of the French forces under Bernadotte were (5) therefore marched through the neutral territory of Prussia. It was (6) unjustifiable, but Napoleon made (7) no apologies, and by* the middle of November he was (8) in Vienna.

7. Ned was (1) the village postman. Every day he went (2) round* the country on his bicycle, accompanied by his dog Toffee, who was (3) as (well) known as Ned himself. He trotted (4) behind the bicycle, and waited (5) outside the gates* of the gardens while his master delivered* (6) the letters. He never barked (7), and had (8) no time* for fighting common dogs. Ned lived (9) with his mother. When the war broke out* (10), he said (11) good-bye to his mother and to Toffee, and presented (12) himself at the recruiting* office. He was (13) sent* to York by train.

*46

Translate the passages given above, paying particular care to the right use of the tenses as plotted.

47

Reproduire le passage suivant aux temps passés (passé historique et passé descriptif).

Après une navigation fort pénible pour moi, nous atteignons enfin le port. A peine arrivé à terre, je prends moi-même sur mes épaules mon humble bagage de voyageur, et m'avance à travers la foule vers la première maison où j'aperçois une enseigne. Je demande une chambre ; le domestique me toise d'un regard et me conduit au grenier. Il est encore de bonne heure ; j'ouvre ma valise, je prends mon habit neuf, et muni de ma lettre de recommandation, je me dirige vers la demeure de l'homme sur qui reposent mes modestes espérances. Arrivé devant les colonnes de marbre qui ornent sa porte, j'essuie avec mon mouchoir la poussière de mes souliers, j'arrange ma cravate, et je tire le cordon de la sonnette en me recommandant à Dieu. La porte s'ouvre, je subis une sorte d'interrogatoire, et enfin le concierge m'annonce ; j'ai l'honneur d'être introduit dans le parc où M. John se promène avec quelques personnes. Je le reconnais tout de suite à son air de satisfaction. Il me reçoit très bien, comme un riche reçoit un pauvre diable, et prend la lettre que je lui présente. Puis il offre le bras à une dame. Les autres personnes le suivent. La société est fort gaie, on rit et on plaisante. J'emboîte le pas derrière la compagnie, et personne ne fait plus attention à moi.

48

Même exercice :

Je demande à souper dès que je suis dans l'hôtellerie. C'est un jour maigre : on m'accommode des œufs. Pendant qu'on me les apprête, je lie conversation avec l'hôtesse. Lorsque l'omelette qu'on me fait est en état d'être servie, je m'assieds tout seul à une table. Je n'ai pas encore mangé le premier morceau que l'hôte entre suivi de l'homme qui l'a arrêté dans la rue. Ce cavalier porte une longue rapière, et peut bien avoir trente ans. Il s'approche d'un air empressé : " Seigneur écolier, me dit-il, je viens d'apprendre que vous êtes le seigneur Gil Blas de Santillane, l'ornement d'Oviédo et le flambeau de la philosophie," et il me jette les bras autour du cou. Mon admirateur me paraît un fort honnête homme, et je l'invite à souper avec moi. Il me dit qu'il n'a pas grand appétit, mais qu'il va se mettre à table pour me tenir compagnie, et il s'assied vis-à-vis de moi. On lui apporte un couvert. Il se jette sur l'omelette avec tant d'avidité, qu'il semble n'avoir mangé de trois jours. A l'air complaisant dont il s'y prend, je vois bien qu'elle sera bientôt expédiée. J'en commande une seconde, qui est faite si promptement, qu'on nous la sert comme nous achevons, ou plutôt comme il achève de manger la première.

49

Même exercice :

Le prince de Brunswick veut surprendre auprès de Vessel un corps d'armée commandé par le marquis de Castries. Le général français, qui se doute du dessein du prince, fait coucher son armée sous les armes. Il envoie à la découverte, pendant la nuit, le chevalier d'Assas, capitaine au régiment d'Auvergne. Pendant que cet officier avance dans l'obscurité, des grenadiers ennemis l'environnent et lui disent que s'il fait du bruit, il est mort. Le chevalier d'Assas se recueille un moment pour mieux renforcer sa voix, et crie : " A moi, Auvergne, voilà les ennemis ! " Il tombe aussitôt percé de coups, mais le régiment est sauvé.

50

Même exercice :

Je m'approche un jour de foire d'une échoppe de cordonnier, et ne pouvant acheter une paire de bottes neuves, j'en prends une vieille qui vient d'être ressemelée ; puis je me remets en route, absorbé dans mes pensées, et ne sachant pas moi-même où je vais. Après avoir marché pendant deux ou trois secondes, je me trouve au milieu d'une forêt dévastée par l'orage. Je fais quelques pas et aperçois une terre noire et déserte. Je m'avance un peu plus loin, et ne vois plus que des montagnes couvertes de neige. Le froid est excessif, et je ne découvre au loin aucune habitation. Je me retourne d'un autre côté, fais une centaine de pas, et me trouve sous un beau ciel, au milieu d'une plaine qu'embaument des orangers: les bottes que j'ai achetées sont des bottes de sept lieues. Cette découverte me cause une joie inexprimable. Je me jette à genoux et remercie la Providence du hasard qui m'a procuré cette merveilleuse chaussure.

51

Même exercice :

Une Aventure de Mademoiselle de Scudéry

Une aventure plaisante lui arrive à Lyon, lorsqu'elle revient de Paris avec M. de Scudéry, son frère. Dans l'hôtellerie on leur donne une chambre qui n'est séparée que par une petite cloison d'une autre chambre où l'on a logé un bon gentilhomme d'Auvergne. Ces deux illustres personnages n'ont pas grand équipage, mais ils traînent partout avec eux une troupe de héros qui les suivent dans leur imagination, et ils ont toujours dans l'esprit de grandes aventures.

Installés dans l'hôtellerie, ils reprennent leurs discours sérieux, et tiennent conseil s'ils doivent faire mourir un des héros de leur histoire ; les avis sont partagés. Le frère, qui a l'humeur plus guerrière, conclut à la mort ; la sœur, étant d'un naturel plus tendre, prend le parti de la pitié et veut lui sauver la vie. Elle finit toutefois par se ranger à l'avis de son frère, et la difficulté n'est plus que de choisir le genre de mort.

L'un crie qu'il faut le faire mourir très cruellement ; l'autre lui demande par grâce de ne le faire mourir que par le poison. Ils parlent si sérieusement et si haut, que le gentilhomme d'Auvergne, logé dans la chambre voisine, croit qu'on délibère sur la vie du roi, et s'en va faire sa plainte à l'hôtelier, qui fait appeler les officiers de justice.

On interroge sur-le-champ le frère et la sœur : N'ont-ils point eu dans l'esprit quelque grand dessein depuis leur arrivée ? M. de Scudéry répond que oui. N'ont-ils point menacé la vie du prince de mort cruelle ou de poison ? Il l'avoue. N'ont-ils point concerté ensemble le temps et le lieu ? Il en convient. Ne vont-ils point à Paris pour exécuter leur dessein ? Il ne le nie point. Là-dessus on leur demande leur nom ; mais en apprenant que ce sont M. et Mlle de Scudéry, les officiers se rendent compte qu'ils ont parlé plutôt de Cyrus ou d'Ibrahim que de Louis, et qu'ils n'ont d'autre dessein que de faire mourir en imagination des princes morts depuis longtemps. Leur innocence est reconnue, et ces messieurs se retirent après leur avoir demandé pardon.

52

LA QUEUE DU CHIEN D'ALCIBIADE

Mettre aux temps passés les verbes en italique.

Avoir un si beau chien et lui couper la queue ! Tel *être* le cri général des Athéniens quand Alcibiade *s'aviser* de dépouiller de sa plus belle parure un animal qui lui *avoir* coûté soixante-dix mines. Des amis *représenter* à Alcibiade lui-même que cette action *être* blâmée par tous et *faire* mal parler de lui. — " Voilà précisément ce que je *demander*, leur *dire*-il en riant : tant que les Athéniens s'entretiendront de cela, ils ne diront rien de pis sur mon compte."

Lorsque Bonaparte *préparer* sa campagne de Marengo, il *avoir* recours, lui aussi, au stratagème d'Alcibiade. Bien que l'armée se fût rassemblée par petites troupes et sans qu'on eût l'air d'y prendre garde, elle n'en *être* pas moins au pied des Alpes, et les Autrichiens *commencer* à s'inquiéter. Rien n'*annoncer* que cette armée dût traverser les monts ; mais on *avoir* appris à connaître les ruses du Premier Consul, et de nombreux espions, entretenus à Genève, *devoir* épier ses mouvements, découvrir ses intentions. — Que *faire* Bonaparte pour dissiper leurs soupçons ? — Il *écrire* à une vieille Genevoise, vieille connaissance à lui, une lettre tout amicale dans laquelle il lui *mander* qu'il *être* malade, que sa poitrine *être* délabrée, qu'on lui *ordonner* le lait d'ânesse et qu'il se *proposer* de venir se reposer aux environs de Genève. Il la *prier* donc de s'enquérir pour lui d'une ânesse bonne laitière, et lui *baiser* cordialement les mains. — La nouvelle, comme on peut le croire, *faire* son chemin : " Le Premier Consul vient ici prendre le lait d'ânesse ! Et les Autrichiens qui *redouter* une invasion ! " — Les agents de l'ennemi n'*entendre* plus parler d'autre chose que de lait d'ânesse ; ils en *parler* à leur tour à Mélas, et le général autrichien se *rassurer* comme tout le monde. — Quelques jours après, le malade *avoir* traversé le Saint-Bernard, et battu les Autrichiens à Marengo.

53

Translate the following sentences so as to show the exact value of the tenses.

1. Je *voulais* savoir ce qui se faisait.   2. Je *voulus* savoir ce qui se faisait.   3. Il *voulut* s'élancer sur moi, mais on le retint.   4. Mme

Loisel *connut* la vie horrible des nécessiteux. 5. Mme Loisel *connaissait* quelqu'un au ministère. 6. Elle *était* simple, ne pouvant être parée. 7. Elle *fut* simple, ne pouvant être parée. 8. J'*allais* à l'école à l'âge de cinq ans. 9. J'*allai* à l'école à l'âge de cinq ans. 10. Il m'*était* impossible d'avancer. 11. Il me *fut* impossible d'avancer. 12. Lorsque, le soir, les maîtres entrèrent dans la maison, je *savais* qu'on les appelait M. et Mme Alphonse. 13. Le dimanche, je *pouvais* m'échapper pendant quelques heures. 14. Le dimanche, je *pus* m'échapper pendant quelques heures.

54 (§ 79)

Pour chacun des verbes en italique, indiquer la valeur exacte du parfait.

1. J'*ai pris* toutes mes dispositions. 2. Je l'*ai* déjà *aperçu* quelque part. 3. Je l'*ai aperçu* hier. 4. Si demain vous n'*avez* pas *écrit* à votre père, je lui écrirai moi-même. 5. Je *suis né* en 1890. 6. Aujourd'hui le gaz et l'électricité *ont remplacé* les chandelles. 7. J'*ai été payé* aujourd'hui. 8. Je *suis allé* le voir ce matin. 9. Le rôle de l'oxygène dans la combustion n'est connu que depuis la fin du dix-huitième siècle ; il *a été mis* en évidence par Lavoisier. 10. J'*ai tôt fait* de ramener mon cheval d'un vigoureux coup d'éperon.

55

Mettez les verbes en italique au passé historique ou au parfait, comme il conviendra.

1. Ce siècle *voir* naître beaucoup d'inventions nouvelles. 2. Le dix-huitième siècle *voir* naître l'industrie houillère. 3. A Iéna Napoléon *infliger* aux Prussiens une défaite écrasante. 4. Dans le match d'hier l'Irlande *infliger* à l'Écosse une défaite écrasante. 5. Napoléon ne *pouvoir* mettre à exécution son projet de descente en Angleterre. 6. Notre cousin Jules ne *pouvoir* mettre à exécution son projet de venir passer les vacances avec nous. 7. *Déjeuner*-vous, monsieur ? 8. Où *vous faire*-vous faire votre pardessus ? 9. On ne sait quel pharaon *faire* construire cette pyramide. 10. Je n'étais pas à la réunion ; dites-moi ce qui se *passer*. 11. Que se *passer*-il à cette entrevue ? Aucun des ministres de Louis XV n'en *trahir* le secret. 12. Je découvrirai un jour celui qui me *trahir*.

56

Mettre le passage suivant aux temps passés. Ces événements étant arrivés " ce matin," on emploiera le temps passé de la conversation : Je me suis décidé ...

Ce matin, comme il ne pleut pas, je me décide à faire une promenade dans les environs. Je sors du château, qui est bâti sur une hauteur, et me mets à descendre par un sentier bordé de vignes. Parvenu en bas de la colline, j'entends un bruit de pas ; je jette un regard autour de moi, et aperçois un homme vêtu en ecclésiastique qui s'avance de mon côté. Il ôte son chapeau, et me salue avec un respect que personne ne m'avait encore témoigné. Je me découvre comme lui, et le salue avec le même respect, en me demandant ce qu'il peut bien avoir à me dire. Quant à lui, il a l'air embarrassé ; il s'incline plusieurs fois, fait quelques pas vers moi, semble vouloir parler, puis enfin, sans mot dire, dépose à mes pieds une bourse qui a l'air fort bien remplie, me salue de nouveau, et reprend le chemin par où il était venu.

57

Mettre au passé de la conversation l'Exercice 48 *:* J'ai demandé à souper ...

58

Mettre au passé de la conversation l'Exercice 51, *en commençant:* Cette semaine une aventure plaisante lui est arrivée ...

(*Noter que dans ce cas, l'aventure étant racontée à l'époque même du voyage des Scudéry, la fin du premier paragraphe restera au temps présent.*)

59 (§ 395.1)

Mettre le verbe en italique à tous les temps qui peuvent raisonnablement suivre la proposition principale.

1. Je sais qu'il *être* là.
   Je savais qu'il *être* là.
2. Je pense qu'elle m'*apercevoir.*
   J'avais pensé qu'elle m'*apercevoir.*

3. J'apprendrai demain s'il *venir*.

Je devais apprendre le lendemain s'il *venir*.

4. Je veux voir comment il s'y *prendre*.

J'ai voulu voir comment il s'y *prendre*.

60

Faire concorder les temps.

1. Je trouve que toute imposture est indigne d'un honnête homme. Je trouvais ... J'ai toujours trouvé ...

2. Il s'endort si profondément qu'il faut le réveiller pour combattre. Il s'endormait ... Il s'endormit ... Il s'est endormi ... Il s'était endormi ... Il s'endormira ... Il se serait endormi ...

3. Il prétend qu'il vous vaut bien. Il prétendait ... Il a prétendu ... Il prétendra ...

4. Il avoue qu'il s'est trompé. Il avoua ... Il a avoué ... Il avouera ...

5. Je suis d'avis qu'il viendra. J'étais d'avis ... Je fus d'avis ... Je serais plutôt d'avis ...

6. Je monte dans un wagon, mais redescends promptement, car je m'aperçois que c'est un compartiment de dames seules. Je montai ... Je suis monté ... J'étais monté ...

61 (§ 395.2)

Faire concorder les temps.

1. Je demande à souper dès que je suis dans l'hôtellerie. Je demandai ... J'ai demandé ... J'avais demandé ... Je demanderai ... Je demanderais ... J'aurais demandé ...

2. Ce n'est qu'après qu'il a hérité de son oncle qu'il peut payer ses dettes. Qu'il put payer ... Qu'il a pu payer ... Qu'il pourra payer ... Qu'il pourrait payer ...

3. Quand il sait qu'elle n'est pas morte, Hector reprend espoir. Hector reprit espoir. Hector a repris espoir. Hector reprendra espoir.

4. A peine le magistrat a-t-il le dos tourné que Satan commence à s'escrimer. Que Satan a commencé ... Que Satan commencerait ... Que Satan aurait commencé ... Que Satan commencera ... Que Satan aura commencé ...

5. Dès qu'il a quelque connaissance de la langue latine, on lui fait traduire Quinte-Curce. On lui fit traduire... On lui fera traduire... On lui a fait traduire...

6. Nous sommes déjà très loin sur la route lorsque Pauline s'aperçoit que la nuit vient. Lorsque Pauline s'aperçut... Lorsque Pauline s'est aperçue... Lorsque Pauline se serait aperçue...

7. Elle promet de revenir aussitôt qu'elle le pourra. Elle promit... Elle a promis... Elle avait promis...

8. Quand ils se lèvent sur leurs pieds, ils montrent une face humaine, et en effet ils sont des hommes. Ils montraient... Ils montrèrent... Ils ont montré... Ils montreront...

9. Tant que les hommes se contentent de leurs cabanes rustiques et qu'ils ne s'appliquent qu'à des ouvrages qu'un seul peut faire, ils vivent libres et heureux autant qu'ils peuvent l'être par leur nature ; mais dès qu'on s'aperçoit qu'il est utile à un seul d'avoir des provisions pour deux, l'égalité disparaît. Ils vécurent libres... Ils ont vécu libres... Ils vivront libres...

10. Je prends les billets tandis que mon mari fait enregistrer les bagages. Je pris... J'ai pris... Je prendrai... J'avais pris... Je prendrais... J'aurais pris...

62

Faire concorder les temps.

1. Je vous donne tout ce que vous demandez. Je vous donnais... Je vous ai donné... Je vous donnerais... Je vous aurais donné... Je vous donnerai...

2. Il raconte les dangers qu'il a courus. Il racontait... Il raconta... Il racontera...

3. Qui le voit aujourd'hui le voit tel qu'il est depuis vingt ans. Qui le verra... Qui l'a vu... Qui l'aurait vu... Qui le voyait à cette époque...

4. Un jour vint où personne ne put m'empêcher de les rejoindre. Un jour viendra... Un jour viendrait, dit-il, où... Un jour est venu... Un jour était venu...

5. Je prends un tramway qui mène à la gare. Je pris... J'ai pris... Je prendrai... J'avais pris...

6. Je prends un tramway qui me mène à la gare. Je pris... J'ai pris... J'avais pris... Je prendrai... J'aurais pris...

7. On le blâme de n'avoir pas apporté tout ce qu'il faut.   On
l'a blâmé . . . On l'aurait blâmé . . . On le blâmera . . .

8. La boulangère tire de sa case le plus beau pain qu'elle peut y
trouver.   La boulangère tirait . . . , tira . . . , a tiré . . . , tirera . . . ,
avait tiré . . . , tirerait . . .

63 (§§ 80, 81)

Mettre les verbes auxiliaires au temps convenable.

1. Les nouveaux fermiers arrivèrent le lendemain ; les laboureurs
et la servante *être* venus dès le matin.   2. Il fit claquer son fouet,
et on *avoir* bientôt dépassé la forêt.   3. Le notaire avoua qu'on
lui *avoir* confié cet argent.   4. Il tailla deux éclisses dans un
morceau de bois, et *avoir* bientôt fait de me remettre le bras.
5. Lorsque la Grande Armée *être* entrée dans Moscou, elle dut se
retirer devant les flammes.   6. Lorsque la Grande Armée entra
dans Moscou, les Russes *avoir* déjà incendié la ville.   7. Lorsque
j'*avoir* mérité une bonne place à l'école, mon père me récompensait.
8. Dès que j'*avoir* reçu la lettre de mon ami, je me hâtai d'aller le
rejoindre.   9. La Constituante se sépara lorsqu'elle *avoir* donné
une Constitution à la France.   10. Le roi n'*avoir* pas plus tôt émis
un avis que les courtisans applaudissaient.   11. Quand on *avoir*
franchi le pont-levis du château, il fallait encore passer la herse.
12. Quand on *avoir* franchi le pont-levis du château, il fallut encore
passer la herse.   13. Dès qu'ils *être* arrivés à Lyon et qu'ils *avoir*
pris une chambre dans l'hôtellerie, ils tinrent conseil.   14. Quand
les Lacédémoniens *avoir* brisé leurs piques à force de tuer, ils
continuèrent à combattre avec l'épée.   15. A peine *avoir*-je fait
quelques pas que je m'arrêtai.   16. A peine *avoir*-je dit quelques
mots que l'on m'interrompait.

64

Translate :

1. The children were not brother and sister, but they had loved
each other as much* as if they had been.   2. He had spent* five
days at Siena,* where he had intended* to spend only two.   3. He
went after I had given him the necessary orders.   4. He always
wrote his sermons after the family had gone to bed.*   5. He wrote
that article one evening after the family had gone to bed.   6. He

had soon given me all the information* which I required,* and we
sat down to smoke a pipe.   7. We stopped to listen : in a moment
he had opened the window, and we caught sight* of a man who
was running toward the gate.*   8. If only you had listened to me !

*65 (§§ 80, 81, 77.1)

Translate :

1. How long had he lived* in that house when we came to live
here ?   2. I had been waiting for two hours when I heard him
open the garden gate.*   3. I had been waiting for him for two hours,
and he had been waiting for me at home.   4. He went after I gave
him the necessary orders.   5. After Miss Matty went to bed,* I
lighted* the candle again.   6. After Miss Matty went to bed, I used
to light the candle again.   7. After he and I left* Oxford he spent
two years at home to study agriculture.   8. She had left* her
watch at home : she broke the spring* at the sea-side.*   9. Thirty
years later my father still lived on the spot* where he settled* first.
10. He removed* the peg* which marked the spot* where the beetle*
fell, about three inches to the westward.*

66

Un Vieillard qui ne veut pas vieillir

*Mettre les verbes en italique au temps voulu (passé historique, passé
descriptif, présent).*

Lorsque Sylvain de Bois-Doré *voir* ses cheveux blanchir et s'en
aller, il *faire* exprès le voyage de Paris pour se commander une
perruque.   Déjà la perruquerie *devenir* un art, mais les chercheurs
de détails nous *apprendre* que, pour avoir une perruque avec
cheveux implantés un à un, il *falloir* dépenser au moins soixante
pistoles.

M. de Bois-Doré ne s'*arrêter* pas devant cette bagatelle, lui qui
être riche désormais et qui *mettre* fort bien cinq à six mille francs
à un habit de gala.   Il *courir* essayer des perruques : d'abord il
s'*éprendre* d'une blonde crinière qui lui *aller* merveilleusement bien
au dire du perruquier.

Bois-Doré, qui ne s'*être* jamais vu blond, *commencer* à le croire
lorsqu'il en *essayer* une châtain qui, toujours au dire du vendeur,
lui *aller* tout aussi bien.   Les deux *être* du même prix ; mais Bois-

Doré en *essayer* une troisième qui *coûter* dix écus de plus et qui *jeter* le marchand dans l'enthousiasme : celle-là *être* véritablement la seule qui fît ressortir les avantages de M. le marquis.

Bois-Doré se *souvenir* du temps où les dames *dire* qu'il *être* rare de voir une chevelure aussi noire que la sienne avec une peau aussi blanche. " Ce perruquier *devoir* avoir raison," *penser*-il. Et pourtant, il s'*étonner* quelques instants devant la glace de voir que cette crinière sombre lui *donner* l'air dur et violent.

" C'*être* surprenant, se *dire*-il, comme cela change ! Cependant, c'*être* ma couleur naturelle. J'*avoir*, dans ma jeunesse, l'air aussi doux que je l'*avoir* encore. Mes épais cheveux noirs ne me *donner* pas cette mine de mauvais garçon."

Il ne lui *venir* pas à l'idée que tout *être* en parfaite harmonie dans les opérations de la nature, et qu'avec ses cheveux gris il *avoir* la mine qu'il *devoir* avoir.

Mais le perruquier lui *répéter* tant de fois qu'il ne *paraître* pas plus de trente ans avec cette belle perruque, qu'il la lui *acheter* et lui en *commander* sur-le-champ une seconde, par économie, *dire*-il, afin de ménager la première.

Néanmoins, il se *raviser* le lendemain. Il se *trouver* plus vieux qu'auparavant avec cette tête de jeune homme, et c'*être* l'avis de tous ceux qu'il *consulter*.

Le perruquier lui *expliquer* qu'il *falloir* mettre d'accord les cheveux, les sourcils et la barbe, et il lui *vendre* la teinture. Mais alors Bois-Doré se *trouver* si blême au milieu de ces taches d'encre, qu'il *falloir* encore lui expliquer que le fard *être* nécessaire.

" Il *paraître*, *dire*-il, que, quand on *commencer* à user d'artifice, il n'*être* plus possible de s'arrêter ? — C'*être* la coutume, *répondre* le rajeunisseur ; *choisir* d'être ou de paraître. — Mais je *être* donc vieux ? — Non, puisque vous *pouvoir* encore paraître jeune moyennant mes recettes."

Depuis ce jour Bois-Doré *porter* perruque, sourcils, moustaches et barbe peints et cirés.

*67 (§ 82)

Mettre les verbes auxiliaires au temps convenable.

1. Il a taillé deux éclisses dans un morceau de bois, et *avoir* bientôt fait de me remettre le bras. 2. Dès que j'*avoir* reçu sa lettre, je me suis hâté d'aller le rejoindre. 3. Quand on *avoir* franchi le pont-levis du château, il a encore fallu passer la herse.

4. Je me suis mis au travail, et en moins de deux heures j'*avoir*
fini mon article.   5. Je m'étais mis au travail, et en moins de deux
heures j'*avoir* fini mon article.

68 (§§ 83–85)

Expliquer l'emploi des temps futurs dans les phrases suivantes.

1. Je *serai* chez vous à trois heures.   2. Tu ne *tueras* point.
3. Si je suis libre je *viendrai*.   4. Je ne sais si je *pourrai* venir.
5. J'*aurai fini* demain.   6. Madame, lui dis-je, je me *serai* mal
expliqué chez moi ou vous *aurai* mal *comprise* ici.   7. J'espérais
que vous *viendriez*.   8. Il fut convenu que j'*entrerais* chez Mlle
Maximilienne aussitôt que M. le curé *serait* de retour d'un voyage
qu'il devait faire à Rome.   9. D'après eux, il ne *serait* pas mort.
10. S'il était encore en vie, il ne se *cacherait* pas.

69

Même exercice.

1. Encore la sonnette ?   Vous allez voir que ce *sera* quelque
mendiant perdu dans la neige.   2. Je ne *saurais* permettre cela.
3. C'est un sentiment que j'*appellerais* volontiers orgueil.   4. A
moitié fou comme tu l'es, tu n'*aurais* qu'à oublier son adresse.
5. Vous n'*auriez* pas parmi les personnes qui sont venues chez
vous ce matin un voyageur du nom d'Armand Desroches ?   6. Est-
ce que tu *serais* menteuse, par hasard ?   7. On *dirait* les statues
de leurs temples, descendues de leur piédestal, et qui se *pro-
mèneraient* autour.   8. Un homme *serait venu*, paraît-il, qui *aurait
voulu* vous parler.   9. Qui t'*ôterait* les gestes, ne *laisserait* rien de
toi.   10. Laissons dormir les querelles qu'on *irait* tisonner dans
les cendres de la guerre.

70 (§ 395.3)

Faire concorder les temps.

1. Si la mer devient mauvaise je me retire dans ma cabine.   Je
me retirerai...   Je me retirais...   Je me retirerais...   Je me
serais retiré...

2. S'il n'était pas si heureux il serait plus prudent. S'il n'avait pas été ...

3. Si vous ne venez pas me voir, je ne vais plus chez vous. Je n'irai plus ... Je n'irais plus ... Je ne serais plus allé ...

4. Si nous nous mettons à sa place, nous conviendrons qu'il lui est impossible de rien comprendre à son aventure. Nous conviendrions ... Nous aurions convenu ...

*71 (§ 395.3. Note)

Mettre les verbes en italique au temps convenable.

1. S'il y *avoir* entre eux une antipathie de nature, ni l'un ni l'autre ne semble avoir manqué à ses devoirs. 2. Si Molière jeune se *brouiller* avec son père, s'il lui *jouer* peut-être quelques tours dignes de la comédie italienne, comme il racheta ces écarts lorsque, homme mûr, il vint à son secours ! 3. Jean était fort triste, car s'il *être* courageux il n'*être* pas stoïcien. 4. Si la valeur *avoir* ses prodiges, elle *avoir* aussi ses périls. 5. S'il *être* brave, il fut prudent.

72 (§§ 83, 84)

Mettre les verbes en italique au temps convenable.

1. Je *venir* si j'ai le temps. 2. Je *venir* si j'avais le temps. 3. Je *venir* si j'avais eu le temps. 4. Je viendrai quand j'*avoir* le temps. 5. Avertissez-moi s'il *venir* quelqu'un. 6. Avertissez-moi dès qu'il *venir* quelqu'un. 7. On se proposait d'utiliser la cascade pour actionner des dynamos qui *fournir* d'électricité toute la région. 8. Il rêve à un pays où le soleil *briller* toujours, où les fleurs *être* toujours écloses. 9. Les soldats les tuèrent aussi facilement qu'ils *couper* des choux. 10. Elle m'apprit que le lendemain je *rester* seule à la ferme, pendant que les autres *aller* à la fête du village.

*73 (§ 83)

Translate :

1. I'll never forget that interminable journey through Spain. 2. He says you will never succeed. 3. What will people be saying next•? 4. I shall be pleased• to accept your kind• invitation. 5. I must stop, but Mary will be writing to you next week. 6. I hope you will both be able to come.

7. Is he not here yet? He must have forgotten that he is expected*.   8. I shall hope to see you again.   9. It won't take a minute, and we will promise not to disturb* her.   10. I do hope he wins* the prize!   11. To understand the situation, the reader must know that there were two entrances* to the castle.   12. You'll be the new tenant*?— No, I'm the plumber*.

*74 (§ 84)

Translate :

1. You told me you would arrive at four o'clock.   2 You said you would be late*.   3. He told me that he thought I would suit* him very well.   4. I would like to quote* one more* example.   5. Could you tell me the way* to the town hall?   6. It's a pity*; I should have been very pleased* to see you.

7. When I said good-bye to him, he smiled and hoped* that I should repeat my visit.   8. I should have preferred to have stopped longer, if I had been able to afford* the time.   9. I would not go there for the world*!   10. The cavalry, which earlier in the day must* have attracted notice, passed unperceived*.   11. It were idle* to deny the gravity of the incident.   12. It were better*, after all*, to pursue* your studies.   13. The elder girl—she would be about twenty—often took her mother's place.   14. I remember the day when I first* saw him. That would be in the year 1902.

*75

Translate :

1. I shall come when I am ready.   2. I shall be in an office when you are still at school.   3. The earlier he comes the better.   4. I shall come to help you as soon as I am ready* with my own work.   5. The train will have gone by the time* you are ready.   6. He said he would go home as soon as he had dictated his letters.   7. No one could be more popular* at the present* time than a minister who succeeded in bringing* down the cost of living.   8. A book which was too complete would not fill the purpose* which I have in view.   9. The boy* who did that paper* in an hour would be a phenomenon.   10. She had three daughters whom she would like to see settled* before her death.   11. We shall do whatever he likes.   12. Send me back the letter when you have answered it.   13. He said he would send me back the letter when he had answered it.   14. He

who would pretend to learn a language* by theory and rules would resemble a person who would learn to walk by studying the theory of equilibrium.

*76 (§ 85)

Translate :

1. You would not do it if you knew how much it hurts* me. 2. It would be very nice* if it were only possible.   3. If this be true there is no time to be lost.   4. Should it be wet* I shall stay at home. 5. If I should say that they fell in love* with each other at that very moment, I should perhaps be departing* from the truth. 6. If I did not write to him, he would be offended*.   7. If I did not write to him, it is because I know he is in Switzerland.   8. Had he even* more faults I should still be his friend.   9. Had you been there you would have done as I did.   10. Could I have foreseen all these difficulties, I should never have undertaken the work.   11. If you hadn't come to our help*, my crew* and I had been at the bottom of the sea by now*.   12. He durst not do it even if you offered* to help him.   13. I might have come if I had been notified* in time. 14. Could I but see him once again I should die content.   15. If there were no domestic servants, each of us must wait* upon himself.   16. If all went well, they would be at the door when Joan opened it.   If discovered prematurely, they were to kill anyone who found them.   17. They should have had it if they had asked for it.   18. If he had looked, he must have seen the light* of the approaching train.   19. If Pompey had fallen in battle, he had died gloriously.   20. Were he here, he would do as I do.   21. Unless I had lost that train, I should not have dreamed of taking that walk.

77 (§ 86)

Translate :

1. It is going to rain ; take your umbrella.   2. Come* along, the tea will be getting cold*.   3. We shall be leaving you in half an hour. 4. I was on the point of hailing* him when he caught sight of me.   5. I shall now call the witnesses.   6. What were you about to say ? 7. We have just seen them back* to the station.   8. You had just gone out when the telegram came.   9. An accident has just happened (*impers. constr.*).   10. Eight o'clock had just struck*.

L'Impératif

78 (§§ 87, 235, 331)

Mettez à la forme familière (singulier) :

1. Levez-vous de bonne heure.   2. Rappelez-vous ce conseil, et pensez-y sans cesse.   3. Soyez sage et ayez soin de ne rien déranger.   4. Allez à la poste avec lui ; ou allez-y tout seul si vous voulez.   5. Allez-vous-en, vilain chien !   6. Si vous tenez à votre peau, nettoyez-la.   7. Ne mangez pas tout le gâteau ; donnez-en un morceau à votre petit frère.   8. Faites-vous faire un bon pardessus avant l'hiver.   9. Veuillez bien fermer la fenêtre.   10. Asseyez-vous donc, mon enfant !   11. Ne vous servez pas de ce fusil-là.   12. Sachez vous taire quand il le faut.

79

Translate :

1. Go home and do what you are told.   2. Mind* your own business.   3. You sit down and listen, Mary !   4. Don't you think I shall forget you !   5. Ask too many questions, and you'll spoil* everything.   6. Be the food only wholesome* and abundant, and I am satisfied.   7. Do be quiet*, boys !   8. Do come with us !   9. Do not let us misjudge* him.   10. Don't let us think of it.   11. Let us bear our ills* with patience.   12. Let everything be done according to their desire.   13. If Dick Mulligan is ready, let the battle begin !   14. Let them all come !   15. Let no one move* before I give the signal.   16. Do let the cat alone, Mary !   17. Hurry up, children, and get seated.

L'Infinitif

80 (§§ 89, 90)

Indiquer la fonction de l'infinitif dans les phrases suivantes.

1. Céder serait honteux.   2. Autant vaut nous taire.   3. Voilà ce que j'appelle répondre franchement.   4. Vous répondre autrement serait vous cacher la vérité.   5. Il prétend être mon cousin.   6. Il courut avertir son maître.   7. Il est trop jeune pour comprendre.   8. J'ai beaucoup de choses à faire.   9. Valser, danser les lanciers, est passé de mode.   10. Il soutient nous avoir vus.   11. Tout comprendre rend très indulgent.   12. Je pense réussir.

81

Translate, and indicate the function of the infinitive.

1. To know him is to love him.　2. Being able to play the piano is not knowing music.　3. I want to see him.　4. I am here to see him.　5. The best* thing was to laugh.　6. The main* thing was not to lose sight* of him.　7. He is in the dining-room.　8. He was supposed* not to know anything.　9. His principal occupation in his old age was talking to his friends.　10. The great business of her life was to get her daughters married*.

82 (§§ 92, 332.1)

Là où il sera nécessaire, insérer la préposition à ou par à la place du tiret ; ensuite remplacer le substantif en italique par le pronom personnel. (Ex.: Je fis avaler un verre de vin—le pauvre malheureux: Je fis avaler un verre de vin au pauvre malheureux. Je lui fis avaler un verre de vin.)

1. Elle faisait lire—*les enfants.*　2. J'ai fait déchiffrer le morceau—*mes élèves de piano.*　3. Je ferai avertir—*vos parents* de votre conduite.　4. Il faut faire savoir le résultat—*les intéressés.*　5. Je ferai monter les bagages—*le domestique.*　6. Le monsieur fit arrêter *le filou*—un agent de police.　7. Il fit lâcher prise—*le voleur.*　8. Faites venir—*le médecin.*　9. Faites manger quelque chose—*les enfants.*　10. Il ne faut pas faire attendre—*nos invités.*

83

Translate :

1. I make my pupils sing.　2. I make them sing.　**3.** I do not make my pupils sing.　4. I do not make them sing.　5. Make your pupils sing.　6. Do you make them sing ?　7. Why don't you make them sing ?

8. I made (*conv. past*) my pupils sing the chorus*.　9. I máde them sing the chorus.　10. I did not make my pupils sing the chorus.　11. I did not make them sing it.　12. Would you have made them sing it ?　13. Why would you not have made your pupils sing it ?　14. Make them sing a chorus.　15. Make them sing one.　16. Don't make them sing any.　17. Why don't you make everybody sing ?　18. Why didn't you make everybody sing the chorus ?

84

Translate :

1. Is the water boiling ? 2. We must boil some water. 3. Have
you called* in a doctor ? 4. Where do you get your clothes made ?
5. I want to get an overcoat made for myself. 6. Don't get
punished. 7. Get somebody to help you. 8. If I had obeyed, I
should not have got dismissed*. 9. Let us have these buildings
repaired. 10. I shall get a tailor to patch* my trousers. 11. I shall
have the door repainted*. 12. I shall get Williams to paint it.

*85

Translate :

1. Bid the ladies be seated. 2. What have you given* them to
eat ? 3. Get somebody to bring down my trunk. 4. I can't get
the children to hold their tongues*. 5. They made me rest for
half an hour. 6. We were made to stand* to sing. 7. How will
you make the enemy accept these conditions ? 8. She is so
pleasant* that she makes herself liked by everybody. 9. Can you
show us something cheaper ? 10. His brilliant victories caused
him to be regarded as invincible. 11. He was trying to make the
baby laugh. 12. The light they saw through the trees made them
hasten* their steps.

86 (§§ 93, 332.2)

*Exprimer la proposition subordonnée au moyen d'un verbe à
l'infinitif. (Ex. : ' Je vois que vous pâlissez ' : Je vous vois pâlir.
Au verbe ' permettre ' on substituera le verbe ' laisser.')*

1. J'entends que l'on rit. 2. J'entendais les enfants qui riaient.
3. J'entends bien que tu ris. 4. Je vis toute une foule qui accourait.
5. Je l'ai vu qui le faisait. 6. Permettez qu'ils courent. 7. Je
permets qu'ils fassent ce qu'ils veulent. 8. Je ne permettrai pas
qu'ils le fassent. 9. J'écoute les enfants pendant qu'ils récitent leur
leçon. 10. La prison était pleine de rats ; je les sentais qui me
couraient sur le corps.

87

Translate :

1. I saw it done. 2. I often see him do it. 3. I have often
heard it said. 4. Have you ever heard him say so ? 5. I saw her

running toward the door.   6. I felt her heart beat against mine.
7. I heard him walk* through the garden.   8. She was watching the
leaves float* down stream.   9. I heard somebody go out.   10. Did
you see him come in ?   11. I saw him pass this morning at eight
o'clock.   12. Do not let yourself be carried away by your feelings.

*88

Translate :

1. I did not hear him utter* more than twenty words.   2. After
I had seen everything put* back in its place I went home.   3. I had
often heard the word pronounced, but had never seen it written.
4. It was the man whom I had heard called Gaspard.   5. He heard
a long sigh uttered* close to him.   6. I heard something fall on the
ground.   7. The works* is where you see these chimneys smoking
on the horizon*.   8. I had heard him praise this artist.   9 Let
yourself be advised by your friends.   10. I have never seen him do
anything of the kind*.   11. Never let slip* an opportunity*.   12. He
felt himself roughly struck* in the face.

89 (§§ 94.1, 332.3)

Traduire les phrases suivantes :

1. Je ne peux pas ouvrir la fenêtre.   2. Maman, est-ce que je peux
aller jouer chez Jeanne ?   3. Je veux l'accompagner.   4. Je veux
bien l'accompagner.   5. Je voudrais bien l'accompagner.   6. Je
voulais bien l'accompagner.   7. J'aurais bien voulu l'accompagner.
8. Veuillez bien l'accompagner.   9. Il ne sait pas se conduire en
société.   10. Il ne sait pas nager.   11. Je ne saurais vous permettre
cela.   12. Il n'aurait pas su vous conseiller.

90

Translate :

1. I shall not be able to come so early.   2. He may go out if he
wants to.   3. Please to sit down, Mr Smith.   4. You say you cannot do it, but you can.   5. You could have done better.   6. I tried
to do the work, but I could not.   7. The hospital is capable of
holding four hundred patients.   8. Our position might have been
worse.   9. I should like to put on my new dress.   10. If she would
she could be useful.

*91

Translate :

1. I asked him to do it, but he would not. 2. I hear a noise :
what can it be ? 3. It cannot be true whàt he says. 4. I knew it
could not be true what he said. 5. He says he can do it.—So he
can. 6. Her beauty is not to be denied*. 7. They would like to
have stayed longer out of doors*. 8. We should like to have gone*
a few more miles, but our petrol* gave out*. 9. The work can be
done. 10. I wonder what I may have done to offend him.
11. Where is Mary ?—I haven't seen her ; she may be in the
kitchen. 12. He may arrive in time*, if he walks fast. 13. I might
have gone if I had known you were there. 14. And how old might
you be, my dear*, if I may ask the question ? 15. In his conversation he could* be very gay and humorous*.

*92 (§ 94.2)

Paraphraser en français les phrases suivantes :

1. Nous devons aimer nos semblables comme nous-mêmes. 2. Nous
devons passer l'hiver à Nice. 3. Pour être à notre bureau à neuf
heures nous devons nous lever à six heures et demie. 4. Je ne vois
pas de maisons ; nous devons nous être trompés de chemin (*ou*
nous avons dû nous tromper de chemin).
5. Il devait quitter l'école après l'examen. 6. Il a dû quitter
l'école avant l'examen. 7. Vous deviez vous ennuyer, tout seul sur
cette île. 8. Vous avez dû vous ennuyer en m'attendant. 9. Je
dus faire des excuses. 10. Il devrait faire des excuses. 11. Il
aurait dû faire des excuses. 12. Il devra faire des excuses.
13. Est-il vrai qu'il doive prendre sa retraite à la fin de l'année ?
14. Vous devriez lui rendre sa visite. 15. Vous lui devez une visite.

93

Translate :

1. What am I to write to him ? 2. I had to write him a very
unpleasant letter. 3. We were to meet at three under the. big
clock* at the station. 4. We ought to call* on them ; let us go
this afternoon. 5. You ought to have come sooner. 6. You ought
not to have sold your books. 7. His article is to appear in an early*

number of *Nature*.   8. You must be aware of it.   9. He must be
an old* man now.   10. We ought to have done that long ago*.
11. Little children should be seen and not heard.   12. We were to
have received the money to-day, but father must have forgotten
to send it to us.

*94

Translate :

1. He asked me what ought to be done.   2. There are always
people who stand* where they ought not.   3. He was never to see
his native country* again.   4. As he must pass through Oxford, I
invited him to pay us a visit*.   5. She told them that they must
get everything ready* themselves.   6. He seems to be going to succeed.   7. He was to have arrived last night.   8. I had to eat three
slices of the cake, because her daughter had made it.   9. If he says
so it must be true.   10. When it had snowed I used to have to get
up at six o'clock to sweep the yard.

*95 (§ 95)

Translate :

1. I wish to go out.   2. He will never dare to show himself.
3. Helen hardly dared to raise* her eyes.   4. I would just as soon
wait.   5. I would rather wait for him.   6. Mr Pecksniff durst not
issue from his place of concealment*.   7. I intend to be obeyed.
8. What would you rather do ?   9. He was convinced that they had
stolen it, but he dare not say so.   10. How dare you show yourself
here ?

96 (§ 96)

Remplacer la proposition subordonnée par un verbe à l'infinitif.

1. J'affirme que j'ai dit la vérité.   2. Il avoua qu'il était arrivé
en retard.   3. Il déclara qu'il ne devait rien à personne (§ 333.3).
4. Il dit qu'il a eu beaucoup de difficulté à les retrouver.   5. Il
reconnaît qu'il a bien reçu la somme.   6. Il nie qu'il ait rien entendu.   7. J'ai cru que j'avais raison.   8. Je pensais bien que je
vous reverrais.   9. J'espère bien que je vous reverrai.   10. Je
m'étais figuré que je retrouverais la maison telle quelle.   11. Il
finit par avouer qu'il avait inventé cette histoire pour nous taquiner.
12. Est-ce que vous vous figurez que vous avez le droit d'interrompre
l'orateur à chaque instant ?

*97

Translate :

1. When do you expect to see him? 2. He owns to having received a thousand francs. 3. He denies being in the wood at the time when they say they saw him. 4. He imagined he would succeed at the first shot*. 5. I remember hearing it said that he had made a fortune*. 6. When he saw her enter the room he almost choked* with rage. 7. I nearly upset* my uncle in the passage. 8. He was so upset* that he nearly dropped* the purse. 9. I remember hearing him speak of you. 10. Thinking to avoid him, she entered a shop. 11. He hopes to be appointed*. 12. He pretended to have walked* all the way.

98 (§§ 97, 98)

Complétez, au moyen d'une proposition infinitive.

1. Je les ai menés... 2. Envoyez-le... 3. Quand viendrez-vous...? 4. Pourquoi est-il allé...? 5. Courez vite... 6. Je suis monté... 7. Elle est redescendue... 8. Il retourna... 9. Monsieur est sorti... 10. Il paraissait... 11. Vous semblez... 12. Il faut... 13. Nous avions beau... 14. Il faisait bon... 15. Vous auriez beau...

99

Translate :

1. Run and tell him what has happened. 2. Miss Mary had gone out to pay some calls*. 3. He went up to bed* at ten o'clock. 4. He came to see me yesterday. 5. He came to see me, but I was out. 6. You must listen, boys. 7. You mustn't answer before your turn. 8. It became necessary to reduce the rations. 9. It seemed to me that I heard the sound of the sea. 10. In his works I have seemed to detect* a leaning* towards Calvinism. 11. It was useless for him to complain, no one listened to him. 12. I implored him in vain, he would not listen to me. 13. Living is expensive in new countries. 14. Our friends are to take us to see the Exhibition tomorrow. 15. When he heard me speaking in the hall, he came down to ask who was there. 16. He seemed to be expecting some one.

100 (§ 99)

Translate :

1. He expected to find the dinner ready. 2. I didn't think of warning him. 3. This theory led him to attempt some new experiments. 4. She helped to nurse* him. 5. He started to whistle. 6. He consents to wait until to-morrow. 7. What have you to do this afternoon ? 8. I have only to write a few letters. 9. I have only a few letters to write. 10. I am beginning to think he won't come. 11. A traveller chanced to pass that way*. 12. Who taught the parrot to swear ? 13. They spend the time playing. 14. We had nothing to say to each other.

*101

Translate :

1. I did not expect to see you. 2. They enjoyed excellent health, which exercise had contributed to fortify. 3. I am most anxious to see him to-day. 4. In the evening he would remain for hours doing nothing. 5. I am inclined to believe that he was ignorant* of this fact. 6. We have to regret the death of several old subscribers*. 7. If you need me you have only to send* for me. 8. We didn't have to ask twice. 9. Are you going to help us to decorate the Christmas-tree* ? 10. We are beginning to realize* that punishment alone is not sufficient. 11. And what would he do if he happened to lose his post*. 12. You must learn to help yourself. 13. We had spent the whole day waiting for him. 14. We had eight miles to drive to get to the village. 15. There are two kinds of speeches : there is the speech which a man makes* when he has something to say, and the speech which he makes when he has to say something.

102 (§§ 100, 101)

Translate :

1. He shows much cleverness in solving puzzles*. 2. He shows a tendency to exaggerate everything. 3. Have you got any playing cards* ? 4. This author is rather difficult to translate. 5. Tigers are hard to kill. 6. He is not accustomed to hear himself criticized. 7. We are ready to start. 8. We are all liable* to make mistakes*. 9. The first to point out this error was Newton. 10. He was not the last to profess this opinion. 11. He would have been the first man to have acknowledged the mistake*, if mistake there had been.

12. He was not the only one who protested.   13. You are the second
to make this mistake *.

103 (§ 102)

*Paraphraser les phrases suivantes, de manière à bien faire ressortir
le sens des expressions en italique.*

1. C'est une chose *à voir*.   2. Il n'est pas homme *à se laisser faire*.
3. *A en juger* d'après les apparences, il est coupable.   4. Elle était
mise *à faire pitié*.   5. On devient égoïste *à vivre ainsi*.   6. *A tout
prendre*, je ne regrette pas d'avoir agi comme je l'ai fait.   7. *A l'entendre*, ce serait lui qui aurait tout fait.   8. Dans les anciens contes
la méchante fée est toujours laide *à faire peur*.

104

Translate :

1. Truth to tell, she could not conceal her surprise.   2. To see me,
you would not have known whether I was dead or alive.   3. We were
talking of the years to come.   4. Here is a problem to solve.   5. Large
estate * for sale.   6. The gendarmes are more to be feared than you
think.   7. At that time the art of flying was yet to be discovered.
8. The duke was not the man to suffer this humiliation.   9. It was
enough to make one's hair stand * on end.   10. The box was full to
bursting * point.   11. I don't know what you will gain by waiting.
12. She spoils * her digestion eating cakes and sweets.

105 (§§ 103–106)

Translate :

1. After listening to the music, we danced in the drawing-room *.
2. After he had read the letter, he gave it to me.   3. He began by
explaining to us the dangers of the situation.   4. He began by hiding
and ended by running * away.   5. Nobody visits the cave * without
giving him a tip *.   6. If I do it, it is entirely in order to please you.
7. I'm too busy to come.   8. I was too ill to get up.   9. Can you
lend me enough money to buy a railway ticket * ?   10. He does not
love her enough to marry * her.   11. He was put to death * for steal-
ing a sheep.   12. He talks loud enough to make himself heard.
13. A month is not enough to go on a holiday to Egypt.   14. She
went so far as to express doubts regarding his honesty.

*106

Translate :

1. I had to go away without having seen him.   2. I drew • near to hear him better.   3. She must have been very angry • to shout so loud.   4. I know it for having seen it.   5. It is too hot to go for a walk.   6. The town is not strong enough to resist the attack.   7. The patient was still too weak to undertake such a long journey.   8. He is wise enough to know what is expected • of him.   9. He talks French well enough to make himself understood.   10. He was too prudent to let himself be surprised.

107 (§ 107)

Translate :

1. I am sorry • to refuse.   2. He fears he will fail.   3. The doctor has advised him to travel.   4. I had promised my sister to go with her.   5. He declined to say what he would do.   6. Do not omit to visit the Louvre.   7. You would do well to write more distinctly.   8. I told him to go.   9. They gradually • ceased seeing each other.   10. I need not tell you more •.   11. The doctor signed • to me to come in.   12. Have you time • to read this letter ?   13. I had no intention of seeing him again.   14. She did not have time to understand.   15. I have no wish to offend you.   16. I shall be pleased • to come.   17. We are delighted • to see you.   18. Are you sure to see him ?

108

Translate :

1. Mrs Prig had declined • attending • the ceremony.   2. I'm getting tired • of always hearing the same thing.   3. It is important • that we should act quickly.   4. We promised to be punctual •.   5. I resolved to begin as I meant • to end.   6. Compare what he was, and what he would have chosen to have been !   7. He would have done better to have published fewer books.   8. He advised me to go home. 9. The pupils were allowed to go home on Saturdays.   10. Women should pride • themselves on being good housekeepers •.   11. You are right to believe in his good faith.   12. I have reason • to believe that he made another will •.   13. We need not have been in such a hurry •.   14. Take care • not to fall.   15. What has he a mind • to do next • ?   16. He was so foolish • as to sell his share •.   17. He was

so weak* as to yield.   18. The time* for this problem to be solved
has not yet come.   19. We left the cave in the twilight*, with the
design* to return the next morning.   20. He is worthy to be
numbered* among heroes.   21. There are many* who will be surprised to hear* it.

*109 (§ 109)

*Dans les phrases suivantes, remplacer l'infinitif de narration par
l'indicatif.*

1. Elle voulut savoir si la jolie petite Agnès ne serait pas un jour
impératrice d'Arménie ; et les égyptiennes d'admirer l'enfant, de la
caresser, de la baiser.   2. Madame alors de crier les hauts cris et de
se jeter en travers de la porte.   3. Aussitôt, l'homme de lâcher son
fusil et de se glisser dans une fondrière.   4. Je lui racontai ma
mésaventure, et lui de rire !   5. Et chacun de penser en lui-même :
Quel brave homme que ce docteur !   6. Sa mère l'attrapait, et les
calottes de pleuvoir !

*110 (§§ 110, 71.3, 217)

*Mettre la proposition infinitive à la fin de la phrase, en fonction de
sujet logique.   (Ex. : Ne pas l'inviter serait dommage : Ce serait
dommage de ne pas l'inviter.   Ne pas l'inviter serait ridicule : Il
serait ridicule de ne pas l'inviter.)*

1. Traduire ce texte, ce n'est pas facile.   2. Être jolie est le
premier devoir d'une femme.   3. Dire la vérité est souvent difficile.
4. Faire des martyrs n'est pas bon.   5. Ne pas les perdre de vue
était l'essentiel.   6. Marcher sans béquilles lui était très pénible.
7. Le revoir nous fut une grande joie.   8. Me parler ainsi est cruel de
votre part.   9. Me parler ainsi est de la cruauté.   10. Les consé-
quences étaient faciles à prévoir.

*111

Translate :

1. His fate* was to live and die poor.   2. It was difficult to believe
that he was sixty.   3. It was impossible to advance.   4. To speak
was forbidden.   5. To do better seems difficult.   6. It is important
to act quickly.   7. It would have been a pity* to have missed* the
opportunity.   8. It is vexing not to be able to do anything.   9. That

question was not easy to answer.   10. To be spoken to like that is
not very pleasant.[1]

[1] The sentence cannot be translated literally, but the difficulty may
be turned by saying: "to hear oneself spoken to like that": "s'entendre parler comme cela" (in which 'se' is dative).

112 (§ 112)

A la place du tiret, insérer une préposition là où il conviendra.

1. Il aime — faire de la bicyclette, mais il aime encore mieux — se
promener en auto.   2. Qu'avez-vous décidé — faire ?   3. Il faut le
décider — venir.   4. Voyons, décidez-vous — faire quelque chose !
5. Êtes-vous toujours décidé — partir ?   6. Elle demanda — venir
avec nous.   7. Elle nous demanda — venir avec elle.   8. Elle disait
— l'avoir vu.   9. Dites-leur — se hâter.   10. Il n'en finissait pas —
raconter son histoire, et il finissait — fatiguer son auditoire.
11. Pourquoi l'avez-vous laissé — partir ?   12. Je vous laisse —
penser ce qu'on va dire ; le public ne laissera pas — crier que nous
l'avons fait exprès.   13. L'avez-vous entendu — parler ?   14. Il
s'entend très bien — amuser son public.   15. Essayez — vous lever.
16. Essayez-vous — faire quelques pas.   17. Mais je risque —
tomber !   18. Ne vous risquez pas — sortir de votre chambre.
19. Plusieurs des villageois s'offrirent — me servir de guide, et un
fermier offrit — me prêter sa carriole.   20. Je me refuse — croire
qu'il ait refusé — obéir.

113

Translate :

1. Instead of preventing them from going to the fair, I would allow
them to leave school an hour earlier.   2. Warn them not to go out
3. Write to them to come at once.   4. Ask them to warn the police,
and beg them to come quickly.   5. They threatened* to resign* if
they were not allowed to take their holidays* together.   6. That is
what he did, but he was not long in repenting* it.   7. Do not delay
answering him.   8. We are longing* to know what has been decided.
9. How anxious* he was to see them again !   10. I leave* you to
imagine what happened !   11. I am not fond of playing golf:
I would rather stay at home.   12. Never ask to speak when you
have nothing to say.

RÉVISION (§§ 89–112)

114

A la place du tiret, insérer la préposition convenable, lorsqu'il y aura lieu.

1. Vous paraissez — bien vous amuser. 2. Je suis convaincu que l'humanité tend — progresser. 3. Prenez la peine — vous asseoir. 4. Vous n'avez que — lever la main si je parle trop vite. 5. Il est trop avisé — tomber dans le piège. 6. Lorsque je fus prêt — sortir, il commença — pleuvoir. 7. Il fait bon — lire au coin du feu. 8. Il se propose — voyager. 9. Il n'a que — prononcer une phrase — trahir son manque d'éducation. 10. Il préféra — se taire. 11. Il les poussait — se révolter. 12. Je me souviens — l'avoir vu. 13. Êtes-vous assez fort — marcher, ou faut-il — vous porter ? 14. Habituez-vous — vous lever de bonne heure. 15. Sa promptitude — répondre révélait un élève intelligent. 16. Il tenta — s'enfuir. 17. Il doit — venir demain. 18. Je ne désespère pas — faire mieux. 19. Je ne suis pas disposé — faire d'autres démarches. 20. Vous devriez être le dernier — vous plaindre. 21. Avez-vous assez d'argent — faire le voyage ? 22. On applaudit — tout rompre. 23. Il s'agit — nous dépêcher. 24. Il n'y avait pas grand'chose — voir à l'intérieur. 25. — penser à ces choses, un désir fou me venait — être de nouveau chez nous. 26. Je me charge — le convertir.

115

Translate :

1. I heard him make a speech yesterday. 2. Do you know what you have to do ? 3. He doesn't speak loud* enough to be heard. 4. I beseeched* him to wait a few days longer*. 5. He let pass no opportunity of doing good*. 6. The fish which I saw swimming in the pond yesterday, I saw served at breakfast this morning. 7. Don't let him take* it away. 8. The Christians had to suffer calamities which the natives* would never have endured. 9. The Government can be excused for not acting in haste*. 10. Can you do this exercise* without using the dictionary ? 11. Here is some work* which he can do very well if he chooses*. 12. I would rather* not go out to-day. 13. I like getting up early. 14. I do hope I shall succeed. 15. In his work* no one can fail* to mark* the

stamp• of genius.   16. You can take• a horse to the water•,
but you cannot make him drink.   17. I did it to save• you the
trouble.   18. A bag of provisions can be bought for sixpence, and
a cup of coffee can be had free of charge•.   19. He is to come• to
me after school.   20. I never express an opinion when I have no
opinion to express.   21. The house is to be let or sold.   22. He is a
man to thrive• in the world.   23. Tell him to shut• up ; he's always
grumbling and complaining.   24. The opportunity had been let
slip•, and there was nothing to be done.   25. It was hard to decide
what was best• to be done.   26. If we are to be down before nine,
we have no time to lose.   27. The current was so swift that he was
nearly drowned•.   28. It must have been late, for the streets were
silent.•   29. You mustn't get discouraged.   30. However• much
one wrote to him, he never answered.   31. I am going out to buy
potatoes.   32. You ought not to have repeated it.   33. I advise you
not to venture to criticise what you do not understand.

PARTICIPE ET GÉRONDIF

116 (§ 113)

*Écrivez comme il convient le mot en -ant, selon qu'il est participe
présent ou adjectif verbal.*

1. Nous sommes venus *croyant* vous trouver inoccupés.   2. Les
eaux *courant* sont plus saines que les eaux *dormant*.   3. Nous sommes
confiant en notre bon droit.   4. Nous avons fait une promenade
charmant.   5. Les bébés s'en allèrent *trébuchant* dans l'herbe,
agitant en l'air leurs petites mains.   6. Il s'en alla à pas *trébuchant*.
7. Ne prenez pas de potions *agitant*.   8. Les travaux du soir *fatiguant*
la vue, j'étudie le matin.   9. Après une journée *fatigant*, on aime à
rester au coin du feu.   10. Les papillons, *couvrant* la campagne de
leurs tribus ailées, transforment les prairies en *ravissant* tapis de
fleurs.   11. Ta race est une race robuste et *agissant*.   12. J'aper-
cevais des vers *luisant étincelant* dans l'herbe.   13. Sur le rivage, les
matelots étaient assis *riant* et *causant*.   14. Les salons étaient tout
resplendissant de bougies.

15. Les aïeules
Au village, devant les portes, restent seules,
Se *chauffant* au soleil et *branlant* le menton.

117

Choisir le mot convenable, et faire l'accord quand il y a lieu.

1. Ce n'est qu'en le (*convainquant, convaincant*) que vous vous assurerez son aide.   2. Voilà une raison (*convainquant, convaincant*).   3. Ne (*sachant, savant*) à qui s'adresser, il passait des journées (*fatiguant, fatigant*) à courir les bureaux.   4. Ce fut au (*sachant, savant*) docteur M. que fut attribuée la place (*vaquant, vacant*).   5. Le billet de 1000 fr. (*valant, vaillant*) aujourd'hui beaucoup moins qu'il y a dix ans, la vie est très chère.   6. (*Vaquant, vacant*) constamment aux soins du ménage, et se (*fatiguant, fatigant*) à des besognes grossières, elle ne put y suffire longtemps, si (*valant, vaillant*) qu'elle fût.   7. Il n'y a que les (*fabriquant, fabricant*) disposant d'une usine (*pouvant, puissant*) qui soient à même d'entreprendre ce travail.   8. Ne (*pouvant, puissant*) faire autre chose, il gagne sa vie en (*fabriquant, fabricant*) de petits objets en carton.   9. Les (*intriguant, intrigant*) sont ceux qui croient que ce n'est qu'en (*intriguant, intrigant*) qu'on arrive.   10. Il entra dans une atmosphère (*suffoquant, suffocant*).   11. (*Suffoquant, suffocant*) au milieu de la fumée, il dut rebrousser chemin.   12. Un seul mot (*provoquant, provocant*) pourrait vous attirer une histoire.

118 (§§ 113, 114)

Insérer la préposition en *à la place du tiret, lorsqu'il conviendra.*

1. Je ne me pressais pas, — étant sûr d'avoir manqué le train.   2. Il souriait — me regardant.   3. Elle embellit — vieillissant.   4. Je la regardais — balayant, pauvre, laide, humble.   5. Le temps — étant à la pluie, je ne suis pas sorti.   6. — vous armant de courage vous en viendrez à bout.   7. Il aperçut sa cousine — dansant avec un jeune officier.   8. Elle perdit son mouchoir — dansant avec un jeune officier.   9. Il s'était pincé le doigt — fermant la porte.   10. Il apprit l'allemand — l'enseignant.   11. Voici venir les mules à pompons rouges — portant dans des paniers les agnelets d'un jour qu'elles bercent — marchant.   12. Maître Cornille était un vieux meunier, — vivant depuis soixante ans dans la farine.   13. On pensait que le vieux meunier, — renvoyant Vivette, avait agi par avarice.   14. Il redescendit — se frottant les yeux avec son mouchoir.   15. Elle dansait avec ivresse, grisée par le plaisir, — ne pensant plus à rien.

*119 (§ 116)

Paraphraser les participes passés, de manière à faire ressortir si la fonction est active ou passive. (*Ex.:* Un enfant aimé : un enfant qui est aimé, que l'on aime.)

1. Une porte fermée.   2. Un homme empressé pour ses clients.
3. Il est très décidé dans ses actions.   4. Voilà qui est décidé.   5. Un domestique dévoué.   6. Une porte dissimulée.   7. Un caractère dissimulé.   8. Un enfant réfléchi.   9. Un rayon de lumière réfléchi par un miroir.   10. Une taille serrée dans un corset.
11. Une maîtresse serrée et peu généreuse.   12. C'est une affaire entendue.   13. C'est un homme très entendu.   14. Un homme résigné à son sort.

120

Translate :

1. She was not dead but sleeping*.   2. I caught sight* of a woman kneeling in a corner.   3. Hiding among the bushes*, he had heard their conversation.   4. Leaning against the wall, he was looking at my window.   5. Leaning* out of the window, she was waving* a handkerchief.   6. A dog crouching* on the mat* growled when I passed.   7. Squatting* in front of the fire, she told us a story.
8. The children, sitting at their desks, were writing an exercise.
9. He unfastened* a rope hanging from a hook.   10. He was found hanging from a tree.   11. The two bodies were lying under a tree.
12. The candlesticks were standing* on the hall* table.   13. You must come with us, seeing* that we need you.   14. My pen was lying* on the desk.   15. Excepting Mary, no one saw you.

ATTRIBUTS ET COMPLÉMENTS DU VERBE
121 (§ 118)

A la place du tiret, mettre la préposition convenable, lorsqu'il y aura lieu.

1. Il était né — chétif.   2. Il passe — bien écrire.   3. On le sait — riche.   4. On avoue rarement — amis ceux qui sont tombés dans la disgrâce.   5. On vous avait montrée à moi — une fille vaniteuse et arrogante.   6. Elle se mit à crier en me traitant — mijaurée, — grande fainéante.   7. Il n'est pas fier, et m'a toujours traité —

ami.   8. J'ai étudié les pierres qu'on peut considérer — les annales primitives des Pingouins.   9. J'aimerais à l'avoir — ami.   10. Il se donnait — connaisseur en tableaux.

122 (§§ 119–123)

Même exercice.

1. Il n'échappa pas — la censure.   2. Il parvint à s'échapper — prison.   3. Approchez-vous — le feu.   4. Ma position diffère beaucoup — la sienne.   5. Les rues sont plantées — grands arbres. 6. Nous étions amplement munis — provisions.   7. Ses larmes touchèrent — ses juges.   8. Nous touchons enfin — le moment décisif.   9. Je ne veux pas user plus longtemps — votre hospitalité. 10. Pouvez-vous me changer — un billet de mille francs ?   11. Elle changea — robe avant de sortir.   12. Personne n'approuve — son action.   13. Je voudrais demander — une faveur — votre père. 14.   Il n'inspire — aucune crainte — ses élèves.   15. Ce fut le maire qui présenta — les médailles — les mutilés.   16. Je retrouvai ma casquette suspendue — un arbre.   17. Il prit une pièce de vingt francs — son porte-monnaie.   18. Il tira la lettre — son porte-feuille. 19. J'attends — un ami.   20. Je cherche — mon ami.

*123 (§ 118)

Translate :

1. The snow fell so thick that we were not able to go to school. 2. The torrent flows* swift under the bridge.   3. He remained several years a prisoner.   4. He was elected captain* of the team. 5. They chose him as captain of the team.   6. We were in a position which might have been judged equivocal.   7. The waters of the lake are said* to be alkaline.   8. He was considered* the best soldier in (*de*) his company.   9. My arm serves* as a rampart to the whole of Castile.   10. The gates of secondary education* are being opened wider* and wider.   11. The people acclaimed* him king.   12. They were made prisoner by the Turks.   13. He was left for dead.   14. When he felt master of himself he began to speak*.   15. Bonaparte caused himself to be made* consul. 16. Until now* kings have received me as a friend.   17. This story is held * to be a fable.   18. I knew her to be out.   19. He behaved* like an honest man.   20. Parliament appointed* the duke regent of the kingdom.

124 (§§ 119–122)

Translate :

1. God created heaven and earth.   2. It is to you that I am
speaking.   3. Why did you wait ?   4. Are you expecting them ?
5. He enjoys* good health.   6. He often changes his abode*.
7. Why don't you obey your parents ?   8. Don't answer them.
9. Who succeeded Louis XIV ?   10. I am looking for my book.
11. Look at the pretty pictures !   12. Don't listen to him.   13. He
inspired everybody with courage.   14. What have you got to
reproach her with ?   15. Who teaches them French ?   16. The son
resembles his father.   17. I asked him for a match.   18. Ask your
brother to help you.   19. He taught his pupils a little history and
geography.   20. He lacks money to succeed.

*125

Translate :

1. I doubt* the truth of his story.   2. You will not reach* the
summit.   3. This hat suits* her better than the other.   4. How can
we obviate* the difficulty ?   5. We must remedy* this state of
things.   6. We must send for them at once.   7. I am hoping for a
favourable answer.   8. Have you paid for the wine ?   9. We could
not have wished for a better reception*.   10. I asked for butter and
got margarine.   11. He renounced* the throne in 1320.   12. We
should pardon our enemies.   13. This will injure* your reputation.
14. These little faults escape* observation.   15. I was presented
with a cheque* for £100.   16. He has been well paid for his work.
17. Who supplies* them with drink ?   18. We were well supplied*
with provisions.   19. He did not survive* this loss.   20. You will
not escape your enemies.   21. You must forgive him.   22. He out-
lived and succeeded* his cousin.   23. I loved and trusted* him.
24. He said he regretted and would remedy* the mistake.   25. I
allow and encourage them to ask me questions.

126 (§ 123)

Translate :

1. The women took his sword from him, and tore his medals from
his breast.   2. To escape from the police, he borrowed women's
clothes from his hosts.   3. He hid his secret from all, and no one

managed to extort it from him. 4. Everybody dined off a piece of bread and a bowl of milk. 5. These tribes live on very little, and feed chiefly* on fruit. 6. I was thinking of you as we were drawing near to Dover. 7. Everything will depend on the weather. 8. What are you laughing at ? 9. We had no glasses, and drank the water out of our hands. 10. He took a bottle of wine out of the cupboard. 11. I had cut* the picture out of a paper. 12. He reads us anecdotes out of the paper. 13. He chose a wife from among the colonel's daughters. 14. He fetched* the beetle* from a glass case* in which it was enclosed*. 15. He drew a piece* of string out of his pocket. 16. I congratulate* you on your success. 17. I was sure you would triumph* over all obstacles. 18. Who will provide* for the wants of my family if I am not indemnified* for my losses ?

127 (§§ 124–126)

A la place du tiret, mettre la préposition convenable, lorsqu'il y aura lieu.

1. Il manqua — le but, et tout le monde se moqua — lui. 2. Il ne manque pas — courage, mais il se défie — lui-même. 3. Nous avons marché — deux lieues. 4. Il ne se doutait guère — la réception qui l'attendait. 5. Qu'est-ce qui s'est passé — ce matin ? 6. S'il n'est pas là on se passera — lui. 7. Nous ne sommes pas au complet, il manque encore — cinq hommes. 8. Nous manquons — hommes pour entreprendre un pareil travail. 9. Quand je mange du homard, je rêve — crocodiles. 10. Quand il joue — les cartes, il joue — gros jeu.

*128

Translate :

1. If I undertake his education* you must not expect wonders*. 2. I shall resign my office as soon as I have discharged my debts. 3. Mr Pickwick mistook his room, and began to undress* without noticing his error. 4. Do you remember the day when we had to do without* dinner ? 5. What do you think of your new pupils ? 6. Do you ever think of us when we are away* ? — Yes, I miss you very much. 7. He plays the flute, and he plays chess, but he does not play football. 8. What would be the use of a walking-stick* to act Macbeth ? Macbeth didn't use a walking-stick ! 9. They lacked food and clothing, and were five pounds short to pay the

rent*. 10. You ought to hear her play the piano ; she plays it very well. 11. How many languages do you speak ? 12. Don't make a noise* when you go down the stairs. 13. We lived together for ten years. 14. In class he spends his time dreaming of the holidays. 15. She dreamed of her dead brothers.

PROPOSITIONS DÉPENDANTES À L'INDICATIF ET AU SUBJONCTIF
129 (§ 395.5)

Faire concorder les temps.

1. Je parle lentement pour qu'on me comprenne. Je parlais ... Je parlai ... Je parlerai ...

2. Il craint que cette nouvelle n'enfle le courage des Espagnols et ne diminue celui des Français. Il craignit ... Il aurait craint ...

3. Pouvez-vous souhaiter qu'Andromaque vous aime ? Pourriez-vous ... Pourrez-vous jamais ...

4. Il s'avance sans que personne le voie. Il s'est avancé ... Il s'était avancé ...

5. On ne croit pas que cela dure. On ne croyait pas ... On n'aurait pas cru ...

6. Il n'y a personne ici qui ne se plaigne de vous. Il n'y aura ... Il n'y avait ...

7. Il est le dernier qui s'en soit aperçu. Il sera ... Il fut ... Il a été ...

8. Je ne reviens jamais au logis que je ne me tienne prêt à la colère de mes maîtres. Je ne revenais ... Je ne suis jamais revenu ...

9. Je frappe à la porte, et je demande que l'on me garde en attendant que la pluie ait cessé. Je frappai ... J'ai frappé ... J'aurais frappé ...

10. Il attend que j'aie fini. Il attendra ... Il attendit ... Il a attendu ... Il a dit qu'il attendrait ...

*130

Expliquer la concordance des temps dans les phrases suivantes :

1. Les vices nous attendent, et je doute que l'expérience nous les *fît* éviter, s'il nous était permis de faire deux fois le même chemin.— LA ROCHEFOUCAULD.

2. Je ne désavoue point que leur misère ne me *fît* regarder avec pitié leur rébellion et que je n'*eusse* bien désiré que le soulagement

qu'on leur accordait eût été plus proportionné à leur maladie. La Rochefoucauld.

3. On le soupçonnait de pratiquer la magie, et il semble vrai qu'il *opérât* des métamorphoses et *découvrît* des choses cachées. A. France.

4. Dois-je croire qu'assise au trône des Césars
Une si belle reine *offensât* les regards ? Racine.

5. Ulysse est reçu comme un roi, sans qu'on le *connût*.
Racine.

6. Brutus suit le parti de Pompée, quoiqu'il *eût* fait mourir son père. Racine.

131 (§§ 373–379)

Dire à quel mode se trouvent les verbes en italique.

1. Tout le monde est d'avis que la moisson s'*annonce* belle. 2. Tous les maîtres sont d'avis que je me *présente* à l'examen. 3. Dites-leur qu'ils se *dépêchent*. 4. Dites-leur qu'il *tombe* de la neige. 5. Le vrai devoir de la famille est que chacun *contribue* à l'honneur de tous. 6. Je sais qu'ils se *connaissent*. 7. Je ne sache pas qu'ils se *connaissent*. 8. Qu'est-ce que cela vous fait qu'ils *perdent* leur temps ou non ? 9. L'honneur réclame que la France *continue* la lutte. 10. On me demande souvent si je la *trouve* jolie. 11. La police ne permet pas que la foule *encombre* les rues. 12. Personne n'a jamais prétendu que la force *prime* le droit. 13. Il n'y a qu'ici que la force *prime* le droit. 14. Il est juste qu'on vous *récompense*. 15. Je ne comprends pas pourquoi il s'*absente* si souvent. 16. Je comprends qu'ils *refusent*.

132

Mettre les verbes en italique au mode et au temps convenables.

1. S'il se dépêche, je crois qu'il *arriver* à temps. 2. Croyez-vous que j'*arriver* à temps ? 3. Je suis sûr qu'on vous *récompenser*. 4. Je ne suis pas bien sûr qu'on vous *récompenser*. 5. Si vous croyez que j'*avoir* du temps à perdre, moi, vous vous trompez. 6. Il est possible que les nations modernes *fournir* un jour les éléments d'une telle histoire. 7. Il me semblait que je l'*avoir* toujours connu. 8. Il semble que Boudet, très affligé de la perte de sa femme, *avoir* voulu se dépayser ; toujours est-il qu'il *faire* un voyage de deux ans. 9. Il me demanda s'il ne me *rester* plus de parents. 10. Vous savez pourquoi je vous *avoir* fait appeler. 11. Savez-vous pourquoi je vous

avoir fait appeler? 12. Il se peut qu'il *venir* quelqu'un me demander. 13. J'aime qu'on m'*obéir* sans discuter. 14. Le watt-man manœuvra sa trompe avec ardeur, pour prévenir le char-retier qu'il *avoir* à se garer. 15. Ah! mon maître, faites qu'il nous *vendre* l'oie rouge! 16. Il ne paraît pas que le père *avoir* rien payé de la rente promise à son fils. 17. Je vous cède tous mes droits, s'il *être* vrai que j'en *avoir*. 18. Ce n'est pas que je les *craindre*, mais leur présence m'irrite. 19. Tu ne me persuaderas pas qu'il *falloir* du sang humain pour terminer une querelle de jeu. 20. Pour battre le fer il faut attendre qu'il *être* chaud.

133

Compléter les phrases suivantes.

1. Je suis sûr que vous réussirez. Je ne suis pas sûr... Est-il bien sûr...? Je pense... Il faut...

2. J'espère qu'il viendra. Je souhaite... Je veux... J'or-donne... Je suis d'avis...

3. Il est probable qu'il pleuvra. Il est possible... Il est peu probable... Il est certain... Il n'est pas certain...

4. On permet que j'agisse seul. On ne permet pas... On exige... On affirme... On doute...

5. Je suis bien aise que ce remède vous ait fait du bien. On peut contester... Il est incontestable... Qui pourrait contester...? Qui serait assez osé pour affirmer...?

6. On croit que Christophe Colomb est né à Gênes. Est-il cer-tain...? Qui vous a dit...? Il y en a qui nient... Comment croire...?

7. J'étais sûr que vous étiez mécontents. Je me doutais bien... Je ne me doutais guère... Je craignais... Je m'expliquais fort bien...

*134

Translate :

1. I knew that you would be compelled* to sell your horse. 2. I am sorry* that you should be compelled to sell your horse. 3. I shall tell them that you are unable to come. 4. I shall not tell them that you are unable to come. 5. Is it true that you are unable to come? 6. Tell us whether you have any ground* for complaint. 7. We should be very sorry that you should have any

ground for complaint. 8. I can understand his answering as he did. 9. I cannot understand why he should have answered as he did. 10. It is a pity that he answered as he did. 11. I am glad that no accident happened. 12. I am glad to hear that no accident happened. 13. It is surprising that no accident happened. 14. It was scarcely* surprising that his master did not consider this explanation satisfactory. 15. It was natural for those who did not know him to mistake* his intentions. 16. How is* it that you are always late ? 17. That he was poor twenty years ago, everybody knows. 18. I suppose you were rich then. 19. Suppose you were rich, what would you do ? 20. Suppose he comes back this evening, where will you put him ? 21. We shall be very late, I am afraid. 22. After this it would seem that they returned to the station. 23. It seems as though every one were in league* against me. 24. Care was taken that no one should discover the culprit. 25. What would you have me do ? 26. He deserves to have his biography written. 27. I won't have John teased any more*. 28. It's time I went out shopping*. 29. Do it at once, since you have got to do it. 30. I will take care that he shall have his share. 31. It is desirable* that all the aspects of the question shall be discussed. 32. It is quite* possible that he has done it. 33. It is impossible that he has deceived me. 34. I do not desire that others should go where I went. 35. The irony of fate willed it that he should play an important part. 36. Wait till my work is finished. 37. We should be sorry for there to be any additions to the number of articles on which duty* is paid. 38. I didn't think you would come. 39. I didn't know he had come yesterday. 40. I don't think he will come to-day.

135 (§§ 380–384)

Mettre les verbes en italique au mode et au temps convenables.

1. Je n'ai jamais eu de chagrin qu'une heure de lecture n'*avoir* dissipé. 2. Je réponds sans tarder aux lettres que je *recevoir*. 3. Il faut juger les gens par ce qu'ils *faire* et non par ce qu'ils *dire*. 4. Qu'a-t-il accompli qui n'*avoir* péri avec lui ? 5. Ce sont les seuls indigènes qui *savoir* manger autrement qu'avec leurs doigts. 6. Je m'efforcerai d'être pour elle un beau-père dont elle n'*avoir* qu'à se louer. 7. Il n'y a que les vieux qui *avoir* peur de mourir. 8. Quoi que vous *faire*, vous ne rendrez jamais à vos parents ce qu'ils *avoir* fait pour vous. 9. J'aurais mauvaise grâce à vous refuser la première

requête que vous m'*avoir* jamais adressée.   10. Je m'avance vers
la première maison où j'*apercevoir* une enseigne.   11. La boulangère tira de sa case le plus beau pain qu'elle *pouvoir* y trouver.
12. J'étais le seul ami qu'il *avoir*.   13. Il me sembla que je venais
de jeter au vent la plus belle chose que je *posséder*.   14. Je ne trouve
que nous qui *valoir* quelque chose.   15. Il était resté dans la maison,
quoi qu'*avoir* pu faire ses parents pour l'en retirer.   16. Il n'est pas
jusqu'aux marchés des avenues et des boulevards extérieurs qui
n'*avoir* " écoulé " leur dernier dindonneau.

*136

Translate :

1. I have a chauffeur who knows all the roads round London.
2. I am looking for a chauffeur who knows the roads round London.
3. Here is a man whom you can trust.   4. I have not a friend whom
I can trust.   5. I have just been given some advice* which I shall
follow.   6. Write him a letter of apology* ; it is the least that you
can do.   7. Insipidity is the last accusation that can be raised*
against her.   8. All have equally to pay the taxes, whatever be
their rank and birth.   9. Here is the person of whom we had spoken.
10. This is not the person of whom we had spoken.   11. There is no
man so poor but can contribute to progress in a certain measure.
12. It is a pity that women are not ambassadors, because there are
very few secrets that one would manage* to hide from them.
13. There was no one who dare tell him that she was dead.
14. Whatever the cause be, his talent is deteriorating*.   15. Be that
as it may*, we cannot excuse him.   16. Act as he might, he could
not please them.   17. Look which way* they would, the sea was
covered with breakers*.   18. Wherever he is, he always behaves
well.   19. He has not paid the money yet, so far as I know.   20. War
was imminent, yet few there were who realized* it.

*137

*Expliquer et justifier l'emploi du subjonctif dans les phrases
suivantes.*

1. J'ai pu laisser échapper de mes lèvres quelque chose qui
ressemblât à une promesse.
2. Marie regarda autour d'elle, cherchant quelque changement à
vrai dire improbable qui se *ût* fait pendant son absence.

3. Une demi-heure de grammaire semble le maximum qu'un enfant *puisse* supporter.

4. Parmi les différents moyens d'expression, l'ordre des mots est le moyen dont on se *soit* avisé le plus tard.

5. Combien d'argent qu'il se *fasse*, il n'en aura jamais assez.

6. Pour médiocres que *soient* ces voies ferrées, elles permettent la visite des cantons.

7. Ce matin, j'ai allégué une migraine qui me *reléguât* dans ma chambre.

8. Tout le monde protesta contre cette œuvre, qui dépassait en ignominie tout ce que le maître *eût* encore écrit.

138 (§§ 385–389)

Dire à quel mode se trouvent les verbes en italique.

1. Vous démolissez à mesure qu'ils *construisent*. 2. Je leur ferai visite avant qu'ils ne *partent*. 3. Récoltez vos foins tandis que le soleil *brille*. 4. Les petits poussins se mettent à courir aussitôt qu'ils *sortent* de l'œuf. 5. Supportez les autres, pour qu'ils vous *supportent*. 6. Les mondes meurent, puisqu'ils *naissent*. 7. Ma maison n'est pas assez grande pour que j'y *loge* toute ma famille. 8. Ôtez-le-leur sans qu'ils s'en *aperçoivent*. 9. Pour peu que j'*insiste* il me suivra. 10. Nous ne leur demandons pas d'écrire pourvu qu'ils *viennent*. 11. Bien qu'il *change* d'état il ne change point d'âme. 12. Le passage est si étroit qu'on *avance* avec difficulté.

139

Mettre les verbes en italique au mode et au temps convenables.

1. Nous sommes naïfs au point que nous ne *croire* pas l'être. 2. Il revint, ayant laissé pousser sa moustache et sa barbe, si bien que son père ne le *reconnaître* pas. 3. La maison est si petite qu'on l'*apercevoir* à peine parmi les bois. 4. Aucun pays n'est si éloigné qu'on ne *pouvoir* y parvenir. 5. Il est peu d'hommes si stupides qu'on ne *pouvoir* leur faire comprendre cela. 6. Il est beaucoup plus intelligent qu'on ne le *croire*. 7. Il ne rentrera pas ici qu'il ne m'*avoir* fait des excuses. 8. Je vous écris en attendant que je *pouvoir* vous voir. 9. Il devint de plus en plus riche, jusqu'à ce qu'enfin il *devenir* millionnaire. 10. Restez là jusqu'à ce que je *revenir*. 11. Les derniers jours de juin étaient arrivés sans qu'on

avoir rien décidé.   12. Le maître d'école était habillé comme les messieurs de la ville, tandis que Louis *avoir* une blouse bleue.   13. Il est un abus à éviter : c'est de simplifier tellement notre définition qu'elle nous entraîne aux visions erronées, et qu'elle *obscurcir* pour nous la réalité même évidente.   14. Qu'il s'*agir* de lui-même ou d'autrui, il est toujours impartial.   15. Ce fut le conseiller Chausse-pied à qui il échut de l'examiner et d'en découvrir les vices, au cas où il en *exister*.   16. Le lit de la rivière est sec, mais *venir* l'hiver et l'on aura l'impression d'un Mississipi.   17. Qu'il *pleuvoir* encore deux jours et la rivière débordera.   18. L'auto était tellement abîmée qu'il ne *falloir* pas songer à s'en servir.   19. L'auto n'est pas tellement abîmée qu'on ne *pouvoir* s'en servir.   20. Qu'il s'*agir* de commander le menu d'un dîner, ils se regardaient tous deux avec des yeux ahuris.   21. Vous devez pouvoir donner à votre fille une forte dot, à moins que vous n'*affecter* un luxe au-dessus de votre position.   22. Qu'un homme *faire* profession de tromper, il ne trompera personne.

*140

Translate :

1. He went away as soon as he saw me.   2. He went away before I could see him.   3. He will stay at school until his parents have come home from abroad*.   4. I am telling you this that you may under-stand what I mean* to do.   5. The export of wool was forbidden lest it might interfere* with the profits of English factories.   6. Speak a little louder, that all may hear you.   7. The number of symbols was added to, so that there should be a visible sign for each vowel.   8. The coffee is too hot to drink.   9. The weather is too cold for you to go out without your overcoat.   10. He only needs to read a passage once, for it to be impressed* on his mind ever* afterwards.   11. He looks so young that he is often taken for a child.   12. He is not so young but that he understands what is happening.   13. He placed the inkpot on the top* of the door so that it should fall on anyone who entered.   14. He is not so weak that we can attack him with impunity.   15. I can't utter* a word without everybody laughing.   16. Far from our laughing at you, you have convinced us that you are right.   17. I shall do it whether you like* it or not.   18. Supposing there is no boat, what will you do ?   19. Come a day's rain and your pretty dress will be ruined.   20. Although I am a little deaf, I hear you very well.

*141 (§ 393)

*Remanier les phrases suivantes, de manière que la première pro-
position devienne une subordonnée.* (*Ex.* : Il faut le faire ; j'y tiens :
Je tiens à ce que vous le fassiez.)

1. Elle peut sortir ; j'y consens. 2. Elle aurait pu vous accompagner ; il n'y aurait rien eu de choquant à cela. 3. Il est déjà ici ?
je ne m'y attendais pas. 4. Me poser une pareille question ! je ne
m'y attendais guère. 5. Personne ne doit en rien savoir ; il faudra
y veiller. 6. On me fait attendre ; je n'y suis pas accoutumé. 7. Il
est peut-être prisonnier en Allemagne ; il n'y aurait rien d'impossible
à cela. 8. Vous n'avez pas tenu votre promesse ; il s'en plaint.
9. Personne n'est venu ? Elle s'en étonne. 10. Son petit chien
devait l'accompagner ; elle y tenait absolument.

Révision

142 (§§ 371–393)

Mettre les verbes en italique au mode et au temps convenables.

1. Croyez-vous qu'on *pouvoir* s'instruire sans étudier ? 2. La
patrie mérite que nous l'*aimer*. 3. L'âne crut qu'on l'*adorer* parce
qu'on *saluer* les reliques qu'il *porter*. 4. Je veux qu'on *être* sincère.
5. Je tremble qu'il n'*avoir* soupçonné quelque chose de mon argent.
6. Je ne supporterai pas que vous me *manquer* de respect. 7. Vous
et moi savons seuls que cette lettre *avoir* existé. 8. Je ne me serais
jamais imaginé que je *devoir* troubler le repos d'une ville où je n'*être*
pas connu. 9. Mon ouvrage m'avait glissé des mains sans que je
m'en *être* aperçue. 10. J'appris très vite à compter les moutons
des yeux, et qu'ils *être* dispersés ou rapprochés les uns des autres, en
une minute je savais si le compte y *être*. 11. Quoi que vous *écrire*
évitez la bassesse. 12. Il continua son discours, bien que personne
n'*écouter*. 13. Il parlait si bien que tout le monde l'*écouter* sans
bouger. 14. Selon que vous *être* puissant ou misérable, les jugements
de cour vous rendront blanc ou noir. 15. Pour peu que la proie
être grosse, l'aigle se rassasie sur place. 16. Le château ne nous
paraît pas tel que nous *pouvoir* y loger. 17. Vous ne m'aviez rien
écrit, en sorte que je ne vous *attendre* pas. 18. Cours vite te cacher,
que personne ne t'*apercevoir*. 19. Il reculait à mesure que j'*avancer*.
20. Je voudrais te persuader qu'il *être* innocent. 21. Il n'était pas

si sûr de lui qu'il ne se *tromper* parfois.   22. Comme exemples de grammaire on ne donnera pas de phrases qui, isolées, *être* peu intelligibles.

> 23. Je consens qu'une femme *avoir* des clartés de tout,
> Mais je ne lui veux pas la passion choquante
> De se rendre savante afin d'être savante ;
> Et j'aime que souvent aux questions qu'on *faire*
> Elle *savoir* ignorer les choses qu'elle *savoir*.
> De son étude, enfin, je veux qu'elle se *cacher*,
> Et qu'elle *avoir* du savoir sans vouloir qu'on le *savoir*.
>
> MOLIÈRE.

*143

Translate :

1. Let us not do to others what we should not wish others to do to us.   2. Who could have believed that the sea would become the best means of communication between men ?   3. I remember his coming here before*.   4. I do not remember his ever coming here before*. 5. I am delighted that you are back* again.   6. I shall leave to-morrow, unless you still need me.   7. I did not know that he was here.   8. Do you think he will come ?   9. Why are you shouting ? Do you think I am deaf ?   10. By what train do you think he will come ?   11. It is a miracle that he was not killed.   12. I cannot advise you without your telling me what you have already done. 13. I cannot undertake your defence unless you tell me the whole truth.   14. I have not one pupil this year of whom it can be said that he is really intelligent.   15. I might have come if I had known that you would be present.   16. Man is the only being who feels remorse when he has done evil*.   17. He had put on a black beard and blue spectacles, so that nobody should recognize him.   18. But when he spoke he was betrayed by his accent, so that he was recognized at once.   19. It is hardly probable that these early* navigators rounded* the Cape.   20. He had resolved that, however deep the wound might be, he would so live before the world that the world should not see the wound.   21. Do not remain here, unless you have sworn to make me die of anxiety.   22. Whatever happens, remember that you will always find friends and shelter in this country.

144

Mettre au mode convenable les verbes en italique.

L'on peut dire que le chien *être* le seul animal dont la fidélité *être* à l'épreuve ; le seul qui *connaître* toujours son maître, le seul qui, lorsqu'il *survenir* un inconnu, s'en *apercevoir* ; le seul qui *entendre* son nom et qui *reconnaître* la voix domestique ; le seul qui, lorsqu'il *avoir* perdu son maître et qu'il ne *pouvoir* le retrouver, l'*appeler* par ses gémissements ; le seul qui, dans un voyage long qu'il n'aura fait qu'une fois, se *souvenir* du chemin ; le seul enfin dont les talents naturels *être* évidents et l'éducation toujours heureuse.

Si l'on *considérer* que le chien de berger, malgré sa laideur et son air triste et sauvage, *être* cependant supérieur par l'instinct à tous les autres chiens, qu'il *avoir* un caractère décidé auquel l'éducation n'*avoir* point part, qu'il est le seul qui *naître,* pour ainsi dire, tout élevé, et que, guidé par le seul naturel, il *conduire* les troupeaux avec une intelligence admirable, tandis qu'il *falloir* au contraire beaucoup de temps et de peines pour instruire les autres chiens, on se confirmera dans l'opinion que ce chien *être* le vrai chien de la nature, celui qu'on *devoir* regarder comme la souche et le modèle de l'espèce entière.

145

Mettre au mode et au temps convenables les verbes en italique.

Jeanne d'Arc

Il fallait qu'elle *quitter* pour le monde, pour la guerre, ce petit jardin sous l'ombre de l'église, où elle n'*entendre* que les cloches et où les oiseaux *manger* dans sa main.

Jeanne ne nous a rien dit de ce premier combat qu'elle *soutenir.* Mais il est évident qu'il *avoir* lieu et *durer* longtemps, puisqu'il s'*écouler* cinq années entre sa première vision et sa sortie de la maison paternelle.

Les deux autorités, paternelle et céleste, commandaient des choses contraires. L'une voulait qu'elle *rester* dans l'obscurité, dans la modestie et le travail ; l'autre qu'elle *partir* et qu'elle *sauver* le royaume. L'ange lui disait de prendre les armes. Le père, rude et honnête paysan, jurait que si sa fille s'en *aller* avec des gens de guerre, il la *noyer* plutôt de ses propres mains. De part ou d'autre, il fallait qu'elle *désobéir.* Ce fut là sans doute son plus grand combat ;

ceux qu'elle *soutenir* contre les Anglais ne devaient être qu'un jeu à côté.

Pour échapper à l'autorité de sa famille, il fallait qu'elle *trouver* dans sa famille même quelqu'un qui la *croire*. Au défaut de son père, elle convertit son oncle à sa mission. Elle obtint de lui qu'il *aller* demander pour elle l'appui du sire de Baudricourt. L'homme de guerre reçut assez mal le paysan, et lui dit qu'il n'y *avoir* rien à faire, sinon de ia ramener chez son père. Elle ne se rebuta pas ; elle voulut partir, et il fallut bien que son oncle l'*accompagner*.

Elle arriva donc dans la ville de Vaucouleurs, où elle se *faire* mener chez Baudricourt, et lui *dire* avec fermeté " qu'elle *venir* vers lui de la part de son Seigneur, pour qu'il *mander* au Dauphin de se bien maintenir, et qu'il n'*assigner* point de bataille à ses ennemis, parce que son Seigneur lui *donner* secours dans la mi-carême." Elle ajoutait que malgré les ennemis du Dauphin, il *être* fait roi, et qu'elle le *mener* sacrer.

Le capitaine fut bien étonné ; il soupçonna qu'il y *avoir* là quelque diablerie.

QUESTIONS INDIRECTES

146 (§ 372.1)

Translate :

1. I asked him if he had seen it.   2. I did not ask him if he had seen it.   3. I asked him what he had seen.   4. She asked him if he would have more* tea.   5. Let me know* at what o'clock you will arrive.   6. I wonder* whether he will come.   7. I wonder whether it be really true.   8. I wondered whether it were really true.   9. I need not ask you whether you are hungry.   10. No one knows where he may be, nor what he may be planning*.

SUPPOSITIONS

147 (§ 372.2)

Translate, giving also the subjunctive forms when these may occur in literary style :

1. If he were still alive, he would be very happy to see them again.   2. Had he been still alive, he would have been very happy to see them again.   3. What would you have done if you had been asked what you had seen ?   4. If my poor Silvain had lived, he

would never have forsaken you. 5. If it were true, I should resign at once. 6. If it had been true, I should have resigned at once. 7. Those people, if there be any, who do not yet understand the question, will do well to read the Committee's report. 8. If we had known the truth, we should never have consented to help them.

*148 (§ 388. Note)

Express by means of the constructions shown in the Note to § 388 :

1. Si vous avez cette qualité, *même si vous écrivez à la diable* comme Saint-Simon, vous serez écrivain.

2. Acheter Chambord pour le duc de Bordeaux, je ne le voudrais pas *même si nous avions de quoi.*

3. *Même si Madeleine n'avait pas vécu* pendant près de trois ans de la même vie que Molière, elle mériterait encore d'être étudiée pour elle-même.

4. Je ne reculerais pas *même si toute la gent chienne venait m'attaquer.*

*149

Translate :

1. Though I were starving* he would not help me. 2. Though every one desert you, I will remain at your side. 3. Were he my own brother, I should not act differently*. 4. Had he been my own brother, I should not have acted differently. 5. If he had still more faults, I should still be his friend. 6. He durst not do it, even if you offered to help him.

Proposition Infinitive

150 (§§ 402–406)

Remplacer la subordonnée par une proposition infinitive chaque fois que cela sera possible.

1. J'entendis mon père qui rentrait. 2. J'écoutais la pluie qui tombait. 3. Nous ne sentons pas que la terre tourne. 4. Nous espérions que nous pourrions partir ce matin. 5. Il m'a promis qu'il reviendrait. 6. Après qu'il eut écrit *Phèdre*, Racine abandonna le théâtre. 7. Je l'ai vu qui sortait de chez lui. 8. Je pense qu'il viendra. 9. Je ne savais pas que j'étais en retard. 10. Vous ne

pensiez pas que vous aviez deviné juste. 11. Je crois que je pourrai vous aider. 12. J'espère qu'il n'est pas encore parti. 13. Il vient souvent sans qu'il ait été invité. 14. Je me rappelle parfaitement que je vous ai vu autrefois. 15. Je défends absolument que vous sortiez. 16. Il espère qu'il vous reverra bientôt. 17. César dit que les Gaulois étaient superstitieux. 18. Vous êtes assez grand pour que vous sachiez ce que vous faites. 19. Il prétendait qu'il était très heureux. 20. Il avoue qu'il s'est trompé. 21. Il est temps que nous nous levions. 22. Je suis certain que je réussirai. 23. Il faut qu'on oblige tout le monde. 24. Il n'est pas toujours bon qu'on ait un haut emploi. 25. On entend le tonnerre qui gronde.

*151

Même exercice.

1. Vous n'êtes pas le premier qui me le dise. 2. Il paraît que je suis le seul qui n'en sache rien. 3. Je ne trouve personne qui me vienne en aide. 4. Je supplie qu'on me laisse tranquille. 5. J'oubliais que je vous en avais parlé. 6. Il courait si fort qu'il en perdait haleine. 7. Je sens que je deviens vieux. 8. Nous ne savions pas ce que nous devions faire. 9. J'empêcherai bien que vous ne partiez. 10. Nous croyions que nous étions heureux. 11. Je ne me souviens pas que je l'aie jamais vu. 12. Il prétend que tout le monde peut être heureux. 13. Qui peut se vanter qu'il ne redoute pas la calomnie ? 14. Il m'a promis qu'ils reviendraient tous. 15. Il ne reviendra pas avant qu'il en ait été prié. 16. Il a été puni parce qu'il avait été paresseux. 17. J'étais troublé au point que je ne pouvais rien répondre. 18. Il ne vient jamais nous voir qu'il n'apporte un petit cadeau. 19. Il m'en veut parce que je ne suis pas de son avis. 20. Il est aussi vigoureux que vous, bien qu'il ne soit pas de votre taille. 21. Lorsqu'on raconte ses maux, souvent on les soulage. 22. Lorsqu'on vainc sans péril on triomphe sans gloire. 23. Prenez garde, ou vous allez vous cogner. 24. Il faut que vous vous contentiez de peu.

152

Translate, using a dependent infinitive construction whenever possible.

1. You must go and see them before you start. 2. You must go and see them before they start. 3. After he had seen them he wrote

me a long letter. 4. I shall not attack unless I am obliged to. 5. I confess* that I was wrong. 6. I own* that you could not have acted otherwise. 7. I answered that I would come the next day*. 8. I believe I heard him. 9. The man thought he was dreaming. 10. I wish I had a fortune. 11. I wish I could help you. 12. He fired before he saw that they were waving* a handkerchief. 13. Listen that you may hear. 14. I wish you were in my place !—I wish I were in yours ! 15. His parents wished him to be a clerk*. 16. He chose the piece which he thought was the best. 17. It was too evident for her to deny it. 18. The Duke asked Blücher and General Gneisenau what they wished him to do. 19. The custom of the village is for a few boys to take the cattle out to graze*. 20. Many military critics have considered* the position of Waterloo to have been admirably adapted* for the Duke's purpose* of protecting Brussels. 21. I will accept the post on condition that I have a free* hand. 22. I am sending a new jumper* for you to try. 23. I hope to work for another twenty years, unless I am left a fortune. 24. I shall have to work like every one else, unless I am left a fortune. 25. I know the story to be true. 26. Here is a story which I know to be true. 27. The dog saw no reason why he should bark. 28. I am very fond of being read* to. 29. I got* him to do it. 30. With noiseless* steps, lest she awake him, she began to put the room in order*.

PROPOSITION PARTICIPE

153 (§ 408)

Remplacer la subordonnée en italique par une proposition participe.

1. *Quand il fut rentré chez lui,* il relut soigneusement la lettre.
2. Une dame *qui était assise à côté de moi* se mit à pleurer. 3. *Comme je ne pouvais pas attendre plus longtemps,* je laissai ma carte sur son bureau. 4. *Comme il a besoin de moi,* il vient me trouver, 5. *Vu que j'avais des bagages à faire enregistrer,* j'aurais dû être à la gare de meilleure heure. 6. Je regardais les abeilles *qui visitaient les fleurs, se chargeaient de butin, et rentraient à la ruche.* 7. Un riche laboureur, *qui sentait sa fin prochaine,* fit venir ses enfants. 8. La mer, *qui mugissait à nos pieds,* couvrait le bruit de nos voix. 9. *Comme je n'avais pas reçu de réponse,* j'écrivis de nouveau. 10. *Comme je ne savais que faire,* je téléphonai au médecin. 11. L'artillerie, *qui avait*

été prévenue, établit un barrage.   12. Ma compagnie, *qui n'avait pas été prévenue*, resta dans la tranchée.   13. L'enfant, *qui voulait voir*, se pencha par la fenêtre.   14. Il s'était baigné, *quoiqu'il eût chaud*.

154 (§ 409)

Même exercice.

1. *Lorsque mon tour fut arrivé*, je me levai tout tremblant.   2. *Dès que la paix fut conclue* les affaires ne tardèrent pas à reprendre. 3. *Comme son oncle demeurait à Paris*, il résolut de s'y rendre. 4. *Comme l'hiver approche*, nous allons quitter notre maison de campagne.   5. *Lorsque nos invités seront arrivés*, nous nous mettrons à table.   6. *Comme votre livre est retrouvé*, il faut préparer votre leçon. 7. *Lorsque le père fut mort*, les fils retournèrent le champ.   8. *Une fois que vous avez été partis*, j'ai perdu le soleil, la gaieté.   9. Perrin, fort gravement, ouvre l'huître et la gruge, *pendant que nos deux messieurs le regardent*.   10. *Lorsque tout le monde eut défilé*, il entra à son tour.

155

Translate, rendering the clauses in italics by a participial construction.

1. *As I hope to see you to-morrow*, I am writing you only a few lines.   2. *Having arrived in the morning*, we started again in the evening.   3. *Thinking he had finished*, I shouted " Bravo ! "   4. *As I had nothing more to do*, I went home.   5. *Arrived at the spot**, they got to work* without losing any time.   6. *Feeling tired*, she went to bed early.   7. *As soon as I had recovered* from my illness*, I started for Algeria.

8. *All the doors having been closed*, he told us what had happened. 9. *With her eyes blindfolded**, she counted up* to twenty.   10. *Their jailer having fallen asleep*, they escaped*.   11. *As his boots were wet* I lent him a pair of slippers.   12. *When the parrot had once escaped from his cage*, it was very difficult to catch him again.   13. *This done*, we went home.   14. *No member of the crew having survived*, the cause of the catastrophe will never be known.   15. *The windows facing* south*, my room was very warm in summer.   16. *To-morrow being Sunday*, the post office will be closed.   17. *As the master hadn't noticed anything*, somebody coughed to make him look up.   18. *Not having understood a word*, I remained dumb.

THE ENGLISH GERUND

156 (§§ 115.3, 410)

Translate, rendering the gerund by a noun.

1. Walking is a good exercise. 2. Do you like boxing ?—No, I prefer fencing. 3. First comes owing, and then lying. 4. He gave orders to cease firing. 5. What is all the shrieking about ? 6. The accident was caused by the brake snapping*. 7. I have given* up protesting. 8. Bear-hunting was a dangerous sport. 9. The melting of the snows swells* the rivers. 10. The flooding of the fields is bad* for the crops.

157

Translate, rendering the gerund by an infinitive.

1. They advanced without seeing us. 2. There is no getting out* of that. 3. It is no use* talking about it. 4. There is no denying his talent. 5. There could be no mistaking* his intentions. 6. He burst out laughing. 7. Have you done discussing the question ? 8. I cannot avoid meeting him. 9. Go* on working. 10. Have done teasing her ! 11. I don't mind* trying. 12. I like getting up early. 13. What do you think of doing ? 14. I did not think of telling him. 15. I have been busy writing all day. 16. The native troops were accustomed to seeing blood shed. 17. The trees prevented us from seeing our pursuers, and them from seeing us. 18. It's no use* your pretending that you were awake, because I know you weren't. 19. The whole article needs revising*. 20. He ended by apologizing*.

158

Translate, rendering the gerund clause by a finite clause.

1. In the event* of its being impossible, you will act for the best. 2. Upon my inquiring whether he was in much pain*, he shook his head. 3. News finally arrived of the French having gained the victory*. 4. He has a dislike to being kept* waiting. 5. You may rely* on my being punctual*. 6. A week passed without anyone hearing* from him. 7. I cannot conceive his permitting it. 8. There is no risk of their being overtaken*. 9. He was surprised at anybody speaking to him. 10. You don't mind* my talking to

you in this manner* ?   11. On our knocking, the door was instantly
thrown* open by a Hindoo servant.   12. Is there any chance of
some one's knowing the truth ?   13. I don't like your coming
home so late.   14. That was the signal of his having conquered.
15. I had no idea of your being in this country.

159

Translate, rendering the gerund or participle by a gerund.

1. It is only by trying that you will succeed.   2. By joining*
together we can achieve* a great deal.   3. Only* by telling us
your story you have taught us a great deal.   4. He came in trem-
bling.   5. He sat down again, grumbling*.   6. They went off singing.
7. The cat rubbed* against me, arching* its back.   8. While flatter-
ing you he laughs at you behind your back.   9. While dusting
the room she lost not a word of the conversation.   10. While
showing himself very severe, he was very fond of them.

*160

Translate :

1. His new house is building.   2. The accident was owing*
entirely to Tuba having started without his breakfast.   3. To-day
being Sunday complicates matters.   4. Your going away won't
help us much.   5. He keeps on teasing her.   6. I have given up
trying to convince him.   7. If a thing is worth doing it is worth
doing well.   8. His essays are well worth printing.   9. His adven-
tures lost nothing in the telling.   10. The events of to-day are
history in the making.   11. I don't want* a husband of my parents'
choosing.   12. Free peoples obey laws of their own framing, and
rulers of their own choosing.   13. You will eat asparagus of my
own planting.   14. There was a rumour* of Martha marrying the
son of a neighbouring* farmer.   15. Trying to do too many things
at once results in nothing being well done.   16. His reflections
were cut short by the train slackening speed.   17. Frederick had
already accepted the crown, lest James should object* to him
doing so.   18. You must excuse me for hurrying* away.   19. It
was not worth while your going.   20. He is not accustomed to
plain speaking.   21. The hard* part of being poor is trying to
save while spending as much as the rich do.   22. The dinner is
preparing.

ORDRE DES MOTS

MISE EN VALEUR DU MOT

161 (§§ 317–326, 395.4)

Mettre en valeur les mots en italique, au moyen de la construction c'est ... que.

1. Votre père travaille *pour vous*, mes enfants. 2. *Je* ne l'ai pas dit. 3. Savoir écouter est *une excellente habitude*. 4. Soulager son prochain est *une douce chose*. 5. Je n'ai pas demandé la parole *pour me défendre*. 6. Trahir sa patrie est *une honte*. 7. On devient forgeron *en forgeant*. 8. Je parle *à vous*, ma sœur. 9. Il faut voir l'Attique *au printemps*. 10. Est-il revenu *hier* ? 11. Est-il puni si sévèrement *pour avoir ri en classe* ? 12. Je ne dois pas mon avancement *à la faveur*. 13. *Son père* répondit. 14. *Son père* avait répondu. 15. *Son père* répondra. 16. Survoler la Manche n'est pas *une grande affaire*.

162

Mettre en valeur les mots en italique, soit au commencement, soit à la fin de la phrase, au moyen d'une dislocation.

1. *Je* ne l'ai pas dit. 2. *Survoler la Manche* n'est pas une grande affaire. 3. Je ne veux pas *de compliments*. 4. Je n'ai rien à redire à ce *qu'elle vous accompagne*. 5. Vous m'avez fait assez *de promesses*. 6. Cela ne *vous* fait rien. 7. Personne ne pensait *au bateau*. 8. Il faut voir *l'Attique* au printemps.

*163

Translate, putting the right words into strong position, either by means of a dislocation, or with the construction c'est ... que.

1. He has treated us very well, has Jones ! 2. You are a naughty little boy, you are ! 3. Going to bed was out of the question•. 4. *He* did it, *I* did not. 5. Not gold, but pleasant work, makes us happy. 6. Who Mr Durant might be nobody knew, and nobody cared•. 7. These books I have never read. 8. These things he never thinks of. 9. A sword he had never used, and pistols he

disliked.   10. Her you may trust, but not him.   11. The exact date
I do not remember; but it was before the War.   12. Did you take
that bottle out of the cupboard or out of the sideboard ?   13. Did
you take the bottle ?   14. He is a clever man, is Jones.   15. You
are like your father, not your mother.   16. I haven't come to see *you*,
I've come to see your daughter.   17. " You ought to remember,"
said the master to the boy, " that you are translating *poetry*."—
" It isn't poetry when *I* translate it," answered the boy.   18. Mr
Winter had retired.   His money, sufficient* to retire upon the
interest accruing from it, he had hoarded* in Hastings, and there
Ruth had been educated*.

ADVERBES, ETC.

164 (§§ 333–337)

Mettre (a) au parfait, et (b) à l'infinitif, les phrases suivantes.

1. Je ne fais rien.   2. Il ne lit jamais.   3. Vous ne souffrez point.
4. Tu as toujours raison.   5. Vous dormez assez.   6. Ils agissent
sagement.   7. Je le lui dis doucement.   8. Vous nous accusez fausse-
ment.   9. Je ne le fréquente plus.   10. J'avoue tout.   11. Elle ne
voit rien.   12. On les entend mieux.   13. Il leur dit tout.   14. Il
agit mal.   15. Il arrive dimanche.

165

Mettre à leur place les mots entre parenthèses.

1. Cet enfant arrive en retard (toujours).   2. Il y a dans cette
région de jolis paysages (bien).   3. J'ai la mauvaise habitude
d'écrire vite (trop).   4. Observez ce qui se passe (attentivement).
5. Il viendra nous voir (probablement).   6. Cet enfant est bavard
(si) !   7. Avez-vous visité cette région (déjà) ?   8. Hier le malade
était mieux (beaucoup).   9. Cet anneau est attaché au mur (solide-
ment).   10. Vous n'êtes pas fort (assez).   11. Arrivera-t-il (bientôt) ?
12. Je lui ai dit (tout).   13. Il a pénétré plus loin qu'aucun autre
explorateur (peut-être).   14. Je vous avais dit de rester où vous
étiez (pourtant).   15. Le conducteur n'avait pas observé le signal
(malheureusement).   16. Mon trouble est tel que j'essayerais de le
cacher (en vain).   17. Il aurait consenti si j'avais pu lui parler
(auparavant).   18. Le vieillard se montra aimable (médiocrement).

*166

Translate :

1. I always come home at seven o'clock.   2. I had never heard of that.   3. I have not seen him yet.   4. Much yet remains to be done. 5. I seem to see him yet.   6. I know very well that he doesn't want to meet me.   7. Such a fine day, so fine a display, and so few people ! 8. I cannot walk* so far ; it would tire me too much.   9. I could not have walked so far ; it would have tired me too much.   10. His is much the most interesting book.   11. He lives close by*.   12. I hardly knew what to say.   13. I am going right* home.   14. Everything is going all right here.   15. Shortly* after he decided to leave for America.

INTERROGATION

167 (§ 340)

Faire les questions auxquelles les phrases suivantes sont les réponses.

1. Je pars *jeudi prochain.*   2. Mon père revient *jeudi prochain.* 3. Mes parents sont revenus *jeudi dernier.*   4. Je vais *à Paris.*   5. Je reviens *de Paris.*   6. J'y étais *pour une conférence.*   7. Mon père y était *pour une conférence.*   8. Mon père est de retour *depuis huit jours.*   9. C'est *un ami* qui m'a donné cela.   10. Il joue *du violon.* 11. On fait le fromage *avec du lait caillé.*   12. C'est *en forgeant* qu'on devient forgeron.   13. Jean est absent *parce qu'il est malade.* 14. Nous dînons *à sept heures.*   15. Le samedi, les élèves jouent *au football.*   16. Un cric est *un appareil pour soulever les objets lourds.*

168 (§ 341)

Exprimer les mêmes questions sous la forme indirecte :
Dites-moi . . .

169

Faire douze questions sur chacun des textes suivants.

I

Jeanne d'Arc naquit en 1409 au petit village de Domrémy, près Vaucouleurs, en Lorraine.   C'était une pauvre paysanne passant **ses** journées à garder les moutons de son ᴘère, tout en filant sa

quenouille.   Le soir, lorsque parents et voisins étaient réunis pour
la veillée, elle entendait souvent raconter les malheurs qui pesaient
sur la France, réduite à la plus cruelle misère.   Presque tout le pays
appartenait aux Anglais, qui venaient de mettre le siège devant
Orléans, une des dernières villes restées au roi Charles VII.   Un
jour que Jeanne priait en gardant ses brebis, elle crut entendre des
voix qui lui disaient : " Jeanne, pars, va trouver le roi à Chinon,
demande-lui une armée et tu délivreras Orléans."

II

Un couvreur était monté en haut d'un clocher pour le réparer.   Il
eut le malheur de tomber en bas, mais il ne se fit pas grand mal, car
il tomba sur un passant, qu'il écrasa et qui en mourut.   Un des
parents du défunt attaqua en justice celui qui était tombé du
clocher, l'accusant de meurtre, et réclamant de forts dommages et
intérêts.   L'affaire fut plaidée.   Il fallait accorder quelque satisfaction au plaignant.   D'autre part, les juges ne pouvaient punir
un homicide dont un accident malheureux était la seule cause.   Ils
tranchèrent la question de la manière suivante.   Il fut ordonné à
celui qui demandait vengeance de monter au haut du clocher, et de
se laisser tomber sur celui qu'il poursuivait, lequel serait tenu de se
trouver précisément au-dessous, à la même place où le défunt avait
perdu la vie.   Ce jugement mit fin au procès.

170

Translate :

1. Who invented the telephone ?   2. Who was burnt at Rouen in
1431 ?   3. Which is the way* to the station, please ?   4. Which
gives more heat, a large fire or a small one ?   5. Which is larger, a
bicycle saddle or an ordinary saddle ?   6. Which is better*, to cry
or to smile ?   7. What letter comes between A and C ?   8. What
makes the sails of a windmill go round* ?

9. Do you speak French ?   10. How many letters are there in the
English alphabet ?   11. What do we write with ?   12. What do four
and four make ?   13. What must we have* when we want to sew ?
14. What do we use to drive* in a nail ?   15. What is a towel used
for ?   16. What is the colour of the sky ?   17. What do we call the
month that comes after September ?   18. What do we do when we

get wet• ?   19. Do you like or dislike coffee ?   20. Where do we go
when we want to take the train ?

21. Is a stone hard or soft ?   22. Do you object• to being admired ?
23. Does iron float on water ?   24. Why are the woods cool and
pleasant in summer?   25. Do birds always build their nests in trees ?
26. Why is English spelling so difficult ?   27. In what year was Joan
of Arc burnt at Rouen ?   28. Is Shakespeare alive now ?   29. In
what year did he die ?   30. What is a gramophone ?

31. Do you know who invented the telephone ?   32. Tell me what
makes the sails of a windmill go round.   33. I don't know whether
you speak French.   34. Tell me what we use to drive in a nail.
35. I wonder what they do when they get wet.   36. Tell me why
the woods are cool and pleasant in summer.   37. I cannot remember
in what year Joan of Arc died.   38. Tell me whether Shakespeare is
alive now.   39. Who knows in which year he died ?   40. Who knows
in what year Shakespeare died ?   41. I wonder whether you know
what a gramophone is.

INVERSIONS

171 (§§ 342–344)

Rétablir les inversions dans les phrases suivantes.

1. Notre vénéré maître parla ainsi.   2. Elle cria : " Entrez."
3. Julie répondit en pleurant : " Ce n'est pas de ma faute ! "
4. C'est là une question en dehors de notre étude.   Tous ceux qui
ont tenté la remise en place des fragments épars de la pensée de
Nietsche se sont d'ailleurs appliqués à sa résolution.   5. Le tambour
major, suivi de la musique du bataillon, vient ensuite.   6. Il a reçu
l'argent.   Ce qu'il va en faire reste à savoir.   7. L'hiver, dur aux
pauvres, arriva bientôt.   8. La ceinture de jardins et de terres
irriguées de Maureillas est superbe.   9. A gauche, sur son piédestal
énorme, le donjon de Polignac surgit.   10. Nous vivons comme nos
pères vivaient.   11. De là une ambition qui peut paraître sans bornes,
comme l'esprit de sacrifice et de dévouement à la nation est sans
réserve.   12. Chicago s'étend à perte de vue, avec ses toits plats
d'où des fumées s'échappent.   13. Il faut peu d'apprêts aux mets
que l'abstinence et la faim assaisonnent.   14. Si frustes que quelques
hommes soient, ils ont parfois de touchantes inspirations.   15. Nous
pourrons peut-être nous arrêter à Paris.   16. La venue du printemps
lui rendra peut-être la santé.   17. Le curé était à peine rentré qu'il

fut appelé auprès d'un malade.   18. Votre ami aurait au moins dû
nous prévenir.   19. Le pont était si étroit qu'on pouvait à peine y
passer.   20. Le dénouement de la pièce est imaginé.   Aussi, l'auteur
s'est trouvé à l'aise pour y mettre du sublime.   21. Aussi, il ne tarda
pas à sortir.   22. Voilà ce que je lui conseillai, et il fit ainsi.   23. Les
effets de l'alcool sur l'intelligence sont tels.   24. Tous vos tourments
viennent de là.   25. Toute la lie de la population se rencontre là.
26. Il est du moins indispensable que vous lui écriviez.

Position de l'Adjectif Épithète

172 (§§ 345-359)

Mettre à la place convenable les adjectifs entre parenthèses.   (*Ex.:*
Un ami de la famille (vieux) : Un vieil ami de la famille.   Une rue
(étroite, sombre) : Une rue étroite et sombre.)

1. Un employé (capable).   2. Ce contretemps (ennuyeux).   3. Une
histoire (ennuyeuse).   4. Un angle (obtus).   5. Un thermomètre
(centigrade).   6. Une fille (jeune) au teint (blanc, rose).   7. Un
homme (affairé, pressé).   8. Un homme (petit, ventru)   9. Des
hommes (résolus, expérimentés).   10. Une victoire (glorieuse).
11. Un propriétaire (riche).   12. Des parents (riches).   13. Une
maison (petite, neuve).   14. Une personne (agréable).   15. Cette
personne (agréable).   16. Quelle surprise (agréable) !

17. Entendre un bruit (léger).   18. Être condamné à une peine
(légère).   19. Faire un dîner (maigre) dans une auberge (mauvaise).
20. Faire des repas (maigres) pendant le carême.   21. Importer
des matières (premières).   22. En revenir à son idée (première).
23. Multiplier deux nombres (premiers).   24. Manger une pomme
(verte).   25. S'attirer une semonce (verte).   26. Admirer les prairies
(vertes) qui bordent la Seine.   27. Boire du vin (pur).   28. Faire
une faute par inadvertance (pure).   29. Boire un bouillon (bon, bien
chaud).   30. Être aidé par un garçon (gentil, petit, complaisant,
intelligent).

173

Même exercice.

1. Ç'a été un travail (rude) !   2. C'est un homme (rude), mais
de cœur (droit).   3. C'était le dimanche (dernier) avant Noël.
4. Il est revenu dimanche (dernier).   5. Une fille (grande, rousse)
vint m'ouvrir la porte.   6. Des amis (ardents, passionnés) sont

rarement des juges (impartiaux).   7. Un homme (riche) s'apitoya
sur mon sort (triste), me dit quelques paroles (bonnes), et me donna
de quoi m'acheter du pain et un vêtement (chaud).   8. Cet usage
(touchant) indique chez les fermiers (norvégiens) un cœur (com-
patissant).   9. Des serpents (verts), des hérons (bleus), des
flamants (roses), des crocodiles (jeunes), s'embarquaient passagers
sur ces vaisseaux de fleurs.   10. Il dort en jour (plein).   11. Une
bourse (pleine) rend la vie facile.   12. Ce sont des gens (pauvres,
mais honnêtes).   13. Ces blessés (pauvres) étaient des paysans
(honnêtes) du centre de la France.   14. C'est une idée (riche) qu'il
a eue là !   15. Voici des soirs (pourpres) l'heure (calme, sereine).
16. Nous avons là une fille (petite, bien jolie).   17. La fête (grande,
printanière) va commencer aux champs.   18. L'espérance égayait
encore l'humeur (bonne, habituelle), la simplicité (héroïque, quoti-
dienne) des marins.   19. La liberté (générale) fera naître une
fraternité (universelle).   20. Les rois préfèrent la vanité (flatteuse)
au dévouement (sévère).   21. Une vapeur (molle) efface les
chemins.   22. J'étudiais dans une chambre (petite, contiguë au
salon).

ÉTUDE DE LA PHRASE

La Proposition Simple

174 (§§ 362–369)

*Express the phrases given below in the infinitive : (a) as a state-
ment in the present and in the past ; (b) as a promise (in the future) ;
(c) as a command ; (d) as a 'softened' command ; (e) as a realizable
wish ; (f) as an unrealizable wish ; (g) as an exclamation.*

(*Ex.* : Être bien gentil. (*a*) Il est bien gentil. Ils ont été bien
gentils. (*b*) Il sera bien gentil. (*c*) Soyez bien gentil. (*d*) Veuillez,
voudriez-vous, si vous voulez, être bien gentil. (*e*) Puisse-t-il
être bien gentil ! (*f*) Ah ! s'il avait été bien gentil ! (*g*) Comme
vous êtes gentil !)

1. Arriver à temps (*a, b, c, e, f*).
2. Faire beau temps (*a, e, g*).
3. Me passer le journal (*a, c, d*).
4. Ne pas oublier de le prévenir (*a, b, c, e*).
5. Être bien aimable de m'inviter (*a, g*).

6. Être encore en vie (*a, e, f*).
7. Le revoir avant de mourir (*a, b, e, f*).
8. Être encore vigoureux (*a, f, g*).
9. Ne pas nous interrompre (*a, b, c, d*).
10. Exaucer nos vœux (*a, b, c, e, f, g*).

*175 (§§ 363, 278)

Rétablir entre parenthèses les mots qui manquent dans les phrases elliptiques qui suivent.

1. Ces petits polissons-là, toujours les mêmes ! 2. Rien de plus facile que de se tromper. 3. Dans cette prison, pas un brin d'herbe, pas un rayon de soleil. 4. Tableau charmant que ce groupe d'enfants autour des vieillards ! 5. Le moyen qu'il soit gai avec le mal de dents ! 6. Le devoir avant tout ! 7. Nulle société possible sans le devoir, car, sans lui, nul lien entre les hommes. 8. Pays peu visité, peuplé de bûcherons et de charbonniers. 9. Prendre des précautions, se garder, à quoi bon ? 10. Diseur de bons mots, mauvais caractère. 11. C'est M. Cornuel. — Cornuel ? connais pas. 12. Encore un peu de fromage ? — Merci, plus rien. 13. La paix ! Pas un mot de plus ! 14. Point d'argent, point de Suisse.

*176

Donner aux phrases suivantes une forme elliptique.

1. Il n'y a rien de plus gai que ces petites villes du Midi. 2. A cœur vaillant il n'y a rien d'impossible. 3. Il nous fut impossible de lui arracher un mot de plus. 4. Faites silence ! 5. Donnez-moi à boire. 6. Faites feu. 7. Courez au feu ! 8. J'espère que vous ferez un bon voyage. 9. Faites-moi grâce ! 10. Il n'y a rien de neuf. 11. Je vous souhaite une bonne nuit, madame. 12. Je bois à votre santé ! — Je bois à la vôtre !

AFFIRMATION ET NÉGATION
177 (§§ 265-268)

Translate :

1. Are you coming too ? — Yes. No. Rather ! Certainly. Of course. To be sure ! Indeed I am ! I think so. I think not. No indeed ! Why not ?

2. Are you not coming too ! — Yes, I am. I think I am. Alas, no ! Perhaps not.

3. You are not well. — I assure you I am. No indeed ! Indeed I am ! Excuse me, I am !

4. I did it, not without difficulty.

5. He lives not far from you, doesn't he ? — I think he does.

6. I am disturbing you, am I not ? — Not at all ! Certainly not !

7. It was the Scotch, and not the English, who came here first*.

8. Whether* the English came first or not, they are here now, aren't they ?

178 (§ 269)

Rendre négatives les phrases suivantes.

1. Il arrive. 2. A-t-il fini ? 3. Le boucher vous a mal servi. 4. Étant responsable, c'est à moi de réparer cette erreur. 5. Il faut vous hâter. 6. Savez-vous s'il viendra ? 7. Entrer sans frapper. 8. Il est toujours là. 9. Il est déjà reparti. 10. J'ai appris quelque chose d'intéressant. 11. J'en ai encore beaucoup. 12. Les petites fées revinrent encore. 13. Je connais quelqu'un qui pourra vous renseigner. 14. C'est un livre qu'on trouve partout. 15. C'est un livre qu'on trouve encore partout.

179 (§ 270)

Translate :

1. He doesn't work much, and he never listens to what he is told. 2. I haven't done the exercise, sir. — And I haven't done it either, sir. — Neither have I, sir ; I can't find my book anywhere. 3. I am not hungry yet. 4. I am not at all hungry. 5. When you have no more money, what will you do ? 6. He had neither relatives* nor friends left. 7. He never came back again. 8. He hardly ever returned to the village where he was born. 9. He no longer knew anyone there. 10. I have nothing more to say to you. 11. Nobody ever comes to see me. 12. She never writes to anyone. 13. He never does anything on Saturdays*. 14. He never sent me either* an explanation or a word of apology. 15. Without ever going out, he always knows all that is going* on. 16. He went out without anyone noticing* it. 17. Not a word, or you are a dead man ! 18. Not another* word, if you please ! 19. What will you drink ? — Nothing, thanks. 20. A little more* cake ? — Nothing more, thanks. 21. Another slice of beef, sir ? — No more, thanks.

*180 (§§ 267-270, 273)

Translate :

1. We don't have many visitors here. 2. Time rests not, but hastes not. 3. You mustn't speak of them like* this. — Indeed ? Why not ? 4. " He cometh not," she said. 5. Why cometh he not ? Why isn't he coming ? Why the dickens* doesn't he come ? 6. He could see in the eyes of his class whether or no he was understood. 7. She tried not to smile. 8. I tried not to listen. 9. I did not try to listen. 10. That may or may not be true. 11. He gave not the slightest indication that he had recognized me. 12. He paid not the slightest attention* to what I said. 13. He is no better to-day. 14. It is none the less* a matter of regret* that he did not consult us. 15. He is none the worse* for it. 16. They are none too well off*. 17. Father and mother have I none. 18. I saw him no later than last Tuesday. 19. Who was with you ? — Nobody. 20. When will you come back again ? — Nevermore.

*181 (§§ 271, 272)

Translate :

1. I have only seen him once. 2. I have only ten minutes to give you. 3. You have only to speak. 4. Brooks are clear only because they are shallow. 5. Only the chauffeur could make the car go. 6. Only I answered all the questions. 7. It was only at the age of seventy that he thought of taking a rest*. 8. Only on the way to the station did it begin to rain. 9. He has done nothing but play this morning. 10. It is your wives who take you to the theatre ; you merely follow them. 11. Only to smell the breeze from the sea, I felt better already.

12. We have only two or three old friends left. 13. There remained only to bid the audience good night*. 14. He never travels (any other way) but in (his) motor*-car. 15. Your father is not the only one who has complained. 16. These helmets are hardly ever worn except * in India. 17. I've caught two trout, father ! — Only two ? 18. Take my umbrella, only don't forget to bring it back. 19. If only you had told me who he was ! 20. There was only the captain left on board. 21. Allow me to add one word only. 22. Only one word more, and I have done.

182 (§§ 274-276)

Supprimer pas *là où il y aurait lieu de le faire dans le style littéraire.*

1. Maman, je n'ai pas de mouchoir. 2. Il ne put pas leur cacher ses desseins. 3. N'avez-vous pas fini ? 4. Je n'ai pas d'autre ami que vous. 5. Je ne sais pas comment cela s'est fait. 6. Vous ne savez pas votre leçon. 7. Que n'aurait-il pas fait pour alléger leurs souffrances ! 8. Il ne cessait pas de pleuvoir. 9. Qui est-ce qui n'a pas compris ? 10. Voilà au moins deux mois qu'il n'est pas venu.

183

Insérer pas *là où il serait possible.*

1. Je n'ai d'ami que vous. 2. Il n'aura garde d'oublier. 3. Il ne savait que faire. 4. Il ne savait ce qu'il devait faire. 5. Je ne sais trop quel parti prendre. 6. Je n'avais de ma vie vu pareille chose. 7. Je n'irai pas si vous ne m'accompagnez. 8. Je ne saurais me ranger à votre avis. 9. Il n'y a que lui d'assez intelligent pour me comprendre. 10. Je n'aurais jamais été prête si elle ne m'avait aidée.

*184 (§ 277)

Insérer ne *là où il y aurait lieu de le faire dans le style littéraire.*

1. Je tremblais qu'il me trouvât seule. 2. Je doute qu'il revienne jamais. 3. Je ne doute pas qu'il revienne un jour. 4. Évitez qu'on vous voie. 5. J'empêcherai bien qu'on entre ici. 6. Ne bougez pas avant qu'on vous le dise. 7. Ne bougez pas après que j'aurai fini. 8. La ville est moins grande qu'elle le paraît. 9. La ville n'est pas aussi grande qu'elle le paraît. 10. Peu s'en est fallu qu'il fût tué. 11. Il s'en faut de beaucoup que vous soyez à la hauteur de l'examen. 12. Ne bougez pas à moins qu'on vous le dise.

*185 (§§ 274-277)

Translate :

1. In the village, at midday, you won't find a soul. 2. I don't know what to think. 3. I don't know how to dance. 4. I cannot admit such excuses. 5. Not knowing what to say, I remained dumb 6. They were both such worthy• people that they could not but like

each other.　7. But for his examination, he would have stayed another day.　8. Lie down, for fear they should see you.　9. She was more anxious than she wished to appear.　10. I have forgotten my purse. — No matter, I have mine.

PROPOSITIONS COORDONNÉES

186 (§§ 310, 311.1)

Mettre à la place du tiret la conjonction convenable.

1. Le train montant — le train descendant ont manqué de se tamponner.　2. Il prit un journal sur la table — le déplia.　3. — lui — elle sont invités.　4. — lui — elle ne sont invités.　5. Il entre sans sonner — frapper.　6. Il offrit de se battre — au pistolet — à l'épée.　7. Seuls, les élèves qui n'ont pas résidé en France peuvent concourir pour le prix, — vous avez passé deux années en France, — vous ne pouvez pas concourir.　8. Bon, allez vous promener avec vos amis, — soyez de retour avant la nuit.　9. On ne le voyait jamais travailler, et — il savait toujours ses leçons.　10. Je suis sûr qu'il passera son examen, — il a très bien travaillé.　11. Charles est un bon enfant, — il est un peu paresseux.　12. Est-ce de l'argent — du nickel ?

187

Translate :

1. He has neither brothers nor sisters.　2. He was without relatives or friends.　3. We killed both the lion and the rhinoceros.　4. You must either pay the fine or go to prison.　5. He would neither pay for the goods nor give them back.　6. Take everything, but spare* my children !　7. He knows the town well, for he lived* in it for six months.　8. He speaks French very well, and yet he cannot write it.　9. We wanted to go home, for it was already late.　10. He lived at Fontainebleau until 1880, and then settled* in Paris.　11. I have not seen it, nor did I know that you had lost it.　12. He never overlooks* or forgives.　13. Take either this one or that one.　14. Either come in or go out.　15. Either my secretary or I must be present at the conference.　16. We met them going and coming.　17. They approached rapidly but silently.　18. We are invited for tea, but neither mother nor I feel well enough to go.

PROPOSITIONS SUBORDONNÉES

188 (§§ 311.2, 385–389)

Mettre à la place du tiret la conjonction convenable.

1. J'arriverai — il ne parte.   2. Ne m'attendez pas — vous êtes pressé.   3. Nous ferons une longue promenade, — il ne fasse mauvais temps.   4. Nous ferons une longue promenade, — il ne fasse pas mauvais temps.   5. Je sortirai jouer — je saurai ma leçon. 6. Je veux bien vous prêter mon livre, — l'autre jour vous ayez refusé de me prêter le vôtre.   7. Une maîtresse lit à haute voix — les élèves font de la couture.   8. Aidez-le, — il achève plus tôt son travail.   9. Racontez-nous l'histoire, — vous la savez !   10. Nous l'avertîmes aussitôt, — il pût éviter ce danger.   11. Nous l'avions averti, — il put éviter le danger.   12. — il le veuille ou non, il faudra bien qu'il les rembourse.

*189 (§§ 311.2, 394)

Translate :

1. As he was not ready we went off without him.   2. Nothing happened* as he had expected.   3. The cold was growing sharper* as the night wore* on.   4. Two days after I got his letter he arrived himself.   5. Get dressed now, so that we shan't have to wait. 6. I can but repeat that it is impossible.   7. There remains no more but to thank you for your kindness.   8. Not a week passes but some accident occurs.   9. Who knows but he may hear* of it ! 10. I do not doubt but he will agree* to it.   11. I doubt if he will come.   12. I shall come if I can.   13. I love him as though he were my own son.   14. He shaded* his eyes as though dazzled by the light.   15. I had hardly entered the room when he accosted me.   16. No sooner had he entered the room than a shot* rang* out.   17. I would get it done at once, only that* I am short* of cash for the time* being.   18. What have you done since we left school ?   19. Come with us, since you have nothing to do.   20. It is just a fortnight since he died.   21. Do what you like, so long* as you keep quiet.   22. While* there is life there is hope. 23. Please write while I dictate.   24. When a child, I was permitted to read these books on Sundays.   25. I shall come to-night, unless something should prevent me.   26. A cab drove at full speed down the street after the procession had passed.

190 (§§ 398, 399)

Coordonner les propositions dans les phrases suivantes.

1. Quand je tombais | et quand je me faisais mal, elle me con-
solait.   2. Comme votre femme est morte | et comme vous n'avez
pas d'enfants, vous pouvez disposer de votre fortune.   3. Avant
que le raisin soit mûr | et avant que la vendange soit faite, nous
serons aux abords de l'automne.   4. Faites comme vous voudrez,
puisque vous êtes si habile | et puisque vous n'acceptez de conseils
de personne.   5. S'il vient quelqu'un | et si on nous voit, que
dira-t-on ?   6. Il aime ces jeunes gens comme s'il était leur père | et
comme s'il les avait élevés.   7. S'il a toujours un bon bulletin | et
s'il remporte des prix à la fin de l'année, c'est qu'il travaille bien.
8. Il m'écrivait pour savoir si j'avais vu ses parents | et s'ils se
portaient bien.   9. Pourvu qu'il reçoive ma lettre à temps | et
pourvu qu'il puisse partir sur-le-champ !   10. Si j'étais encore
jeune | et si j'avais de la fortune comme vous, j'aimerais bien
voyager.

SYNTAXE DES PARTIES DU DISCOURS

LE NOM

191 (§§ 132, 133)

Mettre au pluriel :

1. Le chef-lieu du département.   2. Un petit rouge-gorge.   3. Un
porte-plume à réservoir.   4. Un beau cerf-volant.   5. Mon beau-
frère et ma belle-sœur.   6. Un avant-coureur du printemps.   7. Un
abat-jour vert.   8. Éviter un court-circuit qui brûlerait l'armature.
9. Un garde-chasse, ancien sous-officier.   10. Commencer par un
hors-d'œuvre.   11. Ériger un arc-de-triomphe.   12. Faire l'aumône
à un cul-de-jatte.   13. C'est un ouï-dire, un on-dit.   14. Nous
avons eu un long tête-à-tête.   15. Remonter le réveille-matin.
16. Avoir une arrière-pensée.   17. Le grand-père, la grand'mère, et
leur petit-fils.   18. Un contre-amiral qui fut une non-valeur.
19. Monsieur, madame et mademoiselle Smith.   20. Monseigneur
l'évêque était gentilhomme de naissance.

192 (§ 134)

Translate :

1. The brothers Poincaré. 2. The two Poincarés. 3. The four Marys. 4. The Misses Smith. 5. Captain and the Misses Brown were invited. 6. The Chapman girls* took possession* of me as soon as I came in. 7. Gautier and the Goncourts thought themselves born to be painters. 8. He is a real Davranche, honest like all the Davranches. 9. Before 1870 there were not one, but forty Germanys. 10. The Bourbons always sympathized with the Stuarts.

*193 (§ 147)

Translate :

1. A bath-room. 2. A milk-jug. 3. A jug of milk. 4. A steam-engine. 5. A needle-gun. 6. A grand piano. 7. A platinum brooch. 8. A steel spring. 9. Knitting-needles. 10. Playing cards. 11. A sewing-machine. 12. A laboratory attendant*.

13. A blue-eyed little maid. 14. A serious-looking young man. 15. A merry*-looking old farmer. 16. A slow-tempered* man. 17. A red-nosed toper. 18. A thin-lipped old lady. 19. A light-minded damsel. 20. A sheep-eyed maiden. 21. A sweet-tempered governess.

22. Khaki-clad soldiers. 23. A horse-hair. 24. A hair mattress. 25. A feather-mattress bed. 26. Life insurance. 27. An insurance company. 28. A life-insurance company. 29. A London life-insurance company. 30. A Doulton-ware* tea-service. 31. Spanish-mahogany dining-room chairs. 32. Our Saturday-afternoon country rambles*. 33. The early-eighteenth-century comedy-writers*. 34. That late-afternoon cavalry charge saved the day*. 35. A red vulcanite fountain-pen. 36. A new-made Remington type-writer.

Expressions Adverbiales

*194 (§ 152)

Translate :

1. He fought with courage. 2. He fought with great courage. 3. She awaited his arrival with impatience. 4. She awaited his arrival with eager* impatience. 5. He fights with prudence. 6. He fights with praiseworthy* prudence.

7. I can let you have that racquet very cheap. 8. They arrived

at nightfall. 9. Their house is furnished in the English fashion.
10. The bedrooms are tiled*, after the Italian fashion.

11. He ran at full speed*. 12. The horse galloped at full speed*.
13. The bird flew away at full speed*. 14. The train was going* at
full speed*. 15. The bandits jumped into the car, and made* off at
full speed*.

16. Don't walk so fast. 17. He is fast asleep. 18. It is freezing
hard. 19. He rode hard all night. 20. He tried hard to convince
me. 21. He has been hardly treated. 22. I hardly knew what to
say. 23. I hardly had time to swallow a cup of tea. 24. I never
play high*. 25. His services are highly* paid. 26. He spoke
highly of your brother. 27. She was highly displeased with what
I said. 28. This accident cut his career short*. 29. He died shortly
afterwards. 30. Tell us shortly what you know.

195 (§ 152. *Note*)

Remplacer la locution adverbiale en italique par un adverbe.

1. Il referma la porte *avec bruit*. 2. Servez vos maîtres *avec
fidélité*. 3. Hâtez-vous *avec lenteur*. 4. Pourquoi garder *avec obstination* le silence ? 5. Elle songeait *avec tristesse* à ce que lui réservait
l'avenir. 6. J'aime *à la passion* le théâtre et le cinéma. 7. Vous
prenez la vie trop *au sérieux*. 8. Elle faisait la charité *avec
délicatesse*.

*196

Remplacer l'adverbe en italique par une locution adverbiale.

1. Il s'habilla *prestement*. 2. On nous regardait *curieusement*.
3. On l'écouta *silencieusement*. 4. Nous ripostâmes *vigoureusement*.
5. Il répond *sensément*. 6. Répondez *posément*. 7. Il a répondu
brillament. 8. La marée monte *graduellement*. 9. Il me répondit
brusquement. 10. On ne m'insulte pas *impunément*. 11. On vous
a traité *généreusement*. 12. On vous a traité *très généreusement*.

197 (§ 153)

*Faire accorder le mot en italique ou non, selon qu'il est adjectif ou
adverbe.*

1. Il porte des vêtements trop *juste*. 2. Ses élèves chantent toujours
juste. 3. Elle parle trop *haut*. 4. La cheminée était trop *haut* pour

qu'il pût toucher à la pendule. 5. Vos comptes ne sont pas *clair*. 6. Nous ne voyons pas *clair* dans vos comptes. 7. Ces fleurs sentent *bon*. 8. Ces fruits semblent *fort bon*. 9. Ils ne sont pas *fort* en histoire. 10. Les truffes se vendent toujours *cher*, mais aujourd'hui elles sont trop *cher*. 11. La nouvelle est *faux*. 12. La nouvelle sonnait *faux*. 13. Elle chante toujours *faux*. 14. Elle écrit très *fin*. 15. Elle a une écriture très *fin*. 16. Nous étions secoués très *dur*. 17. On leur a infligé une peine beaucoup trop *dur*. 18. Ses moustaches étaient frisées très *serré*.

Comparatif et Superlatif

198 (§§ 154–157)

Translate :

1. Mary is younger and smaller than Jane, but she is as intelligent, and works quite as well. 2. This book is more instructive than amusing. 3. John is not so obliging as his sister. 4. He speaks as well as you do. 5. I can't walk so fast as you ; you have longer legs than I. 6. I pull as hard* as the others, though I don't weigh as much. 7. He ate more than the half of the cake ; he ate more than his three sisters together. — Yes, he showed more zeal than discretion. 8. Since 1840 the production of wheat has more than doubled. 9. She is not so thin* as I thought. 10. You are giving me back more than I lent you.

11. He sings better than you ; he has a better voice. 12. Your exercise is worse than ever ; you are going from bad to worse. 13. I was smaller than he, but with less strength I had more agility. 14. He described the house and its inhabitants, and gave us other details of less importance. 15. I was not at all well yesterday, but I feel much better to-day. 16. Be better, and you will be happier.

*199

Translate :

1. A hundred years ago roads were fewer and men more stay-at-home*. 2. Cromwell gave the new republic a constitution as like the old constitution as the army would allow. 3. You will not be in time* if you wait any longer. 4. We did not expect you any sooner. 5. Why do you treat him any better than he does you ? 6. I have done no more harm than he has. 7. The town

is smaller than it appears.   8. I don't want to appear better than
I am.   9. He acts otherwise than he preaches.

10. I could not do otherwise than believe him.   11. Could I do
less than hasten* to his assistance?   12. He had no alternative
but to resign*.   13. Rather than stay here any longer, I would
go into service*.   14. We cannot do better toward* showing the
value of this book than to quote a few passages.   15. There are
many more dead than wounded.

*200 (§ 158)

Translate :

1. They never eat otherwise than with their fingers.   2. He had
rather* be killed than give way*.

3. His thumb was as big as a child's arm.   4. The roads are
as straight as a ruler, and edged with poplars.   5. He has a garden
about the size* of a pocket-handkerchief.

6. The less we think of ourselves, the happier we are.   7. The
less one does, the less one sees what there is to be done.   8. The
harder* liquid air boils, the more intense becomes the cold.   9. The
less money one has, the less care*.   10. The more women look
in their mirrors, the less they look* to their houses.   11. If any
strangers are there, the less you say the better*.   12. The more
you offer yourselves to. men, the less they accept you.   13. As one
grows older one values* silence more.

14. Life is becoming more and more expensive*; rents are
higher* and higher.   15. The gates of learning* are being opened
ever wider to the children of this country.

16. I am the more surprised at his decision as he knows nobody
in Paris.   17. His success is the more remarkable as he had no
friends in high places*.   18. We value* the joys of life the more,
the less numerous they are.   19. He took a glass of brandy, and
was all* the worse for it.

20. His wife was three years younger than he was.   21. For my
exercise I got five marks more than last week.   22. There are five
hundred boys in the school; there were fifty less last year.   23. The
damage* was far greater than was thought at first.   24. She is
much older than she looks.   25. Although she is not so tall as you,
she is over twelve years of age.

201 (§§ 159–161)

Mettre le, la, les, *comme il conviendra.*

1. Les belles actions cachées sont l— plus estimables.   2. C'est sous les platanes que l'ombre était l— plus épaisse.   3. De ces hôtes du jardin, les moineaux sont l— plus nombreux comme l— plus aimables.   4. Après mes chevaux, vous êtes la personne que j'aime l— plus.   5. Cette excursion est l— plus intéressante que j'aie jamais faite.   6. J'ai dû m'en retourner au moment où mon excursion devenait l— plus intéressante.   7. Je composais des chansons aux airs qui me plaisaient l— mieux.   8. La raison du plus fort est toujours l— meilleure.   9. Les gens qui ont l— plus souffert ne sont pas ceux qui se plaignent l— plus.   10. C'est là que la rivière coule l— plus vite.   11. Cette tête est l— plus élevée de la chaîne des Vosges.   12. C'est le dix que Louise a été l— plus fiévreuse.   13. L'usine métallurgique française l— plus célèbre est celle du Creusot.   14. Le pays avec lequel la France entretient l— plus de relations est l'Angleterre.

202 (§§ 161–163)

Translate :

1. I had known him at school*, and he had remained my best friend.   2. Common sense* is the least common of all senses.   3. The deepest parts of the ocean have now been explored.   4. The two best pupils in the class are two youngest.   5. He had put on his shiniest* hat and his narrowest boots, his newest gloves and his smartest* tie.   6. He has bought the finest castle in the neighbourhood.   7. People who follow the beaten track* are wisest.   8. This is by far* his best work.   9. He is the best of men.   10. This is the best I can do.   11. The river is deepest a few miles above* the railway-bridge.   12. She was happiest when she was alone.   13. She was the happiest of us all.   14. It is in success that prudence is most necessary.

15. I am very happy to know that.   16. I know very well he doesn't want to pay.   17. She was very much afraid of dogs.   18. I am very tired.   19. The dinner was very good, but dreadfully* expensive.   20. He has been most* rude !   21. Embrun is becoming a most important basis of operations.   22. He always buys what is dearest, and I always buy what is cheapest.

Les Déterminants du Nom

203 (§ 315)

Répéter l'article ou l'adjectif déterminatif lorsqu'il conviendra.

1. Les bons et — mauvais jours se succèdent dans la vie.   2. Il
a étudié l'art antique et — moderne.   3. Il montrait un caractère
charmant et — toujours égal.   4. J'avais un cheval déjà vieux et
— tout jeune.   5. Les bas et — nobles sentiments se partagent le
cœur des hommes.   6. Il y a beaucoup de différence entre mon
ancienne et — nouvelle situation.   7. Cette grande et — belle ville
n'était jadis qu'une bourgade.   8. Quelles journées et — nuits
affreuses j'ai passées !   9. Il est ingénieur des ponts et — chaussées.
10. Il nous a raconté ses faits et — gestes.   11. Mes sœurs et —
cousines sont ici en ce moment.   12. Les frères et — sœurs
assistèrent à l'enterrement.

Les Articles

204 (§ 167)

*Dans les phrases suivantes, dire si l'article donne au substantif une
valeur particulière ou une valeur générale.   Traduire ces phrases en
anglais.*

1. Voulez-vous me passer le pain ?   2. Le pain a augmenté de
prix.   3. L'enfant est naturellement étourdi.   4. L'enfant de
nos voisins est bien turbulent.   5. Le chat est joli, léger, adroit
et propre.   6. Qui a mangé les confitures ? — C'est le chat.
7. L'homme est un animal sociable.   8. Ce n'est pas l'homme que
je pensais.

205 (§§ 167, 168)

Translate :

1. Shut the door.   2. The fear of the Lord is the beginning of
wisdom.   3. He studies medicine.   4. Famine compelled the city •
of Paris to open its gates   5. He is the best of men.   6. Man
proposes and God disposes.   7. School begins at half-past eight.
8. Is dinner ready ?   9. Bed is very pleasant when one is tired.
10. Who came in first ?   11. Who went out last ?   12. The first
of virtues is devotion • to the fatherland.   13. The police are on

the murderer's track*. 14. China and Japan are in Asia. 15. The crown of England was now worn by a woman, Queen Elizabeth. 16. They fought for the civil liberty of England. 17. Mount Etna. Cape Finisterre. Lake Como*. 18. King Edward. The Emperor Charles* V. Cardinal Newman. 19. New Orleans. Paris. Havre. 20. At New Orleans. In Paris. At Havre. 21. In France, in Spain, and in Portugal. 22. We are going to France, to Spain, and to Portugal. 23. Poor Peter didn't know that lunch was at twelve to-day ; when he came home from church we had already finished. 24. I saw him on Whitmonday. 25. We have had a St Martin's summer. 26. With meat at fifteen francs a pound, we do without* it two or three times a week. 27. I haven't time* to learn German.

206 (§ 169)

Translate :

1. There were once a king and a queen who had a lovely little daughter. 2. I know a* Doctor Allard whom you might consult. 3. She was expecting him with timid eagerness. 4. Cyrano had a very long nose.

NOTE : *The indefinite article is often used in English to generalize a noun, where French has the definite article. Thus :*

5. A dead calm* often precedes great storms. 6. A woman should not despise domestic duties. 7. An idle (man) is seldom happy. 8. A ship is classed according* to its tonnage.

**Idiomatic constructions :*

9. I have a right* to live. 10. I have a right to this privilege. 11. They are of an age. 12. I cannot do two things at a time*. 13. The walk has given me an appetite*. 14. Three and a half. 15. They were killed to a man*.

207 (§ 171)

Compléter :

1. Madeleine m'apporta d— vin et d— eau. 2. Nous aperçûmes de loin une île d— sucre avec d— montagnes d— compote, d— rochers d— sucre candi et d— caramel, et d— rivières d— sirop qui coulaient dans les campagnes. 3. Travaillez, prenez d— peine. 4. D— alouettes, derrière la charrue, font leur récolte d— insectes. 5. Démosthène ne buvait que d— eau. 6. Nous avons mangé d—

fruits excellents.   7. L'aube d— jour arrive, et d— amis, point du tout.   8. Pourquoi n'avaient-ils pas d— amis ?   9. Rodrigue, as-tu d— cœur ?   10. J'ai d— peine à vous suivre.   11. Je n'ai pas eu d— peine à vous suivre.   12. Je n'ai pas eu trop d— peine à vous suivre.   13. D— nouvelles fâcheuses sont arrivées hier.   14. D— fâcheuses nouvelles sont arrivées hier.   15. D— audace, encore d— audace, et toujours d— audace !   16. Sa chambre était ornée d— fleurs.   17. Sa chambre était ornée d— fleurs que je lui avais apportées.   18. Combien d— argent lui faut-il ?   19. Il n'a pas d— fortune.   20. Ah, si j'avais d— fortune !   21. Je n'ai pas besoin d— argent.   22. J'ai besoin d— argent.   23. J'ai besoin d— argent que je vous ai prêté.   24. Nous causions d— choses graves.

*208

Même exercice.

1. Nulle part sur la terre on n'a trouvé d— blé sauvage.   2. Je ne te donne pas d— livres pour que tu les déchires.   3. Pourquoi n'as-tu pas d— livres aujourd'hui ?   4. Pourquoi tant d— paroles ?   5. Voilà bien d— paroles perdues.   6. Prenez-vous encore d— potage ?   7. Plus d— potage, merci.   8. Avez-vous jamais vu d— si méchants enfants?   9. Ce sont d— très anciens amis de ma famille.   10. M. de Balzac a cherché sa voie pendant d— années en faisant d— roman d'aventures.   11. Nous travaillons sous d— vieux châtaigniers.   12. Je ne veux pas qu'on me mette d— collier.   13. Je ne pense pas qu'on lui fasse d— mal.   14. Si vous voulez fumer un cigare, j'en ai d— excellents.   15. Le juge pensa avec raison qu'on ne trouvait guère d— ânes sans propriétaire, même en d— lieux déserts.

16. *Récrire la phrase 12 ci-dessus en supprimant la négation.*

209

Translate :

1. Walls have ears.   2. I have known her for years.   3. Do not tell to others what you have just told me.   4. In the park, little boys and little girls were playing.   5. She had large gentle eyes with long black lashes.   6. Give me coffee for breakfast, and tea for tea.

7. Try a pipe of this tobacco.   8. I don't want any of your compliments.

9. Buy me two pairs of silk stockings, some stamps, and half-a-

dozen postcards.   10. He has no lack * of friends who will lend him as much money as he will require *.   11. Thousands of swallows were flying round the trees.   12. She drew from her apron pocket a piece of bread, a bit of cheese, and a small flask * of wine.   13. She grew pale * with fright.

14. There is no silly * trade, there are only silly people.   15. I never have any luck.

16. You are lucky * to have so many friends.   17. Most people * deny the fact.

18. If five of you stay with me, the others can go with John. 19. Most of you know him already.   20. Who are those among you who have already seen a tortoise ?   21. " Jacky *, why do you never brush * your hair ? "—" I haven't any brush."—" Take your father's."—" He hasn't any brush either."—" And what does he brush his hair with ? "—" He hasn't any hair."

*210 (§ 171.6)

Translate :

1. Show me something better.   2. I need * some one brave and prudent.   3. We had seen nothing interesting.   4. Never had the old fir-trees seen anything so pretty.   5. I don't want to buy anything more.   6. It is undoubtedly * the very best thing you can do. 7. That is so much done !   8. What (could be) stranger than such a meeting ?   9. The curious thing is that no one heard anything. 10. I have nothing else to do.   11. Nobody has arrived yet.   12. I must tell you something amusing.   13. What (could be) simpler than to write to him ?   14. He will take nothing less.

*211 (§ 170.6)

Distinguish between :

(a) L'église du village.   (c) Une église du village.
(b) L'église de village.   (d) Une église de village.

Embody each of the above in a French sentence.   Be particularly careful to have the right context for (b).

Translate :

1. A village festival *.   2. The village festival.   3. He hid behind the trunk of a tree.   4. I cannot stand * the summer heat.   5. I must buy some summer dresses.   6. I can't find the summer dress which I wore last year.   7. One of the carriage wheels hit * the post *

and came off*.   8. The dog had eyes as large as carriage wheels.
9. I asked the 'bus conductor where we were.   10. The 'bus con-
ductors are on strike*.   11. Why don't you close your garden-gate*?
12. Because we haven't got a garden-gate.

*212 (§ 170)

Translate :

1. A good name* is better than a golden girdle*.   2. Tit for tat.
3. A History of England.   4. A First French Book.   5. Soldiers,
sailors, tinkers, tailors, everybody had seen it.   6. There are photographs and photographs.   7. The wolves of the jungle assembled* at
the Council Rock, a hilltop* covered with stones.   8. The daughter
of a very honourable personage of the Empire, she had been
married quite young.   9. What a funny* little servant you have
there !   10. I was a boy* here.   11. You will not be a widow long.
12. To choose some one for a friend is a serious matter.   13. He was
renowned through Europe as a soldier and as a statesman.   14. He
treated me with scorn.   15. He spoke kindly to me.   16. You do not
do him justice*.   17. His word is law*.   18. Have a care !   19. The
car turned turtle*.   20. Never lose courage.   21. Water is the best
drink when one is really thirsty.   22. I need you.   23. No rose
without a thorn.   24. He came back without a penny*.   25. He
has neither intelligence nor energy.   26. I met an old ghost* in a
white waistcoat.   27. He was in a passion.   28. Put your maxim
into practice.   29. Never master had a more faithful servant.
30. Never was a man so overrated* by the world and by himself.
31. Never did a man suffer what that poor wretch has suffered.
32. The king made him a bishop.   33. They made him king.   34. It
reminds me of when* I was a child.   35. He called* me a fool.
36. He is worthy of the title of an honest man.

ADJECTIF DÉMONSTRATIF

213 (§§ 172, 173)

Compléter :

1. Comment se fait-il que l'âne, c— animal si utile, c— héros
modeste du travail quotidien, c— ami, c— serviteur du pauvre, ait
c— réputation proverbiale de sottise ?

2. Vois-tu c— grande mer aux eaux calmes et bleues, c— océan
aux vagues tumultueuses, c— montagnes gigantesques ?

214

Translate :

1. The text you are using is very old ; this edition is much better.
2. That night I shall never forget.   3. At that time people always travelled on horseback*.   4. Until* now I never knew the exact time, but this watch does not vary by a second a week.

**Idiomatic phrases. Note that English often has the article where French has the demonstrative adjective, and vice versa.*

5. I have spoken to him on the subject*.   6. I was there at the time.   7. I did not know it at the time.   8. The custom is mentioned in an old record*.   9. It is just what I want at the moment*.
10. Don't talk in that way*.   11. I have lived here these fifteen years.   12. I've been standing* here these last ten minutes.

ADJECTIF POSSESSIF

215 (§§ 174-178)

Compléter, au moyen de l'adjectif possessif ou de l'article, comme il conviendra.

1. Chaque âge a — plaisirs, — esprit et — mœurs.   2. Tu es tranquille et au chaud dans — maison, avec — chien et — chevreaux.
3. Il nous menaça du — doigt.   4. L'enfant doit honneur et respect à — père et mère.   5. Jeannot, ne suce pas — pouce !   6. Il me fit signe de — œil.   7. Il s'est écorché — genou en tombant.   8. Elle n'accordera — main qu'à un homme d'élite.   9. Il me reconnut et me tendit — main.   10. Il me tendit — bonne grosse main de travailleur.   11. Il me tendit — grosse main velue.   12. Il est comme la brebis qui tend — dos pendant qu'on lui ôte — laine.
13. Pourquoi caches-tu — fautes à — père ?   14. Des sanglots lui serraient — gorge.   15. Il m'avait sauvé — vie.   16. Il me regarda dans — yeux.   17. Regarde de tous — yeux, regarde !

18. Pères, de — enfants guidez le premier âge ;
   Ne forcez point — goût, mais dirigez — pas ;
   Étudiez — mœurs, — talents, — courage.

216 (§§ 174–178)

Translate :

1. Here are my father and mother, and with them my son and heir. 2. He bought it with his own money. 3. It is my own house. 4. He has a house of his own. 5. They have houses of their own. 6. A merry* Christmas, uncle ! 7. Father told me to come home early. 8. He is a friend of my brother's. 9. He is a friend of ours. 10. She spoke of it to a friend of hers. 11. At the sight of her he stepped forward*. 12. He was sitting at his desk with her letter in his hand*. 13. I have cut my finger. 14. It will cost you your life. 15. He saved our lives twice. 16. His voice was young. 17. His hair was cut short. 18. Here is the postman ; I hear his voice. 19. We are nearing the town; I (can) distinguish its steeples. 20. Time flies ; its loss is irreparable.

*217

Translate :

1. She was always at his bedside*, and guessed his every want. 2. One would rather lose one's riches than one's good name. 3. This my house is at your disposal*. 4. In this their first campaign they had little success. 5. Go to sleep, baby mine ! 6. One should do one's duty first. 7. His minstrels were his own paid* servants. 8. I wish I had a house of my own. 9. I am working for the happiness of all of them. 10. I have come of my own accord*. 11. He recited a sonnet of Rossetti's. 12. We must settle* this little affair of yours. 13. I dashed off in pursuit* of him. 14. I have been mistaken about* you. 15. I have brought you this letter from* him. 16. The eyes of both of us were wet*. 17. The dog bit him in the leg. 18. He saved his father's life. 19. The fish escaped from his hands. 20. They looked without seeing, their eyes blurred*, their hearts oppressed. 21. Her waist* was slender and supple. 22. His shoulders were broad and powerful, and his neck was that of a bull. 23. He fell from his horse. 24. He came down in his slippers. 25. Have I time to change my dress before dinner ? 26. I used to think her plain*, but now I have changed my mind*. 27. I noticed his paleness and I guessed its cause. 28. As we draw near to the works,* we (can) hear the humming* of its engines. 29. The mountain is steep, and its ascent is hard. 30. If there is a science of war, can we not discover its secrets ?

Adjectif Interrogatif

218 (§§ 182-185)

Translate :

1. What answer* did they give you ?   2. Who are these people ?
3. What books do you require* ?   4. What a surprise !   5. What a
town was Athens ! what laws, what valour ! what a discipline !
what a perfection in all arts and sciences ! and what politeness in
ordinary intercourse* and in the language !   6. You will find your
room just as it was ; nothing has been changed.

Pronoms Démonstratifs

219 (§§ 186-196)

Compléter :

1. Les défauts d'Henri IV étaient c— d'un homme aimable, et
ses vertus c— d'un grand homme.   2. Défendez votre liberté et
respectez c— des autres.   3. Le cours du Rhône est plus rapide que
c— de la Garonne.   4. Le marbre et la craie sont de même nature,
mais c— est plus tendre que c—.   5. Donnez-moi c— !   6. Consolez
c— qui souffrent.   7. C— que l'on conçoit bien s'énonce clairement.
8. Le bavard dit tout c— qu'il pense.   9. C— n'est pas bien de vous
moquer de lui.   10. Quel livre voulez-vous, c— ou c—?   11. Qu'avez-
vous à répondre à c—?   12. C— seuls sont heureux qui savent
modérer leurs désirs.   13. C— est riche qui reçoit plus qu'il ne
consume ; c— est pauvre dont la dépense excède la recette.   14. Vous
avez de l'argent de caché ? — Non, coquin, je ne dis pas c— ! Plût
à Dieu que j'en eusse ; c— m'accommoderait fort.   C— sont des
coquins qui font courir ces bruits-là.   15. C— est votre cocher, c—
d'avant moi, qui me l'a dit.   16. Comment c— va-t-il, père Durand ?
— C— ne va pas, j'ai des douleurs ; c— est dans le dos que c— me
tient.

*220

Translate :

1. Here are my pigeons ; this one is quite tame*, but that one is
very wild yet.   2. Tom and Bob were fighting ; the former wanted
to hold the rabbit, and the latter wouldn't give* it up to him.
3. This is for you, John.   4. That isn't what I am thinking about.
5. Was that long ago ?   6. Doesn't it amuse you to hear them talk ?

7. Don't apologize* ; it doesn't matter.   8. He will be coming soon. — When ?   9. I can see an aeroplane. — Where ?   10. Those are secrets which I must not reveal.   11. Is that all you have done ? 12. Karait's bite is as dangerous as the cobra's.   13. We hate those whom we fear.   14. All who approach her fall in love* with her. 15. That young man over there* is the one I spoke to you about. 16. The English army was posted on the northern, and the French army occupied the southern ridge.   17. Those are most light-hearted* who know the least.   18. It might very well be.   19. It might very well be he.   20. I hear a carriage ; it is our guests. 21. Fivepence for an egg !   That's sheer* robbery !   It's worse than in Paris !   22. It is people like you who give the town a bad name*. 23. Was it you who rang this afternoon ?   24. The English enjoyed much greater liberty than was the case with the French.

Pronom Possessif

221 (§§ 197–199)

Compléter :

1. J'ai mes ennuis, tu as — ; chacun a —.   2. Nous ne voyons de maux que ceux qui sont —.   3. La Garonne a sa source dans les Pyrénées, et le Rhône prend — dans les Alpes.   4. Tout homme a deux patries : — d'abord, la France ensuite.   5. Les pauvres ont leurs peines, mais les riches ont aussi —.   6. Chacun donna ses raisons, lui —, eux —.

*222

Expliquer le sens du pronom possessif dans les phrases suivantes.

1. Je risque plus *du mien* que tu ne fais *du tien*.   2. Mais j'ai *les miens*, la cour, le peuple à contenter.   3. Je ne réclame que *le mien*. 4. Ces peuples ignorent *le mien et le tien*.   5. On dit que tu fais ici *des tiennes*.   6. J'y ai mis *du mien*.   7. Serez-vous *des nôtres* ?

*223

Translate :

1. There are three battalions in England at present.   My one's down in Norfolk.   2. These books are hers.   3. You must never take what is not yours.   4. If it is mine, I freely* give it to you. 5. I and mine shall be happy to see you and yours here or anywhere.

6. I met a friend of yours and mine.   7. Pitt loved England with an intense and personal love ; her triumphs were his triumphs, her defeats his defeats.   8. Ours is a nation of travellers.

PRONOMS INTERROGATIFS

224 (§§ 200–203)

Compléter :

1. — êtes-vous ?   Par — êtes-vous envoyé ?   A — désirez-vous donner ce paquet ? — contient-il ?   2. — faites-vous ?   3. — vous faites ?   4. A — vous occupez-vous ?   5. De — avez-vous peur ?   6. Pourquoi voulez-vous partir si vite ? — vous presse ?   7. — vous attendez pour partir ?   8. — vous retient ?   9. — de vous deux vient avec moi ?   10. Vous les avez connus tous les deux ; — conservez-vous le meilleur souvenir ? — fut le meilleur élève ?   11. A — ai-je l'honneur de parler ?   12. A — j'ai l'honneur de parler ?   13. — est-il arrivé ?   14. — est arrivé ?   15. — devenez-vous ?   16. — il devient ?   17. Faire de la soupe ! et avec — ?   18. Je viens vous demander une faveur. — Ah ! — ?

*225

Translate :

1. Who was it that said so ?   2. Whom can I apply• to ?   3. I don't know whom to apply to.   4. Whose pupil are you ?   5. Whose hat is this ?   6. What do you desire of me ?   7. What ever• was he thinking about ?   8. What is to become of me ?   9. What ! he hasn't arrived ?   What has happened to him ?   10. I don't know what has happened to him.   11. I don't know what to think of his absence.   12. And if I am asked what I did with it ? — Why conceal it ?   There is nothing wrong (about it).   13. Which of you two is to speak first ?   14. Which of the two are you speaking of ?   15. To which of your friends did you send invitations ?   16. I don't know what you have to complain about.   17. What are you doing ?   18. Will you have Burgundy or Anjou wine ? — I don't mind• which.   19. What if he had lost it !   20. What if he refuses ?   21. What of that ?   22. Tell me what (I am) to do.   23. What are you thinking about ?   24. What has become of him ?   25. Who told you to come ?

PRONOMS RELATIFS

226 (§§ 204–211)

Compléter :

1. J'ai trouvé chez lui une aide et des conseils — m'ont été fort utiles, et grâce — j'ai pu venir à bout de mon travail.   2. Monsieur, c'est la personne — est venue ce matin.   3. Vous êtes celui — j'ai donné la préférence.   4. Je viens visiter la maison — j'ai achetée. 5. L'esprit — on veut avoir gâte celui — on a.   6. Voilà le sentier — on nous a indiqué.   7. Il fit sauter son chien, après — tout le monde applaudit.   8. L'ennui est une maladie — le travail est le remède.   9. Pensez aux maux — vous êtes exempt.   10. La flatterie est un écueil contre — viennent se briser les maximes les plus sages. 11. Je ne connaissais aucune des personnes parmi — je me trouvais. 12. Le pays — vous allez vous retirer est charmant.   13. Je ne comprends pas — vous dites.   14. Maintenant, voici — vous allez faire.   15. Il dit nous avoir aperçus parmi la foule, — n'est pas vrai.   16. Ce à — je ne m'attendais guère, c'était de rencontrer chez eux la jeune fille à côté de — j'avais dîné quelques jours auparavant.

*227

Compléter :

1. — sème, récolte.   2. Voilà — est extraordinaire !   3. Voilà en — vous vous trompez.   4. Je ne serai heureux que lorsque j'aurai ce — j'ai envie.   5. Où vont tous ces enfants — pas un seul ne rit ? 6. Le verre se fait avec de la potasse et de la soude, — on ajoute un peu de chaux.   7. Les moutons à la dépouille — nous devons nos vêtements, servent encore à notre nourriture.   8. Le pays — je viens est plus chaud que le vôtre.   9. On ne peut pas le laisser partir dans l'état — il est.   10. Enfin arriva le jour — le pont devait être inauguré.   11. Il méprise sincèrement tout — est faux et artificiel. 12. On est — on se fait.   13. Il répétait partout son histoire à — voulait l'entendre.   14. Dumas arriva chez Mme de M...   Il y trouva six invités, — quatre femmes.   15. Orso se proposait d'assassiner deux ou trois personnes soupçonnées d'avoir assassiné son père, —, à la vérité, avaient été recherchées en justice pour ce fait.   16. Il n'y avait personne au gouvernail qu'un matelot, — chantait une espèce de complainte.

*228

Translate :

1. He had no friends but wanted to help him.   2. She can marry anyone she chooses.   3. The baby wants some one to play with. 4. Let such as are of my opinion hold up their hands.   5. There is no one here but knows what you have done.   6. Not an echo in the house but awoke the terror in her heart.

7. I don't see anyone I know.   8. I asked the way of every one I met.   9. It is the only work* of his I really like.   10. It's the nicest* spot* I have ever seen.

11. He hid the bag under the mattress, after which he went to bed*.   12. This was not quite what Gavroche had expected*.

13. I have a rose-bush the blooms of which are admirable.   14. I have a rose-bush of which the neighbours are jealous.   15. I have a rose-bush of which I can speak with pride.   16. I have a rose-bush with the blooms of which we shall make a very nice bouquet. 17. The book I speak of is not easy to understand.

18. The village had only one street, at the end of which was the church.   19. The people to whose feelings you appeal* are not at all disposed to listen to us.   20. There is no wolf of ours from whose paws I have not pulled* a thorn.

*229

Translate :

1. The house I lived in was my father's.   2. Do you remember the day when we first met you ?   3. The date when he was expected* had passed.

4. Nothing that is false can be lasting*.   5. Don't believe anything that he may tell you.   6. I don't believe a word he says.   7. Nothing that is there pleases me.   8. Children are not what the mothers are. 9. Is that all you know ?   10. What you say surprises me.   11. Do what is right.   12. The Ghost beckoned* to Scrooge to approach, which he did.   13. Cæsar crossed* the Rubicon, which was in effect* a declaration of war.

14. I pulled* out my revolver, upon which the bandits ran away. I ran after them and threw myself upon the hindmost*, which [1] unlucky* (fellow) tumbled down.   15. The old colonel, than whom [2] no man had a greater love for his country, died of grief.

16. Pascal, than whom no more powerful intellect* ever existed, died young.

¹ This adjectival use of the relative is rare in French; try to turn the difficulty.
* There is no equivalent in French to the 'than whom' construction; try to turn the difficulty.

PRONOMS PERSONNELS

230 (§§ 212–240)

Aux mots en italique substituer les pronoms personnels qui conviennent.

1. Qu'est devenu Pierre ? parle-nous *de Pierre*.   2. Mon père est en voyage ; je pense souvent *à mon père*.   3. Ce problème m'embarrasse ; je pense sans cesse *à ce problème*.   4. Le jouet était si joli que je fis l'emplette *du jouet*   5. La guerre donne aux hommes les richesses et ôte *les richesses aux hommes*.   6. Les lois contiennent les hommes sans changer *les hommes*.   7. Il est bon de connaître le mal pour apprendre à fuir *le mal*.   8. Il avait oublié son parapluie ; je lui ai fait renvoyer *son parapluie*.   9. Aimons nos semblables et venons en aide *à nos semblables*.   10. Il faut aimer nos semblables et venir en aide *à mes semblables*.   11. C'est le bon goût ; tenez-vous *au bon goût*.   12. Mes malheurs sont au comble ; il ne me reste plus qu'à me soumettre *à mes malheurs*.   13. Les personnes riches ne songent qu'à devenir *riches* davantage.   14. La loi fût-elle injuste, il faut respecter *la loi*.   15. Il voulait apprendre à danser ; sa mère ne voulait pas *qu'il apprît à danser*.   16. Plus on est jeune, mieux on s'entend avec ceux qui sont *jeunes*.

231

Compléter :

1. Le loup sort du bois quand — a faim.   2. Ne mangez que quand — avez faim.   3. Obéis, si — veux qu'on — obéisse un jour.   4. Tous les hommes — plaignent de leur sort.   5. Cette chaise est cassée, — — ferai remettre un pied.   6. Ce cheval est vicieux, — — — débarrasserai.   7. Je m'étais fait un amusement du dessin, et comme — — avais le goût, l'on me — supposait le talent.   8. C'est un travail difficile, apportez — le plus grand soin.   9. L'une des chambres avait une fenêtre ; l'autre ne — avait pas.   10. Mon

grand-père se plaisait au récit de cette aventure ; je — — ai souvent
entendu raconter. 11. Quand — avons aidé le voisin à cueillir ses
pommes, — — — a donné un grand panier. 12. Je ne comprends
pas bien le sens de ce mot ; expliquez — —. 13. Les vieux —
promenaient dans le jardin, et le bon soleil — coulait sa chaleur
entre les épaules. 14. Il — faisait une règle de — promener tous les
jours. 15. Quand on — donne aux hommes pour — plaire, pour —
éblouir, pour usurper de l'autorité en — flattant, ce n'est pas —
qu'on aime, c'est — -même. 16. Quand — rencontres des personnes
plus âgées que —, il faut — céder le pas.

*232 (§ 216)

*Exprimer à la troisième personne (formules de politesse employées
envers un supérieur) :*

1. J'espère que vous êtes satisfait, monsieur. 2. J'espère que
vous êtes satisfaits, messieurs. 3. Seriez-vous assez bonne, madame,
pour m'avancer une semaine de mes gages ? 4. Asseyez-vous,
mademoiselle. 5. Asseyez-vous, mesdemoiselles. 6. Ne vous en
prenez pas à moi, monsieur ; vous m'aviez bien recommandé de
fermer la porte à clef. 7. Si vous n'êtes pas contente, madame,
vous n'avez qu'à me donner mes huit jours. 8. Prendrez-vous ces
paquets avec vous, mesdames, ou désirez-vous que je les fasse
porter chez vous ?

233 (§ 239)

Compléter (avec soi, ou avec le, la, les, lui, eux, etc.).

1. Les ennemis rappelèrent à — leur flotte. 2. On a beau demander
conseil aux gens, on ne s'en fie jamais qu'à —. 3. Un sot trouve
toujours un plus sot qui — admire. 4. Mon grand-père m'assit sur
ses genoux et me pressa contre —. 5. Ce ne sont pas toujours les
plus grosses fautes qui entraînent après — les plus graves consé-
quences. 6. On a souvent besoin d'un plus petit que —. 7. Un
vent violent balaye tout devant —. 8. Nul n'est prophète chez —.
9. Qu'en paix chez — chacun s'en aille. 10. Toute faute entraîne
après — sa punition. 11. On n'est vraiment libre que lorsqu'on
peut faire par — -même tout ce qu'on veut ; mais l'homme ne peut
faire par — -même quoi que ce soit ; il a en tout besoin d'autrui.
12. Quiconque ne songe qu'à — est un égoïste ; l'égoïste ramène
tout à — et n'a jamais en vue que — -même.

234

Translate :

1. As we were about to reach the whale, he dived and disappeared.
2. Can't you find the spade ? It is in the shed*. 3. It never snows here. 4. I saw him come. 5. We told her the truth. 6. What doctor can you recommend to us ? 7. I am sending you the book I spoke to you about. 8. Tell him what has happened to you. 9. That's Mary's doll ; don't tease her ; give it back to her. 10. Lend me five francs ; I'll give them back to you after lunch*. 11. Can you sew* on a button for me ? 12. He threw a stone at her. 13. I have bought myself a pair of gloves. 14. We require* some money. 15. I am sure you will be satisfied. If you are not, we shall return* you the money. 16. She is very shy, though she doesn't look it. 17. You are not acting as you ought to. 18. He is taller than I thought. 19. He told me so. I think so. I hope so. I'll do so. 20. He was very pleasant* to-day, but he is not always so. 21. If you have no umbrella I can lend you one. 22. I hear you are short* of potatoes, can I send you some ? 23. I am five, and Mary is four. 24. Did you see Paris ? — Yes, we have just come from there. 25. I have friends in France, but I have none in Paris. 26. I like Normandy ; I hope to return* there next year. 27. I left Paris in 1912, and never went back*. 28. I want to go into an office, but mother won't consent to it. 29. Here you are at last ! 30. You want* some pencils ? Here are three.

*235

Translate :

1. He took an apple from his pocket to give to the child. 2. Public opinion is a courtesan whom we seek to please without respecting. 3. It was she who told me. 4. I shall bring him to you. 5. I shall take you to him. 6. Here are my friends ; allow me to introduce you to them. 7. Allow me to introduce them to you. 8. He makes no friend who never made a foe. 9. It will be difficult for them to get back* to-day. 10. I don't feel (that I have) the courage to begin again. 11. His conduct will lose* him the esteem of his friends. 12. You may be convinced, but I am not. 13. His brother is a sailor ; he wants to be one also. 14. You need not go to bed at ten unless you want to. 15. I shall tell him to come if you wish me to. 16. He says he can do it. — So* he can. 17. I thought it unneces-

sary* to warn you. 18. I deemed it proper* to leave. 19. Fate willed it that he should meet her in London. 20. I remember hearing it said that he had made a fortune. 21. Have you read this book ? It is much spoken about. 22. It was an unfortunate joke, and dire* were the consequences thereof. 23. One crime makes another necessary. 24. Have you any fruit this year ? — Yes, we've got lots*. 25. He is a rich man now, but he is none the happier. 26. Although the town is small, it is none the less an important commercial centre. 27. I believed in fairies once*, and I wish I believed in them now. 28. Take a house nearer London if you like, but you won't gain* much by it. 29. Now we're off ! 30. Well* ! you had often wished to see New York. You are there now.

*236 (§ 231)

Expliquer le sens exact des phrases suivantes.

1. Bellac en tient pour elle... Et puis elle en tient pour lui. 2. Je m'en tiens à ce que j'ai dit. 3. A Lyon on prit trop comme modèle la rue de Rivoli ; aujourd'hui on en revient un peu. 4. Quel changement ! je n'en reviens pas ! 5. Il faut en appeler à ceux qui les ont vus. 6. Il n'en va pas autrement de la Pingouinerie que des autres nations. 7. La sagesse divine en a décidé autrement. 8. J'en ai été pour ma peine. 9. J'en suis du mien. 10. A qui en avez-vous et à quoi voulez-vous en venir ? 11. C'en est fait de nous. 12. Il s'en est pris à ce pauvre Jules, qui n'en pouvait mais. 13. Je n'en puis plus ! 14. Eh bien ! j'en apprends de belles sur votre compte !

15. Vous n'y voyez clair ni l'un ni l'autre. 16. Qu'est-ce qu'il y a ? 17. Il y a des années que je ne l'ai vu. 18. Comment, vous ne devinez pas ? — Ah, j'y suis ! c'était vous ! — Mais non, vous n'y êtes pas du tout ! 19. Vous savez que je n'y suis pour rien. 20. Aujourd'hui je n'y suis pour personne. 21. Ce n'est pas difficile, mais vous ne savez pas vous y prendre. 22. Je n'y tiens plus !

23. Les régions incultes le disputent en étendue aux cultures. 24. Vous le prenez de bien haut ! 25. En intelligence il ne le cède à personne. 26. Il ne faut pas me la faire, vous savez ! 27. Bien qu'il ait bon caractère, il a fini par la trouver mauvaise. 28. Nous l'avons en dormant, madame, échappé belle. 29. Vous ne le lui cédez en rien. 30. Enfin, vous l'emportez ! 31. S'il avait voulu se sauver, il l'avait belle. 32. Il ne fait rien, il se la coule douce.

*237 (§§ 234–240)

Translate :

1. What has that child whom I do not know done to *me* ? 2. *You* want it, and *I* do not want it. 3. *I* knew that you would marry* him ! 4. What did they ask *you* ? 5. *I* know nothing about it. 6. And they, where are they going ? 7. They are all of them wrong but I. 8. May you never fall into the hands of such a man as he. 9. There is no one left but me. 10. He did his best*. — So did I. 11. I was very pleased. — So were they. 12. I could hardly believe it. — No more could I. 13. Did you see his secretary ? — No, I saw himself. 14. Myself and my two brothers once owned a boat. 15. It was to him himself I was to tell it. 16. He himself has told the story of his life. 17. He has money of his own.

18. She has too high an opinion of herself. 19. Know thyself. 20. I don't want mother to help me : I can wash* myself now. 21. I have come of my own accord*.

22. Think of him. 23. Who that knows him would trust him ? 24. That was the idea that occurred to me.

25. We found a few boxes, but there was nothing in them. 26. He ran towards a heap of stones, and hid behind it. 27. When we picked* up the book, the letter we were looking for was under it.

28. People think too much of themselves. 29. It is easy to be generous when one has money of one's own. 30. The magnet* attracts iron to itself.

Pronoms Indéfinis

238 (§§ 241–254)

Compléter en français.

1. Il est *one* de ceux qui ont le mieux réussi. 2. *No one* de nous n'a tenu un semblable propos. 3. *Each* de nous eut sa part. 4. Je doute que *anyone* de vous fasse ce travail. 5. Si ce n'est toi, c'est *some one* des tiens. 6. *Nothing* de ce que vous dites n'a été fait. 7. *Several* d'entre vous se sont mal comportés. 8. *Certain* de mes amis m'ont abandonné. 9. *None* de vous n'est entièrement innocent. 10. *Something* est tombé par la fenêtre. 11. Ce qui doit être fait par *several* personnes n'est jamais bien fait par *any*. 12. *No one* n'est prophète en son pays. 13. *Each* journée a son matin, et *each* siècle sa jeunesse. 14. *Such a one* donne à pleines mains qui n'oblige *no*

one. 15. *Such a one* qui rit vendredi dimanche pleurera. 16. La façon de donner vaut mieux que ce que *one* donne. 17. Les sociétaires doivent dix francs *each*. 18. Il faut aider *whoever* a besoin d'aide. 19. Et l'on crevait les yeux à *whoever* passait. 20. *Who ever* a bien pu dire cela ? 21. A *something* malheur est bon. 22. En attaquant *each other* on ne fait rien de bon. 23. Le juge mit à l'amende *both*. 24. Les poissons errent dans l'eau, *some* en désordre comme des troupeaux, *others* en bon ordre comme des soldats. 25. *No* bonne action n'est moralement bonne que quand on la fait comme *such*, et non parce que *others* la font. 26. Vous savez mieux que *anybody* ce que vous avez à faire. 27. *Anybody* vous dira où il demeure. 28. *Whosoever* désobeit à une seule loi les attaque *all*. 29. *All* vient à point à qui sait attendre. 30. Je pense à vous, *whatever* soient les distances qui nous séparent. 31. Je restai suspendu à *some* dix mètres au-dessus du sol. 32. *Some* centaines de pèlerins ne purent repartir que le lendemain. 33. Ces lectures sont dangereuses, *however* séduisantes qu'elles soient. 34. Soyons pour l'aisance et le travail de *all* contre le luxe et l'oisiveté de *some*.

*239

Translate :

1. They were full of that joy which seizes one when one returns to a place where one once* was happy, and where everything smiled* on one. 2. It is some years since* I saw him. 3. It is years since* I saw him. 4. During the few years that he spent in this country he accumulated some two hundred thousand francs. 5. Give me anything at all, I am not particular*. 6. Any woman would do as much*. 7. Come any day ; I am always at home. 8. I have learnt something else that will interest you. 9. I haven't done much this morning ; a very little* tires me since my illness. 10. He has succeeded in a measure*. 11. In a way*, you are right. 12. She forgave him many and many a time, but many a woman would have done the same*. 13. Only to think of it makes me shiver*. 14. As sole furniture he had a little iron bed and a chair. 15. He comes to see me every day, or every other* day. 16. All of us heard him accept. 17. Has everybody arrived ? 18. To reach the coast and hide among the sandhills* until a ship should appear, such was my intention. 19. There is nothing like* a cup of tea when you are really thirsty. 20. Did you ever hear the like* ? 21. He hid behind a tree, and I did likewise*. 22. I am not able to direct you, for I

am a stranger here. 23. She became a Catholic, and even a very devout one. 24. They passed by each other without seeing each other. 25. You may contradict whoever repeats that story. 26. The very rats had fled from the house. 27. They even invited us to lunch with them. 28. Can you lend us some old boat or other ? we want to go fishing.

Nombres et Mesures

240 (§§ 255–261)

Translate :

1. A five-pound note. 2. A dozen twopence-halfpenny stamps. 3. A little fourteen-ton yacht. 4. Two dozen pocket-handkerchiefs. 5. An interval of several thousand years. 6. Several hundreds of people. 7. Some two score of obsolete* words. 8. James the First and James the Second. 9. Chapter the tenth. 10. A hundred and fifty years ago.

11. The assembly lasted five days. 12. The book is catalogued at four shillings net. 13. With an engine of three and a half horse-power* we had crossed* the sea in less than five hours, and were within* one and a half miles of the coast. 14. A couple* of hundred yards to the right was a bridge. 15. Hundreds of pounds were spent. 16. Four millions of people died. 17. A two-million pound battle-ship* may be crippled* by an aeroplane costing £650. 18. Pestilence* swept* away half his men. 19. We have holidays from the first of August till the fifteenth of September. 20. What age is she ? — She might be between forty and fifty. 21. I have been in France for three months, and I am going to Holland for six weeks. 22. Does the butcher come to-day ? — No, to-day is Wednesday, and he comes on Thursdays. 23. The house was built in six weeks. 24. I shall be back in six weeks. 25. In Paris many offices* close from noon till two o'clock. 26. The boat-train* leaves at 8.30 p.m., but we shall leave at 3 o'clock in order to have a few hours in Dieppe. 27. A lawn-tennis court* is 78 ft. long by 36 ft. wide. 28. Our swimming-bath* is eight foot deep at one end and three foot deep at the other.

SYNTAXE D'ACCORD

Accord de L'Adjectif

241 (§§ 412–415, 425, 426)

Écrivez comme il convient les mots en italique.

1. L'onde était *transparent* ainsi qu'aux plus *beau* jours.   2. On étudia beaucoup les langues *grec* et *latin* aux *seizième* et *dix-septième* siècles.   3. Des hommes dont la taille et l'air *sinistre* inspirent la terreur.   4. Des robes de soie *long* et *traînant*.   5. Des robes de soie *léger*.   6. A-t-il des protecteurs ? — Il en a de très *puissant*.   7. Tous les malheurs sont *possible*.   8. On employa à l'attaque le moins d'hommes *possible*.   9. Nous dûmes nous nourrir de chair ou de poisson *cru*.   10. L'intelligence et le courage *persévérant* donnent le succès.   11. La panthère et le léopard sont *égal* en férocité.   12. Il y avait un hôpital spécial pour ceux qui avaient la jambe ou le bras *cassé*.   13. Ils s'en sont tirés *sain* et *sauf*.   14. L'Église, d'ailleurs, est *bon* juge en ces questions.   15. Qu'elle a l'air *mignon* !   16. Elles avaient l'air fort *embarrassé*.   17. Elle a l'air *doux* et *spirituel*.   18. Eh bien, ma chère, vous avez l'air *étonné* de me voir !   19. La préface n'a pas l'air *écrit* pour la pièce.   20. Cette proposition n'a pas l'air *sérieux*.

242 (§§ 416–421)

Même exercice.

1. Il est deux heures et *demi*.   2. *Feu* ma mère était une *saint* femme.   3. C'est ma *feu* tante qui m'a laissé ces bijoux.   4. J'ai attendu une grande *demi*-heure.   5. Une tourterelle *demi*-morte de froid.   6. Quatre *demi* valent deux unités.   7. Je n'aime pas les *demi*-mesures.

8. Deux hommes *ivre-mort* étaient *couché* dans le fossé.   9. Il y eut un échange de paroles *aigre-doux*.   10. Les *aveugle-né* ont l'ouïe très *fin*.   11. Un salon parfumé de roses *frais-cueilli*.   12. Les *nouveau-venu* étaient toutes employées dans une fabrique du voisinage.   13. Les *nouveau-marié* partirent en auto.

14. Ils n'entendaient rien : ils étaient bien *seul, tout seul*.   15. De *tout petit* vagues s'en venaient jusqu'au rives.   16. Colette trouva la chose *tout* simple ; elle était *tout étonné* de n'y avoir pas encore songé.   17. *Tout* peine mérite salaire.   18. Les enfants étaient *tout* yeux

et *tout* oreilles.   19. En face de nous était une maison *tout* en feu.
20. Elle tomba *tout* émue aux genoux de son père.   21. Je m'étais
fait une *tout* autre idée du voyage.   22. Elle était *tout* haletante.
23. Quand à moi, j'ai éprouvé des sentiments *tout* autres.   24. J'habi-
terais *tout* autre maison que celle-là.   25. Je suis *tout* honteuse.

26. Il avait toujours des manuscrits *plein* ses poches.   27. En
Angleterre, les criminels sont *pendu haut* et *court*.   28. Les brigands
nous crièrent " *Haut* les mains ! " et pendant que nous tenions les
mains *haut*, ils nous dépouillèrent.

29. Le soir, nos pensées ne sont que *gris brun*, mais la nuit, elles
sont tout à fait *noir*.   30. Ses yeux à prunelle *gris* et iris *vert* rap-
pelaient ceux des goélands.   31. Une robe *gris* attachée avec des
rubans *rose*.   32. Une robe *gris perle* attachée avec des rubans
rose tendre.

33. Il n'y a point de *sot* métier, il n'y a que de *sot* gens.   34. Les
vieux gens sont d'ordinaire ainsi *fait*.   35. *Heureux* les gens qui
vivent loin des villes !   36. *Tout* ces *brave* gens m'avaient connu
enfant.   37. *Tout* ces *vieux* gens avaient leurs manies.   38. Vous
êtes d'*heureux* gens !

ACCORD DU VERBE

243 (§§ 427-437)

Écrire comme il convient les mots en italique.

1. Bien d'autres *avoir* été plus malheureux que toi.   2. Je suis de
ceux qui *détester* la violence, qui *condamner* la force.   3. C'est toi qui
être injuste.   4. C'est moi qui *avoir* tort.   5. C'est vous, monsieur,
qui *être* l'auteur de l'accident ?   6. C'*être* mon frère et moi qui l'*avoir*
vu les premiers.   7. C'est un des amis qui l'*avoir* rencontré hier qui
lui *avoir* appris la nouvelle.

8. Toute la famille *être* là et s'*amuser* énormément.   9. Il s'ar-
rachait le peu de cheveux qui lui *rester* sur la tête.   10. Une bande
de corbeaux *lutter* contre la tempête.   11. Une quantité innombrable
d'objets *avoir* été *converti* en porte-réclames.

12. Une demi-douzaine de têtes se *lever*.   13. Là une foule de voix
innocent parler doucement à l'âme.   14. La rue était encombrée
d'une foule de curieux très *compact*.   15. La quantité de harengs qui
s'*emmailler* ainsi *dépasser* parfois les espérances qu'*avoir* pu former
les pêcheurs.   16. Une quarantaine d'enfants les *suivre* au pas de
marche.

17. La plupart des hommes *être* plus *capable* de grandes actions que de bonnes.   18. Combien *avoir* disparu sous les flots !   19. Peu d'entre eux *avoir* voyagé.

20. C'*être* toujours les négligences qui *causer* les sinistres.   21. C'*être* nous qui *être* les vraies puissances de la terre.   22. La causerie recommençait ; c'*être* des histoires interminables.   23. C'*être* les autres soirs qu'il fallait être gentils.   24. Ce qu'il avait pris pour des hommes, c'*être* des pingouins que *réunir* le printemps.

25. Il *être venu* des temps froids.   26. Il *être arrivé* de bonnes nouvelles.

27. A cette époque-là, ma sœur et moi *être* toujours à courir et à jouer ensemble.   28. Jean ainsi que son frère se *trouver* au bal. 29. La vertu, ainsi que les fleurs, *répandre* un doux parfum autour d'*elle*.   30. Sillons, sentiers, buissons, tout se *mêler* et s'*effacer*.

*244

Translate :

1. Even I, who have been here since before you were born, have never heard of this ghost*.   2. The cabinet met* immediately afterward, and decided that they would not resign.   3. More than half the King's subjects are Hindoos*.   4. My brother or I shall come. 5. Neither John nor James can come.   6. One or the other of them will come.   7. Neither of them will come.   8. I who am your friend may speak thus.   9. Neither he nor I know anything about it.   10. An accident has happened.   Both the children have fallen into the pond, but neither are drowned.   11. Several accidents have happened.   12. Some of the visitors were English, but the majority were Germans.   13. Behold what mechanics has achieved* in this gigantic ship !   14. Three times five is fifteen.   15. Let me tell you what the United States has contributed to the civilizations of the Old World*.   16. The family were having tea* on the lawn*.   17. I don't know what has become of my umbrella ; some one must have taken it for their own.   18. None but you would have thought of it.

ACCORD DU PARTICIPE PASSÉ

245 (§§ 440–442)

Écrire comme il convient les participes en italique.

1. Cette date une fois *passé* il ne vient plus personne.   2. *Passé* cette date on ne voit plus personne.   3. Nous avons *été persécuté*,

nous avons beaucoup *souffert*.   4. Par quel train sont-ils *revenu* ?
5. Nous y avons *été* tout seuls.

6. Les livres qu'elle a *lu* l'ont *intéressé*.   7. J'avais bien *étudié* ma
leçon, et je l'ai bien *récité*.   8. Cette campagne est la plus belle que
Napoléon ait *fait*.   9. Vos offres, nous les avons *étudié* et nous y avons
beaucoup *réfléchi*.   10. L'homme a *vaincu* la mort, puisqu'il a *inventé*
l'écriture.   11. Est-ce une contrariété que vous avez *eu* ?   12. On
déteste les gens en raison des torts qu'on a *eu* envers eux.   13. Je
ferai votre volonté comme je l'ai toujours *fait*.   14. Mes lettres, les
as-tu *porté* à la poste ?   15. Un cœur délicat souffre moins des
blessures qu'il a *reçu* que de celles qu'il peut avoir *fait*.

16. Combien en a-t-on *vu* Qui du matin au soir sont pauvres
devenu !   17. Tous ces plats épicés dont elle a *mangé* ne lui ont rien
valu.   18. Il y avait des années que nous ne nous étions *vu* ni *parlé*.

246 (§§ 443-446)

Même exercice.

1. Ils avaient marché si doucement que je ne les avais ni *vu* ni
entendu approcher.   2. J'ai *vu* entrer plus de personnes que je n'en
ai *vu* sortir.   3. Vos amis se sont *laissé* tromper.   4. Pourquoi les
avez-vous *laissé* sortir ?   5. Elle me demanda si je l'avais *entendu*
crier.   6. Vous nous citez des faits que j'ai *entendu* raconter d'une
manière très différente.   7. Voilà une maison qu'étant enfant j'ai
vu construire.

8. Tes enthousiasmes, tu les as *fait* passer en moi.   9. Madame,
j'ai *dit* à ces demoiselles que vous seriez bientôt *descendu*, je les ai *fait*
entrer et les ai *prié* d'attendre.   10. Où sont les lettres que je vous ai
fait remettre ?

11. L'auteur avait *mis* dans sa pièce plus de beautés théâtrales que
nous n'avions *pensé*.   12. Elle avait *rendu* cette retraite poétique
autant qu'elle l'avait *pu*.   13. Il fut *conduit* aux cachots qu'il avait
demandé à voir.   14. J'ai souvent *trouvé* la nature plus belle que je
ne l'avais *prévu*.   15. Les cruautés que j'avais *eu* à souffrir cessèrent
peu à peu.   16. On leur a *accordé* toutes les faveurs qu'ils ont *voulu*.
17. Il veut fortement les choses qu'il a une fois *voulu*.   18. Que de
regrets tu t'es *préparé* !

19. Il porte modestement les honneurs que sa découverte lui a
valu.   20. Les cent francs que votre montre a *valu*, elle ne les vaut
plus aujourd'hui.

247 (§§ 447-449)

Même exercice.

1. Il est *tombé* de l'eau toute la nuit. 2. Cette vie dont il est *venu* à la mode de médire, je l'ai *trouvé* bonne. 3. Il est *venu* plusieurs personnes pendant que madame était *sorti*. 4. Il s'est *glissé* plusieurs erreurs dans vos comptes.

5. Les Anglais se sont *enrichi* par la navigation. 6. Les Hollandais s'étaient *fait* les courtiers du monde. 7. L'homme n'a guère de maux que ceux qu'il s'est *donné* lui-même. 8. Les peuples se sont *donné* des chefs pour défendre leur liberté. 9. Les quatre coups de fusil s'étaient *succédé* avec une rapidité incroyable. 10. Les oiseaux se sont *enfui* vers des régions plus chaudes. 11. Dire la joie qui s'est *emparé* de tous est impossible. 12. Ils s'étaient *juré* une amitié éternelle. 13. Les retrouverait-il vivantes dans la caverne où elles s'étaient *réfugié* ? 14. Elle s'était *fait* une tout autre idée de vous. 15. Après s'être *habillé* à la hâte, elle s'était *enveloppé* d'une fourrure, était *sorti* sans bruit, et s'était *glissé* parmi la foule de la rue. 16. Les voleurs s'étaient *emparé* des clefs. 17. Les hirondelles se sont *envolé*. 18. Ils se sont *battu* comme des vétérans. 19. L'institutrice s'était *plaint* aux parents. 20. Ma bibliothèque s'est très bien *vendu*.

*248

Même exercice.

1. Mon père me vit arriver du collège les bras *chargé* des prix que j'avais *remporté* et les épaules *chargé* des couronnes que l'on m'avait *donné*, et qui, trop larges pour mon front, avaient *laissé* passer ma tête. 2. Que vous ont *servi* tous nos conseils ? 3. Il devait son échec au peu d'instruction qu'il avait *reçu* dans sa jeunesse. 4. Il dut son avancement au peu d'instruction qu'il avait *reçu* de son oncle. 5. Je l'ai trouvé tout triste de quelque chose que vous lui avez *dit*. 6. Que d'éloges lui aurait *valu* une pareille conduite ! 7. Tous les bruits, un par un, se sont *tu* sous le ciel. 8. Les meilleurs philosophes se sont *plu* à célébrer la poésie du ménage. 9. Elle montra plus de science que je ne l'avais *imaginé*. 10. Elle se montra plus instruite que je ne l'avais *imaginé*. 11. Tous les régimes qui se sont *succédé* dans ce pays se sont *honoré* du jour qui les a *vu* naître. 12. Vous n'avez plus de défiance ? — Je n'en ai jamais *eu*. 13. Un roi ! sous l'Empereur j'en ai tant *vu*, des rois ! 14. Ils se sont *rendu* compte de la vérité. 15. La pluie est une bénédiction, après les

chaleurs qu'il a *fait*.   16. Que de sueur et de sang les conquérants
ont *répandu* !   17. Je vous ai *envoyé* ma lettre dès que je l'ai *eu écrit*.
18. Ils s'étaient *procuré* des outils ou en avaient *fabriqué*.   19. Pendant les derniers mois que j'avais *vécu* auprès de mère Barberin je
n'avais pas été gâté.   20. Voilà donc la grande nouvelle qu'on nous
a *tu* si longtemps !

RÉVISION GÉNÉRALE

249

*Dans l'extrait suivant se trouvent un certain nombre de passages qui
pourraient servir d'exemples pour illustrer la syntaxe du français. Votre
attention y est appelée par les mots en italique. Indiquez, en donnant
le numéro de la section ou autrement, où vous feriez figurer ces passages
dans votre grammaire française.*

LA MÉLANCOLIE

Je goûte du plaisir quand il pleut à verse, *que* je vois les vieux
murs moussus *tout dégouttants* d'eau, et *que* j'entends les murmures
des vents *qui se mêlent* aux bruissements de la pluie. Ces bruits
mélancoliques me jettent, pendant la nuit, dans *un doux et profond
sommeil.* Je ne suis pas le seul homme sensible à ces affections. Pline
parle d'un consul romain qui *faisait dresser*, lorsqu'il pleuvait, son
lit sous le feuillage d'un arbre, *afin d'entendre frémir* les gouttes de
pluie et *de* s'endormir à leur murmure.

Je ne sais à quelle loi physique les philosophes *peuvent rapporter*
les sensations de la mélancolie. *Pour moi, je* trouve que *ce sont* les
affections de l'âme les plus voluptueuses. "La mélancolie est
friande," dit Michel Montaigne. Cela vient, ce me semble, *de ce
qu'elle satisfait* à la fois les deux puissances *dont* nous sommes formés,
le corps et l'âme, le sentiment de notre misère et *celui de notre existence.*

...Si je suis triste, et *que je ne veuille* pas étendre mon âme si
loin, je goûte encore du plaisir *à me laisser aller* à la mélancolie *que
m'inspire le mauvais temps.* Il me semble alors que la nature se
conforme à ma situation, comme une *tendre amie.* Elle est d'ailleurs
toujours si intéressante, sous *quelque aspect qu'elle se montre*, que,
quand il pleut, *il me semble voir* une belle femme *qui pleure.* Elle
me paraît d'*autant plus belle qu'elle me semble plus affligée.*

BERNARDIN DE SAINT-PIERRE

250

Même exercice.

LA RÉVOLUTION FRANÇAISE

Ce qu'il y a *de* plus frappant dans la Révolution française, c'est cette force *entraînante* qui courbe tous les obstacles.   Son tourbillon emporte comme une paille légère *tout ce que* la force humaine *a su lui imposer* ; *personne n'a* contrarié sa marche impunément.   La pureté des motifs *a pu illustrer* l'obstacle, mais *c'est tout* ; et cette force jalouse, *marchant* invariablement à son but, rejette également Charette, Dumouriez et Drouot.

On a remarqué *avec grande raison,* que la Révolution française mène les hommes plus que les hommes *ne* la mènent.   Cette observation est *de la plus grande justesse* ; et *quoiqu'on puisse* l'appliquer plus ou moins à toutes les grandes révolutions, cependant elle n'a jamais été plus *frappante* qu'à cette époque.

Les scélérats *mêmes* qui *paraissent conduire* la révolution, *n'y* entrent *que* comme *de* simples instruments ; et dès qu'ils ont la *prétention de la dominer,* ils tombent ignoblement.   *Ceux qui* ont établi la république, *l'*ont fait *sans le vouloir* et sans savoir *ce qu'*ils faisaient; ils *y* ont été conduits *par* les événements : un projet antérieur n'aurait pas réussi.

Jamais Robespierre, Collot ou Barère, ne *pensèrent à établir* le gouvernement révolutionnaire et le régime de la terreur ; ils y furent conduits insensiblement par les circonstances, et jamais on ne reverra *rien de pareil.*   Ces hommes excessivement médiocres exercèrent sur une nation coupable *le plus affreux despotisme dont* l'histoire *fasse* mention, et sûrement ils étaient les hommes du royaume *les plus étonnés* de leur puissance.

Mais au moment même *où* ces tyrans détestables *eurent comblé* la mesure de crimes nécessaire à cette phase de la révolution, un souffle les renversa.   Ce pouvoir gigantesque, qui *faisait trembler* la France et l'Europe, ne tient pas contre la première attaque ; et comme il ne *devait y avoir rien de grand,* rien d'auguste dans une révolution toute criminelle, la Providence *voulut* que le premier coup *fût porté* par les Septembriseurs, *afin que* la justice même *fût* infâme.

JOSEPH DE MAISTRE

Dans l'extrait ci-dessus, expliquer la position occupée dans la phrase par les adverbes suivants :

impunément, invariablement, ignoblement, jamais, insensiblement, sûrement.

*Certains de ces adverbes pourraient-ils occuper une autre position
dans la phrase où ils se trouvent ?*

251

Même exercice.

DE LA PHILOSOPHIE

L'homme peut se livrer à une curiosité excessive qui *affaiblisse* en
lui les notions pratiques *du* devoir, et qui l'entraîne . . . en toute
sorte de voies dangereuses.   Il peut, accordant *trop de* confiance à ses
pures spéculations, y subordonner les vérités traditionnelles qui *en
doivent être* le fondement ; substituer ses vues incertaines, ses opinions
passagères, aux lois immuables ; obscurcir, ébranler les principes du
juste ; confondre les idées *du* bien et *du* mal ; . . . porter le trouble
dans les rapports naturels des êtres sociaux.   En *certains* pays . . .
la philosophie a fait tout *cela* ; qui *l'*ignore ?   Et nous ne voyons
pas pourquoi on répugnerait à l'avouer, car ces écarts renferment
eux-mêmes de graves et salutaires enseignements.   Ils servent, et
c'est déjà beaucoup, à marquer les écueils.   *Comment l'esprit,* sollicité
sans cesse . . . à s'enfoncer en des routes nouvelles, *ne se serait-il pas
quelquefois égaré ?*   Mais *qui,* sur ces tristes déviations, *condamnerait*
la philosophie d'une manière absolue, *tomberait* à son tour dans une
étrange erreur.   Car ce serait condamner la raison humaine, et avec
elle le principe de *tout* progrès, . . . *pour* réduire l'homme à l'état de
pure machine *croyante* et *obéissante* : et *encore la croyance implique-
t-elle* la pensée, comme l'obeissance suppose l'ordre, des lois connues
de celui qui obéit aussi bien que *de* celui qui commande, une volonté
éclairée et libre ; et, *si peu qu'on descende* plus bas, *l'on* entre dans
les régions de la nécessité ; muet empire de la brute *où domine seul
l'irrésistible instinct,* monde *sans soleil,* peuplé de fugitives ombres
et enveloppé d'un vague crépuscule qui n'est point la nuit, qui ne
devient jamais le jour.

DE LAMENNAIS

*Dans l'extrait ci-dessus, étudier la position de l'adjectif, et indiquer
les cas où l'adjectif p   rait aussi bien occuper une autre position par
rapport au substantif.*

252

Même exercice.
LETTRE À LAMARTINE

O poète ! *il* est dur que la nature humaine,
Qui marche à pas comptés vers une *fin certaine*,
Doive encor s'*y* traîner *en portant* une croix,
Et *qu'il faille ici-bas mourir* plus d'une fois.
Car de quel autre nom peut *s'appeler* sur terre
Cette nécessité de *changer de misère*,
Qui nous fait, *jour et nuit, tout prendre* et tout quitter,
Si bien que notre temps *se passe* à convoiter ?
Ne sont-ce pas des morts, et des morts effroyables,
Que tant de changements d'êtres si variables,
Qui se disent toujours fatigués *d'*espérer,
Et qui sont toujours prêts *à* se transfigurer ?
Quel tombeau que le cœur, et quelle solitude !
Comment la passion devient-elle habitude,
Et *comment se fait-il que*, sans y trébucher,
Sur ses propres débris l'homme *puisse* marcher ?
Il *y* marche pourtant ; c'est Dieu qui l'*y* convie.
Il va semant partout et prodiguant sa vie :
Désir, crainte, colère, inquiétude, ennui,
Tout passe et disparaît, tout est fantôme en lui.
Son misérable cœur est fait *de telle sorte*
Qu'il faut incessamment qu'une ruine *en* sorte.
Que la mort soit son terme, il ne l'ignore pas,
Et, marchant à la mort, il meurt à chaque pas.
Il meurt dans ses amis, dans son fils, dans son père,
Il meurt dans ce qu'il pleure et dans ce qu'il espère ;
Et sans parler des corps qu'il faut ensevelir,
Qu'est-ce donc qu'oublier, si ce n'est pas mourir ?
Ah ! c'est plus que mourir ; c'est survivre *à soi-même.*
L'âme remonte au ciel quand on perd ce qu'on aime ;
Il ne reste de nous qu'un cadavre vivant ;
Le désespoir l'habite, et le néant l'attend.

ALFRED DE MUSSET

253

Translate :

1. I sometimes* think that if Adam and Eve had been merely* engaged*, she would not have talked with the serpent, and the world had been saved* an infinity of misery*. *H. G. Wells.* (§ 66.5.)

2. Friendship is like a debt of honour ; the moment* it is talked of it loses its real name and assumes* the more ungrateful form of an obligation. *Goldsmith.* (§ 66.5.)

3. An honest man is respected by all parties*. *Hazlitt.* (§ 67.)

4. All men own—or, to speak more correctly*, are owned by—a soul. *Jerome K. Jerome.* (§ 67.)

5. He that is much flattered soon learns to flatter himself. *Johnson.* (§§ 70.1, 236, 193.)

6. Men are like little children—they tire* of their toys. *Marie Corelli.* (§ 70.3 (*b*).)

7. Health and cheerfulness beget* each other. *Addison.* (§ 70.2.)

8. When one begins to turn* in bed it is time to get up. *Wellington.* (§ 71.2.)

9. It is not true that love makes all things easy ; it makes us choose what is difficult. *George Eliot.* (§§ 71.3, 376.)

10. Men don't love the truth, but they can tell it if they like*. Women are naturally good, and they adore the truth, but they are never allowed to tell it. *Barry Pain.* (§ 71.4.)

11. Be not simply good; be good* for something. *Thoreau.* (§ 87.)

12. He who makes his conduct depend* on opinion is never sure of himself. *Marmontel.* (§ 92.)

13. Pleasure makes us forget that we exist ; boredom* makes us feel it. *Saint-Foix.* (§ 92.)

14. When the doctor makes the patient* laugh, it is the best sign in the world. *Molière.* (§§ 92 ; 159, *Note (b)*.)

15. To make others weep you must weep yourself ; but to make them laugh you must remain serious. *Casanova.* (§ 92.)

16. When experience is lacking*, intelligence often causes us to commit great follies. *Casanova.* (§ 92.)

17. We are most* of us like Mrs Poyser's bantam* cock, who fancied* the sun got up every morning to hear him crow*. 'Tis vanity that makes the world go round*. *Jerome K. Jerome.* (§§ 92, 93.)

18. You can generally* make people ridiculous by taking them at their word*. *Jerome K. Jerome.* (§ 92.4, *Note.*)

19. We hear the rain fall, but not the snow. Bitter grief* is loud*, calm grief is silent*. *Auerbach.* (§ 93.)

20. We hate some persons because we do not know them ; and we will not know them because we hate them. *Colton.* (§ 94.1.)

254

1. He may do what he will that will do but what he may. *Warwick.* (§ 94.1.)

2. There is nothing so inconvenient* in this world as an absolutely truthful* person, who can both* read and write, and has the courage of his convictions. *Marie Corelli.* (§§ 94.1, 171.6.)

3. To accomplish* great things we must live as if we were never to die. *Vauvenargues.* (§§ 94.2, 106, 171.1.)

4. There are two freedoms* : the false, where a man is free* to do what he likes ; the true, where a man is free to do what he ought. *Kingsley.* (§ 94.2.)

5. Liberality consists* less in giving much than in giving opportunely*. *La Bruyère.* (§ 99.1.)

6. Be slow* in choosing a friend, slower in changing. *Franklin.* (§§ 101, 121, 224.)

7. Man is unjust, but God is just ; and finally* justice triumphs. *Longfellow.* (§ 104.)

8. If we could read the secret history of our enemies we should find in each man's life sorrow* and suffering* enough to disarm* all hostility. *Longfellow.* (§ 106.)

9. To console us for our innumerable* ills*, Nature created* us frivolous. *Voltaire.* (§ 106.)

10. Patience is the art of hoping. *Vauvenargues.* (§ 107 (c).)

11. The ambition to dominate* over the minds of others is the strongest of all passions. *Napoleon.* (§ 107 (c).)

12. If it is immoral* to act against one's conscience, it is not less so to make a conscience unto oneself according* to false and arbitrary principles. *Mirabeau.* (§§ 110, 71.3.)

13. The best way* to keep* one's word is never to give it. *Napoleon.* (§§ 107 (c), 110.)

14. One should be blind when it is expedient* not to see, and deaf when it is necessary not to hear. *Hindoo saying.* (§ 110.)

15. The first duty of a woman is to be pretty*. *Mme de Girardin.* (§ 110.)

16. What happens when you ask two dogs to share* the same

biscuit ? Well•, if either• of these dogs is a parent• there will shortly• be some orphans. *Barry Pain.* (§§ 112.2, 170.5.)

17. Exaggeration, by trying• to magnify• small things, makes them appear smaller still•. *D'Alembert.* (§ 113.3.)

18. Tyrants have oppressed human thought by preventing• it from manifesting• itself ; they have never governed it. *Lacordaire.* (§ 113.3.)

19. Man was born for two things—thinking and acting•. *Cicero.* (§ 115.3 (*b*).)

20. In mending• a pump the thoughtful• worker is in touch• with Nature. *Professor A. W. Bickerton.* (§ 115.3 (*c*).)

255

1. We seldom acknowledge• as friends those who have fallen into disgrace• ; memory is ungrateful toward misfortune. *A. Dumas père.* (§ 118.2.)

2. One should• choose for a wife only the woman whom one would choose for a friend, if she were a man. *Joubert.* (118.2, 170.5.)

3. The number of the diseases which afflict mankind• is so great• that we lack• terms to express them. *Voltaire.* (§ 121.)

4. People obey etiquette sooner• than laws. *H. G. Wells.* (§ 121.)

5. Society is well governed when the people• obey the magistrates, and the magistrates the laws. *Solon.* (§ 121.)

6. Think of the ills from which you are exempt. *Joubert.* (§ 123.3.)

7. Troops would never be deficient• in courage, if they only knew how• deficient in it their enemies are. *Wellington.* (§ 125.)

8. Tolerance is as necessary in politics as in religion ; pride alone is intolerant. *Voltaire.* (§ 154.)

9. It is easier to be virtuous than it is to appear so, and it pays• better. *H. W. Shaw.* (§ 156, *Note* 1.)

10. There is nothing finer• than to say frankly " I am wrong." *Fénelon.* (§§ 156, *Note* 1 ; 171.6.)

11. It is easier to deceive• than to undeceive.• *Napoleon.* (§ 156, *Note* 1.)

12. Things• which begin badly generally• end worse. *B. L. Putnam Weale.* (§ 157.)

13. The less a man thinks the more he talks. *Condillac.* (§ 158.2.)

14. The more leisure one has, the more one desires. *Barry Pain.* (§ 158.2.)

15. As one grows older* one values* silence more. *Barry Pain*. (§ 158.2.)

16. The best of governments is not that which makes the happiest men, but that which makes the greatest number of happy (people). *Duclos*. (§§ 159, 160.)

17. The private* wound is deepest. *Shakespeare*. (§ 159.)

18. I still* like to meet the man who thinks he comes from the best village in the finest county* of the greatest country in the world. *The Duke of York*. (§ 159.)

19. We are a singular nation, and one of our singularities is that we scorn* to know* the language of our nearest* neighbours. *Marie Corelli*. (§ 159.)

20. We confess* most easily the sins we have never* committed. *Barry Pain*. (§ 161.)

256

1. Grammar is the logic of speech*, even* as logic is the grammar of reason. *Trench*. (§ 167.)

2. Ignorance is less remote* from truth than prejudice*. *Diderot*. (§ 167.)

3. Work keeps away* from us three great evils* : boredom*, vice, and need. *Voltaire*. (§ 167.)

4. France is a ship of which Europe is the port, and which has anchors in every sea. *Lacordaire*. (§ 168.1.)

5. In times* of trial* great natures alone are not at the mercy* of their instincts. *George Meredith*. (§ 170.6.)

6. Death is a sleep without dreams. *Napoleon*. (§ 170.10.)

7. If toil* is a blessing*, never was blessing so effectually* disguised. *H. G. Wells*. (§ 170.11.)

8. There is gold and clay* and sunshine* and savagery* in every love story. *H. G. Wells*. (§ 171.)

9. France is accustomed to do great things, even without knowing it. *Lacordaire*. (§ 171.)

10. Children have more need of models than of critics. *Joubert*. (§ 171.3.)

11. In business* we have no friends, we have only correspondents. *A. Dumas père*. (§ 171.4.)

12. There are no contradictions in Nature. *Vauvenargues*. (§ 171.4.)

13. Life is strewn* with so many pitfalls, and may be the source

of so many evils, that death is not the greatest of all. *Napoleon.* (§ 171.5.)

14. Prosperity makes few friends. *Vauvenargues.* (§ 171.5.)

15. There is no sorrow I have thought more* about than that—to love what is great, and try to reach* it, and yet to fail*. *George Eliot.* (§§ 187, 208.1, 384.)

16. The difference between a rich man and a poor man is this—the former eats when he pleases, and the latter when he can (get it). *Sir Walter Raleigh.* (§ 187.)

17. Gaols and state prisons* are the complements of schools ; so many less as you have of the latter, so many more you must have of the former. *Horace Mann.* (§§ 187, 158.2.)

18. Beauty is an outward* gift which is seldom* despised except* by those to whom it has been refused. *Gibbon.* (§ 193.)

19. The art of war is that of destroying men, as* politics is that of deceiving them. *D'Alembert.* (§ 193.)

20. Journalism is the art of disguising your ignorance in order to add to other people's. *Zangwill.* (§ 193.)

257

1. Who despises fame* will soon renounce the virtues that deserve it. *Mallet.* (§ 193.)

2. You may depend* upon it that he is a good man whose intimate friends are all good. *Lavater.* (§ 194.)

3. He does good to himself who does good to his friend. *Erasmus.* (§ 194.)

4. The worst pain is uncertainty. *A. Dumas père.* (§ 196.1.)

5. To lose one's illusions is to lose the world. *Marie Corelli.* (§ 196.1.)

6. Several have said : " What do I not know " ? Montaigne used to say : " What do I know ? " *Voltaire.* (§ 200.)

7. I always think* the flowers (can) see us, and know what we are thinking about. *George Eliot.* (§ 203.2.)

8. The too great eagerness* one has to be quit* of an obligation is a species of ingratitude. *La Rochefoucauld.* (§ 205.)

9. Enthusiasm is a bloom of youth, of which disenchantment* is the fruit. *A. Dumas père.* (§ 207.)

10. Friendship is the only thing in this world concerning* the usefulness of which all mankind is agreed*. *Cicero.* (§ 207, *Note (b).*)

11. There are authors in whose hand the pen becomes a magic wand : but they are few. *Lady Montagu.* (§ 207, *Note (b)*.)

12. Enjoyment• stops• where indolence begins. *Proverb.* (§ 209, *Note* 1.)

13. The man who does what he pleases is seldom pleased with what he does. *H. A. Vachell.* (§ 210.)

14. That which makes people dissatisfied• with their condition is the chimerical idea they form• of the happiness of others. *Thomson.* (§§ 210, 92.4, *Note.*)

15. He makes no friend who never made a foe. *Tennyson.* (§ 221.)

16. Few persons have courage enough to appear as good as they really are. *J. C. Hare.* (§ 222.)

17. Those who are incapable of committing great crimes do not readily• suspect others of them. *La Rochefoucauld.* (§ 224.)

18. One fault begets another ; one crime renders another necessary. *Southey.* (§ 225.)

19. The fool has a great advantage over the man of sense• : he is always pleased with himself. *Napoleon.* (§ 236.)

20. Any woman would help anyone to escape from anything. *Barry Pain.* (§§ 242.6, 254.)

258

1. The emotions wear• one out more than work does. *Barry Pain.* (§ 241, *Note* 2.)

2. When everybody's somebody, then no one's anybody. *Proverb.* (§§ 242, 245, 247.)

3. A friend to everybody is a friend to nobody. *Spanish Proverb.* (§§ 245, 247.)

4. All generalizations are dangerous, even this one. *A. Dumas fils.* (§ 247.1.)

5. Not one of us has lived without knowing tears. *Voltaire.* (§ 248.2.)

6. The presence of a young girl is like the presence of a flower ; the one gives• its perfume to all that approach• it, the other her grace to all that surround her. *Desnoyers.* (§ 251.4.)

7. Cunning is the art of concealing• our own defects and discovering other people's weaknesses. *Hazlitt.* (§ 251.3.)

8. He who talks• to you about the faults of others talks to others about yours. *Diderot.* (§ 251.2, 3.)

9. If all men knew what they say of each other, there would not be four friends in the world. *Pascal.* (§ 251.7.)

10. Whosoever is not free* to refuse his service, is a slave. *Lacordaire.* (§ 252.)

11. Half-knowledge* is worse than ignorance. *Macaulay.* (§ 259.3.)

12. We should* live, not with the living, but with the dead, that is to say, with books. *Chamfort.* (§ 268.)

13. Carve* your name on hearts, and not on marble. *Spurgeon.* (§ 268.)

14. What which is called liberality is frequently nothing more than the vanity of giving. *Th. Parker.* (§§ 270.3, 171.6.)

15. We all have our sorrows, but I do not believe very much in the existence of sorrows that never heal*. *H. G. Wells.* (§ 270.1.)

16. He who practises* virtue only in the hope of winning* great renown is very near to vice. *Napoleon.* (§ 271.)

17. The great men of the earth are but the marking-stones* on the road of humanity. *Mazzini.* (§ 271.)

18. Indiscreet consolation only embitters* great affliction. *J.-J. Rousseau.* (§ 271.)

19. In giving, a man receives more than he gives. *G. Macdonald.* (§ 277.6.)

20. Never promise more than you can perform*. *Publius Syrus.* (§ 277.6.)

259

1. One is never so happy nor so unhappy as one imagines. *La Rochefoucauld.* (§ 310.)

2. Ignorance is the night of the mind, but a night without moon or stars. *Confucius.* (§ 310.1, *Note.*)

3. When a girl* who is not in the least* confused* or embarrassed tries to look so, she looks simply* silly. *Barry Pain.* (§ 310.1. *Note.*)

4. All luxury corrupts either morals* or taste. *Joubert.* (§ 310.)

5. Eat to please* thyself, but dress to please others. *Franklin.* (§ 331.)

6. Crimes sometimes shock us too much ; vices almost always too little. *Hare.* (§ 333.1.)

7. One must have studied children to bring* them up well. *Mme de Genlis.* (§ 333.3.)

8. The greatest offence against virtue is to speak ill of it. *Hazlitt.* (§ 333.3.)

9. Anarchy always leads* back to absolute power*. *Napoleon.* (§ 333.)

10. Would the face of Nature be so serene and beautiful if man's destiny were not equally so ? *Thoreau.* (§ 340.3.)

11. Charity is the ocean in which all other virtues begin and end*. *Lacordaire.* (§§ 343.5, 209.)

12. General and abstract truth is the most precious of all possessions*; without it, man is blind, it is the eye of reason. *J.-J. Rousseau.* (§ 346.)

13. How much easier it is to be generous than just ! *Junius.* (§ 369.)

14. How beautiful is victory, but how dear* ! *Boufflers.* (§ 369.)

15. We should have a glorious* conflagration* if all who cannot put fire into their works would only* consent to put their works into the fire*. *Colton.* (§ 369.)

16. Be certain that he who has betrayed thee once will betray thee again*. *Lavater.* (§ 373.)

17. True politeness simply consists in treating others just as* you love to be treated yourself. *Chesterfield.* (§ 373.)

18. We take greater pains* to persuade others that we are happy than in endeavouring* to think* so ourselves. *Confucius.* (§ 373.)

19. If thou hast never been a fool*, be sure thou wilt never be a wise* man. *Thackeray.* (§ 374.)

20. There is little pleasure in the world* that is true and sincere besides* the pleasure of doing our duty and doing good*. I am sure no other is comparable to this*. *Tillotson.* (§ 382.)

260

1. One has hardly seen until now* a masterpiece of the mind which is the work of several (people). *La Bruyère.* (§§ 382, 270.1.)

2. Hope is the best physician* that I know. *A. Dumas père.* (§ 382.)

3. There are few things that we know well. *Vauvenargues.* (§ 382.)

4. Bad as any government may be, it is seldom worse than anarchy. *Æsop.* (§ 383.)

5. However poor one may be there is always somebody by one who is still poorer. *George Moore.* (§ 383.)

6. However well a man talks, when he talks too much, he always ends by saying something foolish*. *A. Dumas père.* (§ 383.)

7. There are no people so often wrong as people of common sense*. *Lord Cecil.* (§ 384.)

8. I have never had a grief that an hour's reading has not dissipated. *Montesquieu.* (§ 384, *Note*; 171.4.)

9. There was never a great truth but it was reverenced*. *Th. Parker.* (§ 384. *Note.*)

10. Marry your daughters betimes*, lest they marry* themselves. *Burleigh.* (§ 385.)

11. One half of the world must sweat and groan*, that the other half may dream. *Longfellow.* (§ 385.)

12. Let us so* act that the dead may not have died in vain, nor the living* striven* in vain. *Earl Haig.* (§ 385.)

13. Books are men talking to you without your having the privilege of a reply*. *W. R. Titterton.* (§ 387.)

14. The confident of my vices is my master, though he were my valet. *Goethe.* (§ 388.)

15. We shall be judged, not by* what we might have been, but by what we have been. *Sewell.* (§ 395.2.)

16. I once met a man who had forgiven an injury*. I hope some day to meet the man who has forgiven an insult. *Ch. Buxton.* (§ 395.2.)

17. It was among the ruins of the Capitol that I first* conceived the idea of a work which has amused* and exercised* nearly twenty years of my life. *Gibbon.* (§ 395.4.)

18. When a man is wrong and won't admit* it, he always* gets angry*. *Haliburton.* (§ 398.3.)

19. The voice which says to all men : " Do not do what you would not wish to be done to you," will always be heard from one end* of the universe to the other. *Voltaire.* (§ 402.)

20. Do you wish men to speak well* of you ?   Then never speak well of yourself. *Pascal.* (§ 402.)

21. After a long experience* in the world, I affirm, before God, I never knew a rogue* who was not unhappy. *Junius.* (§§ 403, 384. *Note.*)

22. Habit is altogether* too arbitrary a master for me to submit to. *Lavater.* (§ 405.)

23. We must laugh before we are happy, for fear of dying without having laughed. *La Bruyère.* (§§ 405, 105.)

24. If we cannot live so* as to be happy, let us at least live so as to deserve happiness. *Fichte.* (§ 405.)

25. Nobody hates mediocrity, because every one feels how easily they themselves can attain to it. *Marie Corelli.* (§ 427.)

26. All of us who are worth anything, spend our manhood in unlearning the follies, or expiating the mistakes of our youth. *Shelley.* (§ 428.)

27. It is books which give us our greatest pleasures, and men who cause us our greatest griefs. *Joubert.* (§ 432.)

28. Not nations, not armies, have advanced the race ; but here and there, in the course of ages, an individual has stood up and cast his shadow over the world. *Chapin.* (§ 432.)

29. It is not the people who have done most for us to whom we are most grateful, but those who have quickened our imagination, warmed our hearts, met us half-way on the path of some secret and maybe fantastic dream. *Elinor Mordaunt.* (§ 432.)

30. Exert your talents, and distinguish yourself, and don't think of retiring from the world until the world will be sorry that you retire. I hate a fellow whom pride or cowardice or laziness drives into a corner, and who does nothing when he is there but sit and growl. Let him come out, as I do, and bark. *Dr Johnson.*

VOCABULARY

NOTE.—Where the translation given is applicable more especially to one sentence of the exercises, the reference is given. Thus : (253.1) = Exercise 253, Sentence 1.

ABBREVIATIONS

m., masculine	*f.*, feminine
s.th., something	qch., quelque chose
s.o., some one	qn. quelqu'un

f., faire

A

A Mr So-and-so, un certain M. Un-tel

abode, la demeure, le domicile

about you, sur votre compte

above the bridge, en amont du pont

abroad, à l'étranger ; **from abroad,** de l'étranger

acclaim, acclamer

accomplish, exécuter, accomplir

accord : of my own accord, de mon propre gré

according to, d'après

achieve, accomplir

acknowledge as..., avouer pour ...

act, agir

action, le combat

adapted : to be adapted for..., convenir à ...

admit s.th., convenir de qch.

advice, des conseils ; **some advice,** un conseil, un avis, des conseils

afford the time, disposer du temps nécessaire

after : it is after midnight, il est minuit passé

again, de nouveau

ago : long ago, il y a longtemps

agree (to s.th.), consentir (à qch.)

agreed, d'accord

all, tout ; **after all,** somme toute ; **was all the worse for it,** ne s'en trouva que plus mal

also, également

altogether too arbitrary, bien trop arbitraire

always : he always does it, il ne manque jamais de le faire

amuse, distraire

angry : to get angry, se fâcher ; **very angry,** bien en colère

another day, encore un jour, un jour de plus ; **not another...,** pas un ... de plus

answer, la réponse ; **to give an answer,** faire une réponse

anxious : I am anxious to..., il me tarde de ...

apologize, faire des excuses ; (220.7) s'excuser

apology : a letter of apology, une lettre d'excuses

appeal (to), faire appel (à)

appetite : to have an appetite, avoir de l'appétit

apply to s.o., s'adresser à qn.

appoint, nommer

approach (s.th.), approcher (qch.)

approve of s.th., approuver qch.

arch, bomber, arquer

as, comme ; (259.17) just as, comme

ask a question, faire, poser, une question

assemble, se réunir

assume a form, prendre une forme

attend a ceremony, assister à une cérémonie

attendant, le garçon

attention : to pay attention to s.th., faire attention à qch. ; to turn one's attention to s.th., s'occuper de qch.

away, absent ; to do away with s.th., abolir qch. ; to keep away from . . ., éloigner de . . .

B

back again, de retour ; to get back, revenir ; to go back, retourner ; to see s.o. back to . . ., reconduire qn. (jusqu')à . . .

bad : to be bad for s.th., nuire à qch.

bantam cock, le cochet

battleship, le cuirassé

be : how is it that . . ., comment se fait-il que . . .

beckon to s.o. to do s.th., faire signe à qn. de f. qch.

bed : to go to bed, monter se coucher ; (228.11) se coucher

bedside, le chevet

beetle, le scarabée

before, (143.3) déjà ; (143.4) ever before, encore jamais

beget, engendrer

behalf : on behalf of, en faveur de

behave like a . . ., se conduire en . . .

beseech s.o. to do s.th., conjurer qn. de f. qch.

besides, hormis

best : to do one's best, faire de son mieux ; the best thing is to . . ., le mieux est de . . ., what is best to be done, ce qu'il y a de mieux à faire

betimes, de bonne heure

better : to be better, valoir mieux , it is better to . . ., il vaut mieux . . . ; (200.11) the better, mieux cela vaudra

blessing, le bien

blindfold s.o., bander les yeux à qn.

blurred (eyes), (yeux) aveuglés par les larmes

boat-train, le train du bateau

boredom, l'ennui, m.

both : often superfluous and best omitted ; e.g. I can both read and write, je sais lire et écrire

boy, (75.9) élève ; (212.10) enfant

break out, éclater

breaker, le brisant

Bremen, Brême

bring down the cost of living, abaisser le coût de la vie ; bring up a child, élever un enfant

British, (45.5) anglais

brush one's hair, se brosser les cheveux

Brussels, Bruxelles

burst, éclater

bush, le buisson

business, les affaires, f.

busy doing s.th., en train de f. qch.

by, (260.15) d'après ; by the middle of . . ., dès le milieu de . . . ; close by, tout près (d'ici).

C

call : to pay a call, faire une visite

call s.o. (s.th. rude), traiter qn. de . . . ; to call in a doctor, faire venir un médecin ; to call on s.o., rendre visite à qn.

calm : dead calm, un calme plat

campaign in England, la campagne d'Angleterre

can : he can be . . ., il se montre volontiers . . .

captain of the team, le chef de l'équipe

card : playing cards, cartes, f., à jouer

care, (200.9) les soucis ; **to take care not to . . .,** prendre garde de . . .

care : nobody cared, personne n'en avait cure

carve s.th. on s.th., graver qch. dans qch.

case, un écrin

cave : la caverne

charge : free of charge, gratis

Charles V, Charles-Quint

cheque for . : ., un chèque de . . .

chiefly, principalement

choke with rage, étouffer de rage

choose : if I choose, si cela me plaît

chorus, le chœur

Christmas-tree, un arbre de Noël

city of Paris, la ville de Paris

clay, (256.8) argile, boue

clerk, employé de bureau ; or : (152.15) to be a clerk, entrer dans un bureau

clock : the big clock at the station, la grosse horloge de la gare

close (an incident), clore (un incident) ; **to close upon troops,** enserrer, cerner, des troupes

cold : to get cold, se refroidir

come to s.o., venir trouver qn. ; **to come along,** arriver ; **to come off,** se détacher

Como : Lake Como, le lac de Côme

compelled to do s.th., forcé de f. qch.

conceal, dissimuler

concealment : place of concealment, la cachette, la retraite

concerning, sur

confess, avower

conflagration, la flambée

confused, confus

congratulate s.o. on s.th., féliciter qn. de qch.

consider that . . ., trouver que . . . ; **to be considered . . .,** passer pour . . .

consist in doing s.th., consister à f. qch.

convey troops, transporter des troupes

correctly : to speak more correctly, pour mieux dire

country : native country, la patrie

county, le comté

couple of, hundred, quelque deux cents

court : a lawn-tennis court, un court de tennis

craft : small craft, petites embarcations, vaisseaux de faible tonnage

create s.o. frivolous, faire qn. frivole

crew, un équipage

cripple, désemparer

cross a river, a frontier, passer une rivière, une frontière ; **to cross the sea,** faire la traversée

crossing, la traversée, la descente

crouching, accroupi

crow, chanter

cunning, l'astuce, f.

cut s.th. out of s.th., découper qch. dans qch.

D

damage, les dégâts, m.

dawn, le point du jour

day, la journée ; **the next day,** le lendemain

dear : to be dear, coûter cher ; **my dear,** ma chère enfant

death : to put s.o. to death, mettre qn. à mort, exécuter qn.

deceive, tromper

decide upon s.th., décider qch.

decline doing s.th., refuser de f. qch.

deficient : to be deficient in s.th., manquer de qch.

delighted, enchanté

deliver the letters, distribuer les lettres

deny s.o. s.th., refuser qch. à qn. ; **not to be denied,** indéniable

depart from the truth, s'écarter de la vérité

depend on s.th., dépendre de qch. ; to depend upon it that . . ., tenir pour certain que . . .

design, le dessein ; with the design to . . ., dans le dessein de . . .

desirable : it is desirable that . . ., il est à désirer que . . .

detect, découvrir

deteriorate, baisser

devotion (to), le dévouement (à)

dickens : why the dickens . . ., pourquoi diable . . .

differently, autrement

dire, catastrophique

disarm, désarmer

disenchantment, le désenchantement

disgrace : to fall into disgrace, tomber dans la disgrâce

dismiss, renvoyer

disorder : to fall into disorder, tomber dans le désordre

disposal, la disposition

dissatisfied with s.th., mécontent de qch.

distasteful : it is distasteful to me to . . ., il me répugne de . . .

disturb, déranger

do without s.th., se passer de qch.

dominate over the minds of others, dominer les esprits

door : out of doors, dehors

doubt s.th., douter de qch.

down : to get down again, redescendre

draw near, s'approcher

drawing-room : in the drawing-room, au salon

dreadfully, horriblement

drive in, enfoncer

drop s.th., laisser tomber qch.

drown : to be drowned, se noyer

duty : to pay duty on s.th., payer, acquitter, les droits sur qch.

E

eager, fiévreux.

eagerness, (206.3) l'impatience, *f.* ; (257.8) l'empressement, *m.*

early : an early number, un prochain numéro ; the early navigators, les premiers navigateurs

educate : to be educated, faire ses études

education, l'éducation, *f.* ; secondary education, l'enseignement secondaire

effect : in effect, de fait ; *or* that is in effect . . ., cela équivaut à . . .

effectually : so effectually, mieux, plus effectivement

either . . . or, (179.14) ni . . . ni ; either of . . ., l'un ou l'autre de . . .

embitter, aigrir

enclose, enfermer

end, le bout ; to end, aboutir

endeavour (to), s'efforcer (de)

engaged, fiancé

enjoy good health, jouir d'une bonne santé

enjoyment, le plaisir

entrance : there are two entrances to the castle, le château a deux portes d'entrée

escape, s'échapper ; to escape from s.o., échapper à qn. ; to escape attention, échapper à l'attention

estate, la propriété

even more, encore plus ; even as . . ., de même que . . .

event : in the event of . . ., dans le cas où . . .

ever afterwards, à jamais ; whatever . . ., quoi donc . . .

evil, le mal ; to do evil, faire le mal

except, sinon ; hardly ever except . . ., ne . . . guère que . . .

exercise, le devoir ; (260.17) to exercise, occuper

expect s.o., attendre qn. ; to expect s.th., s'attendre à qch. ; to expect s.th. of s.o., attendre qch. de qn. ; it is expected . . ., on compte . . .

expedient : it is expedient to . . ., il est opportun de . . ., il sied de . . .

expensive, coûteux

experience in the world, expérience du monde

F

face south, donner au midi

fail, échouer ; to fail to do s.th., manquer de f. qch. ; cannot fail to be understood, ne peut manquer d'être compris

fame, la renommée

fancy, s'imaginer

far, loin ; by far, de beaucoup

fate, le sort

festival, la fête

fetch, aller chercher

few, rares

field : to enter the field, entrer en campagne

fight an action, livrer un combat

finally s.th. happens, qch. finit par arriver

fine, beau

fire : into the fire, au feu

first, (74.14) pour la première fois ; (177.7) le(s) premier(s) ; (260.17) d'abord

flask, la fiole

flirt with s.o., flirter avec qn.

float down stream, descendre le courant

flow swift, passer rapide

fool, sot

foolish, stupide ; to be so foolish as to . . ., avoir la sottise de . . . ; something foolish, une bêtise

form an idea, se faire une idée

fortune : to make a fortune, faire fortune

forward : to step forward, s'avancer

fountain-pen, le porte-plume à réservoir

free : to be free to do s.th., être libre de f. qch., avoir la liberté de f. qch. ; a free hand, toute liberté d'agir, une entière liberté d'action

freedom : two freedoms, deux sortes de liberté

freely, volontiers

fright, l'effroi, *m.*

from s.o., de la part de qn.

funny : a funny person, une drôle de personne

G

gain by s.th., gagner à qch.

gallop in, entrer au galop

gaol, la maison d'arrêt

gate (of a garden), la grille ; (45.7) outside the gates, aux grilles

generally, (253.18) presque toujours ; (255.12) le plus souvent

get s.o. to do s.th., persuader à qn. de f. qch.

ghost, le fantôme, le revenant

girdle : a golden girdle, ceinture dorée

girl, la jeune fille ; the Chapman girls, les demoiselles Chapman

give, (258.6) communiquer ; to give s.o. s.th. to eat, faire manger qch. à qn. ; to give up s.th., renoncer à qch. ; to give s.th. up to s.o., céder qch. à qn. ; our petrol gave out, l'essence nous manqua, nous nous trouvâmes à court d'essence

glorious, beau

go, (of a train) marcher, filer ; to go a few more miles, faire quelques milles de plus ; to go (away), partir ; to go on, (179.15) se passer ; to go on doing s.th., continuer à, de, f. qch. ; to make the world go round, faire marcher le monde

good for s.th., bon à qch. ; a good man, un honnête homme ; good (men), les honnêtes gens ; to do good, faire le bien ; to do good to s.o., faire du bien à qn.

good-night : to bid s.o. good-night, souhaiter le bonsoir à qn.

gradually, peu à peu

graze : to take the cattle out to graze, mener paître le bétail

great, énorme

grief, la douleur ; bitter, calm, grief, douleur amère, calme

groan, ahaner

ground : to have ground for complaint, avoir sujet de sa plaindre

grumble, (115.22) grogner ; (159.5) grommeler, ronchonner

H

hail s.o., héler qn.

half-knowledge, le demi-savoir

hall, le vestibule

Hamburg, Hambourg

hand : in his hand, à la main ; to get out of hand, se débander

happen, se passer

hard : the hard part, le plus difficile ; to pull hard, tirer fort ; to boil hard, bouillir fort

haste : in haste, hâtivement

hasten one's steps, hâter le pas ; to hasten to the assistance of s.o., courir à l'aide de qn.

have : I must have..., il me faut...

heal, se cicatriser

hear s.th., apprendre qch. ; to hear of s.th., entendre parler de qch., (189.9) apprendre qch. ; to hear from s.o., avoir, recevoir, des nouvelles de qn.

hearing : to refuse s.o. a. hearing, refuser d'écouter qn.

help : to come to the help of s.o., venir au secours de qn.

high rent, un loyer élevé ; to play high, jouer gros jeu

highly paid, payé richement, grassement

hilltop, le plateau

hindmost, dernier

Hindoo, indou ; a Hindoo, un Indou

hit, heurter

horse-power, un cheval-vapeur, des chevaux-vapeur

hoard, accumuler

hold out s.th. to s.o., tendre qch. à qn. ; to hold s.th. to be a..., tenir qch. pour un...

holidays, le congé

home : to come home, rentrer ; home work, les devoirs

hope : to hope that..., exprimer l'espoir que...

horizon : on the horizon, à l'horizon

horseback : on horseback, à cheval

housekeeper, la ménagère

how, (255.7) à quel point

however much I..., j'ai beau...

humming, le ronflement

humorous, plein d'humour

hurry : in a hurry to go, pressé de partir ; to be in a hurry, (108.13) se presser ; to be in such a hurry to..., (27.12) avoir tellement hâte de... ; to hurry away, (160.18) partir si vite ; to hurry up, se dépêcher

hurt s.o., faire mal à qn.

I

idle : it is idle to..., il est vain de..., rien ne sert de...

ignorant : to be ignorant of s.th., ignorer qch.

ill : our ills, nos misères ; to talk ill of s.o., dire du mal de qn.

imagine s.th., s'imaginer qch.

immoral, contraire à la morale

important : it is important to..., that..., il importe de..., que...

impress (on), imprimer (sur)

inconvenient, incommode

indemnify s.o. for s.th., dédommager qn. de qch.

information, les renseignements

injure s.o., s.th., nuire à qn., à qch.

injury, (260.16) un tort qui lui avait été fait

innumerable, innombrable

insult, une injure, une insulte

intellect, l'esprit, m.

intend to do s.th., compter f. qch.

intercourse, le commerce

interfere (with), nuire (à)

iron, repasser

J

Jacky, Jeannot
join together, s'associer
jumper, le casaquin
justice : to do justice to s.o., rendre justice à qn.

K

keep : to keep one's word, tenir sa parole ; to keep s.o. waiting, faire attendre qn.
kind, aimable
kind : anything of the kind, rien de la sorte, rien de pareil
know, (255.19) apprendre ; to let s.o. know s.th., faire savoir qch. à qn.

L

lack s.th., manquer de qch. ; I have no lack of . . ., je ne manque pas de . . .
lacking : to be lacking, faire défaut
language, (75.14) la langue
lasting, durable
late : to be late, (33.4) être en retard, (74.2) arriver, rentrer, en retard
law : his word is law, sa parole fait loi
lawn, la pelouse
lead back, ramener
league : in league, ligué
lean out of the window, se pencher à, par, la fenêtre
leaning toward s.th., la tendance à qch.
learning, la science, l'enseignement, m.
least : not in the least, pas le moins du monde
leave (a place), quitter ; leave (s.th. behind), laisser ; I leave you to imagine . . ., je vous laisse à penser . . .
left : I have left . . ., il me reste . . .
Leghorn, Livourne

lengthy, prolongé
less : none the less, ne . . . pas moins
liable to do s.th., sujet à f. qch.
light of a train, les feux d'un train ; to light again, rallumer
light-hearted : to be light-hearted, être insouciant, avoir le cœur léger
like this, (180.3) comme cela ; nothing like . . ., rien de tel que . . . ; the like, la pareille
like : I like it, cela ma plaît ; if I like, si cela me plaît ; whatever he likes, tout ce qui lui plaira
likewise, de même
little : a very little, très peu de chose
live in a house, in a place, habiter une maison, un endroit
living, vivant, survivant
long : so long as, pourvu que
longer : a few days longer, encore quelques jours
longing : I am longing to . . ., il me tarde de . . .
look to one's house, surveiller son ménage
lose : to lose s.o. s.th., faire perdre qch. à qn.
lots, des quantités, f., famil. des tas, m.
loud : to speak loud, parler haut, fort ; to be loud, faire du bruit
love : to fall in love with s.o., tomber amoureux de qn.
lucky : to be lucky, avoir de la chance
lunch, le déjeuner ; lunch time, l'heure du déjeuner
lying, posé

M

magnet, un aimant
magnify, agrandir
main : the main thing, l'essentiel
make s.o. consul, créer qn. consul ; to make a speech, prononcer, faire, un discours : to make off, partir, filer

man : to a man, jusqu'au dernier

manage to do s.th., parvenir à f. qch.

manifest, manifester

mankind, le genre humain

manner : in this manner, ainsi

man-of-war, le vaisseau de ligne

many, beaucoup de gens

mark, reconnaître

marking-stone, la borne

marry s.o., épouser qn. ; (260.10) to marry oneself, se marier de soi-même ; to get married, se marier ; to get s.o. married, marier qn.

marshal, le maréchal

mat, le paillasson

matter : what is the matter ? qu'est-ce qu'il y a ?

may : be that as it may, quoi qu'il en soit

mean to do s.th., compter f. qch.

measure : in a measure, dans une certaine mesure

meet, se réunir

mend, réparer

mercy : to be at the mercy of ..., être le jouet de ..., à la merci de ...

merely, (253.1) ne ... que

merry, (193.15) jovial ; a merry Christmas ! joyeux Noël !

mild : it is mild, il fait doux

mind : to have a mind to do s.th., avoir l'intention de f. qch. ; to change one's mind, changer d'opinion, d'avis

mind one's own business, se mêler de ses affaires ; I don't mind, cela m'est égal, (158.10) cela ne me fait rien ; I don't mind doing s.th., je veux bien f. qch., cela m'est égal de f. qch.

misery, (253.1) des misères, f.

misjudge s.o., juger qn. trop sévèrement

miss an opportunity, manquer une occasion

mistake, la méprise ; to make mistakes, se tromper ; to make a

mistake, (102.12) tomber dans une erreur

mistake an intention, s.o.'s intentions, se méprendre sur une intention, sur les intentions de qn.

moment : at the moment, en ce moment ; (253.2) the moment ..., dès que ...

morals, les mœurs, f.

more, (256.15) plus longuement ; one more, encore un ; to tell you more, vous en dire davantage ; any more, (134.27) davantage ; more tea, encore du thé ; a little more ..., encore un peu de ... ; nothing more, plus rien

most rude, on ne peut plus grossier ; we are most of us ..., nous sommes pour la plupart ...

motor car, une auto

move, bouger

much : as much, autant ; to do as much, (239.6) en faire autant

must, (74.10) transl. by nécessairement, or n'aurait pas manqué de ...

N

name : a good name, (212.1) bonne renommée ; a bad name, une mauvaise réputation

native, un indigène

navy, les forces navales, la flotte (de guerre)

near neighbour, proche voisin

need : I need ..., il me faut ...

neighbouring, du voisinage

never, (255.20) ne ... pas

next, ensuite

nice, agréable, bien, (228.10) agréable

noise : to make a noise, faire du bruit

noiseless : with noiseless steps, à pas feutrés

notice s.th., s'apercevoir de qch.

notify, avertir

now : by now, à l'heure qu'il est ; until now, jusqu'à présent, jusqu'ici

number s.o. among . . ., compter qn. parmi . . .

nurse, soigner

O

object to s.th., (160.17) s'opposer à qch. ; do you object ? (170.22) cela vous ennuie-t-il ?

obsolete, désuet

obviate s.th., obvier à qch.

off : he is well off, il est à son aise

offended : to be offended at s.th., se formaliser de qch.

offer to do s.th., s'offrir à f. qch.

office, le bureau

old man, le vieillard ; to grow older, vieillir

once, autrefois

only, seulement ; only by doing s.th., rien qu'en faisant qch.

opportunely, à propos

opportunity, une occasion

order : to put a room in order, ranger une chambre

other : every other day, tous les deux jours

out : to get out of that, sortir de là

outward, extérieur

overlook, montrer de l'indulgence

overrate, surestimer

overtake, rattraper

owing to . . ., dû à ce que . . .

own, avouer

P

paid servants, serviteurs à gages

pain : to be in pain, souffrir ; to take pains to do s.th., se donner du mal pour f. qch.

pale : to grow pale, pâlir

paper : to do a paper, faire une composition

parent, (254.16) le chef de famille

particular, difficile

party, (253.3) le parti

passage, le corridor

patch trousers, mettre une pièce à un pantalon

patient, le malade

pay : it pays better, cela nous profite davantage, on en retire plus de profit

peg, la cheville

penny : without a penny, sans le sou

people, (209.17) les gens, m., (255.5) le peuple

perform (a promise), tenir (une promesse)

pestilence, la peste

petrol, l'essence, f.

physician, le médecin

pick up a book, ramasser, soulever, un livre

piece of string, un bout de ficelle

pitfall, (256.13) transl. by un écueil

pity : it is a pity (to), c'est dommage (de)

place : in high places, en haut lieu

plain, laid

plan, projeter, faire des projets

pleasant, aimable

please : to please thyself, (259.5) à ton gré

pleased : to be pleased to do s.th., avoir plaisir à f. qch. ; pleased to do s.th., (74.5) content de f. qch.

plumber, le plombier

popular : more popular, mieux vu

possession, (259.12) le bien ; to take possession of s.o., accaparer qn.

post (of a gate, etc.), le poteau ; (101.11) la place ; (152.21), la position

power : in my power, en mon pouvoir ; absolute power, le pouvoir absolu

practise, pratiquer

praiseworthy, louable

prejudice, le préjugé

preparations, les préparatifs, m.

present time, l'heure actuelle

pretty, joli

prevent s.o. from doing s.th., empêcher qn. de f. qch.

preventive, préventif

pride oneself on doing s.th., se piquer de f. qch.

prison: state prison, la prison d'état

private, secret

proper, (45.5) proprement dit, (235.18) à propos

provide for s.th., pourvoir à qch.

pull out a thorn, retirer une épine ; to pull out a revolver, tirer son revolver

punctual, à l'heure

purpose: to fill a purpose, répondre à un but ; the Duke's purpose of ..., l'intention qu'avait le duc de ...

pursue one's studies, continuer ses études

pursuit: to dash off in pursuit of s.o., s'élancer à la poursuite de qn.

put back s.th. in its place, remettre qch. à sa place

puzzle, le problème, la casse-tête

Q

question: it is out of the question, il ne faut pas y penser

quiet: to be quiet, se tenir tranquille

quit: to be quit of s.th., s'acquitter de qch.

quite possible, très possible

quote s.th., citer qch. ; to quote from a speech, citer des passages d'un discours

R

raise one's eyes, lever les yeux ; to raise an accusation, lancer une accusation

ramble, une excursion

rather than do s.th., plutôt que de f. qch. ; I would rather do s.th., j'aime autant f. qch. ; I would rather be killed than ..., je me ferais plutôt tuer que de ...

reach s.th., atteindre à qch. ; to reach the summit, parvenir jusqu'au faîte

read to s.o., faire la lecture à qn.

readily, facilement

ready: I am ready with ..., j'ai fini, terminé, achevé ...; to get s.th. ready, préparer qch.

realize s.th., se rendre compte de qch.

reason: to have reason to believe, avoir sujet de croire

reception, un accueil

reckon with s.o., compter avec qn.

recognize, reconnaître, se rendre compte (que)

record, le registre

recover (from an illness), se remettre

recruiting office, le bureau de recrutement

regret: it is a matter of regret that ..., il est regrettable que ...

relatives, les parents, *m.*

rely (on), compter (que)

remedy s.th., remédier à qch.

remote, éloigné

remove, reporter

renounce s.th., renoncer à qch.

rent, le loyer

repaint, repeindre

repent s.th., se repentir de qch.

reply: the privilege of a reply, le privilège de répondre

reprieve, la grâce

require: I require ..., il me faut ...

resign, démissionner ; (33.14) se démettre

rest: to take a rest, se reposer, prendre du repos

return to a place, retourner à un endroit ; to return s.th., rendre qch.

reverence s.o., révérer qn.

revise an article, revoir un article

right, (166.13) tout droit ; to have a right to s.th., avoir droit à qch. ; to have a right to do s.th., avoir le droit de f. qch.

ring out, retentir

rogue, le coquin

round : to go round, tourner ; to go round the country, faire sa ronde, sa tournée ; to round a cape, doubler un cap

rub against so . . ., se frotter contre qn.

rumour : there is a rumour of . . ., le bruit court que . . .

run away, se sauver, s'enfuir

S

same : to do the same, faire de même

sandhill, la dune

Saturday : on Saturdays, le samedi

savagery, la sauvagerie

save s.o. s.th., épargner qch. à qn. ; to save s.o. the trouble, en épargner la peine à qn.

say : to be said to be . . ., passer pour . . .

scarcely, ne . . . guère

school : at school, à l'école

scorn to do s.th., dédaigner de f. qch.

sea-side : at the sea-side, (65.8) pendant sa villégiature au bord de la mer

seeing that, vu que, attendu que

seem : I seem to see him, il me semble le voir

seldom, rarement

send for s.o., envoyer chercher qn. ; to send s.o. to York by train, diriger qn. sur York par le chemin de fer

sense : a man of sense, un homme d'esprit ; common sense, le sens commun ; people of common sense, les personnes de bon sens

serve as s.th., servir de qch.

service : to go into service, entrer en service

settle, s'établir ; to settle in Paris, se fixer à Paris ; to settle one's daughter, établir, caser, marier, sa fille ; to settle an affair, régler une affaire

sew on a button, (re)coudre un bouton

shade one's eyes, mettre la main en abat-jour

share the same thing, partager qch.

share, la part

sharp cold, froid vif

shed, le hangar

sheer robbery, du vol pur et simple

shell, un obus

shiny, brillant, reluisant

shiver : it makes me shiver, cela me donne la chair de poule

shoot, (25.6) passer par les armes

shopping : to go out shopping, sortir faire ses courses, ses emplettes

short of cash, à court d'argent ; to cut s.th. short, couper court à qch.

shortly, (45.6) sous peu, (254.16) bientôt ; shortly after, peu de temps après

shot, (189.16) la détonation ; at the first shot, (97.4) du premier coup, d'emblée

should : we should, one should, il faut

shut up, se taire

sideboard, le buffet

Siena, Sienne

sight : to catch sight of s.o., apercevoir qn. ; to lose sight of s.o., perdre qn de vue

sign to s.o. to do s.th., faire signe à qn. de f. qch.

silent, silencieux ; to be silent, se taire, être muet

silly trade, sot métier ; silly people, sottes gens

simply, (259.3) tout simplement

since, (239.2, 3) que . . . ne

size : about the size of . . ., grand comme . . .

sleeping, endormi

slip : to let slip s.th., laisser échapper qch.

slow in doing s.th., lent à f. qch.

smart, (202.5) chic (*invar.*, *see* § 146)

smile on s.o., sourire à qn.

snapping of a brake, rupture d'un frein

so, (235.16) en effet ; so ... that, de telle manière que, de telle sorte que ; so as to be, de manière à être

sometimes, parfois

sooner than obey ..., avant d'obéir à ...

sorrow, le chagrin

sorry : to be sorry to do s.th., regretter, être fâché, de f. qch.

spare, épargner ; to spare s.o. s.th., épargner qch. à qn.

speak : to begin to speak, prendre la parole

speech, le langage

speed : at full speed, (*of a person, a train*) à toute vitesse, (*of a horse*) ventre à terre, à fond de train, (*of a bird*) à tire d'aile, (*of a motor car*) à toute allure

speedily, vite

spend (time), passer (du temps)

spoil everything, tout gâter ; to spoil one's digestion, s'abîmer l'estomac

spot, un endroit ; at the spot, sur les lieux, à l'endroit désigné

spring (of a watch), le ressort

squatting, accroupi

stamp, le sceau, l'empreinte, *f.*

stand, (85.6) se lever, (94.2, 214.12) se tenir, (211.4) supporter ; enough to make one's hair stand on end, à faire dresser les cheveux sur la tête

standing, (120.12) posé

stare at s.o., dévisager qn.

start work, se mettre au travail ; to start crying, se mettre à pleurer

starve, mourir de faim

stay-at-home, casanier

still, toujours ; smaller still, plus petit encore

stop, (257.12), cesser

strew (with), semer (de)

strictly forbidden, bien défendu

strike (*of time*) sonner ; to strike

s.o. in the face, frapper qn. au visage ; on strike, en grève

strive, lutter

subject : on the subject, à ce sujet

subscriber, un abonné

succeed s.o., succéder à qn., remplacer qn.

successful, heureux

suffer s.o. to languish, laisser languir qn.

suffering, la souffrance

sufficient to retire upon the interest accruing from it, suffisant pour qu'il pût vivre des rentes qu'il en retirait

suit s.o., convenir, aller, seoir, à qn. ; il suits him to ..., il lui convient de ..., il lui est commode de ...

Sunday : on Sundays, le dimanche

sunshine, du soleil

supply s.o. with s.th., fournir qch. à qn. ; to be well supplied with s.th., être bien fourni de qch.

supposed, censé

survive s.th., survivre à qch.

suspect s.th., se douter de qch.

sweep away, emporter

swell, enfler

swimming-bath, le bain de natation, la piscine

T

take a horse to ..., mener un cheval à ... ; to take s.th. away, emporter qch.

talk to s.o. about s.th., entretenir qn. de qch.

tame, apprivoisé

Tarentum, Tarente

tea : to have tea, prendre, boire, le thé

tempered, (193.16) au caractère ...

tenant, le locataire

that : only that ..., 'n'était que ...

there : over there, là-bas

thin, maigre

things which, (255.12) ce qui

think, (259.18) croire ; I always think . . ., il me semble toujours que . . .

this, (259.20) celui-là

thoughtful, réfléchi

threaten to do s.th., menacer de f. qch.

thrive, prospérer

throw open, ouvrir

ticket : railway ticket, billet de chemin de fer

tiled, dallé

time : by the time . . ., quand . . . ; to have time to do s.th., avoir le temps de f. qch. ; to have no time for doing s.th., n'avoir pas le temps de f. qch. ; to arrive, be, in time, arriver à temps, à l'heure ; for the time being, pour le moment ; in times of . . ., dans les moments de . . . ; the time for s.th. to be done, le moment de f. qch. ; two things at a time, deux choses à la fois, en même temps ; time was all-important, (45.6) il était de la plus haute importance de les gagner de vitesse.

tinker, le rétameur

tip, le pourboire

tire of s.th., se lasser de qch. ; I'm getting tired of . . ., (108.2) cela commence à me fatiguer de . . .

toil, le labeur

tone : in that tone, sur ce ton

tongue : to hold one's tongue, se taire

top : on the top of, en haut de

touch : in touch with, en rapport intime avec

toward showing, (199.14) pour montrer

track : the beaten track, le chemin battu ; on s.o.'s track, sur la piste de qn.

trial, une épreuve

triumph over s.th., triompher de qch.

trouble, la peine

true, véritable

trust s.o., se fier à qn.

truthful, véridique

try : by trying to do s.th., en voulant f. qch.

turn round, se retourner ; to turn in bed, se retourner dans son lit

turtle : to turn turtle, faire panache

twilight : in the twilight, au crépuscule

typewriter, la machine à écrire

U

undeceive, détromper

undoubtedly, sans aucun doute

undress, se déshabiller

unfasten, défaire

unlucky, malheureux

unnecessary, inutile

unperceived, inaperçu, sans être aperçu

until now, jusqu'ici

up to twenty, jusqu'à vingt

upset s.o., faire tomber, renverser, qn. ; upset, (97.8) bouleversé, ému

use : it is no use . . ., (157.3) rien ne sert de . . ., (157.18) ce n'est pas la peine de . . .

utter a word, prononcer un mot ; to utter a cry, a sigh, pousser un cri, un soupir

V

value, apprécier

very : at that very moment, à ce moment précis, juste à ce moment

victory : to gain the victory, remporter la victoire

visit : to pay a visit to s.o., rendre visite, faire une visite, à qn.

vote : to ask for votes, briguer des voix

W

waist, la taille

wait upon oneself, se servir soi-même

walk far, aller loin à pied ; **to walk all the way**, faire tout le chemin à pied ; **to walk though s.th.**, traverser qch.

walking-stick, la canne

wand, la baguette

want, désirer ; **I don't want . . .**, (160.11) je ne veux pas de . . . ; **I want s.th.**, (234.30) il me faut qch.

ware, la faïence, la porcelaine

wash a child's face, débarbouiller un enfant

water : to the water, (115.15) à l'abreuvoir

wave a handkerchief, agiter un mouchoir

way : to give way, céder, céder le terrain ; **can you tell me the way to . . .**, pouvez-vous me dire par où aller à . . . ; **to pass that way**, passer par là; **which(ever) way**, (136.17) de quelque côté ; **the way to the station**, le chemin de la gare ; **in that way**, (214.10) de la sorte ; **in a way**, (239.11) à un certain point de vue ; **the best way**, (254.13) le meilleur moyen

weak : to be so weak as to . . ., avoir la faiblesse de . . .

wear on, avancer ; **to wear out**, user

well, (235.30) eh bien ! (254.16) dame ! **to speak well of s.o.**, dire du bien de qn.

westward : to the westward, vers l'ouest

wet, humide ; **it is wet**, il pleut ; **to get wet**, se mouiller

when, (212.34) le temps où

whether . . . or not, que . . . ou non

while, (189.22) tant que

wholesome, sain

wider : to open the gates wider and wider, ouvrir les portes de plus en plus grandes

will, le testament

win the prize, remporter le prix ; **to win renown**, acquérir la renommée

wise : a wise man, un sage

within, (240.13) à moins de

without : to do without s.th., se passer de qch.

wonder, la merveille

wonder : I wonder . . ., je me demande . . .

word : to take s.o. at his word, prendre qn. au mot

work, une œuvre, un ouvrage ; **some work**, (115.10) un travail ; **to get to work**, se mettre au travail, à l'œuvre

works, une usine

world : the Old World, l'Ancien Monde ; **in the world**, (259.20) en ce monde ; **not for the world**, pour rien au monde

worse : from bad to worse, de mal en pis ; **I am none the worse for it**, je ne m'en porte pas plus mal

worthy people, braves gens

writer, un auteur